HISTÓRIA DA CULTURA ESCRITA
Séculos XIX e XX

Ana Maria de Oliveira Galvão
Juliana Ferreira de Melo
Maria José Francisco de Souza
Patrícia Cappuccio Resende

(Orgs.)

HISTÓRIA DA CULTURA ESCRITA
SÉCULOS XIX E XX

Ceale* Centro de alfabetização, leitura e escrita
FaE / UFMG

autêntica

COPYRIGHT © 2007 BY CENTRO DE ALFABETIZAÇÃO,
LEITURA E ESCRITA (CEALE)

PROJETO GRÁFICO DA CAPA
Marco Severo

CONSELHO EDITORIAL DA COLEÇÃO LINGUAGEM E EDUCAÇÃO
Antônio Augusto Gomes Batista (coord.), Ana Maria de Oliveira Galvão, Artur
Gomes de Morais, Ceris Salete Ribas da Silva, Jean Hébrard, Luiz Percival Leme
Brito, Magda Soares, Márcia Abreu, Vera Masagão Ribeiro

REVISÃO
Vera Lúcia De Simoni Castro

EDITORAÇÃO ELETRÔNICA
Eduardo Costa de Queiroz
Waldênia Alvarenga Santos Ataíde

Todos os direitos reservados pela Autêntica Editora. Nenhuma parte desta
publicação poderá ser reproduzida, seja por meios mecânicos, eletrônicos,
seja via cópia xerográfica, sem a autorização prévia da editora.

BELO HORIZONTE
Rua Aimorés, 981, 8º andar. Funcionários
30140-071. Belo Horizonte. MG
Tel: (55 31) 3222 6819
TELEVENDAS: 0800 283 13 22
www.autenticaeditora.com.br
e-mail: autentica@autenticaeditora.com.br

Dados Internacionais de Catalogação na Publicação (CIP)
(Câmara Brasileira do Livro, SP, Brasil)

História da cultura escrita : séculos XIX e XX / Ana Maria de Oliveira
Galvão... [et al.], (orgs.). – Belo Horizonte : Autêntica Editora, 2007.

Outros autores: Juliana Ferreira de Melo, Maria José Francisco de Souza,
Patrícia Cappuccio Resende
Apoio: Ceale - Centro de alfabetização, leitura e escrita.
Patrocínio: CNPq.
Bibliografia
ISBN 978-85-7526-303-7

1.Alfabetização 2. Brasil - Comunicação escrita e impressa - História -
Século 19 3. Brasil - Comunicação escrita e impressa - História - Século 20
4. Educação - Brasil - História 5. Escrita 6. Leitura 7. Oralidade I. Galvão,
Ana Maria de Oliveira. II. Melo, Juliana Ferreira de. III. Souza, Maria José
Francisco de. IV. Resende, Patrícia Cappuccio.

| 08-02870 | CDD: 370.981 |

Índices para catálogos sistemático:
1. Cultura escrita : Brasil : Educação : História 370.981

Sumário

Parte I – Desafios teórico-metodológicos

Capítulo 1
*Oralidade, memória e narrativa: elementos para a
construção de uma história da cultura escrita*
Ana Maria de Oliveira Galvão.. 9

**Parte II – Percursos individuais de participação
na cultura escrita**

Capítulo 2
*Alfabetização e acesso às práticas da cultura escrita de uma
família do sul da França entre os séculos XVIII e XIX:
um estudo de caso*
Jean Hébrard.. 49

Capítulo 3
*Objetos e práticas de leitura de um "novo letrado": estudo de
um percurso individual no século XX*
Ana Maria de Oliveira Galvão e Poliana Janaína
Prates de Oliveira.. 97

Capítulo 4
Um trânsfuga: memória familiar, escrita e autodidatismo
Antônio Augusto Gomes Batista.. 137

Capítulo 5
Personagens em busca de um autor
Eliane Marta Teixeira Lopes.. 151

Capítulo 6
*Processos de inserção e participação nas culturas do
escrito: o caso de um herdeiro*
Juliana Ferreira de Melo.. 177

Parte III – Percursos familiares de participação na cultura escrita

Capítulo 7
Práticas de leitura e escrita em famílias negras de meios populares (Pernambuco, 1950-1970)
Fabiana Cristina da Silva... 205

Capítulo 8
A transmissão familiar da leitura e da escrita: um estudo de caso
Patrícia Cappuccio Resende... 239

Parte IV – Percursos de grupos sociais e participação na cultura escrita

Capítulo 9
Os meninos das aulas públicas de primeiras letras: Pernambuco, primeira metade do século XIX
Adriana Maria Paulo da Silva... 271

Capítulo 10
Negros com-passos letrados: a ação educativa da Sociedade dos Artistas Mecânicos e Liberais de Pernambuco (1840-1860)
Itacir Marques da Luz... 307

Capítulo 11
Práticas de leitura e escrita destinadas a negros, brancos e índios no século XIX: o caso da Colônia Orphanologica Isabel de Pernambuco
Adlene Silva Arantes.. 329

Capítulo 12
Práticas religiosas pentecostais e processos de inserção na cultura escrita (Pernambuco, 1950-1970)
Sandra Batista de Araujo Silva e Ana Maria de Oliveira Galvão...... 365

Capítulo 13
Uma aprendizagem sem folheto: quem ainda vai rezar e benzer em Barra do Dengoso?
Maria José Francisco de Souza... 405

Os autores.. 437

PARTE I
DESAFIOS TEÓRICO-METODOLÓGICOS

Capítulo I

ORALIDADE, MEMÓRIA E NARRATIVA: ELEMENTOS PARA A CONSTRUÇÃO DE UMA HISTÓRIA DA CULTURA ESCRITA[1]

Ana Maria de Oliveira Galvão

Este livro apresenta resultados de estudos monográficos, realizados em uma pesquisa integrada interinstitucional, que tiveram por objetivo apreender os diferentes modos pelos quais indivíduos, famílias e grupos sociais tradicionalmente associados ao mundo do oral realizaram, nos séculos XIX e XX, sua participação nas culturas do escrito. Os estudos buscaram, assim, verticalizar, em diferentes escalas,[2] uma única problemática, organizada em torno do pressuposto advindo do campo da História Cultural e dos estudos recentes sobre oralidade e cultura escrita – de que modos de inserção não-escolares, o manuscrito e a oralidade são dimensões constitutivas da cultura escrita no Brasil. Em geral, essas três dimensões tendem a ser desconsideradas pela historiografia, que concentra sua atenção na escolarização como o processo por excelência de entrada nessa cultura, na produção e na difusão do impresso como principais evidências de usos da escrita e nas taxas de alfabetização, em

---

[1] Muitas reflexões sistematizadas neste texto são fruto de um debate sistemático, realizado ao longo de alguns anos, com Antônio Augusto Batista e Jean Hébrard. A eles agradeço a sempre frutífera troca de idéias. Agradeço também a Maria Betânia e Silva, pela leitura atenta dos originais do livro, e a Kelly Aparecida Queiroz, pelo suporte técnico.

[2] Discutiremos a noção de "jogos de escalas" no segundo item deste capítulo.

10 História da cultura escrita: séculos XIX e XX

contraposição a práticas orais de socialização do escrito, como o indicador privilegiado da existência de usuários da língua escrita.

A pesquisa vem sendo desenvolvida, desde março de 2003, com o apoio do CNPq,[3] por equipes do Centro de Alfabetização, Leitura e Escrita (Ceale) e do Grupo de Estudos e Pesquisas em História da Educação (GEPHE), ambos da Faculdade de Educação da Universidade Federal de Minas Gerais; do Núcleo de Estudos e Pesquisas História da Educação em Pernambuco (NEPHEPE), da Universidade Federal de Pernambuco;[4] do Departamento de Educação da Universidade Federal de Santa Maria e do Centre de Recherches sur le Brésil Contemporain (CRBC), da École des Hautes Études en Sciences Sociales. Todos os autores dos capítulos do livro participaram, em diferentes momentos, do grupo de pesquisa referido. O livro é, pois, fruto de um debate sistemático, realizado por meio de reuniões e de seminários, de que participam pesquisadores, bolsistas de iniciação científica, mestrandos e doutorandos e nos quais são discutidos textos teóricos, consolidados resultados parciais das pesquisas, planejadas as novas etapas das investigações e elaborados artigos para serem apresentados e publicados em eventos, periódicos da área e capítulos de livros.

O programa de pesquisas procurou, assim, por meio de diferentes estudos de caso, reunir elementos para a construção de uma história da cultura escrita, de maneira predominante, no Brasil. Para construir essa história, é necessário considerar que, no País, assim como em outros países de escolarização e imprensa tardias, os principais fatores que basearam a construção da história da cultura da escrita em parte significativa

---

[3] Por meio da concessão de bolsas de Produtividade em Pesquisa aos pesquisadores Ana Maria de Oliveira Galvão e Antonio Augusto Gomes Batista, de recursos do Edital Universal 2003 e de bolsas de Iniciação Científica (quota ao pesquisador e PIBIC).

[4] Dois membros do referido Núcleo – Adlene Silva Arantes e Itacir Marques da Luz – tiveram, para a realização de suas pesquisas, financiamento da Fundação Ford/Ação Educativa/ANPEd, por meio do Concurso Negro e Educação.

dos países ocidentais do hemisfério norte – alfabetização, escola, imprensa – estão quase ausentes.

Até meados do século XX, o Brasil foi um país marcado pela oralidade e pelo analfabetismo. Em 1820, segundo Hallewell (1985), apenas 0,20% da população, estima-se, era alfabetizada. Em 1872, quando foi realizado o primeiro censo nacional, esse índice era de cerca de 18% entre pessoas de 5 anos ou mais (FERRARI, 1985). Até os anos 60 do século XX, o índice de analfabetos vai permanecer superior ao índice de alfabetizados: eles constituíam 82,3% da população em 1890, 71,2% em 1920, 61,1% em 1940 e 57,1% em 1950. Somente a partir de 1960 a proporção se inverteu, ainda que pouco expressivamente: o percentual de analfabetos decresceu para 46,7% da população (FERRAI, 1985).

É preciso destacar também que, somente no século XX, a escola passou a ocupar espaço central, na maior parte do País, nos processos de transmissão dos saberes. Em 1872, a matrícula na escola elementar era de apenas 139.321 alunos, para uma população de cerca de 10 milhões de habitantes. O crescimento foi lento nos anos seguintes: perto de 172 mil em 1875, de 175 mil em 1800, cerca de 258 mil em 1888. Somente após algumas décadas, no período republicano, observa-se uma expansão mais acentuada das taxas de escolarização: são cerca de 638 mil alunos em 1907, de 2,5 milhões em 1935, de 7,5 milhões em 1960 (HALLEWELL, 1985).

Por fim, de maneira distinta do que ocorreu em outras colônias portuguesas, sempre foi proibida a instalação de tipografias no Brasil, e a circulação de livros era restrita e realizada sob a vigilância da censura. Somente se passa a imprimir mais regularmente, no País, no final do período colonial, com a vinda da família real portuguesa e com a instalação da Imprensa Régia, em 1808. De acordo com Halewell (1985), na metade da década de 20 do século XIX, o Rio de Janeiro contava apenas com 13 livrarias e 7 tipografias.

Diante dessas constatações, cabem algumas perguntas: de que maneira, numa sociedade marcada pelo analfabetismo, os indivíduos, as famílias e os grupos sociais distanciados, em

12 História da cultura escrita: séculos XIX e XX

maior ou menor grau, da cultura escrita, construíram modos de participação nessa cultura? Numa sociedade de parcimoniosa produção e circulação de impressos, por meio de que práticas esses sujeitos desenvolveram táticas de incursão numa cultura que não era, de origem, a sua? Como, em um país em que somente no final do século XIX inicia-se o processo de organização de um sistema escolar público, esses sujeitos realizaram sua entrada no mundo da escrita? Responder a perguntas como essas, no quadro de busca de compreensão da cultura da escrita no Brasil e no contexto da discussão teórica sobre o tema, foi o objetivo central do programa de pesquisas realizado.

Trata-se, portanto, de temática e metodologia de pesquisa relativamente pouco estudadas/utilizadas no campo da História da Educação.[5] Nesse sentido, como os estudos desenvolvidos se debruçam sobre contextos, períodos e espaços específicos, exige-se dos participantes, além de dedicação à sua pesquisa particular, esforço para realizar abstrações que permitam, de fato, levantar hipóteses gerais que auxiliem na melhor compreensão da problemática em torno da qual eles se organizam: os processos que possibilitam a entrada na cultura escrita de indivíduos, famílias e grupos sociais tradicionalmente associados à oralidade em momentos históricos distintos. Evidentemente, em nenhum momento buscou-se, na realização das pesquisas, alcançar generalizações empíricas, de base estatística, mas se pretendeu certo nível de generalização teórica. Neste texto, buscamos, além de apresentar os estudos aqui reunidos, realizar algumas reflexões de caráter teórico e metodológico que permearam o processo de produção das pesquisas.

O livro se estrutura com base nas diferentes escalas privilegiadas em cada um dos estudos. Na primeira parte, são apresentadas as investigações que tomaram o indivíduo como o objeto privilegiado de análise. No primeiro estudo, "Alfabetização e acesso às práticas da cultura escrita de uma família do sul

---

[5] Para um balanço das pesquisas sobre cultura escrita na História da Educação, ver CASTILLO GÓMEZ, 2003.

da França entre os séculos XVIII e XIX: um estudo de caso", Jean Hébrard analisa o caso de Moïse, com o objetivo de compreender a inserção de um indivíduo originário da Vaunage, sul da França, na cultura escrita. Embora não se refira a um caso brasileiro, o trabalho traz diversos elementos mais amplos,[6] que possibilitam compreender os processos de entrada na cultura escrita por um indivíduo, em particular, e de modo geral, por um grupo social e por uma região. No texto, o autor reconstrói a linhagem familiar em que se insere o sujeito (situada até cerca de um século antes do seu nascimento), as redes de circulação da escrita na época em que viveu e as maneiras como teve contato e se apropriou dos objetos escritos. Por meio de uma série de entrevistas realizadas (com o próprio Moïse e com diversos membros de sua família), da análise de fontes de diversas naturezas (registros paroquiais, escritos do próprio sujeito pesquisado), das relações que estabelece com a situação econômica no período, o autor chega a conclusões importantes que auxiliam a compreender como, em uma sociedade que se estava tornando, de maneira definitiva, mais escrita do que oral, indivíduos comuns, originários de grupos associados à oralidade, inserem-se, de maneira não linear e não sem tensões, em um mundo marcado pela onipresença da escrita.

No segundo capítulo, "Objetos e práticas de leitura de um "novo letrado": estudo de um percurso individual no século XX", Ana Maria de Oliveira Galvão e Poliana Janaína Prates de Oliveira buscam, por meio do estudo da biblioteca pessoal e de um caderno de recortes de jornais, reconstruir as preferências de leitura do sujeito pesquisado – um indivíduo "não herdeiro", que nasceu no início do século XX em Jaboatão, Pernambuco. Para isso, realizam, no primeiro momento, a análise dos discursos, das editoras e dos autores mais presentes no acervo pesquisado. Em uma segunda parte do trabalho, analisam as marcas de

---

[6] Evidentemente, como verá o leitor, o autor também discute algumas questões que se referem, especificamente, ao caso francês, como às tensões entre dialeto e língua oficial ou às disputas entre protestantes e católicos.

leitura deixadas pelo leitor nas obras. Baseadas nos dados descritos e analisados, as autoras discutem questões como as relações entre os papéis estético e ético da leitura na prática de "novos letrados", a presença da oralidade como mediadora das relações com o escrito e o papel desempenhado pela rede de sociabilidade formada por outros "pequenos escritores" no processo de construção do lugar simbólico de escritor/leitor por parte do sujeito pesquisado.

No terceiro capítulo, "Um trânsfuga: memória familiar, escrita e autodidatismo", Antônio Augusto Gomes Batista realiza, predominantemente, reflexões de natureza metodológica que permearam o processo de produção de sua pesquisa – que buscou apreender processos e condições que, em uma trajetória individual determinada, asseguraram a construção de um "novo letrado" no século XX em Minas Gerais. O autor explora, então, as tensões, os problemas e as possibilidades envolvidos na realização de uma pesquisa histórica que se baseou em três principais tipos de fonte: a memória familiar (que, no caso, é também a memória do pesquisador), seus efeitos e seus processos de construção e de transmissão, calcados, sobretudo, na oralidade; os arquivos familiares e seus mecanismos de construção, especialmente aqueles relacionados à própria cultura escrita e às decisões – do indivíduo e de seus familiares – que conduzem a sua formação e conservação; por fim, aquilo que o autor denomina de "rumor", ou seja, as justificativas e os relatos que, vindos de pessoas externas ao círculo familiar, buscam explicar e dar sentido a uma trajetória singular. Batista traz, nesse sentido, reflexões pertinentes sobre o trabalho com a memória familiar e as narrativas construídas em torno dessa memória.

No quarto capítulo, "Personagens em busca de um autor", Eliane Marta Teixeira Lopes, baseada em um estudo que teve como foco um telegrafista da Central do Brasil, que viveu no Rio de Janeiro e em Minas Gerais entre a segunda metade do século XIX e as primeiras décadas do século XX, examina o caderno de recortes de jornais e revistas construído por ele. A autora analisa os autores mais presentes na "antologia" e "inventa" uma biblioteca que poderia ter pertencido ao sujeito. O caderno é composto basicamente de poemas de autores prestigiados na época. O artigo traz reflexões bastante instigantes sobre o trabalho com acervos familiares, particularmente quando o pesquisador é também parte da família – como é o caso. A autora também convida o leitor a pensar sobre as relações entre memória e história, entre ficção e realidade.

Por fim, no último estudo que compõe a primeira parte do livro, "Processos de inserção e participação nas culturas do escrito: o caso de um herdeiro", Juliana Ferreira de Melo analisa as formas de inserção e participação nas culturas do escrito realizadas pelo médico e escritor Pedro Nava, que nasceu no início do século XX, em Juiz de Fora, Minas Gerais. De maneira distinta da maior parte dos estudos que compõem o livro, a autora se debruça sobre o caso de um indivíduo que não é o primeiro, em sua linhagem familiar, a entrar na cultura escrita. A autora examina episódios, narrados pelo autor em sua obra memorialística, que permitem apreender esse processo. Melo destaca, na análise, o papel desempenhado pela família e pela oralidade nessa inserção. O estudo mostra que, ao contrário do que parece acreditar certa literatura sociológica, a transmissão da herança cultural ocorre por meio de um trabalho sistemático – e não de maneira "natural" –, realizado ao mesmo tempo por quem "transmite" e por quem "herda".

Na segunda parte do livro, estão reunidos os estudos que tomam percursos familiares como objeto de investigação. Fabiana Cristina da Silva, no capítulo "Práticas de leitura e escrita em famílias negras de meios populares (Pernambuco, 1950-1970)", analisa as trajetórias de duas famílias negras e seus processos de inserção na cultura escrita, entre os anos 50 e 70 do século XX. As famílias estudadas, compostas de filhos que alcançaram certa longevidade escolar, constituem exceções no interior dos contextos educacional, social e étnico-racial da época. Baseada principalmente em fontes orais e em dados mais amplos sobre a escolarização e os percursos de circulação do escrito no lugar e no período estudados, a autora examina,

16 História da cultura escrita: séculos XIX e XX

detalhadamente, em cada uma das famílias estudadas, a presença de material escrito, a organização da rotina doméstica, o papel simbólico e efetivo da mãe e o lugar da oralidade nos processos de aproximação com o escrito. Além disso, a autora analisa o papel desempenhado pela escola e pela vivência no espaço urbano nesses processos.

No capítulo "A transmissão familiar da leitura e da escrita: um estudo de caso", Patrícia Cappuccio Resende examina os processos de aproximação das formas consideradas legítimas da cultura escrita, ao longo de três gerações, por uma família em processo de ascensão social em direção às camadas médias, na contemporaneidade. Baseada em entrevistas, em observação, em memoriais escritos por membros da família e em um referencial sociológico, a autora caracteriza, dos pontos de vista da escolarização e do pertencimento social, a família investigada em cada uma das gerações. A seguir, discute alguns traços da configuração familiar que permitem compreender o modo como essa família consegue "transmitir" o gosto pela leitura e pela escrita e também alcançar o sucesso na escolarização. A forte mobilização para a escolarização das crianças – relacionada à figura da mãe e presente desde a primeira geração –; uma ordem moral doméstica baseada no bom comportamento e no respeito às regras escolares e as disposições econômicas favoráveis são alguns desses traços.

Na terceira parte do livro, são apresentados os estudos que focalizam as relações entre grupos sociais e sua inserção na cultura escrita. O estudo de Adriana Maria Paulo da Silva, "Os meninos das aulas públicas de primeiras letras: Pernambuco, primeira metade do século XIX", apresenta, de maneira bastante evidente, ao contrário do que muitos estudos ainda insistirem em afirmar, que as aulas públicas de primeiras letras eram freqüentadas por meninos originários de meios sociais e de "qualidades" (como era denominado o pertencimento étnico-racial) variados. A autora reconstrói, baseada em um número significativo de fontes – notadamente quadros de matrícula – , o perfil desses meninos. Mostra, desse modo, que a escola contribuía para a aproximação e a participação nas culturas do escrito de meninos tradicionalmente dela afastados, como os pretos, pardos e pobres.

O segundo estudo que compõe essa parte também se debruça sobre o século XIX. Trata-se do capítulo "Negros compassos letrados: a ação educativa da Sociedade dos Artistas Mecânicos e Liberais de Pernambuco (1840-1860)", de Itacir Marques da Luz. O autor apresenta, baseado em documentos da entidade estudada e em outras fontes – como legislação e jornais –, o papel desempenhado pela Sociedade nos processos de aproximação e participação de trabalhadores negros e pardos, jovens e adultos, na cultura escrita. A Sociedade, fundada em 1841, desenvolvia ações educativas, principalmente por meio de cursos profissionalizantes e de aulas de primeiras letras, voltadas para essa população.

No capítulo "Práticas de leitura e escrita destinadas a negros, brancos e índios no século XIX: o caso da Colônia Orphanologica Isabel de Pernambuco", Adlene Silva Arantes discute, por meio da análise da proposta de educação e instrução da instituição, o lugar ocupado pela leitura e pela escrita, e, particularmente, pelo material e pelos livros de leitura, no cotidiano daquele espaço educativo. A Colônia foi criada pelos missionários capuchinhos em 1874, na província de Pernambuco, com o objetivo de receber crianças órfãs e ingênuas; mas também recebia crianças índias. Baseada em fontes da própria instituição, em documentação oficial e em manuais escolares, a autora mostra que a Colônia, ao atender a alunos pertencentes a segmentos marginalizados no período – negros, índios, pobres –, constituía uma possibilidade para que pudessem se aproximar e participar das culturas do escrito.

Dois estudos, desta vez sobre o século XX, compõem ainda a terceira parte do livro. No capítulo "Práticas religiosas pentecostais e processos de inserção na cultura escrita (Pernambuco, 1950-1970)", Sandra Batista de Araujo Silva e Ana Maria de Oliveira Galvão discutem o papel desempenhado pela vivência

18 História da cultura escrita: séculos XIX e XX

de práticas religiosas pentecostais – da Assembléia de Deus – no estabelecimento de relações estreitas com a escrita. Tradicionalmente, os pentecostais são vistos como praticantes de uma cultura predominantemente oral, principalmente em relação às tradicionais igrejas protestantes históricas. Baseadas em depoimentos orais e em material escrito e lido pelos sujeitos investigados, as autoras discutem os principais fatores que parecem ter facilitado a aproximação e a participação desses sujeitos na cultura escrita: o trânsito contínuo entre oralidade e escrita nas práticas religiosas pesquisadas; o fato de terem se tornado lideranças religiosas; os tipos de leitura por eles privilegiados; além de outros fatores não diretamente relacionados à prática religiosa (como o papel da mãe no contexto familiar, as experiências escolares, a inserção no espaço urbano e a ocupação profissional). O trabalho analisa ainda os tipos de leitura e os escritos dos sujeitos, destacando o perfil autodidata dos indivíduos pesquisados.

Finalmente, Maria José Francisco de Souza, em "Uma aprendizagem sem folheto: quem ainda vai rezar e benzer em Barra do Dengoso?", analisa as mudanças vividas por rezadeiras e benzedores, nas últimas décadas, em uma comunidade rural de Minas Gerais. Esse grupo, que possuía distinção social por dominar oralmente um amplo repertório de rezas e orações, passa a ter suas possibilidades de participação e seus espaços de atuação reduzidos com a entrada sistemática da escrita nas celebrações religiosas. A partir principalmente da década de 1970, observa-se, na comunidade, ampliação da circulação de material escrito e de espaços/situações de uso desse material, principalmente com a implantação de escolas e a construção da igreja. O trabalho apresenta, desse modo, as implicações e as formas de apropriação geradas pela entrada progressiva da escrita na comunidade e, em particular, na vida das rezadeiras e benzedores.

Esta breve apresentação dos estudos reunidos neste livro mostra, por um lado, a heterogeneidade, sobretudo em relação aos períodos históricos e aos locais pesquisados, que os caracterizam. Por outro lado, revela também que algumas questões de caráter teórico e metodológico permeiam todos os estudos citados. É dessas questões que nos ocuparemos a partir daqui.

Desafios metodológicos: fazendo "jogos de escalas"

O primeiro desafio metodológico que permeou a realização das pesquisas aqui reunidas diz respeito à opção por privilegiar, em cada estudo monográfico, uma escala de observação. Essa opção decorreu da possibilidade oferecida pela variação de escalas para a análise de objetos em sua complexidade, o que permite, no caso das pesquisas aqui descritas, a apreensão de diferentes dimensões, situadas no interior do conjunto de condições sociais e culturais que orientaram o acesso à escrita. Para Jacques Revel (1998), a partir das experiências de pesquisa desenvolvidas, desde os anos 1970, por um grupo de historiadores italianos em torno da proposição historiográfica da micro-história,[7] reconhece-se, hoje, que

> uma realidade social não é a mesma dependendo do nível de análise – [...], da escala de observação – em que escolhemos nos situar. Fenômenos maciços, que estamos habituados a pensar em termos globais, como o crescimento do Estado, a formação da sociedade industrial, podem ser lidos em termos completamente diferentes se tentamos apreendê-los por intermédio das

---

[7] A micro-história caracteriza-se por se constituir em uma prática historiográfica, com referências teóricas variadas, que se baseia na "redução da escala da observação, em uma análise microscópica e em um estudo intensivo do material documental" (LEVI, 1992, p. 136). Essa opção está fundamentada na crença de que "a observação microscópica revelará fatores previamente não observados" (p. 139). O que une os trabalhos a partir dessa perspectiva é, entre outros aspectos, o emprego de um "modelo de ação e conflito do comportamento do homem no mundo que reconhece sua – relativa – liberdade além, mas não fora, dos sistemas normativos prescritivos e opressivos. Assim, toda ação social é vista como o resultado de uma constante negociação, manipulação, escolhas e decisões do indivíduo, diante de uma realidade normativa que, embora difusa, não obstante oferece muitas possibilidades de interpretações e liberdades pessoais" (LEVI, p. 135). Sobre a micro-história, ver LEVI (1992), GINZBURG (1989), GINZBURG et al. (1989) e os diversos artigos que compõem a coletânea organizada por Jacques Revel (1998).

20 História da cultura escrita: séculos XIX e XX

> estratégias individuais, das trajetórias biográficas, individuais ou familiares, dos homens que foram postos diante deles. Eles não se tornam por isso menos importantes. Mas são construídos de maneira diferente. (p. 13)

Os autores que têm, na esteira da micro-história, adotado procedimentos historiográficos que privilegiam as diferentes escalas de observação compartilham ainda da perspectiva de que a adoção desse método possibilita a apreensão da complexidade do social. É também Jacques Revel que assume uma perspectiva que

> vê no princípio da variação de escala um recurso de excepcional fecundidade, porque possibilita que se construam objetos complexos e, portanto que se leve em consideração a estrutura folheada do social. Ela afirma ao mesmo tempo que nenhuma escala tem privilégio sobre outra, já que é o seu cotejo que traz o maior benefício analítico. (1998, p. 14)

Se no campo da História tem havido, recentemente, uma tendência a privilegiar diferentes escalas de observação, também os estudos sobre *literacy* (letramento) têm privilegiado a realização de estudos mais circunscritos, em muitos casos utilizando a Etnografia e, mais amplamente, as idéias da Antropologia. Segundo Barton e Hamilton (1998), esses trabalhos emergem, sobretudo a partir dos anos 1990, motivados pelas limitações das teorias abstratas que caracterizaram a primeira geração de estudos sobre *literacy*, para explicar e compreender melhor o que as pessoas fazem com a linguagem escrita e, por outro lado, como a linguagem escrita torna-se parte delas e dos lugares onde vivem. Considerando que o ler e o escrever fazem parte de atividades humanas complexas, esses novos estudos consideram impossível analisar tais fenômenos separando-os das pessoas, dos grupos e dos lugares onde ocorrem.

Assim, embora as pesquisas reunidas neste livro compartilhassem, desde o início, do pressuposto de que a variação de escalas era um recurso extremamente fértil para responder às questões a que o grupo se propunha, no cotidiano da "operação historiográfica" (CERTEAU, 1982), algumas dificuldades e limitações se revelaram, principalmente nos estudos que focalizam trajetórias de indivíduos. Como não tornar a história narrada um caso anedótico? Como reconhecer onde se situam as fronteiras entre aquilo que é próprio do indivíduo – suas idiossincrasias – e o que compõe a fisionomia de uma época, em determinado espaço e em relação a certos grupos sociais? Como não cair na tentação de propor generalizações empíricas quando nos limitamos a um caso? Como situar o sujeito investigado em relação àqueles que lhe são contemporâneos? Como reconhecer, principalmente quando estamos nos referindo ao passado, se sua trajetória é regular – ou seja, semelhante à de outros sujeitos com pertencimentos social, étnico-racial e de gênero semelhantes – ou se constitui uma exceção, um caso excepcional e extraordinário? Como concretizar, no cotidiano da pesquisa, a indissociabilidade entre os níveis micro e macro da realidade social? Como tornar esse pressuposto operacionalizável em estudos históricos, quando nos defrontamos sistematicamente com a ausência e a limitação das fontes?

A realização das pesquisas descritas neste livro revelou aquilo que os estudos realizados no âmbito da História Cultural já haviam prevenido: centrar a análise na escala do indivíduo "não cultivado" ou "não herdeiro" para apreender as relações que estabelece com a escrita, embora não constitua propriamente uma novidade, não é tarefa simples e impõe uma série de precauções. A principal delas é buscar não cair no anedotário, na medida em que, em geral, não pesquisamos indivíduos "típicos", representativos de um grupo ou uma classe social. Nesse sentido, é fundamental (re)situar o indivíduo estudado em relação à sua linhagem familiar, aos circuitos de sociabilidade freqüentados (bairro, cidade, igreja, escola, trabalho), ao grupo social a que pertence e, direta ou indiretamente, aos grandes determinantes da vida social, para que possamos construir hipóteses explicativas que auxiliem na compreensão das múltiplas dimensões que relacionam o sujeito a um lugar e um tempo historicamente determinados. Examinando as condições possíveis para construir uma história das práticas da leitura, Chartier (1996) destaca que não é simples separar "o que é uso comum e hábito pessoal, exemplaridade social e hábito individual" (p. 95). Para Simona Cerutti:

> Debruçar-se sobre o percurso dos indivíduos testemunha uma grande ambição. À noção de uma vida social regida por normas anteriores, a um comportamento que se define a favor ou contra essas normas, opõe-se uma visão menos linear, porém mais capaz de explicar a relação que une os indivíduos ao mundo em que evoluem. [...] O percurso dos indivíduos no interior de diferentes meios – a família, o trabalho, a vida social – desenha seu horizonte social. (1998, p. 240-241)

Já se tornou clássico o estudo de Carlo Ginzburg (1991), publicado pela primeira vez em 1976, sobre a história do moleiro Menocchio. Utilizando os registros da Inquisição, o autor pôde reconstruir "leituras e discussões, pensamento e sentimentos: temores, esperanças, ironias, raivas, desesperos" (p. 12) de um indivíduo que viveu toda a sua vida no anonimato. Por meio da história de um indivíduo, buscou, mais amplamente, reconstruir a "fisionomia, parcialmente obscurecida, de sua cultura e contexto social no qual ela se moldou" (p. 12), ou, em outras palavras, "um fragmento do que se costuma denominar 'cultura das classes subalternas' ou ainda 'cultura popular'" (p. 16).

Outro estudo que enfocou o indivíduo e suas relações com o escrito, dessa vez no século XVII, é o de Jean Hébrard (1996). Nele, o autor analisa, tendo como principal fonte a autobiografia, a trajetória de Valentin Jamerey-Duval, que, de maneira autodidata, buscou, durante toda a sua vida, ter acesso e se apropriar do mundo da cultura escrita. Se, segundo o autor, para a sociologia das práticas culturais, a leitura é algo mais que se herda do que se aprende, como indivíduos "não herdeiros" se inseriam/se inserem em processos/em sociedades caracterizados pela forte presença da escrita? Para Hébrard, existem aprendizagens "exemplares" em que é possível perceber mais nitidamente essas questões; o autodidatismo[8] constitui uma

---

[8] Para outros estudos sobre autodidaxias, ver HÉBRARD (s.d.), LYONS (1999) e o número especial da revista *Histoire de l'Éducation* (FURIJHOFF, 1996).

delas: práticas que fogem dos hábitos culturais de seus círculos, de comunidades e às vezes até de grupos sociais mais importantes. O que caracterizaria, então, um autodidata? Para o autor, "o critério do autodidatismo será aqui o estatuto de acontecimento dado pelo escrito autobiográfico ao primeiro processo de apropriação do escrito" (p. 41). Além disso, a aprendizagem da leitura também se torna, na trajetória do autodidata, "o núcleo de um hábito cultural novo" (p. 43).

Também podemos citar aqui, embora baseados em uma perspectiva fundamentalmente sociológica, o estudo inacabado de Norbert Elias sobre Mozart (ELIAS, 1994), que não configura uma biografia propriamente dita, mas a tentativa de compreensão de uma problemática – como as tensões sociais se operam em trajetórias individuais – por meio de um estudo de caso. Ainda no campo da Sociologia, diversos autores têm se debruçado sobre casos "improváveis" de contemporâneos que romperam, dentro de alguns limites, com determinantes sociais, econômicos e culturais e superaram as gerações anteriores em termos de longevidade escolar e inserção na cultura escrita.[9]

Apesar da fecundidade apresentada por esses tipos de estudo, mostrada há quase três décadas, o que se observa mais freqüentemente, principalmente no caso brasileiro, é a focalização nas pesquisas, nas trajetórias de indivíduos "ilustres"[10] (ou que, mesmo quando oriundos de grupos sociais não pertencentes à elite, tornaram-se "ilustres") ou, para usar a expressão de Jean Hébrard, em seu texto publicado neste livro, em relação ao caso francês, de leitores "confirmados".

---

[9] Ver, por exemplo, os estudos de Bernard Lahire (1997, 2002, 2004 e 2006). Para o autor, "de alguma maneira, cada indivíduo é o 'depositário' de disposições de pensamento, sentimento e ação, que são produtos de suas experiências socializadoras múltiplas, mais ou menos duradouras e intensas, em diversos grupos (dos menores aos maiores) e em diferentes formas de relações sociais" (LAHIRE, 2004, p. X-XI).

[10] Essa constatação é feita por SILVA (1999). São diversos os estudos realizados nessa perspectiva, ver, por exemplo, desde FRIEIRO (1945) aos estudos de SOUZA (2000a, 2000b), sobre as trajetórias de Joaquim Nabuco e Luiz Gama. Ver também KOFES (2001).

24 História da cultura escrita: séculos XIX e XX

O trabalho de Hébrard mostra, de maneira exemplar, que, mesmo privilegiando uma escala de observação – no caso, o indivíduo –, é necessário recorrer a outras escalas; em particular à linhagem familiar que antecede o caso em três ou quatro gerações e ao lugar ocupado pela alfabetização, pela escola e pela circulação de material escrito nas épocas e locais estudados. Ou seja, a partir da singularidade de uma trajetória, o autor reconstrói, de modo geral, a entrada na escrita pelas crianças dos meios populares no sul da França entre o final do século XIX e o início do século XX. Outros artigos reunidos neste livro, como verá o leitor, também recorrem a dados mais amplos, que ultrapassam a particularidade do caso na tentativa de evitar cair no anedotário. Necessariamente, é preciso relacionar permanentemente dados e informações que parecem típicos do "caso" a outros aspectos da realidade que ajudam a entendê-lo. Buscamos, nesse sentido, não a reconstrução de um "contexto" amplo e abstrato que explicaria, por si só, os grandes determinantes da vida social em que se inscreve a história particular do sujeito, mas a realização de um movimento permanente de "vai-e-vem" entre o que, tradicionalmente, classifica-se como singular e aquilo que ultrapassa as particularidades do caso específico.

Outro desafio metodológico posto cotidianamente no nosso programa de pesquisas está diretamente relacionado à proposição de fazer jogos de escalas e, particularmente, de reconstruir trajetórias individuais: o trabalho com acervos pessoais. Na realidade, são ainda escassos os trabalhos historiográficos que trabalham nessa perspectiva.

Em muitos casos, como narram alguns artigos publicados neste livro, o pesquisador herda, de sua própria família, o material a ser trabalhado. Como lidar com um outro que é, ao mesmo tempo, parte de sua história, de seus afetos e desafetos, da construção de sua própria identidade? Como afirma Eliane Marta Lopes em seu texto, recorrendo a Ricardo Piglia, como lidar com os lagartos, ratos e serpentes de pele fria que saem dessas caixas guardadas, às vezes por várias gerações, e que chegaram até alguém com o desejo de transformá-las em História? Como tirar proveito do que já se sabe, como integrante da família estudada e, ao mesmo tempo, estar disponível para o novo, para o imprevisível? Como se aproximar e, ao mesmo tempo se distanciar, com o rigor que qualquer pesquisa exige, daquilo que faz parte da nossa própria trajetória?

Mesmo quando o pesquisador trabalha com o acervo de uma família que não é a sua e quando acrescenta, ao trabalho com a documentação escrita e iconográfica, depoimentos orais,[11] questões semelhantes emergem. Como lidar com as diferentes versões dos acontecimentos narrados e, conseqüentemente, com as disputas em torno da memória por diferentes membros da família? Como afirma Pollak (1992):

> Se é possível o confronto entre a memória individual e a memória dos outros, isso mostra que a *memória e a identidade são valores disputados* em conflitos sociais e intergrupais, e particularmente em conflitos que opõem grupos políticos diversos. Todo mundo sabe até que ponto a memória familiar pode ser fonte de conflitos entre pessoas. (p. 204)

Como transformar lembranças fragmentadas e memórias lacunares em um material que seja passível de virar História?[12] Como o pesquisador pode, ao mesmo tempo em que, por exigências da operação historiográfica (CERTEAU, 1982), modificar a matéria-prima de que dispõe e respeitar a memória do outro – que foi invadida, vasculhada e confrontada? Como lidar com o rumor, em geral vindo de pessoas externas ao círculo familiar, que causa fissuras na construção do mito, em que se transforma, em geral, o sujeito pesquisado? Particularmente nos casos das pesquisas sobre processos de inserção na cultura escrita, a memória familiar tende a atribuir um lugar de ruptura, em relação às gerações precedentes, ao sujeito que iniciou, de maneira

---

[11] Não discutiremos, no espaço deste texto, os limites e as possibilidades que tem o pesquisador quando trabalha com história oral. Os capítulos escritos por Fabiana Silva, Sandra Silva e Ana Galvão trazem algumas reflexões nessa direção.

[12] Sobre as relações entre memória e história, é sempre pertinente recorrer às reflexões clássicas de LE GOFF (1994).

26 História da cultura escrita: séculos XIX e XX

mais sistemática, a aproximação com o escrito. Como não cair na armadilha e acreditar que a ruptura, como as narrativas (orais ou escritas) tendem a fazê-lo, é um sintoma de uma trajetória familiar linear que caminha, sem tensões, em direção a um suposto progresso, representado pela inserção plena na cultura escrita considerada legítima? Essas questões são, particularmente, trabalhadas nos capítulos escritos por Antônio Batista, Eliane Lopes e Jean Hébrard. Muitos dos impasses aqui levantados são parcialmente resolvidos por esses autores quando, por exemplo, recorrem a outras fontes para confrontá-las com o que diz a memória familiar ou quando os tomam como objeto de reflexão.

A análise dos acervos familiares, particularmente dos livros, dos escritos e dos cadernos de recortes pertencentes a alguém, exige também uma incursão em reflexões teóricas já realizadas pelo campo, para que possa adquirir algum sentido diante do problema central das pesquisas aqui reunidas. Como inferir leituras de um indivíduo com base no que conservou em sua biblioteca, se nem sempre o que se lê é o que se tem? Como dar significado às marcas que deixou em seus objetos de leitura? Como reconhecer se aqueles tipos de marca são característicos do sujeito ou fazem parte de um modo de ler de uma determinada época? Como lidar com o fato de que, como afirma Tânia Ferreira, o estudo das bibliotecas

> [...] principalmente das remanescentes de inventários, apresenta certas armadilhas para o pesquisador, como o expurgo de parte do acervo por controle da família, ou simplesmente por empréstimos ou doações não especificados, que mascaram o perfil do conjunto? (1995, p. 85)

Essas questões são particularmente trabalhadas nos capítulos escritos por Ana Galvão e Poliana Oliveira e por Sandra Silva e Ana Galvão, que compartilham da preocupação de Tânia Ferreira (1995), quando afirma que

> A história do livro, das bibliotecas e das relações culturais no Brasil, na transição do século XIX para o XX, ainda necessita de estudos que aprofundem melhor o conhecimento sobre os leitores e suas leituras, porque as bibliotecas particulares precisam da

diligência dos historiadores, que deveriam cuidar delas como verdadeiros jardins das delícias. (p. 100)

Assim, por um lado, ao privilegiar o indivíduo, corre-se o risco de cair no anedotário e subestimar os constrangimentos impostos por sua inserção social, de gênero, étnico-racial, característicos de um determinado espaço e época. Por outro lado, nos estudos que tomam o grupo social como escala privilegiada nos períodos mais remotos e nos quais, evidentemente, não se pode recorrer aos depoimentos orais – como é o caso daqueles aqui reunidos sobre o Oitocentos –, o indivíduo torna-se quase inapreensível, dissolvendo-se em uma documentação lacunar e quase sempre silenciosa. Mesmo quando ele emerge das páginas amareladas dos arquivos, como mostram os trabalhos de Adriana Silva, Itacir Luz e Adlene Arantes, é quase impossível "segui-lo". Como penetrar em sua história se não temos, na maior parte dos nossos acervos, bancos de dados informatizados que permitam reunir toda a documentação referente a um determinado sujeito? Como reconstruir trajetórias específicas se a documentação civil no Brasil está dispersa em um conjunto muito diverso de acervos?

Em resumo, como afirma Jean Hébrard (2001), na medida em que se trata de um campo de pesquisa relativamente novo, em construção, certamente os instrumentos metodológicos têm de ser continuamente "(re)inventados" durante o desenvolvimento das pesquisas. Esse é o desafio.

Desafios teóricos: as relações entre culturas do escrito e oralidade

Desde os anos 1960, diversos estudos vêm sendo realizados, em diferentes países, sobre as relações entre culturas orais e letradas, sobre as conseqüências da introdução da escrita e da imprensa nas sociedades tradicionais, sobre a constituição de modos diferentes de pensamento em culturas diversas.[13]

---

[13] Para uma síntese desses estudos, ver GALVÃO; BATISTA (2006).

Havelock (1995) localiza, entre os anos de 1962 e 1963, quatro publicações fundamentais que contribuíram para a constituição desse novo campo de pesquisas. Esses trabalhos, versando sobre temas diferentes e originários de países diversos, tinham em comum o fato de colocarem a oralidade em destaque: em 1962, foram publicados *The Gutenberg Galaxy*, de McLuhan, no Canadá, e *La pensée sauvage*, de Lévi Strauss, na França; em 1963, Jack Goody e Ian Watt publicaram o artigo *The consequences of literacy*, na Inglaterra, e Eric Havelock publicou *Preface to Plato* nos Estados Unidos. Para Havelock (1995), naquele momento, as próprias transformações por que passavam os meios de comunicação contribuíram para que a oralidade e a escrita fossem (re)consideradas objeto de estudo de destaque. Os trabalhos realizados nesse período, em diversas áreas de conhecimento – como a Antropologia, a Sociologia e a Psicologia –, enfatizaram o caráter oral da linguagem e as profundas implicações, em todos os níveis, da introdução da escrita em culturas tradicionais. Muitas dessas pesquisas debruçaram-se, por meio de trabalhos de campo, sobre sociedades ainda orais, buscando vestígios daquilo que se convencionou denominar oralidade primária: "melodias, cantos, epopéias, danças, exibições e músicas, ainda preservados oralmente e transmitidos de geração a geração entre as sociedades tribais..." (HAVELOCK, 1995).

Muitos desses estudos buscaram tipificar as diferentes culturas, a partir do papel que nelas ocupam as palavras oral e escrita. A hipótese básica desses estudos era a de que, segundo Havelock (1988), se "o meio é a mensagem", esta última sofre transformações em conseqüência do processo em que foi transmitida/recebida. Nesse sentido, as culturas orais e as culturas letradas se diferenciariam fundamentalmente na medida em que seus modos de transmissão e apropriação da linguagem são distintos. Alguns autores chegam a considerar o advento da escrita como um fato divisor entre o pensamento "selvagem" e o pensamento "civilizado", como Goody (1977).

Ong (1998) é um dos autores que buscam levantar hipóteses na direção de generalizar aspectos da "psicodinâmica das culturas de oralidade primária", reconhecendo a quase impossibilidade de realizar essa tarefa, na medida em que, nesse caso, não é possível trabalhar com dados empíricos e é difícil, para uma pessoa que vive em uma sociedade letrada, imaginar em que se constitui uma sociedade sem escrita. O autor enumera, então, diversas características que expressariam modos de pensamento tipicamente orais. Para ele, o pensamento oral seria pouco analítico, concreto (vinculado à vivência imediata), tradicionalista, redundante, fragmentado e pouco original, tornando difícil, para aquele indivíduo ou aquela sociedade que não domina a escrita, a experimentação intelectual, a abstração, a eliminação do "já-dito", a coesão do pensamento, a tarefa de estabelecer relações (por exemplo, entre causa e conseqüência). Nessa linha de interpretação, a própria aprendizagem dá-se por meio da observação e da prática e, minimamente, via explanação verbal e recorrência a conceitos abstratos. A aprendizagem nas culturas de oralidade primária não se dá, pois, pelo disciplinamento imposto pelo hábito de "estudar", mas predominantemente pela imitação. Nessas culturas, a repetição e o recurso à memória constituem a base dos processos de transmissão do conhecimento. O tom predominantemente emocional também caracterizaria o pensamento oral, na avaliação de Ong (1998). A memória oral trabalha, por meio das narrativas míticas, com personagens fortes, cujas mortes em geral são monumentais, memoráveis e comumente públicas. Em conseqüência dessa característica, há uma tendência à polarização das narrativas: de um lado, encontram-se o bem, a virtude e os heróis; de outro, o mal, o vício e os vilões. As culturas orais tendem, na mesma direção, a usar conceitos operacionais e padrões de referência que se constituem, minimamente, em abstrações.

Alguns autores que trabalham nessa mesma perspectiva buscam também apontar os principais efeitos da escrita. Ong (1998) afirma que a conseqüência principal e mais geral da introdução da escrita foi o que denominou de "separação": entre o conhecido e o conhecedor, já que interpõe entre esses dois pólos um objeto tangível, o texto; entre a interpretação e o dado;

entre a palavra e o som; entre a fonte da comunicação – o escritor – e o recipiente – o leitor; entre o passado e o presente; entre a aprendizagem acadêmica e a sabedoria; entre a "alta" linguagem, completamente controlada pela escrita, e a "baixa"/ "baixas" linguagem/linguagens, controladas pela oralidade; entre o ser e o tempo.

Para muitos pesquisadores, como Havelock (1988), quando os estudos se referem aos impactos trazidos pela introdução de sistemas de escrita, estão aludindo ao alfabeto grego. Segundo o autor, a invenção dessa tecnologia constituiu uma etapa decisiva na história ocidental, podendo ser considerada uma grande revolução, o apogeu de um processo progressivo. Havelock (1988) chega a afirmar que a história da mente e da linguagem humanas pode ser dividida em duas grandes épocas: a pré-alfabética e a pós-alfabética.

Nas últimas duas décadas, no entanto, os pressupostos desses estudos começaram a ser questionados e problematizados. Muitos pesquisadores têm mostrado, por meio de pesquisas empíricas, que as relações entre oralidade e escrita são muito mais complexas do que esses primeiros estudos fizeram supor. As grandes dicotomias estabelecidas entre oral/escrito têm sido, para autores como Brian Street, Harvey Graff e mesmo Roger Chartier, incapazes de explicar as intrincadas relações existentes entre as diferentes formas de linguagem, as características e os modos de pensamento presentes em culturas diversas.

Para Graff (1994), por exemplo, é certo que a penetração da escrita em culturas nativas orais tende a causar profundas transformações sociais, religiosas, ideológicas, políticas, econômicas e culturais. O autor critica, no entanto, as grandes divisões tradicionalmente apontadas entre culturas orais e letradas em pesquisas realizadas nesse campo de estudos. Para o autor, na verdade, é muito difícil ou quase impossível conceituar "cultura escrita", a não ser que a definição seja considerada historicamente e, desse modo, contextualizada no tempo e no espaço. O autor mostra, por exemplo, que a cultura escrita tem diferentes significados, que variam em função de seus modos de aquisição, papéis e usos, para membros de diferentes continentes, regiões, Estados ou mesmo grupos. Nesse sentido, aponta para a necessidade de se realizarem pesquisas mais cuidadosas, tomando como sujeitos indivíduos, grupos, seus sistemas socioculturais e os impactos que trazem, naquele contexto específico, os modos de comunicação introduzidos.

Em direção semelhante, Brian Street (1995) estabeleceu, para a análise da cultura escrita, os modelos autônomo e ideológico. No primeiro caso, o letramento, como um bem cultural, seria considerado bom em si mesmo, para todos, em qualquer lugar ou época, e capaz, por si mesmo, de modo independente dos contextos, de transformar os indivíduos e as sociedades. O modelo ideológico, por outro lado, não considera a cultura escrita um bem em si mesmo, mas um processo que está estritamente associado às condições/instituições socioculturais em um determinado contexto. Situadas entre a autoridade/o poder e a resistência individual/a criatividade, as práticas de letramento devem ser consideradas, para Street (1995), não somente aspectos da "cultura", mas também das estruturas de poder. Desse modo, o autor não considera a escrita como um divisor de águas entre dois tipos completamente diferentes de culturas: para ele, o oral e o escrito coexistem incessantemente, havendo um trânsito contínuo entre esses dois modos de expressão.

O autor, de forma semelhante a Graff (1994), não considera a escrita, em si mesma, responsável por transformações nas culturas. Para ele, a própria linguagem oral é capaz de gerar comportamentos tradicionalmente associados à escrita, como a fixação, a separação e a abstração. Além disso, as pinturas, os rituais e as narrativas, típicos das culturas de oralidade primária, são capazes de transformar a evanescência do som em algo quase permanente, distanciando as pessoas do imediato e desenvolvendo o pensamento abstrato. Para Street (1995), a perspectiva de autores como Ong (1998) traz grandes marcas do evolucionismo, na medida em que investiga as sociedades contemporâneas que ainda se conservam "primitivas" com o objetivo de nelas encontrar o que teria sido o passado da sociedade ocidental.

Eisenstein (1985), por sua vez, afirma que não se pode atribuir à imprensa tantas conseqüências como as que normalmente lhe são atribuídas: a própria imprensa é produção de uma época, e as diversas transformações ocorridas no momento de sua invenção são decorrentes de uma série de fatores. Para a autora, a verdadeira revolução teria se dado no século XII, quando o livro saiu dos conventos, das abadias e tornou-se leigo. Para ela, é imprescindível considerar o contexto institucional de qualquer inovação tecnológica, sob o risco de super ou subdimensioná-la. Chartier (1994), do mesmo modo, afirma que o advento da imprensa não foi o único responsável pela socialização da leitura, como tantas vezes se afirmou. Para o autor, na verdade, a transformação que mais contribuiu para a reestruturação do pensamento foi a invenção do livro, alguns séculos antes.

Desse modo, em muitos trabalhos sobre oralidade e cultura escrita, a "evolução" é considerada linearmente, como se todos os povos caminhassem, alguns de modo mais lento, outros de forma mais rápida, por um mesmo percurso, em direção a um único fim. Fundamentando essa concepção, encontra-se uma visão evolucionista e teleológica da História, segundo a qual se eliminam as descontinuidades e as contradições para elaborar uma história linear, homogênea e coerente (FOUCAULT, 1986). Trabalhos antropológicos realizados na atualidade têm mostrado a riqueza e a diversidade de culturas não avançadas tecnologicamente, evidenciando as multivariadas direções que a "evolução" pode tomar.

Os estudos contemporâneos, mais do que descrever de maneira mais ou menos dicotomizada as diferenças entre a cultura escrita e a oral, procuram apreender as condições sociais, históricas e técnicas em torno das quais, para diferentes casos históricos, construiu-se uma determinada cultura escrita e um conjunto determinado de impactos políticos, sociais, culturais. Passou-se, portanto, a buscar compreender não *a* cultura escrita em sua oposição à cultura oral, mas *culturas escritas*,[14] em

---

[14] Ver, para um resumo desses estudos, CHARTIER (2002).

duas principais linhas de investigação. A primeira delas volta-se para o estudo, em grande escala, da entrada de sociedades no mundo da escrita e procura responder como e sob que condições a população dessas sociedades se alfabetizou, bem como o tipo de cultura escrita que se construiu nesse processo (ver, por exemplo, GRAFF, 1987; FURET; OZOUF, 1977). A segunda linha, desenvolvida por meio de estudos monográficos, volta-se para o estudo de práticas de leitura e escrita, de modos de inserção e participação individuais em culturas escritas e das identidades específicas adquiridas por essas culturas, em conseqüência das finalidades e dos usos que nela se fazem da escrita e dos modos como nela se relacionam o impresso, o manuscrito e a oralidade. Essas investigações do segundo grupo, portanto, voltam-se justamente para a diluição das dicotomias dos primeiros estudos sobre cultura escrita, buscando compreender, por exemplo, como comunidades de intérpretes são criadas por meio da oralidade ou ainda como e por meio de que práticas uma *scribal culture* sobrevive apesar de uma ampla difusão do impresso (CHARTIER, 2002). No caso brasileiro, assim como no de outros países de escolarização e de difusão da imprensa tardias, como já nos referimos, ganha relevância a investigação sobre o papel desempenhado por práticas ancoradas na oralidade, no uso do manuscrito e na memorização.

Esses estudos tendem a se basear em pressupostos que vêm fundamentando as pesquisas realizadas no campo da História Cultural. Pressupondo que a realidade é social e culturalmente construída e profundamente influenciados pela Antropologia, muitos desses trabalhos tomam, como objeto de investigação, as pessoas comuns inseridas em seu cotidiano. Nessa perspectiva, buscam, de maneira mais aprofundada, analisar as difíceis relações estabelecidas entre trajetórias individuais e relações com os grupos sociais, étnicos, geracionais, sexuais e, de maneira mais ampla, com as sociedades e épocas em que vivem/viveram. Buscam, dessa maneira, superar modelos deterministas de explicação social, associando, como explicita Peter Burke (1992), a liberdade de escolha das pessoas comuns, as suas estratégias e capacidades de explorar as inconsistências e incoerências dos sistemas sociais e políticos para se introduzir em frestas em que consigam sobreviver. Ainda segundo o mesmo autor, esses estudos foram influenciados, em alguma medida, pela noção de *habitus* de Bourdieu, destacando a existência de uma liberdade individual dentro dos limites impostos pela cultura.

A História Cultural oferece, assim, instrumentos para analisar os fenômenos em jogo nos processos de reconversão dos meios afastados do mundo da escrita no Brasil contemporâneo. As modalidades de passagem das culturas orais às culturas escritas são certamente, hoje, as melhores documentadas e melhores analisadas. Ao lado das grandes enquetes (realizadas durante os anos 1980 em diversos países) sobre a alfabetização e suas incidências sobre as dinâmicas sociais e políticas (mais do que econômicas), trabalhos mais limitados colocaram, desde então, em evidência a complexidade das práticas em jogo e as divisões sociais que as caracterizam. Mais particularmente, eles permitiram captar a medida dos momentos de ruptura (individual ou coletiva) que fazem aparecer, ao lado das heranças, os comportamentos novos, transformando profundamente as modalidades de interpretação do mundo, as capacidades de ação sobre o meio imediato, as relações com as diversas comunidades de referência. Instalando-se no quadro restrito das sociabilidades familiares e na sucessão das gerações, é possível reconstituir os processos por meio dos quais se herdam as competências intelectuais e os instrumentos culturais da escrita. É também possível reencontrar as condições que permitem uma forte ruptura na linhagem familiar, inaugurando em seu seio, de maneira mais ou menos generalizada, novas potencialidades. É, portanto, nessa segunda linha de investigação que se inserem os estudos reunidos neste livro: articulando os métodos utilizados no espaço europeu com as primeiras abordagens efetuadas no espaço brasileiro nos séculos XIX e XX, propusemo-nos a aprofundar um campo novo de pesquisa centrado nos sujeitos ou grupos tradicionalmente associados à oralidade, no qual exploramos as etapas sucessivas de acesso às práticas da leitura e da escrita em trajetórias pessoais e sociais, ao mesmo tempo em que tentamos encontrar as fontes e os métodos suscetíveis de nos conduzir a outras práticas intelectuais ainda ancoradas na oralidade (transmissão e recepção de informações, retórica do oral, categorizações do mundo social, etc.), no uso do manuscrito, na memorização e utilizando outros vetores além da escrita (sociabilidades das feiras ou das peregrinações, rádio).

Entretanto, no cotidiano das pesquisas que realizamos, mais uma vez, algumas dificuldades se impuseram no processo de operacionalização desses pressupostos e outros desafios foram colocados. O que estamos, de fato, denominando como cultura escrita? É pertinente sempre utilizar a expressão no plural – culturas escritas ou culturas do escrito – ou estaríamos correndo o risco de supervalorizar os contextos locais? Como, ao privilegiar os contextos locais de usos da leitura e da escrita e as hierarquias e relações de poder deles advindos, reconhecer que existe uma cultura escrita mais ampla, considerada legítima, que os ultrapassa?

Recentemente, Brandt e Clinton, em artigo publicado em 2002, fazem algumas críticas aos *New Literacy Studies* (NLS), como ficaram conhecidos os trabalhos realizados pelo grupo de pesquisadores liderados por Brian Street, na Inglaterra. Para as autoras, esses estudos ficaram tão preocupados em destacar o caráter local das práticas de letramento (para fugir do modelo autônomo), que acabaram perdendo uma dimensão mais ampla de teorização. Para elas, os NLS "exageraram" no poder conferido aos contextos locais, na medida em que as práticas de letramento não são, tipicamente, inventadas por aqueles que as vivenciam; também não são independentes das coisas, dos objetos que as sustentam. No artigo, as autoras sugerem incorporar aos estudos sobre cultura escrita as reflexões de Bruno Latour,[15] para quem as "coisas" desempenham papel fundamental nas

---

[15] Ver, entre outros, LATOUR (1994, 2000).

interações. Nessa direção proposta, o foco dos estudos passaria a ser a materialidade dos objetos que estão presentes nos eventos e práticas de letramento. Para as autoras, a tecnologia, que geralmente não se origina no contexto local, tem papel primordial que muda as funções, usos, valores e significados da cultura escrita em qualquer lugar. Nessa perspectiva, quanto maior for a amplitude do objeto de escrita que media as interações, ou seja, quanto mais ele ultrapassar o contexto local, maior poder tem no mundo da cultura escrita. Nas palavras das autoras:

> Provavelmente descobriremos que grupos cujas redes de letramento são realmente e fundamentalmente localizadas têm bem menos poder ou capacidade de agir do que grupos cujas leitura e escrita dependem de maiores extensões. Quando os grupos são realmente permitidos a criar suas próprias práticas de letramento dentro dos recursos locais, isso não é necessariamente um sinal de empoderamento, mas ao invés disso, potencialmente, um sinal de isolamento, uma falta de incorporação política e econômica. De qualquer maneira, esses tipos de análise comparativa em que nós acreditamos tornam possíveis esses conceitos. (BRANDT; CLINTON, 2002, p. 9) (Trad. autora)

Em outro artigo, Bartlett e Holland (2002) sugerem que um dos caminhos para superar o impasse universalista/particularista no contexto dos NLS é relacionar, de forma mais estreita, texto, poder e identidade. Buscam, de maneira semelhante a Brandt e Clinton (2002), vincular os NLS a uma teoria social mais ampla. Uma das saídas propostas pelas autoras é recorrer aos estudos de Bourdieu, pois o conceito de *habitus* já superaria essa dicotomia. Aproximam-se, assim, da proposição de alguns trabalhos da História Cultural, como já havíamos nos referido.

O próprio Street (2003) publicou um artigo em que busca defender-se das principais críticas formuladas aos NLS. Embora reconheça a pertinência de algumas delas, o autor afirma que o debate deve continuar sem que se recorra ao termo letramento "distante" (para falar de certos aspectos do letramento autônomo), como fazem Brandt e Clinton (2002). Para o autor, para estudar esses processos, é preciso encontrar/inventar ferramentas conceituais que possam caracterizar as relações entre o local e o "distante". Para Street, é preciso ter cuidado para não pensar que os "letramentos distantes" chegam aos contextos locais com sua força e significado intactos; na verdade, o que ocorre é uma hibridização dos letramentos.

Diante desse debate, como, então, na realização das pesquisas, não cair na armadilha do modelo autônomo, mas, ao mesmo tempo, conseguir produzir teorizações mais amplas? Inicialmente, é preciso distinguir, na língua portuguesa, aquilo que, em inglês, é expresso em uma única palavra: *literacy*. Podemos considerar como sinônimos as expressões letramento e cultura escrita? Nos estudos reunidos neste livro, o conceito de letramento é tomado em uma das acepções que lhe atribui Magda Soares (1998): refere-se aos eventos e práticas sociais mediados por material escrito. Por meio da descrição minuciosa desses eventos e práticas, em diferentes tempos e espaços, é possível compreender o lugar que a escrita ocupa em determinada cultura – chegamos, assim, ao conceito de cultura escrita.

Neste livro, estão reunidos, por exemplo, três estudos sobre as relações de meninos, jovens e adultos negros e pobres com a escrita em Pernambuco, no século XIX; esses trabalhos buscam compreender, como já nos referimos, o papel das aulas de primeiras letras e de duas instituições (a Sociedade dos Artistas Mecânicos e a Colônia Orfanológica Isabel) como instâncias mediadoras entre esse público e a leitura e a escrita. Por meio da análise do papel ocupado pelo escrito nesses espaços, é possível compreender, mais amplamente, que lugar o escrito ocupava naquela sociedade, mais particularmente, para esse grupo social específico.

É possível, assim, identificar, baseados em estudos desse tipo, que lugar ocupa o escrito em determinada sociedade, mesmo quando restringimos, por exemplo, o que denominamos de "sociedade" a um espaço bastante circunscrito e a um grupo social determinado, como Pernambuco do século XIX e os pretos e pardos? Ou podemos apenas nos referir a certa cultura do escrito,

38 História da cultura escrita: séculos XIX e XX

entre tantas outras, quando descrevemos aquela que foi produzida por esse/para esse grupo social? É melhor, então, como sugere Chartier (2002), sempre nos referirmos a culturas do escrito? Nesse caso, que relações essa cultura escrita estabelece com outras culturas escritas que existiam na mesma época e espaço? Ao fazer essa opção, não estaríamos cedendo, uma vez mais, ao imperativo das práticas locais? Em que outros espaços se usava a leitura e a escrita naquele contexto? Poderíamos pensar, então, recorrendo a Bourdieu, que havia uma cultura escrita legítima que, de alguma maneira, regulava a relação com as outras formas de cultura escrita? Mas, onde estaria essa cultura legítima? Quem a legitimava? Que instituições? Que agentes? Que relações de poder se estabeleciam a partir dela? Como falar em cultura escrita legítima quando os indivíduos, na produção de modos particulares de se relacionar com o escrito, provavelmente nem a conheciam? Ao nos referirmos a uma cultura escrita legítima não estamos, mais uma vez, referindo-nos a uma abstração?

Em pesquisa anterior (GALVÃO, 2001), pude, por exemplo, constatar que aqueles que detinham as maiores competências para ler folhetos de cordel em voz alta, nos anos 30 e 40 do século XX, em Pernambuco, exerciam poder sobre os demais; por outro lado, principalmente os que viviam na zona rural, não tinham a dimensão de que aquele domínio da leitura e da escrita era pouco valorizado em outras práticas de letramento, principalmente urbanas. A leitura silenciosa, por exemplo, não era valorizada na leitura de cordéis; era, no entanto, considerada a mais legítima em outros contextos, como nas proposições pedagógicas. A proposta realizada por Brandt e Clinton (2002), baseadas em Latour, de focalizar os objetos da escrita que estão nos diferentes eventos e práticas seria, nessa encruzilhada, uma saída? Adlene Arantes, por exemplo, em seu artigo, observa que os mesmos livros didáticos que circulavam nas aulas de primeiras letras – voltadas para um público mais amplo – eram, em sua maioria, os mesmos que compunham a biblioteca da Colônia Isabel. Essa constatação seria, então, na direção proposta por

Brandt e Clinton (2002), um indício de que eram práticas de letramento mais "fortes" do que, por exemplo, as que ocorriam em aulas cujos professores se serviam de qualquer material escrito para ensinar os meninos a ler e escrever?[16] Por outro lado, essa proposta não pode ignorar o que os estudos em História Cultural, há pelo menos três décadas, têm mostrado: um mesmo objeto é consumido e apropriado de maneiras distintas por grupos sociais, culturais, geracionais e étnicos diferentes.

Essas questões se tornam ainda mais complexas, como já nos referimos, quando mudamos a escala de observação e passamos a focalizar trajetórias individuais. Nessa escala, é possível constatar, de maneira muito nítida, que os indivíduos, ao mesmo tempo em que participam de certas culturas do escrito de uma dada sociedade, também são produtores ativos de outras formas – muitas vezes novas – de se relacionar com a leitura e a escrita que passam a caracterizar também a cultura escrita daquela sociedade.[17] Podemos observar algumas dessas práticas singulares de relação com o escrito no capítulo de autoria de Ana Galvão e Poliana Oliveira. Por isso, em alguns momentos, preferimos, nos estudos realizados pelo grupo, utilizar as expressões "participar da", "apropriar-se da", "relacionar-se com" em lugar de "inserir-se na", "entrar na[18]" ou "ter acesso à(s)" cultura(s) escrita(s). Acreditamos que, com essas opções, explicitamos o papel ativo dos sujeitos e dos grupos sociais nesse processo.

Por outro lado, em alguns casos, é impossível ignorar que, independentemente da ação dos indivíduos como produtores de cultura, a entrada do escrito no contexto em que vivem traz impactos, muitas vezes definitivos, em seus modos de viver.

---

[16] Para exemplos dessas aulas, ver GALVÃO *et al.* (2003).

[17] Para uma discussão do sujeito como produtor de cultura em seu cotidiano, ver CERTEAU (1996).

[18] Esse é, inclusive, o verbo utilizado no título do programa de pesquisas *Entrando na cultura escrita: trajetórias individuais, familiares e sociais (séculos XIX e XX).*

Como afirma Jack Goody (PALLARES-BURKE; BURKE, 2004), em entrevista recente em que esclarece e revê alguns de seus posicionamentos iniciais, é absurdo não reconhecer que a escrita teve e tem conseqüências. Ignorar essas conseqüências seria, certamente, um reducionismo e um relativismo extremos. Mesmo quando focalizamos nosso olhar sobre os contextos locais, é possível apreender esses impactos que, evidentemente, não devem ser interpretados nem como positivos nem como negativos; também não se deve buscar apenas apreender "o que a escrita fez com as pessoas", mas "o que as pessoas fizeram com a escrita". Esse processo é visualizado, particularmente, nos estudos de Maria José Souza e de Jean Hébrard, que mostram como, em uma determinada comunidade ou região, a presença cada vez maior do escrito em diversas dimensões sociais transforma a vida dos indivíduos. Nos estudos de Ana Galvão e Poliana Oliveira e Antônio Batista é possível perceber como, em percursos individuais, essa inserção na cultura escrita possibilitou a construção de outro lugar simbólico – o de escritor –, no primeiro caso, ou de outro lugar social, no segundo.

Outras questões também se impuseram no cotidiano da prática de pesquisa: como operacionalizar, na análise dos nossos dados, a idéia de que o oral e o escrito não são dois pólos dicotômicos? Como reconhecer a especificidade de cada uma dessas dimensões sem tomá-las como opostas? Como identificar e reconhecer, nos eventos e práticas de letramento estudados, a presença da oralidade na escrita e, por outro lado, da escrita na oralidade? Essas intrincadas relações são particularmente trabalhadas nos artigos de Ana Galvão e Sandra Silva, de Juliana Melo, de Maria José Souza e de Jean Hébrard. Esses trabalhos mostram, por exemplo, que, quando a entrada na escrita é mediada por situações em que há um contínuo e uma aproximação entre oralidade e escrita e escrita e oralidade, como é o caso das práticas religiosas ou dos espaços públicos de conversações, o processo de entrada nas culturas do escrito torna-se mais natural e menos marcado por tensões. De maneira semelhante, pude observar, em estudo anterior já referido (GALVÃO, 2001), que, na leitura coletiva de cordéis, oral e escrito se aproximam, facilitando a participação na cultura escrita daqueles que não sabem ler nem escrever, na medida em que o cordel é um gênero escrito com profundas marcas da oralidade. O estudo de Juliana Melo mostra, por outro lado que, mesmo entre os grupos sociais que já se encontram estabelecidos na cultura escrita, as práticas fundadas na oralidade também são fundamentais nesse processo.

Finalmente, uma última reflexão de caráter teórico merece ser feita neste texto. É pertinente, como fazemos nos estudos reunidos neste livro, trabalhar com a idéia de "novo letrado"? Essa noção se baseia no conceito de "novos leitores", utilizado por Hébrard (1990) para designar a primeira geração de indivíduos ou grupos sociais que realizam a sua inserção na cultura escrita. Refere-se, portanto, para utilizar uma expressão da sociologia bourdieusiana, aos que não "herdaram" capital cultural, das gerações precedentes. No entanto, particularmente no Brasil, país de difusão tardia da alfabetização e da imprensa e marcado pela cultura rural, observamos, como mostra o estudo de Juliana Melo, que, mesmo entre as elites letradas, a oralidade e a narrativa compõem seus modos de se relacionar com o mundo. Além disso, como mostram outros estudos,[19] a própria elite econômica do País, formada por proprietários de terras era, em muitos casos, até meados do século XIX, iletrada. Nesse sentido, embora a noção seja útil, ela não deve servir para, uma vez mais, fundarmos dicotomias entre, por um lado, letrado, erudito e elite e, por outro, oral e popular.

A noção de novo letrado também não deve, como mostra o capítulo de Ana Galvão e Poliana Oliveira, levar a uma associação direta e mecânica entre, por um lado, esses indivíduos e leitura ética e, por outro, entre sujeitos já estabelecidos na cultura escrita há mais de uma geração e leitura estética.

---

[19] Ver a análise que José Honório Rodrigues (1965) faz sobre a discussão em torno da Lei Saraiva, que institui, em 1881, a interdição do voto ao analfabeto. Ver também GALVÃO; DI PIERRO (2007).

42 História da cultura escrita: séculos XIX e XX

Nessa perspectiva, ganham relevo os estudos que evidenciam os fatores que possibilitaram que esses indivíduos, em suas linhagens familiares, apesar de condições muito adversas, chegassem a ter uma relação estreita com o escrito, como é o caso, particularmente, do capítulo escrito por Fabiana Silva. O seu trabalho mostra, assim como outros publicados neste livro, que muitas instâncias exercem importante papel nesses processos de entrada e participação no mundo da escrita: além da própria família (e, nela, a figura emblemática da mãe), a escola, o trabalho (em particular aquele exercido no escritório – contador, telegrafista), a experiência urbana (o contato com o impresso – é o jornal que chega no trem) e redes de sociabilidade diversas (como aquelas que reúnem pequenos intelectuais).

Utilizar a noção de novo letrado não deve, por fim, fazer o pesquisador reduzir a complexidade de um grupo social, familiar ou de um indivíduo a uma única dimensão que, supostamente, o caracteriza.[20] Como afirma Botton (2000), em sua biografia inventada de Isabel – que tem uma família, um emprego e uma vida banais –,

> Se uma série de características não for delineada, uma pessoa pode rapidamente desaparecer por trás de uma característica ou um hábito dominante que parece abranger todos os outros; pode tornar-se simplesmente um divorciado, um anoréxico, um pescador ou um gago. (p. 214)

---

[20] Poderíamos pensar de maneira semelhante para os termos "negro", "meio popular", "protestante", etc. Para Bernard Lahire (2004, p. XI): "Nessa versão 'dobrada' da realidade que pretendo elaborar, o indivíduo não é redutível a seu protestantismo, ao seu pertencimento de classe, a seu nível cultural ou a seu sexo. É definido pelo conjunto de suas relações, compromissos, pertencimentos e propriedades, passados e presentes. Nele sintetizam-se ou se combatem, combinam-se ou se contradizem, articulam-se harmonicamente ou coexistem de forma mais ou menos pacífica, elementos e dimensões de sua cultura (no sentido amplo do termo) que, em geral, são estudados separadamente pelos pesquisadores na área das ciências sociais [...]".

Referências

BARTLETT, Lesley; HOLLAND, Dorothy. Theorizing the space of literacy practices, *Ways of Knowing*, v. 2, n. 1, University of Brighton, 2002.

BARTON, David; HAMILTON, Mary. *Local literacies*: reading and writing in one community. London: Routledge, 1998.

BOTTON, Alain de. *Nos mínimos detalhes*. Rio de Janeiro: Rocco, 2000.

BRANDT, Deborah; CLINTON, Katie. Limits of the local: expanding perspectives on literacy as a social practice. *Journal of Literacy Research*, v. 34, n. 3, p. 337-356, 2002.

BURKE, Peter. Abertura: a Nova História, seu passado e seu futuro. In: BURKE, Peter (Org.). *A escrita da história*: novas perspectivas. São Paulo: UNESP, 1992. p. 7-37.

CASTILLO GÓMEZ, Antonio. Historia de la cultura escrita: ideas para el debate. *Revista Brasileira de História da Educação*, n.5, p.93-124, jan./jul.2003.

CERTEAU, Michel. *A escrita da história*. Rio de Janeiro: Forense-Universitária, 1982.

CERTEAU, Michel. *A invenção do cotidiano:* artes de fazer. 2. ed. Rio de Janeiro: Vozes, 1996.

CERUTTI, Simona. A construção das categorias sociais. In: BOUTIER, Jean; JULIA, Dominique (Orgs.). *Passados recompostos:* campos e canteiros da História. Rio de Janeiro: Editora UFRJ/FGV, 1998. p. 233-242.

CHARTIER, Roger. *A ordem dos livros*: leitores, autores e bibliotecas na Europa entre os séculos XIV e XVIII. Brasília: Editora Universidade de Brasília, 1994.

CHARTIER, Roger. Do livro à leitura. In: CHARTIER, Roger (Org.). *Práticas da leitura*. São Paulo: Estação Liberdade, 1996. p. 77-105.

CHARTIER, Roger. *Os desafios da escrita*. São Paulo: Editora da Unesp, 2002.

EISENSTEIN, E. On the printing press as an agent of change. In: OLSON, D. R.; TORRANCE, N.; HILDYARD, A. *Literacy, language and learning:* the nature and consequences of reading and writing. Cambridge: Cambridge University Press, 1985. p. 19-33.

ELIAS, Norbert. *Mozart*: sociologia de um gênio. Rio de Janeiro: Zahar, 1994.

FERRARI, Alceu R. Analfabetismo no Brasil: tendência secular e avanços

44 História da cultura escrita: séculos XIX e XX

recentes. Resultados preliminares, *Cadernos de Pesquisa,* São Paulo, n. 52, p. 35-49, fev. 1985.

FERREIRA, Tânia. Leitores do Rio de Janeiro: bibliotecas como "jardins das delícias". *Acervo:* Revista do Arquivo Nacional, v. 8, n. 1-2, p. 83-104, jan./dez. 1995.

FOUCAULT, Michel. *A arqueologia do saber.* Petrópolis: Vozes, 1986.

FRIEIRO, Eduardo. *O diabo na livraria do Cônego.* Belo Horizonte: Livraria Cultura Brasileira, 1945.

FRIJHOFF, Willem (Dir.). Autodidaxies (XVIe-XIXe siècles). *Histoire de l'Éducation,* Paris, n. 70, maio 1996.

FURET, François; OZOUF, Jacques. *Lire et écrire:* l'alphabétisation des français de Calvin à Jules Ferry. Paris: Minuit, 1977.

GALVÃO, Ana Maria de Oliveira. *Cordel:* leitores e ouvintes. Belo Horizonte: Autêntica, 2001.

GALVÃO, Ana Maria de Oliveira *et al. Livros escolares de leitura:* caracterização e usos (Pernambuco, século XIX). Recife: UFPE, 2003 (Relatório Final de Pesquisa – CNPq).

GALVÃO, Ana Maria de Oliveira; BATISTA, Antônio Augusto Gomes. Oralidade e escrita: uma revisão. *Cadernos de Pesquisa,* v. 36, n. 128, p. 403-432, maio/ago. 2006.

GALVÃO, Ana Maria de Oliveira; DI PIERRO, Maria Clara. *Preconceito contra o analfabeto.* São Paulo: Cortez, 2007.

GINZBURG, Carlo; CASTELNUOVO, Enrico; PONI, Carlo. *A micro-história e outros ensaios.* São Paulo: Companhia das Letras, 1989.

GINZBURG, Carlo. *O queijo e os vermes:* o cotidiano e as idéias de um moleiro perseguido pela Inquisição. São Paulo: Companhia das Letras, 1991.

GINZBURG, Carlo. Sinais: raízes de um paradigma indiciário. In: GINZBURG, Carlo. *Mitos, emblemas e sinais:* morfologia e história. São Paulo: Companhia das Letras, 1989.

GOODY, J. *The domestication of the savage mind.* Cambridge: Cambridge University Press, 1977.

GRAFF, Harvey J. *The legacies of literacy:* continuities and contradictions in western cultures and society. Bloomington: Indiana University Press, 1987.

GRAFF, Harvey J. *Os labirintos da alfabetização.* Porto Alegre: Artes Médicas, 1994.

HALLEWELL, Lawrence. *O livro no Brasil* (sua história). São Paulo: T. A. Queiroz/Edusp, 1985.

HAVELOCK, E. The coming of literate communication to western culture. In: KINTGEN, E. R.; KROLL, B. M.; ROSE, M. *Perspectives on literacy.* Carbondale and Edwardsville: Southern Illinois University Press, 1988. p. 127-134.

HAVELOCK, Eric. A equação oralidade-cultura: uma fórmula para a mente moderna. In: OLSON, David R.; TORRANCE, Nancy (Orgs.). *Cultura escrita e oralidade.* São Paulo: Ática, 1995. p. 17-34.

HÉBRARD, Jean. Le lecteur autodidacte. In: *Le grand Atlas de la littérature.* Paris: Encyclopaedia Universal, s.d. p. 274-275.

HÉBRARD, Jean. Les nouveaux lecteurs. In: CHARTIER, Roger & MARTIN, Henri-Jean. *Histoire de l'édition française.* Paris: Fayard; Cercle de la Libraires, 1990. v. 3 (Les temps des éditeurs: du romantisme à la Belle Époque). p. 526-567.

HÉBRARD, Jean. O autodidatismo exemplar. Como Valentin Jamerey-Duval aprendeu a ler? In: CHARTIER, Roger (org.). *Práticas da leitura.* São Paulo: Estação Liberdade, 1996. p. 35-74.

HÉBRARD, Jean. *Relations à l'écrit et reconversions individuelles* (trajectoires familiales dans les sertões de l'état de Bahia et du Pernambuco depuis l'abolition de l'esclavage). Project de Recherche. Paris: CRBC – EHESS, 2001. Mimeografado.

KOFES, Suely. *Uma trajetória, em narrativas.* Campinas: Mercado de Letras, 2001.

LAHIRE, Bernard. *Sucesso escolar nos meios populares*: as razões do improvável. São Paulo: Ática, 1997.

LAHIRE, Bernard. *Homem plural*: os determinantes da ação. Petrópolis: Vozes, 2002.

LAHIRE, Bernard. *Retratos sociológicos:* disposições e variações individuais. Porto Alegre: Artmed, 2004.

LAHIRE, Bernard. *A cultura dos indivíduos.* Porto Alegre: Artmed, 2006.

LATOUR, Bruno. *Jamais fomos modernos.* São Paulo: Editora 34, 1994.

LATOUR, Bruno. *Ciência em ação:* como seguir cientistas e engenheiros sociedade afora. São Paulo: UNESP, 2000.

LE GOFF, Jacques. *História e memória.* Campinas: Editora da UNICAMP, 1994.

LEVI, Giovanni. Sobre a micro-história. In: BURKE, Peter. *A escrita da história*: novas perspectivas. São Paulo: UNESP, 1992. p. 133-161.

46 História da cultura escrita: séculos XIX e XX

LYONS, Martyn. A leitura e o autodidata: a experiência de leitura de autobiógrafos de classe trabalhadora na Inglaterra, Austrália e França do século XIX. In: LYONS, Martyn; LEAHY, Cyana. *A palavra impressa*: histórias da leitura no século XX. Rio de Janeiro: Casa da Palavra, 1999. p. 39-57.

ONG, W. J. *Oralidade e cultura escrita*: a tecnologização da palavra. Campinas: Papirus, 1998.

PALLARES-BURKE, Maria Lúcia; BURKE, Peter. Entrevista com Jack Goody. *Horizontes antropológicos*, v. 10, n. 22, p. 329-345, jul./dez. 2004.

POLLAK, Michael. Memória, esquecimento, silêncio. *Estudos históricos*, Rio de Janeiro, v. 2, n. 3, p. 3-15, 1989.

POLLAK, Michael. Memória e identidade social. *Estudos históricos*, Rio de Janeiro, v. 5, n. 10, p. 200-212, 1992.

REVEL, Jacques. *Jogos de escalas*: a experiência da microanálise. Rio de Janeiro: FGV, 1998.

RODRIGUES, José Honório. O voto do analfabeto e a tradição política brasileira. In: *Conciliação e reforma no Brasil*: um desafio histórico-político. Rio de Janeiro: Civilização Brasileira, 1965. p. 135-163.

SILVA, Maria Beatriz Nizza da. História da leitura luso-brasileira: balanços e perspectivas. In: ABREU, Márcia (Org.). *Leitura, história e história da leitura*. Campinas: Mercado de Letras, 1999. p. 147-164.

SOARES, Magda Becker. *Letramento*: um tema em três gêneros. Belo Horizonte: Autêntica, 1999.

SOUZA, Maria Cecília Cortez Cristiano de. A trajetória de Joaquim Nabuco. In: SOUZA, Maria Cecília Cortez Cristiano de. *A escola e a memória*. Bragança Paulista: Editora da Universidade de São Francisco, 2000a. p. 141-170.

SOUZA, Maria Cecília Cortez Cristiano de. A trajetória de Luiz Gama. In: SOUZA, Maria Cecília Cortez Cristiano de. *A escola e a memória*. Bragança Paulista: Editora da Universidade de São Francisco, 2000b. p. 171-196.

STREET, Brian V. *Social literacies*: critical approaches to literacy in development, ethnography and education. London and New York: Longman, 1995.

STREET, Brian. What´s "new" in New Literacy Studies? Critical approaches to literacy in theory and practice. *Current Issues in Comparative Education*, v. 5, n. 2, Teacher´s College, Columbia University, 2003, p. 77-91.

PARTE II

PERCURSOS INDIVIDUAIS DE PARTICIPAÇÃO NA CULTURA ESCRITA

Evodie (1860-1940) e Elie H. (1864-1931).
Fotografia anônima de 1930, aproximadamente.

Capítulo 2

ALFABETIZAÇÃO E ACESSO ÀS PRÁTICAS DA CULTURA ESCRITA DE UMA FAMÍLIA DO SUL DA FRANÇA[1] ENTRE OS SÉCULOS XVIII E XIX: UM ESTUDO DE CASO[2]

Jean Hébrard

Nos séculos XVIII e XIX, a alfabetização foi diversamente distribuída no sul da França e, mais particularmente, na região das *Cévennes*.[3] As oposições entre região pobre e região rica, entre planície e montanha, entre região católica e região protestante já foram objeto de vários estudos.[4] As contagens de assinatura, análises de declarações dos alistados no exército ou nos recenseamentos dão uma idéia geral da situação: elas constatam os avanços das taxas de alfabetização. Comparando esses movimentos com as evoluções de outros fenômenos culturais – a prática religiosa, a escolarização, a difusão do impresso –, os pesquisadores chegaram a propor modelos para

---

[1] O estudo monográfico sobre a alfabetização em uma linhagem familiar aqui proposto refere-se às regiões marcadas pelo protestantismo da parte das Cévennes que passou a pertencer ao departamento do Gard durante a Revolução Francesa (1789). Elas se estendem dos contrafortes meridionais do maciço até a planície da Vaunage situada a oeste de Nîmes.

[2] Tradução de Ceres Leite Prado e Eliane Marta Teixeira Lopes.

[3] As *Cévennes* são montanhas que formam uma cadeia que pertence ao Maciço Central e se prolongam em direção ao sul da França. (N.T.)

[4] Para os períodos mais antigos (séculos XVI e XVII), ver Emmanuel Le Roy Ladurie (1966); para os séculos XVII e XVIII, ver COMPERE (1977). Para o século XIX, pode-se recorrer à Pesquisa Maggiolo: Ministère de l'Instruction (s.d.) e também à *Statistique générale de la France*.

explicar a passagem da preponderância da cultura oral para a preponderância da cultura escrita. Acentuaram, em particular, os períodos intermediários em que a alfabetização não estava ainda generalizada e, entretanto, o escrito (religioso, administrativo e mesmo literário) estava suficientemente presente na vida cotidiana para imprimir sua marca em cada um, mesmo no analfabeto.[5]

Essas pesquisas constatam, mas não indicam, como um grupo social, um grupo profissional, uma linhagem familiar entram na cultura escrita; como homens e mulheres acrescentam às tradições orais de sua comunidade de pertencimento saberes e práticas – vindos de outras culturas – que lhes permitem aceder ao escrito e dele tirar vantagens econômicas, sociais, intelectuais, morais ou políticas.

Entrar na realidade desse fenômeno complexo obriga a utilização de outros métodos que não aqueles próprios aos historiadores da alfabetização que trabalham em escala de nação ou de região. Esses novos métodos devem permitir o acesso à diversidade dos modos de aculturação dos grupos sociais ou das comunidades no momento em que entram de maneira durável na cultura escrita. A história da leitura, que muito se desenvolveu nesses últimos anos, permitiu a elaboração de métodos de abordagem mais apurados, mais etnográficos[6] que, entretanto, dizem mais respeito aos leitores que já têm uma prática estabelecida – os leitores "confirmados" – do que àqueles que estão em processo de acesso à cultura escrita.

Para os períodos mais recentes, no cruzamento da sociologia e da história, a fonte oral (JOUTARD, 1983) continua sendo o meio mais adequado para penetrar no cerne dessa transformação profunda das maneiras de viver, de pensar e de sentir – a entrada na cultura escrita.[7] Para que o depoimento oral seja um

---

[5] Ver em particular, FURET; OZOUF (1977) e GOODY (1977).

[6] Para uma síntese sobre essa questão, ver CHARTIER (1995).

[7] Ver, para esse assunto, a obra pioneira de THIESSE (1984). Na sociologia, Bernard Lahire explorou esse tipo de abordagem de uma maneira particularmente sugestiva. Ver, por exemplo, LAHIRE (1995).

instrumento que permita a apreensão desses processos, é preciso, entretanto, que as testemunhas tenham conhecido os períodos de mutação que levaram sua comunidade a essa revolução de práticas culturais e sociais. É na região que os historiadores da alfabetização chamam "França-do-atraso", isto é, na França do sul e do oeste, que se produzem às vésperas da Primeira Guerra Mundial (1914-1918) essas últimas transformações que rompem o isolamento do mundo rural[8] e fazem o país entrar, definitivamente, na modernidade cultural.

A Vaunage é, a esse respeito, um lugar privilegiado para se pesquisar, já que pertence a essa planície da região do Gard que conservou até o século XIX um comportamento contrastante em relação à cultura escrita: por um lado, um grande atraso na alfabetização da população de trabalhadores diaristas de vinhedos; por outro, um progresso em relação à alfabetização das autoridades locais, dos artesãos e dos comerciantes das cidades e dos vilarejos que, desde o fim do século XVIII, haviam se instalado definitivamente no escrito (pelo menos os homens). Os trabalhadores agrícolas (diaristas, domésticos e mesmo *baïle*[9]) da região tornaram-se, então, *novos leitores*[10] nos últimos anos do século XIX.

Pude, entre 1975 e 1985, encontrar certo número de pessoas originárias da Vaunage, e da viticultura da região do Gard, todas nascidas no século XIX. Conversei longamente com elas, indo de uma família a outra, sobre sua infância e seus primeiros contatos com a escola, com o livro, com a imprensa. Tentei também fazê-las lembrar do comportamento de seus pais e avós. Queria compreender como, em um mundo que estava entrando

---

[8] Ver WEBER (1976).

[9] O *baïle* é um assalariado que dirige uma fazenda pertencente a um proprietário que, com freqüência, nela não reside. O *baïle* recebe vantagens como complementação de seu salário (produtos da propriedade, empréstimo de instrumentos e de cavalo para a manutenção de suas próprias terras, etc.) Ele tem sob suas ordens um ou mais trabalhadores agrícolas e algumas vezes, empregados domésticos.

[10] Ver HEBRARD (1985).

definitivamente na cultura escrita, haviam conquistado os instrumentos intelectuais que tinham feito deles homens do século XX e como viam, com seus olhos de crianças, seus pais ou avós mais idosos que pertenciam ao século XIX.

Um deles, Moïse Albert Hébrard, meu tio-avô, aceitou o desafio de participar desse trabalho. Para prolongar as entrevistas que se estenderam por diversos anos (a memória exige certo exercício antes de entregar as lembranças mais ocultas), ele desenvolveu o hábito de responder por escrito, muitas vezes em longos textos, as questões que eu lhe fazia, assim como aquelas que ele mesmo se colocava. Por ocasião de sua morte, deixou-me um grande número de *folhetos* – assim ele denominava as páginas reunidas que constituíam um testemunho centrado em um determinado tema – para completar as informações. É baseado nesse material, longamente trabalhado e retrabalhado pela memória e pela escrita de um homem profundamente marcado por sua juventude na Vaunage,[11] que eu tento apreender, na singularidade de um testemunho, os processos de entrada na

---

[11] Moïse H. deixa a Vaunage no momento de sua convocação pelo exército, em 1916. É durante seu período de formação na caserna de Pont-Saint-Esprit – por ocasião de uma licença, quando seu regimento está engajado em Verdun – que ele conhece aquela que se tornará sua mulher. Desmobilizado, ele se instala na região de sua esposa onde, graças ao seu certificado de estudos, ocupa cargos de contador, inicialmente nos impostos, depois em diferentes pequenas empresas. Seu irmão e sua irmã logo se juntam a ele, bem como seus pais, depois da aposentadoria. Assim, desde os anos 1930, toda a família deixa a Vaunage. Profundamente marcado pelo movimento liderado por Jaurès, Moïse torna-se, entre as duas guerras, militante da Seção Francesa da Internacional Operária – S.F.I.O. Novamente convocado no início da segunda guerra, volta para Pont-Saint-Esprit no momento da derrota. No pós-guerra, faz parte da primeira equipe municipal (o Comité de Libération) organizado pela Resistência. Depois disso, regularmente eleito, ele completa um mandato de adjunto e dois mandatos de prefeito em administrações construídas sobre alianças, inicialmente comunistas-socialistas, depois radicais-socialistas (MRP). Com a Quinta República (em vigor desde 1958), são outras alianças que prevalecem; ele não está mais em condições de manter seu mandato de prefeito mas participa, na qualidade de adjunto, de muitas administrações. No fim de sua vida, dedica-se essencialmente à Associação de Antigos Combatentes, da qual foi por muito tempo o presidente local. Ele morre alguns anos depois de sua esposa, no dia 26 de fevereiro de 1985, com 86 anos.

Alfabetização e acesso às práticas da cultura escrita de uma família do... – Jean Hébrard 53

escrita das crianças dos meios populares da Vaunage entre meados do século XIX e a Primeira Guerra Mundial.

Uma linhagem familiar da região da Cevènnes, de alfabetização ainda frágil (séculos XVII – XIX)

Moïse H. nasceu em uma família de "cultivadores"[12] de vinhedos da região da Vaunage que, como muitas outras, somente chegou a essa planície vinícola no decorrer do século XIX. Seu pai, sua mãe, seus avós maternos e também seu avô paterno sabiam ler e escrever, o que não ocorria com sua avó por parte de pai. Para compreender a entrada da família paterna na escrita, é preciso se voltar para a região de onde ela é originária – "pays gavot".[13] Foi, com efeito, no momento da emigração, em meados do século XIX, que a família se tornou definitivamente "assinante"[14] e foi nesse deslocamento dos confins do Gard em direção à Vaunage que se realizou um destino comum, semelhante ao de muitos outros cultivadores descidos da Cévennes em direção à planície vinícola, na medida em que ela se tornava uma região particularmente rica e produtiva e que a tradicional economia da lã na região se esgotava.[15]

Os registros de estado civil permitem localizar os ancestrais de Moïse a partir do final do século XVII. Ao longo do século XVIII, eles foram ao mesmo tempo cultivadores[16] e artesãos da

---

[12] O termo "cultivador" refere-se apenas ao fato de trabalhar na terra (por isso, algumas vezes é denominado, simplesmente, "trabalhador da terra"), seja – é o caso mais freqüente – para outro proprietário, seja em um minúsculo terreno que lhe pertence, seja nos dois ao mesmo tempo.

[13] Moïse utiliza mais essa palavra francesa do que os dois termos occitanos de *gabach* ou de *raïol*, mais freqüentemente utilizados na planície para designar os habitantes das Cévennes. Sobre esse emprego ver CAMPROUX (1969).

[14] "Assinante" e não alfabetizada pois, como mostra a pesquisa, fica difícil estabelecer uma equivalência entre a capacidade de assinar e uma alfabetização cujas características funcionais poderiam ser enumeradas.

[15] Émannuel Le Roy Ladurie (1966).

[16] A.D. Gard, 5 E 295/1, Registro paroquial católico de Saint-Roman-de-Codières e A.C. Soudorgues (registros paroquiais católicos).

tecelagem, como muitos de seus semelhantes: penteavam ou cardavam a lã quando não teciam a sarja ou outro tecido.[17] Eles certamente abjuraram sua fé protestante por ocasião da Revogação do Edito de Nantes (1685)[18] e levaram várias gerações para reconquistá-la, a julgar pela declaração de estado civil católico a qual foram obrigados. Essa volta às suas origens religiosas parece se dar ao mesmo tempo em que a conquista, modesta, da terra. Aqui, as alianças matrimoniais são decisivas. Elas levaram a família de Saint-Roman-de-Codières[19] à Soudorgues e depois à Monoblet[20] – nos limites de um território que pode ser percorrido a pé em um dia, no máximo – sem que a tentação de uma emigração para mais longe se impusesse pelo menos até a metade do século XIX. As mulheres traziam como dote[21] uma casa, quase sempre situada na propriedade rural familiar, alguns hectares de terra, seu enxoval, algumas vezes cabeças de carneiros ou cabras e, mais raramente, um pouco de dinheiro. Os homens, sobretudo os não-primogênitos, tinham apenas seus braços. Quando, por morte dos pais, se faz a divisão do patrimônio, nessas famílias de artesãos-cultivadores,

---

[17] Segundo o intendente Basville, essa ocupação é bem pouco lucrativa: duas moedas por dia para uma fiandeira, cinco para um cardador, oito para um tecelão (Lamoignon de Basville (1734), citado por Philippe Joutard (1979) que também dá uma boa síntese sobre a economia da lã na região).

[18] O Edito de Nantes, assinado em 1598 pelo rei da França, Henrique IV, mantinha o catolicismo como religião oficial do Estado, mas dava aos protestantes franceses a liberdade de praticarem seu próprio culto. Sua revogação, em 1685, acarretou grande perseguição aos protestantes e fuga de muitos deles (N.T.).

[19] Saint Roman de Codières parece ser um dos berços do nome Hébrard (ou Ébrard) ao menos para as Cévennes. A Cartologia de Maguelonne cita muitas famílias instaladas em Castanet-des-Perdutz, no território da paróquia de Saint-Roman desde o século XIII (Abbé Rouquette, *Cartulaire de Maguelonne*, 5 v.). (Cf. GUERNY, 1985).

[20] Saint-Roman-de-Codières, Soudorgues et Monoblet são vilarejos da região. (N.T.)

[21] Ver, por exemplo, o contrato de casamento de Antoine Hébrard e de Jeanne Viala em 1783 (Minutes Isaac Cabanis, Lasalle, A.D. Gard, II E31 304, f. 148 sqq.)

ela é muito igualitária[22] para que os magros recursos acumulados, dos quais já foi necessário extrair o dote das moças, possam, divididos entre todos os rapazes, constituir um capital suficiente para a geração ativa. É preciso, então, pensar em ampliar as alianças. Nessas famílias pobres, a escrita, apesar de presente em todas as paróquias protestantes, permaneceu sendo, durante muito tempo, um luxo inacessível.

É o caso Jean H., que se casou[23] em 1677 em Saint Roman de Codières com Suzanne Mourgues, apenas alguns anos antes da Revogação do Edito de Nantes (1685), e que se instalou na fazenda da Costa sobre a serra inóspita do Cambon: nem os esposos, nem as testemunhas sabiam assinar. É também o caso de seu filho mais velho, Jean H., cardador de lã, que se casou com Catherine Faïsse em Soudorgues.[24] um pouco mais a leste, nos últimos anos do reinado de Luis XIV, em 1705, e passou sua vida na fazenda do Mourier, nos contrafortes escarpados e mal orientados que dominavam o vilarejo: nem um nem outro assinaram os documentos que registram casamentos, batizados ou mortes.

O terceiro Jean H., que se casou em Soudorgues, no ano de 1726 com Marie Bès, assinou diante do vigário da paróquia[25] e pode ser considerado como o primeiro da linhagem familiar paterna de Moïse H. a manifestar sua entrada na cultura do escrito.[26] Pode-se levantar a hipótese de que ele tenha sido escolarizado nos primeiros anos do século XVIII, em Soudorgues. Três das testemunhas, uma das quais vinda de Saint-Roman-de-Codières, berço da linhagem familiar, puderam também assinar. O exame dos batistérios dos filhos de Jean H. permitiu

---

[22] As regiões protestantes das Cévennes parecem, nesse aspecto, contrastar com as regiões católicas do sul do Maciço central (em particular no Gévaudan) (Élisabeth Claverie e Pierre Lamaison, 1982).

[23] A D Gard, 5E 295/1 (registros paroquiais católicos).

[24] A C Soudorgues (registros paroquiais católicos).

[25] A C Soudorgues (registros paroquiais católicos).

[26] Seus irmãos mais novos, Antoine e Louis, eram também alfabetizados e assinaram os registros de batismo de seu sobrinho Noel em 1759.

seguir a família de 1727 a 1750. Se os padrinhos e madrinhas, pertencentes à família próxima, eram freqüentemente incapazes de assinar, esse não foi o caso das testemunhas. Cada batizado permitia reunir em torno do pai, ele próprio capaz de assinar, pelo menos duas pessoas que também o faziam. Na geração precedente, com apenas uma exceção, somente o vigário de Soudorgues assinava. Dessa forma, a família de Jean H. não estva isolada em seu grupo social e profissional de pertencimento. O acesso dos meios populares das Cévennes à cultura da escrita está relacionado à instalação precoce do protestantismo entre os artesãos da tecelagem e do couro, numerosos na parte baixa da região desde o final do século XVI. No século XVII, essa atividade ganhou progressivamente a montanha e na primeira metade do século XVIII, assegurou às Cévennes uma riqueza inesperada para essas regiões pouco hospitaleiras.[27] A capacidade de assinar parece ter acompanhado a difusão dos ofícios de tecer ao longo dos vales do Hérault, dos Gardons ou da Salindrinque. A política escolar que se seguiu à revogação do Edito de Nantes pôde também desempenhar papel não negligenciável, em particular entre as famílias católicas recentemente convertidas, especialmente vigiadas pelo clero.

Essa alfabetização não está, entretanto, solidamente instalada na linhagem familiar. Por um lado, ela permaneceu masculina: as mulheres que continuaram a trazer seu dote eram ainda analfabetas. Por outro lado, basta que a conjuntura se torne desfavorável – que a lã não alimente mais aqueles que a cardam ou a tecem – para que, por ocasião de novas migrações, o frágil equilíbrio se desloque e que o analfabetismo se reinstale.

De uma maneira geral, o avanço, em matéria de alfabetização, da região da montanha das Cévennes pareceu se esgotar em meados do século XVIII. Pelo menos é o que constata Marie-

---

[27] Esse processo está relacionado, em grande parte, ao fato de que o trabalho com a seda e o algodão, mais lucrativo, substitua progressivamente o trabalho com a lã.

Madeleine Compère examinando os registros de casamento de Valleraugue e de Saint-Roman-de-Codières.[28] As sondagens que efetuou permitem constatar que, ao final do século XVII (1670-1685), nas duas paróquias da montanha, 14% dos assalariados agrícolas e 23% dos artesãos da tecelagem sabiam assinar, embora suas esposas fossem incapazes de fazê-lo. Ao final do século XVIII (1780-1790), apenas 4% dos assalariados agrícolas homens eram capazes de assinar e praticamente nenhum artesão da tecelagem.

É verdade que começou então uma longa crise econômica da agricultura e do artesanato da lã, preponderantes nessas regiões. As novas atividades – trabalho com a seda ou com o algodão – que substituiram a lã na região se instalaram inicialmente nas cidades e nos vilarejos maiores e, nelas, os números da alfabetização continuaram a aumentar.[29]

Antoine H., no seu casamento com Catherine Viala, em 1783, às vésperas da Revolução, não sabia assinar.[30] É obvio que ele não foi escolarizado no povoado de Mourier (paróquia de Soudorgues) onde passou a infância.[31] Chegando à família de sua mulher, cujos pais moravam no vilarejo de Pailhès em Monoblet, ele encontrou novos meios de subsistência: além de um pouco de terra, a mina de gipsita e os fornos de gesso que seu sogro explorou lhe ofereceram a possibilidade de um emprego

---

[28] COMPÈRE (1977). Certamente não há relação mecânica entre a evolução da conjuntura econômica e a da alfabetização. Entretanto, se acompanharmos François Furet e Jacques Ozouf (1977), a correlação entre a economia, tornando disponível um pouco de dinheiro, e alfabetização são fortes ao longo de todo período moderno. Contrariamente à agricultura, o artesanato da lã permite precisamente dispor de somas necessárias ao pagamento dos custos da escolarização e, para a comunidade, à manutenção da escola. Além disso, o artesanato da lã da região parece ter estabelecido precocemente uma relação com a escrita que ultrapassou largamente suas necessidades econômicas.

[29] Ver COMPÈRE (1977).

[30] Minutes Isaac Cabanis, Lasalle, A.D. Gard, II E31 304, f. 148 sqq.

[31] O povoado do Mourier está a menos de um quilômetro do templo e da escola de Soudorgues.

História da cultura escrita: séculos XIX e XX

como trabalhador diarista.[32] Por outro lado, ele não encontrou uma escola para que seus filhos pudessem reconquistar a escrita, já que não havia escolas no povoado.[33] Na verdade, as três casas de educação existentes em Monoblet, no início do século XIX, estavam concentradas na cidade mais importante do município.[34] Em 1819, uma pesquisa permite constatar que, numa população de 1.102 almas que viviam no município, com 40 meninos e 40 meninas na idade de serem escolarizados, apenas 25 meninos e 25 meninas utilizaram-se dessa possibilidade. Eles foram instruídos pelo velho método individual que, no melhor dos casos, permite fazer do aluno um mau leitor. O inspetor de ensino da região o constatou, aliás, com resignação: "O município de Monoblet é um município rural que ocupa uma grande superfície e, conseqüentemente, suas casas são muito espalhadas; parece impraticável estabelecer ali outros métodos de ensino do que aqueles que lá existem".[35]

Foi preciso esperar ainda uma geração para que a linhagem familiar refizesse os laços com a escola e com a escrita, mas também com a emigração para terras mais hospitaleiras. Antoine H., nascido no ano de 1822, em Pailhès, foi o último "fazedor de gesso" da família. Ele se tornou o primeiro "cultivador".

---

[32] Esse casamento não foi apenas a ocasião de um deslocamento de Soudorgues a Monoblet, mas foi também para Antoine o meio de passar do trabalho com a lã ao trabalho com a terra. Com efeito, sua esposa lhe trouxe, além de um terreno a ser construído nas dependências da fazenda familiar, um pedaço de terra a ser cultivado e a fonte que permitiu irrigá-lo. Isso bastava para instalar a família de maneira durável no trabalho agrícola mesmo que, para essa geração, fornos de gesso e agricultura se completem. Por ocasião de seu casamento, Antoine era, como seu pai, penteador de lã e trabalhador diarista. Em 1793, ele era administrador. No ano III (do calendário revolucionário) ele se declarou fabricante de gesso, tendo retomado o forno de gesso de seu sogro. Por ocasião de sua morte, foi declarado "cultivador".

[33] O mesmo se dá para o povoado vizinho de Valestalière, que escolarizará as crianças de Pailhès a partir de 1830.

[34] A.D. Gard, T1-1.

[35] A.D. Gard, T1-7.

No limiar da cultura escrita: Antoine (1822-1910) e Élise H. (1832-1917)

Antoine foi o primeiro dos antepassados de que Moïse se lembrou. Em sua memória, foi esse avô paterno que inscreveu a família na região da Cévennes e na religião reformada.[36] Esse homem cuja vida está quase totalmente ancorada no século XIX (ele morreu em 1910, quando Moïse tinha 12 anos) foi descrito como resistente ao sofrimento e reservado (traços característicos dos "gavots" na opinião dos homens da planície que os contratavam durante as colheitas da uva). No discurso familiar, entretanto, ele aparece com uma aura extraordinária. Talvez isso se deva essencialmente ao fato de que todos pensem que ele, ao contrário do pai de Moïse e do próprio Moïse, sempre tenha vivido sem alugar sua força de trabalho: "Eu sempre conheci meu avô cuidando de suas terrinhas, lá no alto. Chegando de Lasalle, ele comprou terras e uma casa...".[37]

Quanto às razões de sua emigração para a região da Vaunage, elas permaneceram obscuras aos olhos de Moïse: "Por que ele veio para Saint-Côme?... Quando veio, meu pai era muito novo...".[38]

Nos dois casos, a memória familiar é infiel. Consultando os registros de estado civil e outros documentos da família,[39] vemos que as circunstâncias dessa emigração foram fáceis de ser determinadas. Antoine é o segundo filho de Jean H. e de Suzanne Fontane. Como vimos, a família morava no povoado de

---

[36] Chegando a Pailhès, o trisavô de Moïse entrou em uma família protestante, a dos Viala. O contrato de casamento, firmado diante do tabelião, prometeu, segundo o costume, "fazer abençoar e celebrar [o casamento] tão logo possível diante da Igreja católica, apostólica e romana" (A.D. Gard, II E31 304). Isso não significa, no entanto, que o casamento não tenha sido concluído diante do pastor. É verdade que os homens da linhagem de Moïse parecia não terem sido nunca protestantes praticantes, mesmo que a identidade protestante tenha um lugar importante na memória familiar.

[37] Entrevista de 30 de julho de 1979.

[38] Entrevista de 30 de julho de 1979.

[39] A.C. Monoblet et A.D. Gard, II E31 261, Minutes de l'étude Marsial à Lasalle.

60 História da cultura escrita: séculos XIX e XX

Pailhès, no município de Monoblet (e não de Lasalle), há duas gerações. As terras do avô Viala e o forno de gesso passaram certamente a seu irmão mais velho. Só lhe restou então a emigração para encontrar como ganhar a vida.

A memória familiar conta que ele conheceu sua mulher, Louise Issoire,[40] por ocasião de uma dessas colheitas da uva em que os "gavots" vinham tradicionalmente ganhar um pouco mais na rica planície vinícola da Vaunage[41]. A realidade é mais simples. Élise – vamos chamá-la assim, de agora em diante, como fazia sua família – foi levada para Saint-Hippolyte-du-Fort, o vilarejo que se encontra ao pé da serra de Monoblet, desde a morte de sua mãe, em 1845, quando ela só tinha treze anos. Seu tutor, entretanto, morava em Monoblet, onde explorava uma pequena propriedade no povoado conhecido como "do Rey". Foi, então, nas Cévennes, e não durante a colheita da uva, que Antoine e Élise se conheceram. Élise traz como dote um terreno que ela havia herdado de seus pais, que eram cultivadores em Saint-Côme. É lá que os recém casados se instalam a partir de 1850 e onde nascerão seus três filhos. Eles possuíam uma casa, cinco pequenas parcelas de terra (das quais apenas quatro, ocupando uma superfície de 93 ares, eram produtivas), três vinhedos, um deles sendo completado por algumas oliveiras, que ocuparam no total uma superfície de 23 ares. Com apenas pouco mais de um hectare de terras, dos quais menos de um quarto ocupado por vinhedos, eles não podiam viver de sua propriedade e deviam acrescentar a renda de um trabalho assalariado (como trabalhador diarista) para os grandes proprietários. A memória familiar só reteve essa aparente autonomia do avô que corresponde, na realidade, ao estatuto semi-independente do homem adulto a quem algumas terras fornecem subsistência e ocupação, com a cumplidade dos filhos em plena atividade:

---

[40] A família a designa, na verdade, pelo nome de Élise.

[41] Moïse Hébrard, "Les vendanges", manuscrito, 1983, inédito. Sobre a economia da vinha na Vaunage, ver BERGER e MAUREL (1980).

Meu avô era um trabalhador incansável. Ele trabalhava com a picareta.[42] Tinha conseguido preparar terrenos, transformá-los em terras cultiváveis, tinha levantado muros. Tinha plantado abricoteiros, macieiras, vinhedos, oliveiras. Criava coelhos... Tinha plantado um pequeno jardim e cuidava dele. Então, seus coelhos, seu jardim, meu pai que o ajudava... Além da colheita de uva, ele só cuidava de suas próprias terras.[43]

Esses "novos cultivadores" estavam, no entanto, a meio caminho de sua entrada na cultura escrita. Antoine foi escolarizado e manifestou certa desenvoltura em relação à escrita, todas as vezes em que foi preciso mostrar, por meio de sua assinatura, esse saber adquirido.[44] Aos 25 anos, ele tiha ainda uma assinatura um pouco hesitante, não sabia traçar o H maiúsculo de seu nome e o substituía por uma letra minúscula. O traço abaixo da letra permanecia infantil. Aos 30 anos, a escrita era mais sólida, mas falta ainda a maiúscula do nome. Aos trinta e seis, na declaração de nascimento de seu filho Élie, o pai de Moïse, a escrita está mais firme: o H ainda não é realmente uma maiúscula, mas já tem um ar solene.

Élise, ao contrário, de acordo com as indicações dadas pelo estado civil, não sabia assinar, assim como seus pais. Ela nasceu, entretanto, em 1832, às vésperas das leis Guizot[45] e chegou à idade escolar em 1838, quando Saint-Côme já possuía uma escola para meninos e uma escola para meninas.[46] É verdade que sua mãe ficou viúva pouco tempo depois do nascimento da filha e que talvez tenha tido necessidade de colocá-la para trabalhar muito precocemente.

---

[42] Apenas os grandes proprietários ou seus empregados trabalhavam com um cavalo. O *baïle* estava em uma posição intermediária, já que como parte das vantagens de seu trabalho estava a possibilidade de utilizar o cavalo em suas próprias terras.

[43] Entrevista de 30 de julho de 1979.

[44] A.C. Saint-Côme-et-Maruejols, registros dos casamentos e dos nascimentos.

[45] A lei Guizot, publicada em 1833, tornava obrigatória a existência de escolas para meninos em todos os municípios. Seu nome refere-se ao então Ministro da Instrução Pública da França, François Guizot (N.T.).

[46] Pesquisa Guizot, A.N. F17* 105.

Como Antoine e Élise H. se comportavam cada vez que eram confrontados com o escrito? Moïse se lembra:

> Meu avô sabia ler mas não escrevia. Ele sabia assinar. Se fosse preciso assinar um documento, ele podia fazer isso. Mas ele não poderia escrever uma carta. Aliás, eles não escreviam nessa época. Acho que o correio não tinha muito trabalho. Mas sabiam ler.[47]

Vê-se aí os limites da interpretação da cultura da assinatura, cara aos historiadores da alfabetização. Para Antoine, ela estava ligada não a uma alfabetização completa, mas a uma alfabetização de "apenas ler". Entretanto, esse "apenas ler" não era mais caracterizado, como no século XVIII, pela utilização intensiva de um *corpus* fechado de textos (essencialmente religiosos), mas por uma verdadeira capacidade de descobrir textos variados e novos: "Ele lia os jornais, ou então um ilustrado que o dono do café comprava. Uma espécie de pequeno jornal em que havia ilustrações".[48]

Ao contrário, a avó Élise, que nunca tinha assinado nenhum ato de estado civil, se revelou, nas lembranças de Moïse, também uma leitora:

> A avó lia a *Bíblia* que lhe tinham dado por ocasião do casamento. Então de vez em quando ela lia. Lia apenas pra si mesma... Ela não lia como lemos agora. Eu podia ouvi-la, por exemplo. Ela lia também livretos que o pastor lhe dava no templo.[49]

A ausência de capacidade de assinar um ato oficial não se acompanha, aqui, de um analfabetismo estrito. A prática religiosa permitiu um treinamento regular das aquisições da infância, por menores que fossem. Leitora de um só texto ou, pelo menos, de um só registro de textos, Élise não era capaz, evidentemente,

---

[47] Entrevista de 31 de julho de 1979.

[48] Entrevista de 31 de julho de 1979.

[49] Entrevista de 31 de julho de 1979. Moïse assinala assim que sua avó não podia se impedir de subvocalizar a leitura.

de fazer uma leitura silenciosa, mas a leitura permanece, no final de sua vida, como uma atividade regular.[50]

Pode-se avançar um pouco mais e tentar compreender como essa prática mínima de leitura foi possível e como ela foi mantida.

No contexto de uma aculturação ao escrito que passa totalmente pelo francês, o grau de bilingüismo occitano-francês desses novos leitores pode desempenhar papel decisivo. O triângulo do Ródano é a primeira terra occitana a entrar, desde o século XVI, em uma prática regular do bilingüismo.[51] Qual era a situação na Vaunage, ao final do século XIX? Sobre Antoine, cuja infância se passou nas Cévennes, Moïse se lembra:

> Ele falava dialeto, quase tudo em dialeto... Ele sabia falar francês também, mas com um pequeno sotaque em que se podia perceber um pouco Lasalle. Era como seu *"Per aquó!"*. Significava "Por isso!". Essa era uma expressão lá das montanhas. E coisas também... "Um balde", ele chamava de *ferrat*. Era uma palavra lá do alto.[52] Ele tinha palavras lá do alto...

Questionado sobre a linguagem que Antoine empregava para se dirigir a cada um, Moïse responde:

> Não, ele não falava francês com seus filhos... Ele tentava fazer isso o mais possível, mas sentia-se que ele ficava mais à vontade quando falava em dialeto... Com os netos ele falava mais em francês...

Quanto a Élise:

> A avó falava francês... Não sei se era porque ela tinha freqüentado mais o templo, mas ela não falava muito em dialeto.

---

[50] A situação de Élise em relação à cultura escrita permanece ambígua, inclusive nas lembranças de Moïse. Em uma entrevista posterior (6 de novembro de 1981) ele acentua sua ancoragem na cultura letrada protestante afirmando que ela ajudava o pastor na "escola das quintas-feiras", ou seja, a ensinar o catecismo.

[51] LE ROY LADURIE (1966).

[52] Moïse se engana. O termo utilizado por Antoine é o mais freqüente tanto em occitano como em provençal para designar um balde. Ele certamente pertencia ao vocabulário occitano dos empregados agrícolas da Vaunage.

Dessa forma, o occitano foi a língua materna de Antoine. Para Elise, ao contrário, o francês era o idioma natural. Ela passou sua primeira infância na Vaunage, onde o bilingüismo estava certamente instalado muito mais tempo que nas Cévennes; além disso, era mulher e, nessa área, como veremos nitidamente na geração de Moïse, a diferença é essencial. No seu caso, a freqüentação religiosa era também certamente decisiva. Élise era praticante, Antoine não era. Essa primeira oposição poderia explicar a estranha inversão que se produziu no casal entre a cultura da assinatura e a cultura da leitura. Antoine, que era inicialmente falante do occitano, revelou-se leitor, mas leitor apenas da imprensa (e certamente mais da imprensa ilustrada semanal do que do jornal cotidiano) e foi capaz de assinar o nome. Élise, que não sabia assinar, mas que era inicialmente francófona, teve acesso à leitura, mesmo que se contentasse com os textos de sua religião.

Por meio de que tipo de aculturação se chega a essas práticas liminares da escrita? A escola foi, nessa região, determinante.[53] Graças à pesquisa efetuada por solicitação do Ministro da Instrução Pública, François Guizot, em 1833, conhecemos intimamente as três escolas de meninos ou mistas de que dispunha o município de Monoblet. Antoine deve ter freqüentado – como sempre foi o caso das crianças de Pailhès[54] – a escola protestante instalada no povoado de Valestalière. Ele tinha, com efeito, onze anos em 1833 e mesmo que tenha sido escolarizado apenas durante alguns meses de inverno, entre seis e nove anos, como foi o caso mais freqüente, a descrição dessa escola, feita por um inspetor em 1833, serve para visualizá-la.

---

[53] É a conclusão do estudo de COMPÈRE (1977) em relação à alfabetização na região do Languedoc no século XVIII. De acordo com essa perspectiva, o Languedoc escapa em parte ao modelo mais geral elaborado por FURET *et* OZOUF (1977), que minimiza o papel da escola, em particular na França alfabetizada mais cedo.

[54] Entrevista com Lydie Morin-Hébrard, da aldeia de Pailhès, em 8 de agosto de 1982.

O professor se chamava Barthélémy Delène. Ele não tinha o certificado de terceiro grau, isto é, não podia demonstrar os conhecimentos exigidos desde 1816 para obtê-lo: "Saber ler bem, escrever e contar, e ser capaz de mostrar essas três coisas".[55] O equipamento da sala de aula era julgado insuficiente pelo inspetor e efetivamente os alunos não tinham quadro negro para aprender a contar e só dispunham de uma mesa inadequada para aprender a escrever. Eles aprendiam a ler pelo método individual – quer dizer, os alunos vinham, um depois do outro, recitar sua lição para o mestre – com um acervo de livros particularmente reduzido: um alfabeto francês, o silabário das escolas cristãs,[56] o *Saltério* e a *Bíblia*. A título de comparação, o professor da escola protestante de Monoblet dispunha de dois alfabetos franceses, de um *Catecismo* de Ostervald (catecismo dos calvinistas das Cévennes desde 1740), de um *Novo Testamento*, de uma gramática (certamente a de Lhomond), de um *Telêmaco*, de um *Mentor das crianças* e de uma *Moral em ação*. Ele tem o certificado de terceiro grau. A comparação das duas coleções de livros mostra que, em Monoblet, a aprendizagem das letras e das sílabas continuava por leituras feitas em outras obras (é verdade que bem desagradáveis para crianças que falavam dialeto), enquanto que, em Valestalière, se parava nos primeiros rudimentos. Com efeito, os salmos e os versículos da *Bíblia*, aprendidos de cor antes de serem lidos, não exigiam

---

[55] Instrução de 14 de junho de 1816 da Comissão da instrução pública.

[56] Sob essa denominação se esconde o *Syllabaire français* [Silabário francês], redigido por Jean-Baptiste de la Salle em 1698 e muito freqüentemente reproduzido e adaptado depois da morte de seu autor. Não poderíamos deixar de nos surpreender ao ver um manual escolar impresso pelos Irmãos das escolas cristãs numa escola protestante. Por um lado, esses manuais são muito técnicos e fortemente laicizados em relação aos silabários tradicionais (não há neles nem mesmo o texto das preces). Por outro lado, as crianças utilizam os livretos de que suas famílias dispõem. As Cévennes foram largamente abastecidas ao longo do século XVIII pelo economato meridional dos Irmãos, que se instalaram no *front* da reconquista católica, principalmente em Alès. São esses opúsculos que se encontram ainda nas turmas no início do século XIX. Sobre os manuais dos Irmãos das escolas cristãs, ver Yves Poutet (1995).

uma capacidade de decifração muito grande. Pode-se perguntar o que compreendiam deles as crianças cuja língua materna era o occitano e que só aprendiam o francês ao mesmo tempo em que aprendiam a ler,[57] quando iam à escola.

Os testemunhos de estrangeiros que percorreram as Cévennes no século XIX foram, a esse respeito, edificantes. Nem Stevenson, nem August Ebrard – para se limitar a esses dois viajantes cujas notas de viagens estão disponíveis nas livrarias – ouviram as crianças das Cévennes falarem francês fora da escola nas últimas décadas do século XIX. O testemunho do pastor Ebrard evocando suas conversas com o jovem filho de seu primo encontrado em Ardailhès foi talvez o mais preciso: "'Ele ainda não fala francês', diz meu primo a respeito de seu filho de oito anos quando eu lhe digo bom dia, ao chegar. 'É só na escola que eles aprendem o francês'. Se eu quero me fazer entender por esse espoleta de Ésaïe, eu não devo dizer: 'Mon cher petit cousin' [Meu querido priminho] mas '*Moun cher mounid cousin*', e eu não devo lhe perguntar se ele já saiu com 'sa chèvre' [sua cabra], mas '*so cabro*".[58]

Como, com essa aprendizagem mínima, sem grande prática religiosa, Antoine H. chegou, nos últimos anos de sua vida, a se apaixonar pela leitura do jornal que, nesse final de século, ecoava todas as querelas políticas parisienses?

Existiam locais de sociabilidade,[59] pólos de troca de palavras no vilarejo, que deviam ter desempenhado, nessa questão, papel essencial: o café e o banco sob os plátanos perto da fonte. Primeiro, o café. O filho mais velho de Antoine, que carregava, como era costume, o nome do pai, casou-se com uma jovem mulher do vilarejo, Marie Laget, de origem católica. Na memória familiar, essa aliança desvantajosa foi, durante muito

---

[57] Sobre os problemas da compreensão do texto bíblico pelos reformados que falavam occitano: MANEN *et* JOUTARD (1972). Ver também HÉBRARD (1991).

[58] Ver EBRARD (1880).

[59] Sobre esses lugares de sociabilidade meridionais no século XIX, ver a bela análise de AGULHON (1988).

tempo, objeto de comentários severos. A família Laget ocupava, entretanto, uma posição estratégica em Saint-Côme graças ao "depósito de bebidas" de que era proprietária e que Antoine, o filho, herdou pela morte de seu sogro. Entretanto, o fato de que ela seja católica a situa no clã antilaico e, asssim, anti-republicano. Não era um lugar onde Antoine, o pai, devia se sentir muito à vontade. Aliás, depois da morte de seu filho, em 1902, ele encontrou naturalmente seu lugar, como todos os homens da família, no "café vermelho", o café protestante e republicano. Nesses espaços essenciais às sociabilidades do vilarejo todos podiam, com a condição de serem do sexo masculino, ir consultar o jornal que o trem trazia para a estação vizinha. O filho adquiriu o hábito de dar a seu pai os jornais comprados para a clientela depois que estavam velhos. Na memória de Moïse, parece que seu avô se interessou principalmente pelo ilustrado – nas entrevistas, ele não conseguiu se lembrar do título – que chegou ao café: um ilustrado rústico, com gravuras em madeira, ainda bastante próximo do *canard*,[60] onde se podiam encontrar notícias das guerras da colonização francesa, relações de negócios ou de crimes e alguns folhetins.[61] Esses textos, lidos e relidos ao longo da semana pelos homens do vilarejo, eram largamente comentados e, com freqüência, recontados nos serões. Nessas idas e vindas entre o oral e o escrito, entre leitura e narrativa, leitores "fracos" como Antoine podiam encontrar os meios de estruturar sua difícil relação com o mundo do impresso.

O outro pólo das sociabilidades do vilarejo era a "*griffe*" – eram assim freqüentemente designadas as fontes municipais na Vaunage – e seu banco à sombra dos plátanos. Lá se reuniam as pessoas idosas, menos presas pela urgência dos trabalhos no

---

[60] A palavra *canard,* que literalmente significa "pato", é também utilizada para designar um jornal de pouco valor (N.T.).

[61] Sobre os *canards* no século XIX, ver HÉBRARD (1985). SYLVÈRE (1980) oferece belas descrições da atenção dada aos jornais ilustrados em seu vilarejo natal, no final do século XIX.

68 História da cultura escrita: séculos XIX e XX

campo. Para isso era preciso, entretanto, uma condição: ser republicano, ou seja, protestante.

> Meu avô era protestante e republicano... Ele ficava com os outros velhos do vilarejo, à sombra das árvores, nos bancos perto da fonte, chamada de "griffe". Eles falavam em dialeto, mas paravam a conversa quando viam chegar alguém que eles consideravam como um monarquista, um católico sectário. Eles não queriam que ele participasse da conversa... Então, em resumo, era como se fosse um pequeno clube, aquilo...[62]

Evidentemente, para Antoine, o oral, o contato direto, a discussão, era o centro da compreensão do mundo, em particular do mundo político. Como ele passou dessa cultura oral masculina e dialetizante à leitura do jornal? É difícil imaginar isso. Seria ele tão ligado ao pequeno ilustrado do café de seu filho porque saboreava principalmente as imagens? Nunca se saberá o que Antoine compreendia realmente de suas leituras, o lugar que ocupava em sua vida essa cultura escrita nas fronteiras da qual ele permanecia sem dela tirar muitos conhecimentos. Nas lembranças de Moïse, ele pertencia ainda ao mundo da tradição e da comunicação oral. Não é o caso da geração seguinte, a de Élie e de Évodie, os pais de Moïse.

Transmitir o gosto pelos livros:
Élie (1864-1931) e Évodie H. (1860-1940)

Élie e sua mulher, Évodie, foram os primeiros da linhagem familiar de Moïse a serem registrados pela objetiva fotográfica. Foi no final de suas vidas. Eles haviam abandonado definitivamente a Vaunage havia vários anos e estavam sentados diante da fachada da casa de seu filho mais velho, em Pont-Saint-Esprit. O fotógrafo estendeu atrás deles, como fundo, um tecido escuro. Élie está de terno, colete e gravata. Ele tem um farto bigode quase tão branco como seus cabelos cortados curtos. Seu braço passado por trás dos ombros de sua companheira repousa sobre

---

[62] Entrevista de 31 de julho de 1979.

o espaldar da cadeira. Évodie parece frágil ao lado desse homem alto, para quem o trabalho no campo parece ter sido sempre fácil. Em seu vestido de algodão negro, protegido pelo avental das camponesas do sul, o rosto iluminado pelo esboço de um sorriso, ela toma a distância que convém em relação à cena que lhe foi imposta. O fotógrafo deslizou na grande mão de Élie um jornal negligentemente dobrado, colocou sobre os joelhos de Évodie um belo livro encardernado em couro que ela sustenta e protege. Um e outro estão marcados por seu pertencimento a um mundo no qual o impresso se tornou um sinal que todos, qualquer que seja sua inscrição social, deve exibir. Mas teriam sido, eles próprios, leitores?

Antoine e Élise, seus pais, tiveram sete filhos, todos nascidos na Vaunage entre 1851 e 1870. Apenas três meninos atingiram a idade adulta: Antoine (nascido em 1851), Élie (nascida em 1860), Moïse (nascido em 1862). Antoine, como vimos, pôde manter até sua morte, em 1902, um dos cafés de Saint-Côme. Moïse partiu para Arles onde sua mulher tinha família e lá aprendeu o ofício de tanoeiro. Élie permaneceu no vilarejo, inicialmente como diarista. Posteriormente, ele pôde adquirir uma situação mais estável sendo contratado como empregado e, depois, como *baïle*[63] em uma propriedade vinícula relativamente

---

[63] Nos anos em que Élie começou a trabalhar como doméstico, o recenseamento de 1881 (A.C. St-Côme-et-Maruejols) permitiu apreciar a estratificação social de Saint-Côme-et-Maruejols: dos 291 homens que viviam da agricultura, 70 são proprietários, 3 empregados, 50 trabalhadores agrícolas, 13 domésticos, 1 meeiro, 72 eram ao mesmo tempo pequenos proprietários e meeiros ou *baïles*, os outros eram membros da família sem estatuto determinado (crianças, parentes indiretos). Vê-se que, de modo geral, os agricultores do vilarejo eram divididos em três grupos de dimensões mais ou menos parecidas: proprietários que cultivavam sua terra, trabalhadores agrícolas ou domésticos, pequenos proprietários que também administravam domínios pertencentes a proprietários não residentes. As outras categorias sociais são muito minoritárias: 31 artesãos aí compreendidos seus empregados e suas famílias, 30 representantes de venda de vinho, aí comprendidos seus empregados, 12 comerciantes, 2 proprietários de café, 14 funcionários públicos, 3 ministros de culto e 6 pessoas vivendo de rendas (sempre só se contam os homens).

70 História da cultura escrita: séculos XIX e XX

importante, a dos Cabanis que residiam em Calvisson e possuíam duas propriedades, uma das quais no município de Saint-Côme:

> Seu pai havia dito 'Você vai começar a trabalhar'... Ele não tinha ido à escola durante muito tempo. Colocaram-no para trabalhar muito cedo. Ele conseguiu empregá-lo com os Sabatier. Lá ele tinha sido contratado como trabalhador agrícola e, evidentemente, um emprego de trabalhador agrícola não lhe convinha bem. Era mal pago e não era dono dos próprios horários. O trabalho era duro. Então ele me contou que nesse momento ele pensou em cuidar da propriedade de Cabanis, de Calvisson, que era proprietário em Saint-Côme... Lá ele tinha grande liberdade de ação no trabalho... Ele era seu próprio patrão. Ele tinha um empregado com ele e um cavalo.[64]

O exame das assinaturas que ele deixou nos atos oficiais ou notariais[65] mostra uma escrita talvez menos cerimoniosa do que a de seu pai, mas seguramente mais desenvolta. O mesmo acontece com Évodie, sua mulher. Talvez eles tenham aprendido na escola, ao contrário da geração precedente, uma letra cursiva de emprego mais simples do que a letra inclinada dos primeiros anos do século XIX e que resiste melhor ao desgaste do tempo.

É curioso, por outro lado, constatar que o boletim militar de Élie menciona: "Não sabe ler nem escrever quando chega à corporação" (era em 1881) e "Não sabe ler nem escrever no momento de passar para a disponibilidade ou para a reserva do exercício ativo" (era em 1886). Teria ele escondido suas competências no momento de sua incorporação ao 17º Batalhão de Artilharia de Toulon, no qual foi mobilizado em 1881?

Entretanto, seu filho Moïse disse a seu respeito:

> Acredito que durante seu serviço militar, como o período era longo, eles tinham tempo, ensinaram meu pai a ler. Ele me disse "Quando eu parti, eu era capaz de escrever uma carta, mas..." Mas o francês, certamente..., a ortografia... "Então, no regimento, davam aulas, a gente tinha pequenas aulas e eu pude completar...

---

[64] Entrevista de 2 de agosto de 1979.

[65] A.C. Saint-Côme-et-Maruejols, Minutes étude Couton, Clarensac, 1887 e 1917.

para escrever (eu podia escrever sem problemas uma carta a meus pais) e para me exprimir melhor em francês", porque, quando fui, eu ainda falava muito dialeto....[66]

Moïse se enganou? Ele deslocou a lembrança a respeito de seu pai para sua própria geração? É pouco provável. Ele só conheceu o exército durante a guerra (foi mobilizado em 1916) e, nessa época, diferentemente do que ele diz em relação a seu pai "não se tinha mais o tempo". Não pude encontrar, nos arquivos familiares, outros escritos de Élie além das assinaturas: não havia cartas guardadas, nem caderneta... É verdade que ele abandonou sua casa ao final de sua vida e que as mudanças não são muito propícias à conservação dos documentos de família...

Estou, entretanto, inclinado a seguir o testemunho do filho, apesar das dificuldades que colocou, porque numerosos indícios[67] vão na mesma direção. Por um lado, Élie se inscreveu, num contexto regional, de alfabetização generalizada. Por ocasião dos vinte e dois casamentos celebrados em Saint-Côme entre 1880 e 1885, apenas dois homens (um pastor já idoso originário da região da Lozère e um agricultor de Calvisson) e duas mulheres (uma sem profissão e outra doméstica) se revelaram como não assinantes.[68] Além disso, Élie, de quem todos os filhos se lembram a que ponto era um homem reservado, pode muito bem, por pudor, ter subestimado suas competências no momento do questionamento da autoridade militar ou ainda não ter se prestado a um exame de sua capacidade.

Das escolas de Élie sabe-se pouca coisa. Ao longo dos anos do Segundo Império, a escola pública de meninos de Saint-

---

[66] Entrevista de 31 de julho de 1979.

[67] O boletim militar de Élie menciona sua participação na escola do regimento de 3º grau em 1881. Essa escola, prevista pelo regulamento de 31 de julho de 1879, devia ser obrigatoriamente freqüentada pelos soldados analfabetos até que eles soubessem ler, escrever e contar. Ela durava pelo menos uma hora por dia (duas no inverno). Ver o verbete "Écoles régimentaires" [Escolas regimentais], em Ferdinand. Buisson (1882). Élie teria freqüentado essa escola sem o menor sucesso?

[68] A.C. Saint-Côme-et-Maruejols.

Côme não é mencionada nos arquivos. Élie terminou sua escolaridade certamente com a guerra de 1870. Sua escola do regimento permaneceu um mistério não esclarecido. Resta então tomar a medida do ambiente cultural no qual está inscrita sua relação com o escrito.

O acontecimento mais determinante para ele foi talvez o seu casamento. Enquanto todos os seus antepassados tinham sempre estado em situação de dominância cultural em relação à esposa, com Évodie, a situação se inverte e Moïse tem consciência disso: "Minha mãe tinha, a meu ver, uma instrução mais avançada que a de meu pai".[69]

Quando Élie pede Évodie em casamento, em 1885, ele entra para uma família, a família Cabanis, que tem bens, mas principalmente tem um já longo convívio com a cultura escrita. Évodie é a filha órfã de César Pierre Cabanis,[70] que foi proprietário, até sua morte em 1872, do café protestante de Saint-Côme, e de Marguerite Galdy, cujos pais possuíam o albergue de Caveirac. A jovem foi recolhida por seus irmãos que moravam em Nîmes. O mais velho, Émile, era "caminhoneiro", isto é, gerenciava um parque de carroças puxadas por cavalos; o segundo, Numa, exercia o ofício de tanoeiro e depois se tornou controlador do transporte de vinhos. Mais tarde, Évodie partiu para trabalhar com a família de sua mãe em Caveirac, e foi certamente lá que ela conheceu Élie.[71] Se voltamos à geração precedente, o tio paterno de Évodie, César Cabanis, foi professor primário.[72] No momento da pesquisa de 1833, ele se encontrava instalado na escola de Fons-outre-Gardon, escola de maioria protestante, que

---

[69] Entrevista de 6 de novembro de 1981.

[70] A.C. Saint-Côme-et-Maruejols e archives notariales do estudo J. Couton à Clarensac (partilha entre os herdeiros César Cabanis du 23 avril 1887). Confirmado pela entrevista de 6 de novembro de 1981. Esses Cabanis não eram parentes dos Cabanis de Calvisson com quem Élie foi trabalhar como *baïle*.

[71] Entrevista de 31 de julho de 1979.

[72] A lembrança subsiste na família, mas é vaga e Moïse não sabia muito bem como ele era aparentado com sua mãe nem a que geração pertencia. Para a ficha da escola de Fons-outre-Gardon na pesquisa de 1833, ver A.N. F17* 105.

escolarizava trinta e cinco alunos durante o inverno e vinte e cinco no verão. Ele ensinou a seus alunos a leitura, a escrita, o cálculo, a ortografia, um pouco de gramática e a História sagrada. Só tinha o certificado do terceiro grau, mas sabia utilizar o método simultâneo que o ministro Guizot desejava estender a todas as escolas. O inspetor disse que ele tinha "instrução suficiente mas pouco desenvolvida" e encontrou nele "o desejo de se instruir, o caráter calmo e honesto, sem acessos de raiva e com uma conduta muito boa". Moïse se lembra de ter visto no sótão familair – o do antigo café Cabanis – modelos de escrita caligrafadas que poderiam ter sido utilizados por seu tio-avô quando era professor.[73]

Em resumo, Évodie não era uma "nova leitora", mas pertencia a uma linhagem familiar que tinha havia muito tempo familiaridade com a cultura escrita. Além disso, teve contato com uma cidade grande durante uma boa parte de sua infância e de sua adolescência. Não é surpresa que Moïse lembrasse de ter visto a mãe ler o jornal que o vizinho lhe emprestava: "Minha mãe lia o jornal de Dumas, principalmente as notícias locais e o folhetim".[74]

Entretanto, fora dessa diversão cotidiana, ela não parece ter sido uma grande leitora nem ter tido o hábito de escrever muitas cartas, pelo menos na lembrança de seu filho caçula. Mesmo a *Bíblia,* que reinava em permanência sobre a cômoda do quarto, era raramente aberta: "Eu nunca vi minha mãe lendo a *Bíblia...".[75]

---

[73] Entrevista de 6 de novembro de 1981.

[74] Entrevista de 6 de novembro de 1981. *Le Petit Méridional,* impresso em Montpellier durante a *Belle Époque,* oferece aos seus leitores em suas quatro páginas cotidianas: os editoriais políticos (o jornal se define como republicano), as mensagens e os resumos dos debates parlamentares, notícias do cotidiano nacionais, as crônicas regionais para os departamentos do Gard e do Vaucluse, os necrológios, dois folhetins, anúncios de espetáculos e de concertos, resenhas de livros e de revistas. Nas crônicas regionais, os vilarejos da região da Vaunage têm regularmente seu lugar. O tom dos artigos locais pode ser muito violento, em particular quando está em questão a laicidade.

[75] Entrevista de 6 de novembro de 1981.

A aculturação das mulheres se tornou laica – havia muito tempo, certamente, na linhagem familiar Cabanis –, o jornal fazia parte da vida cotidiana, mesmo para quem não tinha os meios de comprá-lo e, no entanto, Évodie não era uma leitora assídua. Ela não lia livros, apesar de já ser fácil encontrá-los no vilarejo nesse início do século XX, como veremos mais adiante. Ela também não utilizava a leitura para edificar sua alma nem para ter sucesso nos seus trabalhos domésticos. Moïse não se lembra, por exemplo, de que existisse na cozinha familiar um livro de receitas.

Por outro lado, ela se interessava de perto pelo trabalho escolar de seus filhos e assegurava sua qualidade: "Meus deveres..., ela me vigiava, ele teria sido capaz de me ajudar, se eu tivesse pedido...".[76]

Ela era também muito atenta para o fato de que ninguém, na casa, se dirigisse a eles em occitano, língua que ela mesma falava com dificuldade.

Enquanto sua sogra, Élise, usava suas parcas competências para auxiliar na escola das quintas-feiras, Évodie colocava sua cultura da escrita a serviço de sua família e, mais particularmente, de seus filhos. Essa atitude dispensava Élie, seu marido, da preocupação de ocupar da melhor forma o espaço cultural que seus conhecimentos e sua prática lhe abriam: em relação a seus filhos, por um lado, que ele não conseguia manter ligados à terra como exigia o costume;[77] em relação ao foro familiar, por outro lado, que ele entregou cedo àqueles que progressivamente nele instalaram a cultura escrita – esses mesmos filhos, mais particularmente os dois meninos. Dessa forma, Élie exerceu, diante de sua família, o lugar do cultivador que já sabia que seria o último da família a atuar nessa ocupação. Isso o levou a preconizar, com toda a insistência que convinha,

---

[76] Entrevista de 6 de novembro de 1981.

[77] Se levamos em conta o que diz Moïse, parece possível afirmar que Élie nunca exerceu sobre os filhos uma grande pressão para mantê-los ligados à terra. Talvez ele se contentasse em fingir essa preocupação?

o valor do trabalho contra o do lazer, mesmo quando era um lazer "cultivado"; o valor da ação contra o da reflexão (incluída a que nasce da leitura). Como lembra Moïse: "Meu pai me dizia: 'Eu não tenho tempo de ler'".[78]

Entretanto, se Élie se mantinha, na maior do tempo, em uma posição tradicional, ele sabia, em determinadas ocasiões, mostrar que não era estranho à cultura da escrita. Dessa forma, para agradecer-lhe pelos pequenos serviços que lhe prestava em sua propriedade, o prefeito do vilarejo, Georges Peyre, propunha-se a enviar-lhe o *Chasseur français*, revista publicada pela *Manufacture de Saint-Étienne*. Ele também, contra todas as expectativas, se revelou um leitor da biblioteca municipal de Saint-Côme.[79] Instalada no contexto de um movimento de difusão das bibliotecas populares entre o Segundo Império e a III República, essa biblioteca, gerenciada, como muitas outras, pelo professor primário, era freqüentada essencialmente pelos protestantes, na verdade os "vermelhos" do vilarejo (Moïse supõe que os católicos tinham uma biblioteca paroquial). Ele se lembra de ter visto seu pai pedir a seu filho mais velho que tomasse emprestadas à biblioteca, para seu uso, "histórias da Revolução".[80]

Para Élie, entretanto, a relação com a cultura escrita era essencialmente circunscrita pela vida política e pelo debate que, no vilarejo, opunha os "vermelhos" aos "brancos", os protestantes aos católicos e, talvez mesmo, os assalariados e pequenos proprietários da viticultura aos grandes produtores. As

---

[78] Entrevista de 6 de novembro de 1981.

[79] Essa "biblioteca", um grande armário de madeira clara, envidraçado, cheio de livros com ricas encadernações (Jean Jaurès estava ao lado de Jules Verne e Mistral, mas a história ocupava a maior parte) estava ainda no lugar ao final dos anos 1970 na prefeitura de Saint-Côme-et-Maruejols. Muitas outras bibliotecas populares (municipais, associativas ou confessionais) podem ser encontradas na Vaunage durante a Belle Époque. Existe nos A. D. do Gard um bom arquivo sobre a biblioteca de Caveirac, e Jean-Marc Roger me comunicou que os arquivos do consistório conservam o catálogo da de Congénies.

[80] Entrevista de 6 de novembro de 1981.

76 História da cultura escrita: séculos XIX e XX

eleições legislativas, por exemplo, eram ocasião de brigas nas ruas com os "reacionários".[81] As imensas manifestações de Nîmes ou de Montpellier pela defesa da viticultura, em junho de 1907, anunciaram a hora da mobilização geral do vilarejo. A greve dos operários agrícolas de Aimargues (a primeira do gênero), em 1910, suscitou também numerosas discussões e obrigou os pequenos proprietários "republicanos" a ajustar suas práticas a seus discursos. Não se deve pensar, no entanto, que esses homens da Vaunage ficassem excessivamente centrados nos conflitos locais ou mesmo regionais. Nesses anos que viram tantas crises nacionais e internacionais se sucederem, propagadas pela impressa cotidiana até a menor das estações ferroviárias rurais em menos de vinte e quatro horas, os acontecimentos divulgados pelos jornais eram a caixa de ressonância obrigatória da política local. Quando se gosta do debate, não se pode ignorar aquilo que o impresso é o único a divulgar. As greves de Fourmies (1891) e o escândalo do Panamá (1892), os atentados anarquistas (1893-94) e a condenação de Dreyfus (1894), o "J'accuse" de Zola (1898), a fundação do Partido radical-socialista (1901), e depois do Partido socialista francês (1902), o lançamento por Jaurès do jornal l'Humanité (1904), a fundação da Seção Francesa da Internacional Operária (SFIO) e a lei de separação entre a Igreja e o Estado (1905), os inventários

---

[81] "No momento das eleições, enviava-se alguém a Clarensac para buscar os resultados. Em Clarensac mandavam buscá-los em Caveirac e em Caveirac já tinham ido buscar os resultados em Nîmes. Na mesma noite já os conhecíamos. Dumas chegava em nossa casa : "Élie, François Fournier [socialista independente] foi eleito!". O que fazíamos então? Íamos atirar pequenos foguetes nas portas dos monarquistas Eles faziam um barulho como se fosse uma chicotada e gritávamos: "Magne [a monarquista] perdeu" (Entrevista de 30 de julho de 1979). François Fournier foi um dos três deputados socialistas independentes da região do Gard eleitos em 1902 depois de um fracasso em 1898. Ele foi reeleito em 1906 como candidato socialista unitário e, com mais dificuldade, em 1910, apresentando-se no primeiro turno contra um candidato socialista unificado e um radical-socialista. Venceu no segundo turno, quando disputou com Eugène Magne, único candidato conservador. Eugène Magne era um advogado monarquista que participaria da minoria da adminstração da prefeitura de Nîmes em 1908, em conseqüência das divisões da esquerda republicana (Cf. Adéodat Compère-Morel, 1913).

dos bens eclesiásticos e a reabilitação de Dreyfus (1906), a revolta do Midi vinícola e a rebelião dos soldados do 17º Batalhão (1907), a guerra do Marrocos (1910-1913) e as manifestações dos viticultores de Aude (1911), a lei dos três anos (1913), o caso Caillaux, o assassinato do arquiduque François-Ferdinand em Sarajevo e o de Jaurès, na rua do Croissant, e, enfim, a mobilização geral (1914)... Há aí muitos acontecimentos que estão ainda presentes na memória de Moïse, não pelo saber posterior que adquiriu sobre eles esse leitor apaixonado pelos livros "políticos", mas pela lembrança das emoções[82] a cada vez suscitadas no círculo próximo de sua família. Élie nunca deixou de participar das discussões que nasciam imediatamente na rede estreita das sociabilidades do vilarejo, mesmo que a sua educação – e talvez a sua personalidade – não lhe permitisse lutar com os adversários do partido "branco", como ele gostaria de fazer.

As amizades políticas e a vizinhança desempenharam aí papel essencial. Antoine se considerava "republicano". Élie se via como socialista. Nas eleições legislativas dos primeiros anos do século XX, ele votou em François Fournier, que se apresentou como "socialista independente" e que era partidário de Jaurès. Ele pareceu não ter passado pelo radicalismo que, no vilarejo, era reservado, sobretudo, aos pequenos e médios proprietários protestantes. Nas lembranças de Moïse, vê-se a linhagem familiar hesitar entre os diversos pólos do socialismo: o *guesdisme*[83] e o radical-socialismo, inicialmente, a linha de

---

[82] A narrativa da morte de Jaurès, tal como foi vivida no vilarejo, é, a esse respeito, exemplar: "A morte de Jaurès, veja como ficamos sabendo dela. Os sinos do vilarejo soaram. Meu pai tinha me levado a um vinhedo que ficava na parte baixa da planície. Então nós voltamos ao vilarejo e, quando chegamos ao monumento aos mortos, encontramos os Sabatier, o pai e o filho, Cabanis... Eles dizem: "Élie! Élie! Élie!". Então meu pai diz: "O que aconteceu? – Mataram Jaurès! – Não é possível! Por que o mataram?". Então eles dizem imediatamente: "Se mataram Jaurès, então haverá a guerra!". Imediatamente eles disseram isso." (Entrevista de 2 de agosto de 1979).

[83] Corrente histórica do movimento socialista francês, ligada a Jules Guesde. Apareceu em 1880 e desempenhou papel importante na criação da Seção Francesa da Internacional Operária (SFIO) em 1905. (N.T.)

78 História da cultura escrita: séculos XIX e XX

Jaurès e a SFIO em seguida. Esses dois pólos, um mais modera-do e outro mais revolucionário, são representados pelas duas famílias amigas com as quais se construiu a cultura política dos homens da linhagem familiar de Moïse. Primeiro, há o vizinho Dumas, com o belo prenome de Alexandre e que é da geração do avô Antoine. Era um "republicano" que se tornou progressi-vamente um admirador incondicional de Jaurès. Era também um assinante do *Petit Méridional*, o grande jornal regional dos radicais que, em sua casa, estava sempre disponível para aque-les que desejavam conhecê-lo:

> Meu vizinho Dumas era republicano e manifestava isso, enquan-to meu pai era mais tímido. Dumas era um dos primeiros a rece-ber o jornal em casa. Era Barafort que o entregava, todos os dias, quando chegava o trem de Caveirac. Ele parava em Clarensac, onde morava, e em Saint-Côme. Era o *Le Petit Méridional* que chegava, eu acho, de Montpellier. Nessa época, não se recebia o jornal pelo correio. Era à Barafort que se pagava a assinatura. Ele distribuía também o jornal reacionário, *L'Éclair*, pequenos jor-nais ilustrados como os que ficavam no café e, no final do ano, o *Almanach Vermot*.[84]

Dumas, que já era idoso, mantém em torno de sua casa uma assembléia de discussão permanente: "No verão, ele ficava do lado de fora, na nossa pequena rua, sobre uma pedra que lhe servia de banco. Ele vestia sua camisa... e levava seu jornal".[85]

---

[84] Entrevista de 6 de novembro de 1981. O socialismo na região do Gard tornou-se "unitário" a partir de 22 de outubro de 1905. Desde então, os socialistas indepen-dentes perderam sua influência eleitora, mesmo que François Fournier herdasse ainda alguns dissidentes da Federação unitária em 1908, às vésperas das eleições municipais. Recebendo, em 1910, o congresso nacional da seção francesa da Internacional Operária, a municipalidade socialista unitária de Nîmes relançou o debate em todos os vilarejos "vermelhos" do Gard. Em maio do mesmo ano, um grande banquete foi organizado na Vaunage, à Calvisson, para comemorar o sucesso nas eleições legislativas de Hubert Rouger, socialista unitário, na 2ª circunscrição de Nîmes. Sobre o radicalismo e o socialismo no Gard, ver Jean-Michel Gaillard (s.d.) e Robert Lamarque (1959). Para uma síntese, ver *Droite et gauche en Languedoc Roussillon de 1789 à nos jours. Actes du colloque de Montpellier, 1973*, Montpellier, 1975 assim como Raymond Huard (1982). *L'Éclair*, jornal do partido legitimista, aparece a partir de 1881 em Montpellier.

[85] Entrevista de 6 de novembro de 1981.

Quando não encontrava ninguém com quem partilhar a leitura de seu jornal, ele se apressava a convidar seus vizinhos – e, conseqüentemente, Élie – para o próximo serão. Ele era o principal animador desses encontros: começava contando uma "história", não um conto tradicional ou um acontecimento do cotidiano, mas uma narrativa "histórica", ou seja, um acontecimento político de sua infância – a mensagem de Ems, a batalha de Reichshoffen, a Comuna (pela qual ele não tem muita simpatia), etc. Em seguida, era hora de comentar os acontecimentos divulgados pela imprensa do dia. Não se lia nesses serões da Vaunage,[86] falava-se, mas essa palavra proferida e ouvida era, na maior parte das vezes, nascida de uma leitura anterior que se desejava partilhar.

O banco diante da casa, o serão da noite não eram espaços e tempos ligados à esfera pública, como o café e o círculo.[87] Também não eram lugares de sociabilidade exclusivamente masculinos e adultos. Na casa de Dumas, era na intimidade de relações de amizade construídas por várias gerações, homens, mulheres e crianças reunidos num mesmo lugar, que cada um tentava relacionar a compreensão da política local e a da política distante, a informação vivida ou ouvida e a informação lida no impresso.

O outro ponto de apoio político de Élie e dos seus se encontrava um pouco mais longe no vilarejo. Trata-se da família de Marcel Sabatier. Eles eram da geração do pai de Moïse. Pequenos proprietários, sua rede se estendia bem além de Saint-Côme. A correspondência, mais do que o jornal, era para eles o meio essencial de manter o seu lugar no espaço político local e

---

[86] As únicas ocasiões em que as vigílias eram consagradas à leitura parecem ser as organizadas, na casa de uns e outros, pelo pastor do vilarejo. (Entrevista de 6 de novembro de 1981). Essa prática é também atestada em Monoblet no mesmo período (Entrevista de 8 de agosto de 1982 com Lydie Morin-Hébrard). Nada parecido, ao contrário, parece ter existido na Vaunage, no meio católico (Entrevista de 10 de agosto de 1979 com David Gauthier).

[87] Saint-Côme não possuía um "círculo republicano", mas existe um bem perto, em Caveirac.

80 História da cultura escrita: séculos XIX e XX

de compreender o debate nacional. Um dos filhos morava em Lyon onde cuidava da venda dos vinhos produzidos na Vaunage. Eles tinham também parentes em Paris. Seus negócios os levavam freqüentemente a Nîmes. Era em sua casa que chegavam as notícias políticas mais frescas. Para a maioria, elas se originavam no mundo complexo dos socialismos daquele final de século. Eram eles que empurravam insensivelmente Élie, primeiro para o *guesdisme* e depois para um socialismo mais intransigente, o da SFIO:

> Meu pai foi primeiro socialista independente como o deputado François Fournier. Ele passou do radicalismo anticlerical ao socialismo independente. Nesse momento ele não era tão próximo dos Sabatier, pai e filho, que defendiam a internacional socialista e acompanhavam as reuniões em Nîmes. Fournier foi eleito duas vezes, mas na terceira ele foi vencido por um socialista da SFIO, seu nome me escapa. Então, Sabatier fez meu pai entender que ser socialista independente não queria dizer nada, que isso não valia nada. Que era preciso ser radical-socialista e manter essa posição, ou ser socialista e votar na SFIO.[88]

Isso não impedia que os homens das três famílias se encontrassem juntos nas arenas de Nîmes quando Jaurès vinha para um comício nessa cidade. O grande tribuno meridional reduzia as distâncias doutrinais na emoção partilhada do que era percebido por cada um como o maior acontecimento da vida política:

> Pelo que meu pai dizia, havia mais gente nas arenas do que para uma corrida de touros. Eu acho que ele tinha vindo para defender a causa dos viticultores... Ele tinha falado da viticultura, dos problemas dos operários agrícolas, dos mineiros e também dos problemas internacionais, da paz, das guerras coloniais. Meu

---

[88] Entrevista de 2 de agosto de 1979. Moïse se engana. François Fournier foi três vezes eleito deputado da 2ª circunscrição de Nîmes (1902, 1906 e 1910). A partir de 1910, ele se desliga da atitude unitária que tinha feito dele durante muito tempo um aliado dos socialistas da POF (1898) e depois da Federação unificada, na verdade da SFIO (1906). Em 1910, depois de ter vencido no primeiro turno o candidato da Federação e o candidato radical-socialista, ele vence Magne no segundo turno por apenas 15 votos (Cf. Adéodat Compère-Morel (1913)). Ele foi vencido em 1914.

pai me dizia: "Ao final de seu discurso, estávamos todos em pé, aplaudindo". Não havia alto-falantes, mas mesmo nas arenas, ele tinha uma voz de trovão. Estávamos, nem sei como dizer, fascinados...[89]

Da mesma forma, em cada uma de suas etapas, o caso Dreyfus criou entre eles, partidários de primeira hora, elos indissolúveis. Entretanto, não se deve imaginar que os Sabatier ficaram presos apenas na ação militante e na febre das discussões. Eles eram também "pessoas de livros" e Moïse se lembra de tê-los visto freqüentemente tomando o caminho da biblioteca municipal, de que são os usuários mais assíduos: "Os Sabatier... Eram pessoas que liam muito para aquela época... Eles eram proprietários e tinham empregados, então eles tinham tempo...".[90]

Élie se mostrava, assim, preocupado em manter seu lugar numa justa distância entre seus valores tradicionais de trabalhador da terra e seus interesses pelo debate político, mais do que partilhar com os seus familiares, como fazia sua esposa, seus conhecimentos e suas práticas da cultura do impresso. Não se deve, entretanto, contentar-se com essa aparência que sua timidez e sua aspereza de caráter contribuíram sem dúvida para instalar. Em uma das últimas entrevistas que tive com seu filho Moïse, ele me contou um gesto de seu pai de que tinha completamente se esquecido e que, no entanto, faz dele um "passador" mais do que um consumidor, no lento avanço da linhagem familiar de Moïse em direção à cultura escrita.

Enquanto eu interrogava Moïse sobre os livros de que ele dispunha na casa de seus pais, estávamos quase chegando à conclusão de que a única biblioteca familiar era a que tinha sido constituída por seu irmão mais velho, por ocasião de suas

---

[89] Entrevista de 2 de agosto de 1979. Jaurès veio duas vezes em Nîmes: em fevereiro de 1910 por ocasião do congresso nacional da SFIO e em primeiro de setembro de 1912. É, sem dúvida, a esse segundo acontecimento que Moïse se refere. Cartões postais comemorativos (Nîmes, Bernheim éd., 1912) dão uma idéia da grandeza do comício.

[90] Entrevista de 6 de novembro de 1981.

82 História da cultura escrita: séculos XIX e XX

viagens a Nîmes, e que ele tinha herdado quando o irmão fora para o exército: uma prateleira acima de sua cama, abarrotada de pequenas brochuras compradas em Nîmes, obras a meio caminho entre a revista e o "bom livro" laico ou protestante.[91] Ao fim de nossa conversa, no entanto, de repente a lembrança lhe vem:

> Ah ! sim... Havia alguns livros embaixo, no que era considerado como sala de jantar, uma antiga cozinha. Havia o baú e uma antiga pia com prateleiras embaixo. Os livros ficavam lá, atrás de uma cortina vermelha. É isso mesmo, embaixo, na sala de jantar... Havia os livros de escola de meu irmão... E livros de história com belas encadernações vermelhas ou pretas e pequenas letras douradas na capa...[92]

Há muitas chances de que esses livros tenham sido livros caros ou das editoras Hetzel ou Hachette com capas duras ilustradas, talvez até livros encadernados em couro que tenham pertencido a uma biblioteca burguesa. Como chegaram até lá? Certamente não pela escola, que não tinha os meios de distribuí-lo, nem mesmo aos melhores alunos. Moïse se lembrou então que eles tinham sido trazidos para a casa por Élie:

> Havia uma pessoa idosa que morava sozinha numa casa que ficava no caminho que sobe para a colina. Devia ser uma pessoa instruída. Ela tinha até um piano em casa e tocava o harmônio no templo de Clarensac, aos domingos. Ela me dava a impressão de ser uma dama. Eu não lhe teria dirigido a palavra na rua, por exemplo, e quando a via, tirava o meu boné. Ela tinha muitos livros em casa. Um dia meu pai tinha lhe prestado um serviço e

---

[91] Encontrei, por exemplo, na biblioteca de Moïse, sem poder afirmar que eram essas as brochuras de que fala, vários exemplares da coleção da Biblioteca Nacional (pequenos *in-16* cobertos com papel azul, publicados de 1860 à Guerra de 14-18) ou ainda o *Jean Cavalier, héros des Cévennes*, escrito por Jules Rouquette para a coleção da Pequena biblioteca universal, com um recibo de expedição datado 1886 em nome de M. F. Desmons, pastor e deputado republicano do Gard. Sobre essas coleções populares e baratas do final do século XIX (não confundir com os "romances a quatro tostões do Segundo Império), ver Isabelle Olivero (1987).

[92] Entrevista de 6 de novembro de 1981.

ela tinha dito que queria ter um pouco mais de espaço em casa e se desembaraçar de um certo número de livros. Então meu pai os tinha comprado para nós. Não muito caro, eu acho. Como ele lhe tinha feito um serviço, ela tinha feito um bom preço...[93]

Esse talvez tenha sido um dos momentos determinantes da entrada, dessa vez definitiva, da linhagem familiar de Moïse na escrita. Élie estava na origem desse fato. Entretanto, foram seus filhos, os meninos, em particular, que tiraram disso as maiores vantagens.

Da leitura à escrita: Moïse H. (1898-1995)

Foi por meio do filtro da memória de Moïse que vimos seus antepassados entrarem, progressivamente, em uma maior familiaridade com a cultura escrita.

Ele mesmo pertenceu à geração desses homens e dessas mulheres que, em torno de 95%, eram declarados alfabetizados às vésperas da Grande Guerra.[94] Talvez sua linhagem familiar estivesse um pouco mais à frente: ele não era um *novo leitor*. Élie e mesmo Antoine abriram-lhe o caminho. Élise permaneceu no limiar. Évodie trouxe o capital de uma família da planície já instalada havia muito tempo na escrita. Entretanto, nenhum deles havia sido verdadeiramente beneficiado, nem para entrar verdadeiramente na prática pessoal da leitura ou da escrita, nem para dela tirar vantagem material ou social. Eles permaneceram em seu lugar, que era aquele da terra e do vilarejo, e também do grupo político de pertencimento. Foi, aliás, essa rede, mais do que a escola ou a freqüentação do impresso, que parece tê-los levado, em passos medidos, em direção a maior familiaridade com a coisa escrita, com a qual Moïse estabeleceu uma convivência.

Três dos filhos de Élie e Évodie atingiram a idade adulta: Louis (nascido em 1889), Marguerite (nascida em 1892) e Moïse

---

[93] Entrevista de 6 de novembro de 1981.

[94] FURET *et* OZOUF (1977).

84 História da cultura escrita: séculos XIX e XX

(nascido em 1898).[95] Marguerite fez parte dessa geração de mulheres maltratadas pela Guerra de 1914. Viúva desde os primeiros combates, ela teve de substituir os homens na terra para educar, ainda muito jovem, seus dois filhos. Ela dizia que nunca tinha gostado muito da escola[96] e se mostrou, durante toda sua vida, incomodada pela escrita: leitura balbuciante e à meia voz do jornal ou da efeméride protestante que sempre consultava mesmo não sendo praticante; escrita epistolar rara com uma grafia hesitante e uma ortografia oscilante. Louis e Moïse foram, ao contrário, leitores assíduos, devorando bibliotecas inteiras. É verdade que eles dois obtiveram com sucesso o certificado de estudos[97] e que sustentavam uma firme vontade, desde muito jovens, de deixar a terra.

De seus primeiros contatos com a cultura escrita, largamente comentados por Moïse tanto em suas entrevistas como em seus escritos, reteremos aqui apenas os fatos mais marcantes. Com o distanciamento imposto pelo tempo, eles parecem estranhamente modernos, nesse meio ainda em parte dominado pelo dialeto de assalariados agrícolas da Vaunage. Moïse não tinha autorização – ele atribui isso à ternura maternal para com seu caçulinha – para ler em seu quarto às quintas-feiras ou aos domingos, algumas vezes até 11 horas da manhã? E, quando

---

[95] A.C. Saint-Côme-et-Maruejols (registros de estado civil).

[96] Entrevista de 4 de agosto de 1980. Marguerite, no entanto, apresentada em 1905, aos treze anos para o certificado de estudos primários por seu professor, recua diante do obstáculo, passando-se por doente no dia do exame (A.D. Gard, 1T 1598).

[97] Moïse obteve o certificado de estudos em julho de 1912, ano em que fazia 14 anos. Ele não obtém muito boas notas, pois foi o penúltimo dos vinte e dois meninos da lista. Ele se mostra um aluno médio sem dificuldades particulares. Foi em História e Geografia que ele obteve o melhor escore (7,5/10), mas, mesmo nessa disciplina, ele estava em 11º lugar. Pode-se observar que os dois alunos que se apresentaram nesse ano pela escola de Saint-Côme-et-Maruejols se situavam, todos dois, nos últimos lugares. Seu irmão teve, mais ou menos, os mesmos resultados em 1902 (classificado em décimo terceiro lugar entre os quatorze candidatos do cantão e em quarto lugar entre os quatro candidatos do vilarejo, com um resultado catastrófico em ortografia, onde só obteve 3,25.10) A. D. Gard, 1T 1598.

acompanhava seu pai ao campo para ajudá-lo ou para aprender seu ofício, não o deixavam instalar-se sobre o banco da charrete para revisar suas lições ou para terminar um dos livrinhos que retirou da estante de seu quarto? Louis, depois que partiu para a cidade, tornou-se um dos principais fornecedores de livros para Moïse e vimos que ele soube achar, também muito precocemente, o caminho da biblioteca popular e tornar-se, nesse lugar, o intermediário de todos os homens da família.

Três fatos proeminentes marcaram sua formação de leitor: a inscrição voluntária das crianças no monolingüismo; o papel insubstituível da escola com o modelo de uma leitura fortemente afetiva desenvolvida pelo mestre; a possibilidade de constituir uma biblioteca pessoal.

Moïse teve o francês como língua materna e certamente compreende o occitano, mas não teve consciência de ser verdadeiramente bilingue:

> Eu guardei palavras, porque havia palavras que eu escutava a todo momento quando os homens falavam. Quando eles falavam, a conversa era mais longa em dialeto do que em francês. Então, nós, crianças, acabávamos entendendo os dois...[98]

A fronteira, ao menos para os homens, deu-se entre a geração de Élie e a de Moïse. Não se deve imaginar que isso seja o resultado da escola republicana mesmo que apenas o filho a tenha conhecido. De fato, foi resultado de uma sutil estratégia familiar da qual Moïse tinha perfeita consciência. Nesse fim de século XIX, na sua família – mas era também o caso da maioria das famílias de assalariados agrícolas – sempre se dirigiu a palavra às crianças em francês. Disso resulta um avanço das mulheres quanto à prática ativa da língua. Quanto às crianças, elas não tinham de desaprender o occitano quando chegavam à escola, pois só tinham dele, no máximo, um conhecimento passivo. Ao contrário, as coisas mudavam quando os meninos chegavam à idade de se juntar aos homens no campo. Lá, em

---

[98] Entrevista de 31 de julho 1979.

86 História da cultura escrita: séculos XIX e XX

alguns meses, eles deviam entrar na língua do trabalho de cultivador que era, ainda nessa época, o occitano. O mesmo não se deu com as meninas que, para se prepararem para seu papel de futuras mães, deviam manter um francês tão correto quanto possível. Evidentemente, elas aprendiam também a língua dos homens, mas sempre um pouco rompendo barreiras.

Mas, se na conversa homens e mulheres dialogavam em dialeto, é porque as crianças não deviam entender o que era dito. Por isso, como se lembra Moïse, as crianças redobravam os esforços para compreender as conversas em occitano. Em resumo, meninos ou meninas da Vaunage da *Belle Époque* tinham prioritariamente o francês como primeira língua materna e estavam, pois, plenamente instalados, desde a sua infância, tanto na língua da escola quanto na língua dos livros.[99]

A escola, no entanto, tem seus efeitos sobre os pequenos aprendizes. O objetivo da instituição escolar era, desde a Lei Ferry, não apenas alfabetizar as populações rurais, mas também oferecer a cada francesinho os meios de compreender os livros que as grandes editoras produziam para seu uso: livros de História, de Geografia, de Ciências, de Leitura (isto é, trechos escolhidos dos melhores autores) e também livros "de educação e de recreação", como indica Hetzel na capa de suas coleções. O método então preconizado pelas conferências pedagógicas e largamente popularizado consistia em exercitar a leitura expressiva em voz alta para forçar, pela emoção, a compreensão.[100]

Moïse, que continuou toda sua vida a entrar nos livros por meio da emoção, ainda se lembra disso. Duas vezes por semana, no grupo dos mais velhos, o professor pedia a um aluno para abrir o armário de carvalho no fundo da sala e distribuir os quarenta exemplares do livro de leitura a cada um. Em seguida, ele designava um primeiro leitor que se levantava e lia

---

[99] Lydie Morin-Hébrard, descendente do ramo mais velho dos Hébrard de Monoblet e da mesma geração que Moïse, confirma essa descrição para o povoado de Pailhès onde foi educada.

[100] Ver HÉBRARD (1988).

em voz alta as quatro ou cinco primeiras páginas da leitura do dia. Um segundo leitor continuava... Nenhuma explicação, nenhuma interrupção, ao que parece. Tratava-se de ir ao fim do capítulo para formar um sentido. Moïse se lembra de ter lido dessa maneira *Francinet* e, claro, *Le tour de la France par deux enfants*.[101] Seria o ritual? Seria a qualidade dos textos? O efeito dessas leituras parece ter sido marcante :

> O capítulo que sobretudo me impressionava era o capítulo da mina... falava-se de um cavalo que puxava os vagões, de homens que cavavam ajoelhados o dia inteiro, e depois uma explosão de gás[102]... Esse pobre cavalo, fechado na mina... então nós quase chorávamos lendo isso. Ficávamos emocionados, porque vivíamos isso. Nós víamos verdadeiramente os poços da mina... E depois, com nossos colegas, discutíamos: "mas, esse cavalo, como ele pode viver assim? fazíamos suposições..." Ficávamos impressionados... E depois, um dia o professor fazia vir as projeções e nos apresentava o poço da mina...[103]

Está tudo dito nesse curto texto. A preocupação com a leitura longa, que faça sentido; o cerimonial que força a criança a se preparar para a recepção do texto; a discrição do mestre conforme todas as recomendações da época; a articulação com a imagem, que vem depois para não substituir o esforço de imaginação do aluno; e, enfim, o resultado que se mede pela emoção suscitada e pelas discussões que ela provoca entre as crianças. Com tal formação, o leitor, se ele aceita o esforço e a tensão, arrisca-se a não abandonar tão cedo o terrível prazer da leitura. Quando, além disso, esse leitor está pronto para agarrar qualquer livro, como vimos ser o caso de Moïse, ele

---

[101] Sobre o papel das obras de Madame Fouillé na formação da identidade cultural dessas gerações ver: JACQUES; OZOUF (1984).

[102] Pode-se reconhecer nessa evocação os cavalos Bataille e Trompette que Émile Zola (1885) descreveu. Muitos extratos descritivos desse romance, cuidadosamente expurgados, foram retomados nos manuais de trechos escolhidos destinados às escolas primárias durante a Terceira República para representar o terrível trabalho dos mineiros.

[103] Entrevista de 6 de novembro de 1981.

dispõe de todos os meios para entrar definitivamente no espaço imaginário, mas também reflexivo, que oferece o impresso.

No entanto, resta compreender como Moïse foi mais longe do que a maioria dos seus, porque ele não se contentou, como Louis, em ser consumidor assíduo de livros e de jornais. Com efeito, e nisso foi o primeiro de sua linhagem familiar, Moïse logo se precipitou nos prazeres da escrita. Esse foi talvez o último e estrondoso sucesso dos discretos esforços de Évodie e Élie. Para efetuar esse último passo, a escola não foi suficiente, ainda que Moïse tenha dela esgotado todas as possibilidades. Depois do certificado de estudos, ele foi admitido para ficar mais um ano junto ao professor, em vez de ir, de imediato, ajudar seu pai no campo. Logo que chegou à idade, freqüentou o curso noturno onde completou seus conhecimentos, em particular os de agricultura. Ele recebeu, aliás, um diploma ao fim de um concurso organizado na época por associações de estímulo, para fomentar a emulação entre os mestres.[104]

O acesso à escrita lhe veio de uma maneira estranha, bem distante daquilo que se poderia esperar. Ela se apresentou no momento de uma iniciação precoce ao mundo – aos seus olhos, prestigioso –, dos empregados que trabalharam cotidianamente com a escrita, dos secretários e dos contadores. Deixemos a ele a responsabilidade de contá-la:

> A coincidência fez com que eu conhecesse o contador do senhor Peyre, o prefeito, que era negociante... Meu pai trabalhava para ele, aos domingos, no seu jardim... O contador havia me dito: "mas, meu menino, é preciso que você aprenda a contabilidade. É bom, você sabe. Mais tarde isso te será útil, mesmo se você trabalhar no campo..." Então, às quintas feiras eu ia ver o contador. Foi antes que eu obtivesse meu certificado de estudos. Um dia, o prefeito me disse: "você ficaria contente, meu menino, de vir trabalhar no escritório às quintas feiras? – Claro, senhor, eu gostaria muito!" Então ele me instalou lá, em uma pequena escrivaninha. Ao lado, havia o secretário, ao lado havia o contador e depois o senhor Peyre que tinha seu escritório lá. E o contador

---

[104] Entrevista de 6 de novembro de 1981.

especialista vinha de Nîmes e ficava a quinta-feira toda... E eu, eu ficava lá... Eu escutava o que ele dizia ao Senhor Peyre....[105]

Isso poderia ser interpretado como o nascimento de uma vocação, pois, de fato, Moïse foi contador durante toda sua existência. Na verdade, nos seus anos de adolescência e mesmo ao longo de sua vida, sua verdadeira vocação, sua paixão contrariada, será a estrada de ferro. Teria sido a leitura da *Bête humaine*, de Zola? Teria sido a epopéia da construção da rede PLM,[106] concebida por Paulin Talabot, tão forte na memória meridional? Teria sido o penacho de vapor dessas estranhas máquinas visto da propriedade do avô Antoine, sobre as encostas da colina de Mouressipe? Moïse se lembra de que, ainda muito jovem, encomendava a seu irmão as brochuras ilustradas sobre as estradas de ferro e que até mesmo comprou um livreto com os horários dos trens para vigiar as idas e vindas dos trens da linha de Nîmes ao Vigan, que atravessava a Vaunage.[107] Na volta da guerra, ele efetivamente pediu um emprego na companhia PLM e foi nomeado para Sète. O estado de saúde de sua tia por parte de mãe, de quem sua jovem esposa cuidava, impediu-o de assumir suas funções e foi só então que ele aceitou um cargo de coletor adjunto de impostos em Pont-Saint-Esprit.

O encontro com esses funcionários públicos foi, nesse momento, para ele, de outra ordem. Por trás dos números, é inegavelmente o poder do escrito que brilha a seus olhos. As "operações", como ele as chama, pelas quais o negociante Peyre, num simples traço de pena, fazia e desfazia acordos, obrigava

---

[105] Entrevista de 6 de novembro de 1981.

[106] A *Compagnie des Chemins de fer de Paris à Lyon et à la Méditerranée* (Companhia de Estradas de Ferro de Paris a Lyon e ao Mediterrâneo) era conhecida pela sigla PLM (N.T.).

[107] Esse estranho passatempo, que parece ter sido partilhado por muitas pessoas antes da última guerra e que ainda hoje é uma atividade na Gran Bretanha (*train watchers*) mostra o apreço que Moïse teve pelo escrito: o pequeno livreto *Chaix* não consta o horário do trem, ele organiza, ele comanda as máquinas.

90 História da cultura escrita: séculos XIX e XX

ou desobrigava um cliente ou um fornecedor, organizava sua fortuna e prevê sua evolução, o fascinam. Não porque ele esperava um dia também enriquecer – durante toda sua vida foi obstinado a conservar apenas o estritamente necessário – mas porque experimentava o poder intrínseco do dispositivo escritural e contábil a que esses homens servem muito mais do que dele se serviam. Em relação a isso, a figura do contador especialista foi essencial. É ele que dá as ordens ao negociante, e não ao contrário ("Ele lhe dizia: eu vou centralizar isto, eu vou centralizar aquilo..."). E se o homem que vinha a cada quinta-feira da cidade grande reinava assim sobre a pequena empresa, era porque definitivamente os números e os escritos que comandavam. Além disso, ele nunca ficava tão feliz do que quando tinha a ocasião de experimentar o reconhecimento simbólico que todos aqueles que serviam o escrito recebiam automaticamente por seu trabalho. Foi o que aconteceu quando o negociante lhe pediu para ir, em seu nome, ao correio de Carensac, para efetuar uma dessas operações que ultrapassavam o uso que se fazia habitualmente do correio na sua família:

> algumas vezes, ele me dizia: "olhe, isso vai te fazer tomar um pouco de ar, você irá fazer uma operação no correio". Para mim, era um acontecimento, ir ao correio. Então ele me dizia: "você vai enviar esse mandato" ou "você vai registrar essa carta"... Eu já era conhecido pelos funcionários do correio: "Bom dia, senhor Hébrard. O que é que o senhor traz?' Para mim era um acontecimento ir ao correio tão jovem, tão jovem...[108]

No júbilo da lembrança que volta à consciência, percebe-se toda a importância do fato. Além do "Bom dia, senhor Hébrard", que bem se pode imaginar como podia tocar alguém que era, até esse momento, "o menino", lê-se também uma estranha valorização do dispositivo epistolar. Para Moïse, que sempre definiu o grau de alfabetização dos seus pela capacidade de escrever uma carta e que durante a guerra de 14-18 foi o escrivão público de seus camaradas de trincheira,[109] o domínio das

---

[108] Entrevista de 6 de novembro de 1981.
[109] Sobre esse tema, ver: HÈBRARD (1991).

operações postais complexas era certamente vivido como uma entrada em um mundo que nada, em sua educação familiar, teria podido prever, como um avanço extraordinário em direção a uma apropriação exaustiva das práticas do escrito. Além disso, foi ainda pela correspondência que ele realmente "tomou a pena", de uma maneira bem modesta, é verdade:

> Um dia o Senhor Peyre me diz: "Você vai ficar lá. Vamos te dar livros grossos, esses catálogos. Nós enviaremos circulares a nossos clientes da região de Lyon e de Dijon. Nesses livros você escolherá os doutores, as pessoas que podem ser suscetíveis de... E nós lhes enviaremos circulares falando da boa qualidade de nossos vinhos, da seriedade das nossas remessas, e isso e aquilo... por enquanto, você fará os envelopes. Depois faremos as circulares e vamos te mostrar..." Não havia máquina de escrever... era preciso escrever a mão. Eu escrevia bem com a "Sergent Major"[110] e depois, existia uma pena redonda, porque os cabeçalhos...[111]

Parece que isso que aconteceu a Moïse, entre doze e quatorze anos, foi sua primeira "tomada da pena" não escolar, pelo menos foi o que ele me confirmou várias vezes nas nossas entrevistas. Copiar envelopes era certamente a tarefa mais ingrata que se podia receber nos inumeráveis escritórios administrativos ou comerciais que existiam, então, até mesmo nos menores vilarejos. Ela era efetivamente reservada aos aprendizes que, muitos Dentre eles, chegavam a essa responsabilidade depois de ter passado muitos meses como simples mensageiros. Moïse descobre aí, como um acontecimento excepcional, o que se relacionava com a vida comum de muitos adolescentes corretamente alfabetizados nas grandes cidades da segunda metade do século XIX.[112] Que esse acontecimento tenha sido decisivo na sua formação fica claro na importância que lhe atribuiu nessas lembranças e na emoção que, perto de três-quartos de século

---

[110] Marca de pena metálica muito usada nas escolas entre 1900 e 1960 e destinadas à escrita corrente.

[111] Entrevista de 30 de julho de 1979.

[112] Ver, por exemplo, LEJEUNE (1984).

92 História da cultura escrita: séculos XIX e XX

mais tarde, submergiu quando ele o evocou. Moïse foi notado pelos adultos que o cercavam, e que eram profissionais do escrito, de um lado porque era "interessado"[113] e, de outro, porque ele tinha "uma mão boa", critério decisivo nesses anos – os últimos – em que a reprodução de numerosos tipos de textos passaram pela cópia manuscrita. Resta compreender, no entanto, por quais estranhos encaminhamentos essas cópias enfadonhas puderam conduzir um dia esse aprendiz de escritos à "tomada da pena" pessoal, fosse ela dirigida a outrem (correspondência) ou destinada a si próprio (cadernetas de notas, cadernos, etc).

A etapa da guerra foi certamente decisiva. Moïse sempre foi discreto sobre esse assunto. No entanto, ele evocava muitas vezes seu papel de redator da correspondência nas trincheiras entre 1916 e 1918. Emprestando, de boa vontade, suas competências a seus companheiros analfabetos, compreendeu, rapidamente, que esses últimos não eram mais capazes de ditar uma carta do que de escrevê-la. Ele reencontrou então a velha técnica dos escrivães públicos[114] dos séculos passados:

> Eu lhes pedia para me contar sobre sua família, sua mulher, seus filhos, seus pais... o que cada um fazia em casa, no trabalho... e depois eu fazia uma carta, eu inventava um pouco... mas eram freqüentemente as mesmas frases... e depois eu as lia e eles me diziam: "Sim é isso! é isso que eu queria dizer". Algumas vezes acrescentavam uma coisa ou duas e daí... pronto. O essencial era dar notícias[115].

Foi também durante a guerra que ele começou a redigir suas primeiras cadernetas. Uma delas sobreviveu ao tempo.

---

[113] As alusões a esse interesse de Moïse criança pela coisa escrita são numerosas na suas entrevistas. A propósito de suas relações com seu vizinho Dumas, por exemplo, quando relata suas palavras: "Ele é bem sério para sua idade, esse pequeno" ou ainda na boca do prefeito e do negociante Peyre: "Esse pequeno se interessa..."

[114] Ver MÉTAYER (1991).

[115] Entrevista de 6 de novembro de 1981. Encontramos descrições análogas em numerosos testemunhos recolhidos por Gerard Baconnier, André Minet e Louis Soler (1985).

Está redigida a lápis com ponta violeta, característica do escrito dos soldados no *front*. Ela comporta duas partes. Uma é um resumo do seu curso de instrução militar (formação para a utilização da metralhadora de uso dos soldados de infantaria). A outra é formada por um conjunto de notas, freqüentemente muito curtas e enigmáticas,[116] sobre as etapas sucessivas de sua participação nas batalhas. Fica-se aquém de uma narrativa, trata-se no máximo de um auxílio à memória.

Terá sido essa a causa secreta do apego à escrita – privada, dessa vez – que Moïse manifestou ao longo de toda sua vida? Com efeito, essas notas, muito sucintas, foram a matriz de uma redação, indefinidamente recomeçada, de uma narrativa desses anos, certamente terríveis para o adolescente que conheceu o primeiro combate aos dezoito anos. Desde sua desmobilização, ele tentou uma primeira versão: uma dezena de páginas desenvolve as notas tomadas no momento das batalhas. Ele as recomeçou até seus últimos dias. Encontramos versões repetidas desse texto nos cadernos que ele manteve durante seus anos de engajamento político entre o pós-guerra e 1968; e as narrativas de guerra ocuparam uma boa parte dos "folhetos" que ele redigiu ao fim de sua vida. Sua paixão de escrever, no entanto, não se limitou a isso. Ela acompanhou, na verdade, todos os instantes de sua existência e se instalou sobre as menores superfícies próprias para receber a escrita: agendas, fitas de expedição de jornais; folhas de efemérides, envelopes devolvidos, cardápios de banquetes, comunicações de toda natureza,[117] etc. Falta apenas o diário íntimo nesse inventário. Teria feito desaparecer e cuidadosamente evitou me falar dele? Talvez... mais provavelmente, ele nunca manteve um, preferindo, ao exame de consciência, freqüente no meio protestante

---

[116] "Podíamos ser presos, era preciso que as informações precisas não caissem nas mãos dos inimigos e a vigilância que se exercia sobre os soldados a esse respeito era draconiana". Entrevista de 6 de novembro de 1981.

[117] Eu pude, após sua morte, fazer o inventário dos escritos manuscritos e impressos que se acumularam no último apartamento em que ele morou. Sobre esses escritos sobre a existência cotidiana, ver FABRE (1993).

94 História da cultura escrita: séculos XIX e XX

ou à introspecção do eu, o simples registro dos acontecimentos e reflexões que eles suscitavam?

Entretanto, nas entrevistas que Moïse H. me concedeu, esses escritos pessoais não foram valorizados. Ele falava pouco deles e nunca quis explicitar nem a ocasião nem o significado que lhes atribuía, apesar de minhas reiteradas questões. Parece que, para ele, o trabalho da escrita bastava a si mesmo, que ele não construía nenhuma identidade específica, que ele não se tornava uma ocasião de reivindicar nenhum estatuto social ou cultural. Ter podido entrever, desde a primeira adolescência, os mistérios da contabilidade, ter posto no correio uma encomenda, copiado envelopes, eram certamente, aos seus olhos, um avanço muito decisivo em direção ao misterioso mundo do escrito.

Assim, foi entre os dez e doze anos, na austera freqüentação de um escritório de uma pequena empresa comercial de Saint-Côme, que Moïse, depois de ter tirado proveito da lenta escalada de sua família em direção à leitura, entrou um dia no escrito, para jamais abandoná-lo.

Referências

AGULHON, Maurice. *Les chambrées en basse Provenc:* histoire et ethnologie, Histoire vagabonde. Paris: Gallimard, 1988.

BACONNIER, Gerard; MINET, André; SOLER, Louis. *La Plume au fusil:* de la correspondance des poilus du Midi. Toulouse: Privat, 1985.

BASVILLE, Lamoignon de. *Mémoire pour servir à l'histoire du Languedoc.* Amsterdam, 1734.

BERGER, Alain; MAUREL, Frédéri. *La Viticulture et l'économie du Languedoc du XVIIIe siècle à nos jours.* Montpellier: Les Éditions du Faubourg, 1980.

BUISSON, F. (Dir.). *Dictionnaire de pédagogie et d'Instruction publique.* Paris: Hachette, 1882.

CAMPROUX, Charles. Raïol et Gabach. *Lou Païs.* Montpellier, novembro de 1969.

CHARTIER, Roger (Dir.) *Histoires de la lecture:* un bilan des recherches.

Paris: IMEC Éditions et Éditions de la Maison des sciences de l'homme, 1995.

CHASSIN DU GUERNY, Yves. Généalogie des Ébrard. In: EBRARD, August. *Voyage dans les Cévennes en l'an 1877.* Alès: Club Cévenol, 1985. p. 87-96.

CLAVERIE, Élisabeth; AMAISON, Pierre. *L'Impossible mariage.* Violence et parenté en Gévaudan. XVIIe, XVIIIe et XIXe siècles. Paris: Hachette, 1982.

COMPÈRE, Marie-Madeleine. École et alphabétisation en Languedoc aux XVIIe et XVIIIe siècles. In: FURET, François; OZOUF, Jacques. *Lire et Écrire:* l'alphabétisation des français de Calvin à Jules Ferry. Paris: Éditions de Minuit, 1977. p. 43-99.

COMPÈRE-MOREL, Adéodat (Dir.) *Encyclopédie socialiste syndicale et coopérative de l'Internationale ouvrière.* Paris: Quillet, 1913. *Les Fédérations socialistes,* v. 1, p. 328 sqq.

EBRARD, August. *Reise in die Sevennen im Iahre 1877.* Gütersloh, 1880.

FABRE, Daniel (Org.). *Écritures ordinaires.* Paris: Éditions P.O.L./Centre Georges Pompidou/B.P.I., 1993.

FURET, François; OZOUF, Jacques. *Lire et écrire:* l'alphabétisation des français de Calvin à Jules Ferry. Paris: Éditions de Minuit, 1977.

GAILLARD, Jean-Michel. *Le Mouvement ouvrier dans le département du Gard de 1875 a 1914,* Mémoire de maîtrise. Nanterre: Université Paris X, s.d.

GOODY, Jack. *The Domestication of the savage mind.* Cambridge: University Press, 1977.

HÉBRARD, Danielle. De la persécution au prophétisme: Isabeau Vincent, *Actes du Colloque 'Les Persécutions'.* Clichy: Éditions GREC, 1991. p. 64-82.

HÉBRARD, Jean. La lettre representée. Les pratiques épistolaires populaires dans les récits de vie ouvriers et paysans. In: CHARTIER, Roger (Org.). *La correspondance:* les usages da la lettre au XIXe siècle. Paris: Fayard, 1991. p. 279-365.

HÉBRARD, Jean. Apprendre à lire à l'école en France. Un siècle de recommandations officielles. *Langue Française,* 80, p. 111-128, dez. 1988.

HÉBRARD, Jean. Les nouveaux lecteurs, Histoire de l'édition française In: CHARTIER, Roger; MARTIN, Henri-Jean (Orgs.). *Le Temps des éditeurs.* Paris: Promodis, 1985. p. 471-509.

HÉBRARD, Jean. Les canards, Histoire de l'éditions française. In: CHARTIER, Roger; MARTIN, Henri-Jean (Orgs.). *Le Temps des éditeurs.* Paris: Promodis, 1985. p. 458-459.

96   História da cultura escrita: séculos XIX e XX

HUARD, Raymond (Dir.). *Histoire de Nîmes*. Aix-en-Provence: Édisud, 1982.

JOUTARD, Philippe. *Ces voix qui nous viennent du passé*. Paris: Hachette, 1983.

JOUTARD, Philippe. *Les Cévennes:* de la montagne à l'homme. Toulouse: Privat, 1979. p. 99.

LAHIRE, Bernard. *Tableaux de famille*. Paris: Gallimard, Le Seuil, 1995.

LAMARQUE, Robert. *Le Mouvement socialiste dans le Gard de 1880 a 1914. Étude de sociologie électorale*. 1959. Diplôme d'études supérieures. Université de Montpellier, Montpellier, 1959.

LEJEUNE, Xavier-Edouard. *Calicoy*. Paris: Éditions Montalba, 1984.

LE ROY LADURIE, Emmanuel. *Les Paysans de Languedoc*. Paris: SEVPEN, 1966.

MANEN, Henri ; JOUTARD, Philippe. *Une foi enracinée*: la Pervenche. La Résistance exemplaire d'une paroisse protestante ardéchoise (1685-1820). Valence: Imprimeries réunies, 1972.

MÉTAYER, Christine. *Écrivains publics et milieux populaires à Paris au XVIIe –XVIII siècles*: le cas des écrivains des charniers du cimetière des Saints-Innocents. 1991. PhD. Quebéc: Université Laval, 1991.

MINISTÈRE DE L'INSTRUCTION PUBLIQUE. *Statistique rétrospective*: état récapitulatif et comparatif indiquant, par département, le nombre des conjoints qui ont signé l'acte de leur mariage. Paris, s.d.

OLIVERO, Isabelle. *Des ouvriers se lancent dans l'édition*: l'aventure de la Bibliothèque nationale, Mémoire de maîtrise. Paris: Université Paris VII, 1987.

OZOUF, Jacques e Mona. Le tour de la France par deux enfants. In: NORA, Pierre (Org.). *Les lieux de la mémoire*, vol.1 *La République*. Paris: Gallimard, 1984. p. 291-322.

POUTET, Yves. *Genèse et caractéristiques de la pédagogie lasallienne*. Paris: Éditions Don Bosco, 1995.

SYLVÈRE, Antoine. *Toinou, le cri d'un enfant auvergnat*. Paris: Plon, 1980.

THIESSE, Anne-Marie. *Le Roman du Quotidien*: lecteurs et lectures populaires à la Belle Époque. Paris: Le Chemin vert, 1984.

WEBER, Eugen. *Peasants into Frenchmen:* the modernization of the rural France, *1870-1914*. Stanford: Stanford University Press, 1976.

Capítulo 3

OBJETOS E PRÁTICAS DE LEITURA DE UM "NOVO LETRADO": ESTUDO DE UM PERCURSO INDIVIDUAL NO SÉCULO XX

Ana Maria de Oliveira Galvão
Poliana Janaína Prates de Oliveira

Neste artigo, centramos a nossa reflexão em uma das questões propostas pelo conjunto de pesquisas que integra o programa mais amplo de investigações que deu origem a este livro: que tipo de leitor um indivíduo que não "herdou"[1] das gerações anteriores um capital cultural[2], que lhe permitisse uma entrada mais "natural" na escrita, teve condições de se tornar? O que lia, o que conservava em sua biblioteca? Sua biblioteca era um local reservado ao lazer, às leituras prazerosas, ou um espaço de formação intelectual, de "leituras úteis"? O que selecionou e conservou das suas leituras de jornais?

---

[1] Utilizamos, aqui, o verbo "herdar" e as expressões dele derivadas ("herdeiro", "herança") na perspectiva que lhe atribuíram, inicialmente, Bourdieu e Passeron (1966), na obra *Les héritiers*. Como ficará evidente durante o texto, embora compartilhemos das revisões e críticas que foram realizadas sobre esses conceitos por autores como De Singly (1993 e 1996) e Lahire (2002) – por isso o uso das aspas –, consideramos que eles permanecem com um grande potencial explicativo.

[2] O conceito de capital cultural aqui utilizado é também proveniente dos estudos de Bourdieu (2002) que o utiliza para se referir aos objetos culturais, à cultura legítima internalizada e aos certificados escolares. Ao contrário do capital econômico, o capital cultural não pode ser transmitido instantaneamente por doação ou transmissão hereditária, compra ou troca.

Para realizar essa discussão, baseamo-nos em uma pesquisa que pretendeu estudar os modos e as condições de participação na cultura escrita, ao longo do século XX, de um indivíduo originário dos meios populares. A sua biblioteca pessoal, os recortes de jornal que conservou, os seus escritos (autobiografias e publicações no jornal da empresa em que trabalhava), depoimentos orais, dados estatísticos, documentos oficiais e dos acervos da escola em que estudou e em que estudaram seus filhos constituíram as principais fontes da pesquisa. Neste texto, privilegiaremos, particularmente, a análise do acervo da biblioteca pessoal e do livro de recortes de jornais.

O indivíduo pesquisado nasceu em 1899, em Jaboatão, cidade da Zona da Mata pernambucana, cerca de 17 km do Recife, capital do Estado. Filho de um funcionário de engenho semi-alfabetizado[3] e de uma dona de casa, trabalhou a maior parte do tempo em escritórios como contador – de uma usina de açúcar e posteriormente de uma empresa, já no Recife, para onde migrou nos anos 20. Após a escolarização inicial no próprio engenho em que nasceu, realizou os preparatórios para o ensino secundário em uma colônia agrícola salesiana, prestou com sucesso os exames para obtenção do diploma desse nível de ensino e ingressou no ensino superior agronômico, sem concluí-lo. Teve, ao longo de sua vida, uma relação extremamente estreita com a escrita. Publicou vários artigos em jornais e, a partir dos 70 anos, publicizou seus escritos – incluindo os já publicados em jornais, e também, muitos inéditos, de caráter memorialístico e de opinião, além de correspondências e poesias – em livros custeados por ele próprio e/ou por sua família. Além disso, conservou, até o fim da vida (faleceu aos 102 anos), uma biblioteca composta por seus próprios livros e por aqueles que adquiriu para os treze filhos.

---

[3] Em 1890, a taxa de analfabetismo em Martins, Rio Grande do Norte, local de nascimento do pai do sujeito pesquisado, era de 83% (BRASIL, 1905). Sua família se insere, portanto, na situação corrente, naquele período, de relação com o escrito.

Trata-se, portanto, do estudo de uma trajetória de exceção. Na década em que AGO[4] nasceu, segundo os dados do censo de 1890, Jaboatão era uma cidade de 9.425 habitantes e com índice de alfabetização de 17,6%. Essa taxa era um pouco maior do que a média de Pernambuco e do que a do Brasil, que eram respectivamente de 13,8% e 13,4% (BRASIL, 1898). Mas é nos níveis seguintes de instrução que se configura propriamente a trajetória de exceção. Em 1912, quando AGO inicia o ensino secundário, apenas 107 rapazes haviam se matriculado nesse nível de ensino em Pernambuco. No mesmo ano, apenas 19 alunos haviam concluído o curso no Ginásio Pernambucano, o único no Estado que expedia diplomas equivalentes ao Pedro II. No Brasil, nesse mesmo ano, a matrícula no ensino secundário foi de 2.193 alunos dos quais apenas 107 concluíram esse nível de ensino. Ainda em 1912, a matrícula no ensino superior em Pernambuco foi de 411 alunos, no entanto, apenas 128 estudantes concluíram esse nível de ensino.[5] AGO estava, portanto, entre os quase 70% que não obtinham êxito, na época. Esses dados mostram que, em relação à geração anterior e aos índices de escolarização no Brasil na época, a trajetória de AGO pode ser considerada de exceção.

Descrição das fontes

A biblioteca analisada

Apesar de, como adverte Darnton (1990), nem sempre a posse de um livro implicar sua leitura e o número de livros efetivamente lidos por alguém poder ultrapassar aqueles que constam em sua biblioteca (na medida em que podem ser tomados de empréstimo), o estudo das bibliotecas pessoais permite, como afirma o autor, *unir o "o quê" com o "quem" da leitura* (p. 208).

---

[4] Iniciais do nome do sujeito pesquisado.

[5] Todos esses dados foram obtidos em IBGE, [200-].

100 História da cultura escrita: séculos XIX e XX

Assim, além de buscar estabelecer as clássicas relações entre as preferências por certos gêneros literários e as classes sociais, e de identificar o "onde" e o "quando" da leitura, objetivos de vários estudos realizados pela história cultural, procuramos também responder às questões apontadas pelo autor como as mais difíceis da história da leitura: compreender como lia e por que lia o sujeito proprietário da biblioteca em questão. Nessa direção, mesmo considerando que, não necessariamente, as bibliotecas resultam de escolhas e aquisições de seu proprietário, tivemos como premissa que, de alguma maneira, uma biblioteca expressa seus gostos ou como as pessoas que com ele convivem constroem simbolicamente esses gostos.[6]

Para realizar a pesquisa, em uma primeira etapa, os livros da biblioteca (680) foram classificados em relação às esferas da atividade humana (BAKHTIN, 1992), à autoria, aos locais de edição, às editoras e à procedência. Posteriormente, foram analisadas as marcas de leitura presentes nos livros.

O acervo da biblioteca pesquisada foi doado para o grupo de pesquisa pelos familiares do proprietário: os livros vieram organizados em caixas catalogadas pela própria família, em que constavam os locais onde os livros estavam na casa em que residia (por exemplo, "estante da sala") ou por datação da obra (por exemplo, "obras raras").[7] O acervo recebido pela

---

[6] Fato que ocorre, por exemplo, quando o proprietário da biblioteca ganha um livro de presente: embora a escolha não tenha sido sua, expressa o que ele representa simbolicamente para aqueles que o conhecem.

[7] Para Ferreira (1995), a organização física da biblioteca – e, sobretudo, a acessibilidade aos livros – pode ser um instrumento para identificar as preferências de leitura do leitor. A autora adverte, no entanto, que se deve considerar que a organização dos livros de uma biblioteca pessoal contrapõe-se a de uso público, na medida em que a primeira permite sua desordem, enquanto a última tem por obrigação ter uma ordem de classificação que facilite o acesso dos leitores. Isso não significa que se possa "tomar esta aparente desordens das bibliotecas particulares como falta de organização", pois agir dessa forma é "projetar nossas ansiedades contemporâneas nas formas das diversas práticas de ter, utilizar e exibir livros nos finais do século XIX e início do século XX" (p. 84).

equipe de pesquisa era composto de 439 livros. Além dessas obras, foi localizado um catálogo elaborado pelas filhas do sujeito pesquisado, possivelmente nos anos 50, em que constava uma lista de títulos, com seus respectivos autores, pertencentes à sua biblioteca. Por meio desse catálogo, verificamos que o número de obras do acervo era maior do que inicialmente supúnhamos: sua biblioteca era composta de pelo menos 680 volumes. Em informações obtidas com os filhos de AGO soubemos que alguns livros, considerados úteis contemporaneamente, como os dicionários, foram doados a parentes. Na verdade, o esfacelamento do acervo é um problema com o qual o pesquisador tem de lidar quando estuda as bibliotecas pessoais. Como afirma Ferreira (1995): "O estudo das bibliotecas, principalmente das remanescentes de inventários, apresenta certas armadilhas para o pesquisador, como o expurgo de parte do acervo por controle da família, ou simplesmente por empréstimos ou doações não especificados, que mascaram o perfil do conjunto" (p. 85).

A primeira atividade realizada no projeto foi a categorização dos livros, a partir de fichas descritivas. Nelas foram caracterizados, sobretudo, os aspectos que dizem respeito aos circuitos de produção, circulação e apropriação das obras. Para cada livro localizado, foram preenchidos 11 campos diferentes, que envolveram: título, autor, editora, número da edição, data da publicação, data da primeira edição, caixa onde estava classificado, assunto da obra, resumo da obra, marcas do leitor, forma de aquisição do livro e observações diversas. Foi catalogado e analisado também material encontrado dentro dos livros.

Para afinar a análise, esse material foi digitalizado em um banco de dados, construído especialmente para a pesquisa. Nessa etapa, várias foram as dificuldades em categorizar os livros do acervo: como não cometer anacronismos nesse processo, na medida em que as classificações também se transformam historicamente? Como simplificar ambigüidades de modo que a obra fosse classificada em um único campo no banco de dados? Em muitos casos, principalmente quando se tratava dos livros do catálogo, foi necessário um trabalho paciente para complementar os dados por meio de fontes secundárias, como livros sobre o tema e *sites* de busca na internet.

O Livro Razão e os recortes de jornais

Além de construir, ao longo de sua vida, uma biblioteca com um volume significativo de obras, AGO, leitor assíduo de jornais,[8] compôs um caderno de recortes de textos publicados nesse veículo. Esse caderno constitui um reaproveitamento de um livro de registros contábeis – um *Livro Razão* – composto de 199 folhas numeradas. Os registros (contas; anotações acerca de pagamentos realizados; agendamento de pagamentos, etc.) que ainda remanesceram no livro (por baixo dos recortes colados ou nas páginas não reutilizadas) indicam que ele foi utilizado, inicialmente, para fins contábeis, possivelmente pelo próprio AGO, em seu trabalho de contador.

No total, foram colecionados 94 textos jornalísticos, sobre diferentes temáticas, publicados por três grandes jornais do Recife: *Jornal do Commercio* (45,8% dos recortes), *Diário de Pernambuco* (25,5%) e *Folha da Manhã* (10,7%).[9] Os textos selecionados foram publicados entre 1942 e 1992; predominam os recortes datados das décadas de 40 e 90. Praticamente quatro décadas estão ausentes dos recortes selecionados por AGO;

---

[8] Segundo uma de suas filhas, entrevistada para a pesquisa, "desde que me entendo por gente tem jornal em casa." Quando faleceu, aos 102 anos, AGO tinha assinaturas diárias dos dois jornais de maior circulação de Pernambuco: o *Diário de Pernambuco* (fundado em 1825) e o *Jornal do Commercio* (fundado em 1919).

[9] O *Diário de Pernambuco* foi fundado em 1825, inicialmente como uma folha de anúncios e posteriormente tornou-se o principal veículo das oligarquias açucareiras do estado. O *Jornal do Commercio,* por sua vez, surgiu em 1919 com uma linha editorial oposta à do *Diário,* representando os interesses das elites urbanas de Pernambuco. O jornal *Folha da Manhã* era o órgão oficial da interventoria de Agamenon Magalhães, durante a ditadura do Estado Novo, em Pernambuco. Para uma história da imprensa no caso pernambucano, ver NASCIMENTO (1967).

não sabemos, no entanto, as razões dessa ausência. Esses dados podem ser visualizados nas tabelas abaixo:

TABELA 1
Data de publicação dos recortes

Período	N	%
1942-1950	39	41,5
1951-1960	00	0,0
1961-1970	00	0,0
1971-1980	00	0,0
1981-1990	05	5,3
1991-1992	21	22,3
Sem informação	29	30,9
Total	94	100,0

TABELA 2
Jornais onde foram publicados os textos

Jornal	N	%
Jornal do Commercio	43	45,8
Diário de Pernambuco	24	25,5
Folha da Manhã	10	10,7
Sem informação	17	18,0
Total	94	100,0

As leituras privilegiadas

As esferas de circulação social mais presentes

Como já referido, as obras do acervo da biblioteca foram inicialmente classificadas em relação às esferas de circulação social nelas predominantes. Essa classificação nos permitiu traçar, em linhas gerais, um perfil do leitor. As esferas mais presentes no acervo, como se pode observar na tabela abaixo, são as seguintes: didática e instrucional (29,4%); histórico-geográfica (13,1%); literária – poesia, romance, conto e peça teatral (13,7%); religiosa (7,2%); literária – biografia e autobiografia (6,2%); jurídica (4,7%) e jornalística (3,5%).

TABELA 3
Esferas de circulação social privilegiadas nas obras da biblioteca

Esferas	N	%
Didática ou instrucional	200	29,4
Histórico-geográfica	89	13,1
Literária – poesia, romance, conto e peça teatral	94	13,7
Religiosa	49	7,2
Literária – biografia e autobiografia	42	6,2
Jurídica	32	4,7
Jornalística	24	3,5
Outras	150	22,2
Total	680	100,0

Nos recortes de jornais, as esferas de circulação social predominantes, de modo geral, são as mesmas – com algumas variações – daquelas privilegiadas no acervo da biblioteca. Como se pode observar na tabela abaixo, as esferas mais presentes nos textos de jornais selecionados por AGO são: política (21,3%); religiosa e moral (13,8%); informativa – agricultura (11,7%); jurídica (9,6%); histórico-geográfica (8,5%); literária – biografia (7,4%).

TABELA 4
Esferas de circulação social privilegiadas nos recortes de jornais

Esferas	N	%
Política	20	21,3
Religiosa e moral	13	13,8
Informativa – agricultura	11	11,7
Jurídica	9	9,6
Histórico-geográfica	8	8,5
Literária – biografia	7	7,4
Outras	26	27,7
Total	94	100,0

O primeiro dado que chama a atenção, quando se observa a TAB. 3, é a grande presença de livros didáticos e instrucionais na biblioteca do sujeito, constituindo quase um terço do acervo. Classificamos como didáticos aqueles livros que tinham claramente em sua materialidade (capa, contracapa, quarta-capa), indicação de uso escolar ou que traziam indícios dessa utilização (por exemplo, a forma como era apresentado o conteúdo, a editora, a autoria). Muitos manuais escolares do acervo foram *best sellers* do gênero, utilizados na escolarização de gerações de brasileiros. Como exemplo, podemos citar a *Gramática portuguesa,* de João Ribeiro, provavelmente utilizada pelo próprio sujeito em seu processo de escolarização (já que a data da publicação do exemplar, em sua 16ª edição, é 1911) ou a série graduada de leitura de Felisberto de Carvalho que, pelas datas das edições (anos 40), parecem ter sido utilizadas por parte dos filhos do sujeito. Constatamos também a presença de livros que se destinavam a escolas de agricultura, como era o caso em que o sujeito estudou após a escolarização inicial, no ensino secundário, e no ensino superior, como a série *Leituras agrícolas* (1919), de Brito Passos. Há ainda livros que provavelmente foram utilizados pelo sujeito em cursos não propriamente escolares, como alguns exemplares de ensino de inglês, alguns dos quais publicados entre os anos 20 e 30, quando AGO teve aulas particulares dessa língua.

Por outro lado, foram considerados livros instrucionais ou "didáticos de saber prático" aqueles que se referem à aprendizagem, por meio da auto-instrução, de habilidades necessárias às diferentes práticas sociais cotidianas. São exemplos desse discurso, manuais de redação, de mecânica aplicada, de "inglês sem mestre".[10]

A grande presença de livros didáticos no acervo pode ser justificada, em parte, pelo grande número de filhos (13) que possuía o sujeito e pelo investimento que realizou na escolarização deles. Pode também, por outro lado, ser interpretada, mais amplamente como leituras de formação intelectual, na medida em

---

[10] Para uma análise desse tipo de literatura no caso francês, nos séculos XVII e XVIII, ver ANDRIES, 1996.

que o sujeito pesquisado preservou tanto os livros didáticos que fizeram parte da sua escolarização quanto aqueles que foram utilizados por seus filhos. Os livros didáticos parecem configurar, assim, à semelhança do que ocorre com as enciclopédias ou dicionários, uma espécie de "reserva de saberes" a que o sujeito poderia recorrer sempre que fosse necessário.

Depois dos didáticos, o conjunto mais significativo de livros presentes na biblioteca é composto de títulos de História e Geografia, que perfazem 13,1% do acervo: são livros, em grande parte, relativos à história e à geografia de Pernambuco, do Recife, de Jaboatão e de outros municípios pernambucanos. Como se verá a seguir, esses dados referendam o que as informações sobre as editoras e autores mais presentes nos acervos também indicam: trata-se de um leitor "local". Seus principais interesses de leitura se concentram em assuntos que dizem respeito aos espaços em que nasceu e viveu toda a sua vida. Além disso, são títulos, com algumas exceções, publicados principalmente a partir dos anos 60, período que coincide com o da aposentadoria do sujeito. Parece tratar-se, desse modo, de leituras da velhice, vinculadas a um processo de reconstrução da própria memória do sujeito e dos seus espaços afetivos. Podem ser interpretadas também como leituras que compõem uma etapa importante do seu processo de (auto)construção como autor/ escritor: conhecer a história e a geografia locais parece representar requisitos fundamentais para se tornar um intelectual. Muitas informações trazidas por essas obras – algumas em forma de efemérides – eram utilizadas por AGO quando escrevia seus próprios livros. Os interesses do nosso leitor por informações históricas e geográficas também se refletem nos recortes selecionados, na medida em que muitos deles tematizam o Recife e sua paisagem.

É significativa também, na biblioteca, a presença de livros religiosos: cerca de 7% do total de títulos. Considerando que AGO teve sua formação marcada pela forte presença do catolicismo, esse número não é surpreendente. Na infância, foi criado pelas irmãs mais velhas,[11] que o levavam para a missa todos os domingos. É marcante, em seus relatos autobiográficos, a referência à disciplina imposta pela religião em sua infância. Os quatro anos em que estudou no Colégio Salesiano de Jaboatão também deixaram marcas muito fortes em sua formação. Esse dado torna-se evidente quando se analisam suas autobiografias: a vivência no colégio é o tema mais recorrente em seus escritos. AGO foi católico praticante até o final da vida. Há, nos títulos religiosos, histórias bíblicas, de papas e de santos e clássicos do catolicismo como *Imitação de Cristo*,[12] traduzido pelo padre Leonel Franca, publicado pela primeira vez em 1944, pela José Olympio Editora.

Nos jornais colecionados pelo autor, os textos religiosos e moralizantes perfazem um total de 13,8% dos recortes. Os religiosos trazem relatos de pessoas que fazem pregação nas ruas; sobre padres que exercem outras atividades profissionais além da religiosa; sobre obras religiosas. Os textos classificados como "moralizantes", por sua vez, procuram infundir lições em seus leitores: abordam o ato de mentir; a caridade; a pobreza de espírito; a preguiça; trazem exemplos de pessoas que venceram pelo "esforço", etc.

Outros quatro conjuntos de interesses de leitura merecem um comentário mais detalhado. O primeiro deles é composto pelas biografias e autobiografias: cerca de 6% do total do acervo. A maioria desses livros é composta de relatos autobiográficos de autores que, como AGO, publicavam seus livros em gráficas ou em editoras de pequena circulação do Recife e tinham suas obras custeadas por eles próprios ou por seus familiares (são, em grande parte, de "edições do autor"). Esses escritores podem ser considerados como "pequenos intelectuais", quase anônimos que,

---

[11] A sua mãe faleceu quando ele tinha cinco anos. AGO era fruto do segundo casamento do pai. O pai, que já tinha se casado e enviuvado uma vez, tornou a casar ainda duas outras vezes, mas foram as irmãs, a julgar pelas entrevistas realizadas e pelas autobiografias do sujeito, que tiveram uma influência mais marcante sobre sua formação.

[12] A obra devocional *Imitação de Cristo* foi publicada no século XV e sua autoria é atribuída ao alemão Tomás de Kempis. É considerada a obra mais lida no mundo cristão depois da Bíblia.

108 História da cultura escrita: séculos XIX e XX

assim como AGO, compunham uma rede que parecia contribuir para uma inserção mais tranqüila desses indivíduos "não herdeiros" em instâncias que buscavam cumprir o papel de legitimadoras da cultura escrita, como associações de escritores. Embora a produção desse grupo ficasse à margem do circuito mais legítimo de produção, na medida em que, por exemplo, não tinham seus livros vendidos em livrarias, a formação da rede contribuía para a construção desse lugar simbólico de autor-escritor. O número significativo de obras desse tipo que foram presenteadas por seus autores, em que expressam, em dedicatórias, o agradecimento ao sujeito pelos livros recebidos, revela o seu esforço em se inserir nos meios em que os usos da escrita eram legitimados e em ser reconhecido como escritor, principalmente por seus conterrâneos. Essa rede de pequenos autores parece concretizar a segunda e a terceira etapas daquilo que Venâncio (2006) denominou como a construção da identidade como escritor: em um primeiro momento, o indivíduo percebe-se como escritor; em seguida, percebe-se e se mostra como tal; finalmente, é reconhecido como escritor por outros. Essas obras autobiográficas foram adquiridas pelo sujeito, em grande parte, nos anos 80 e 90, quando dá continuidade, de maneira mais sistemática, à produção de seus próprios livros memorialísticos. O gênero biografia, por outro lado, é menos significativo nesse conjunto e está presente na biblioteca do sujeito desde os anos iniciais de sua formação (a primeira data de 1917). Interessante observar que as biografias do acervo, de modo geral, narram a trajetória de intelectuais de grande prestígio em Pernambuco, mas com pouca visibilidade nacional: é o caso, por exemplo, dos livros sobre Mário Melo ou Valdemar de Oliveira.[13] Mais uma vez, percebe-se o interesse que tem

---

[13] Mário Melo – jornalista, historiador e advogado – escreveu artigos e crônicas para vários jornais pernambucanos. Foi também folclorista e compositor, um dos maiores incentivador do carnaval de Pernambuco (Disponível em: <www.pe-az.com.br/biografias/mario_melo.htm>). Valdemar de Oliveira – médico, professor, advogado e teatrólogo – é considerado o responsável pela modernização das artes cênicas em Pernambuco (Disponível em: <http://www.pe-az.com.br/biografias/valdemar_de_oliveira.htm>).

AGO em compreender o espaço em que nasceu e viveu. A narrativa da vida e da obra de personagens "famosos" está presente, principalmente, em coleções de ampla circulação, de editoração simples e de baixo custo, como é o caso de três títulos da coleção *O pensamento vivo de...*, da Martin Claret Editores, sobre Santos Dumont, Da Vinci e Villa-Lobos.

Também nos recortes selecionados e colados no *Livro Razão*, a presença das biografias é significativa – seis, no total. São pequenos textos – alguns dos quais publicados em uma coluna denominada *Aprenda isto* – que trazem dados biográficos de escritores, músicos e políticos famosos, como Machado de Assis, José de Alencar, Eça de Queiroz, Johann Sebastian Bach, Carlos Gomes e Prudente de Morais. Foram escritos com a finalidade de tornar conhecidos aspectos da vida desses personagens e trazem seu nome completo, nacionalidade e naturalidade, origem social e as "obras"[14] que os tornaram célebres. Mesmo não possuindo livros de autores clássicos em sua biblioteca, AGO certamente considerava importante conhecer, ainda que minimamente, e reconhecer personagens que representavam a cultura legítima; esse processo fazia parte de sua construção como intelectual.

O segundo conjunto se refere às leituras profissionais. Considerando as atividades exercidas pelo sujeito – de contador –, era esperado que títulos referentes à sua profissão estivessem presentes no acervo. No entanto, apenas cerca de 1% dos títulos da biblioteca foram classificados como discursos da esfera profissional, principalmente aqueles de comércio e contabilidade. Poderíamos pensar que, por se tratar de uma profissão essencialmente prática,[15] era de pouca utilidade livros que a

---

[14] No caso dos clássicos da literatura, livros mais notáveis; no caso dos músicos, as composições que fizeram sucesso; no caso dos políticos, o período do mandato.

[15] A profissão de contador e o ensino comercial foram regulamentados apenas em 1931 (Decreto nº 20.158), no conjunto das reformas Francisco Campos, quando AGO já exercia a profissão.

tomassem por objeto. De fato, os cinco livros do acervo sobre o tema podem ser caracterizados como manuais, como o *Curso de escrituração mercantil,* de Antônio Tavares da Costa, ou o título *Contabilidade,* de Leopoldo Luiz dos Santos. Os livros sobre jornalismo e sobre agricultura, que representam também áreas profissionais de interesse de AGO, têm presença um pouco mais significativa no acervo: 3,5% e 1,9%, respectivamente. A presença dos títulos de jornalismo pode ser explicada pelo interesse que o sujeito passou a ter pela área, principalmente quando começou a ser um dos colaboradores mais assíduos do periódico da companhia em que trabalhava e de jornais de circulação mais ampla, do Recife e de Jaboatão. De fato, os títulos sobre o assunto foram publicados principalmente a partir dos anos 60 quando AGO começou, de maneira sistemática, a escrever, inclusive suas autobiografias, embora sua filiação à Associação de Imprensa de Pernambuco seja anterior.

Quanto aos livros de agricultura, é possível pensar que, mesmo tendo abandonado a Escola Superior de Agricultura, o tema tenha permanecido de seu interesse ainda durante muitos anos, já que os títulos que a esse tema se refere foram adquiridos, em sua maioria, nos anos 40, quando o autor atuava como contador. Além dos livros referentes ao tema, é importante destacar a presença, entre os títulos do acervo, de vários números da revista *La Hacienda,* uma publicação sobre a qual não obtivemos muitas informações.[16] O registro da revista como parte da biblioteca encontra-se no catálogo elaborado pela família, que indica a presença de "vários números"; não tivemos acesso, entretanto, aos exemplares. Na memória dos três filhos entrevistados para a pesquisa, *La Hacienda* era uma revista ilustrada, publicada no exterior, que trazia, como o próprio título sugere, informações sobre diversas atividades agrícolas. Os entrevistados se referiram à revista como uma leitura partilhada

---

[16] Em pesquisa na internet, foi possível localizar apenas que circulavam revistas de agricultura ao longo do século XX, com esse título, na Argentina, na Colômbia, na Venezuela e no Brasil.

Objetos e práticas de leitura... – Ana Maria de Oliveira Galvão e Poliana Janaína Prates de Oliveira 111

por pai e filhos e objeto de grande prazer. O fato de ter nascido e ter sido criado na zona rural, filho de um dos encarregados do engenho, de ter estudado em uma colônia salesiana agrícola e de ter trabalhado inicialmente como contador em uma usina de açúcar, certamente, também auxiliam a explicar esse interesse. Nos recortes de jornal colecionados por AGO, os textos informativos sobre agricultura também têm presença significativa. Salvo uma única exceção, esses textos são assinados pelo agrônomo da Secretaria de Agricultura da época, Getúlio César, e circularam no *Jornal do Commercio*, em 1945. São textos bastante específicos, trazem em geral o nome científico das árvores, os cuidados necessários, as pragas de que são vítimas comumente e seus principais nutrientes.

Embora não possam ser consideradas, no sentido estrito, leituras profissionais, os livros pertencentes à esfera jurídica, que compõem 4,7% do acervo da biblioteca, e os recortes selecionados por AGO que foram classificados nessa categoria, parecem estar diretamente relacionados à sua ocupação profissional. Durante muitos anos, AGO foi chefe da contabilidade da empresa multinacional onde trabalhava. Muitos desses textos jurídicos se referem a questões trabalhistas – legislação, condições de trabalho, sindicato, relação empregador-empregado, aposentadoria.

Um terceiro conjunto de leituras privilegiadas por AGO, embora não tenha presença significativa em sua biblioteca (2,8% do acervo), é predominante nos recortes: os textos que focalizam questões políticas. Esses textos podem ser divididos em dois subgrupos: aqueles que tratam sobre variados aspectos da política e os que relatam as tensões políticas e ideológicas pelas quais passavam o Brasil e o mundo em meados dos anos 1940. No primeiro subgrupo, há um poema enaltecendo a memória do ex-presidente dos EUA, Roosevelt; matéria jornalística sobre o falecimento do filho de Getúlio Vargas; artigo sobre a política como vocação; duas notícias sobre processo eleitoral no estrangeiro; artigo sobre expectativas pós segunda guerra mundial; crônica pedindo recursos à Prefeitura do Recife para a rádio da cidade; matéria jornalística sobre o ex-governador de Pernambuco, Agamenon Magalhães; crônica comparando o período republicano ao período monárquico. No segundo subgrupo, estão discursos proferidos pelo líder socialista Luís Carlos Prestes e, em contrapartida, pela Igreja Católica e por oficiais do Exército brasileiro – sobre o "perigo vermelho" (comunismo), publicados em grande parte pelo *Jornal do Commercio*, no ano de 1945. Outros três textos discutem a invenção e o uso da bomba atômica. São textos, portanto, bastante circunscritos à situação político-econômica por que passava o Brasil e o mundo ocidental no período. Há também um número não desprezível de recortes (6,4% do total) que tratam de problemas sociais, como a questão da fome, da cidadania e da educação. Estar bem informado, para poder emitir opiniões – inclusive por escrito –, parece ter sido uma preocupação recorrente do nosso leitor durante toda a sua vida.

O quarto conjunto se refere aos títulos que remetem a leituras mais diretamente relacionadas ao que autores da sociologia da leitura têm denominado como leitura estética:[17] são os romances, os livros de poesia, de conto e as peças teatrais, que compõem, em conjunto, 13,7% do acervo. Esse dado parece confirmar aquilo que os estudos de sociologia da leitura têm afirmado sobre leituras populares, "novos leitores"[18] e sobre autodidatas: prevalecem, nesses casos, as leituras utilitárias.

Considerando que o sujeito estudado é originário de meios populares, interessava-nos, particularmente, compreender melhor essa tensão entre ética e estética. Para alguns autores vinculados à tradição sociológica, haveria um modo popular de ler ou de se relacionar com a cultura. Bourdieu (1983), por exemplo, associa o *habitus* ao gosto por determinados objetos culturais, reforçando a clivagem que haveria entre o que é legítimo – identificado às manifestações da cultura letrada – e o que é ilegítimo – relacionado

---

[17] Para uma discussão desses conceitos, consultar BAKHTIN (1992), BOURDIEU (1983), LAHIRE (2002).

[18] Para uma discussão sobre a emergência dos "novos leitores" no século XIX, no caso francês, ver HÉBRARD (1990).

aos gostos e costumes populares – no mercado contemporâneo de bens simbólicos. No caso da leitura especificamente, os estudos desse autor contribuíram para que a leitura popular fosse identificada à ética e ao utilitarismo e a leitura letrada à estética e ao desinteresse. Desse modo, nessa concepção, pessoas que não têm muita intimidade com a cultura escrita tendem a gostar de ler ou ouvir histórias/notícias que sejam úteis à sua própria vida e, mesmo quando têm contato com romances, tendem a se identificar com os personagens e com o enredo, misturando-se a eles. Ao mesmo tempo, essas pessoas seriam pouco capazes de usufruir a dimensão propriamente estética das obras: a elas, não interessa se a linguagem utilizada é bela ou se o autor tem "estilo"; interessa a narrativa e como os personagens se movimentam na trama (se são bons ou maus, se são semelhantes a indivíduos que povoam a sua vida real).

No entanto, outros autores têm mostrado que essas relações são muito mais complexas do que parecem ser à primeira vista. Lahire (2002), por exemplo, mostrou que os leitores "diplomados" comportam-se, muitas vezes, como supostamente ocorre com leitores populares, identificando-se com os personagens, "brigando" ou apaixonando-se por eles. No caso brasileiro, Galvão (2001) identificou, entre leitores e ouvintes analfabetos e semi-alfabetizados de literatura de cordel, modos de ler/ouvir em que a dimensão estética se sobressai: interessa, em muitos casos, a beleza da rima ou a cadência das palavras escolhidas pelo poeta, e não a história propriamente dita.

Mesmo sabendo o quanto são complexas essas relações entre o que é denominado de leitura ética ou estética, principalmente quando se toma como objeto de estudo a trajetória de um indivíduo,[19] para visualizarmos de uma maneira mais explícita essa tensão, reclassificamos os títulos do acervo com base nessa clivagem tradicionalmente realizada.

---

[19] Para Lahire (2002), o gosto ou a sensibilidade literária pode variar segundo vários fatores (como o momento na trajetória social do leitor, a situação social no momento da leitura, a pertença sexual, as experiências sociais que o absorvem no período da leitura), o que torna instigante e complexo o estudo de trajetórias individuais.

Denominamos, para construir a tabela abaixo, de leituras interessadas aquelas relacionadas à escolarização do sujeito e de seus filhos; à sua formação e atuação profissionais; às que têm como finalidade explícita fornecer informações (como, por exemplo, os títulos jurídicos ou os dicionários); à formação geral (de viagens, de História, de Geografia); ao discurso de saberes práticos; à formação religiosa, emocional ou moral (aqui incluímos também, por seu caráter de "exemplo", as biografias e autobiografias de personalidades famosas e, pela inserção na rede de "pequenos escritores", as autobiografias dos autores locais, pouco conhecidos). Os livros de contos e poesias não foram classificados, *a priori*, em nenhum dos dois conjuntos, porque, se a princípio configuram leituras desinteressadas, dependendo do autor, local e data de publicação e da forma de aquisição, poderiam se constituir em leituras interessadas, pois certamente estavam nas estantes da biblioteca do sujeito em virtude da rede dos "pequenos escritores" e, de fato, pareciam cumprir uma função utilitária: alimentar a rede, a troca de livros, a busca de pares para legitimar o ofício de escritor/autor. As dedicatórias escritas nos livros foram, nessa perspectiva, consideradas como indícios de leitura interessada. Muitos desses livros eram utilizados, como é possível perceber por meio da análise das autobiografias e dos outros escritos do sujeito, para subsidiar a elaboração dos textos que publicava.

Preferimos classificar os livros que não traziam todos esses vestígios como "desinteressados", ou seja, títulos que não tiveram objetivos explicitamente utilitários.

A partir desses dados, construímos a tabela abaixo.

TABELA 5

Papel suposto da leitura

Papel suposto da leitura	N	%
Leituras interessadas	589	86,6
Leituras desinteressadas	88	12,9
Sem informação	3	0,5
Total	680	100,0

Em linhas gerais, pode-se afirmar, portanto, que se sobressai, no acervo da biblioteca analisada, o caráter ético e utilitarista dos títulos. Por outro lado, uma minoria dos exemplares é composta de livros de "leitura desinteressada", em que sobressai o aspecto estético da produção. Aproxima-se, assim, de uma biblioteca típica do perfil de um autodidata.

Poderíamos nos perguntar, no entanto, se essas reflexões de natureza predominantemente sociológica são adequadas para o estudo de um leitor cuja formação ocorreu principalmente nas primeiras décadas do século XX. Uma das possibilidades de se compreender as potencialidades e limites desse tipo de reflexão é contrastar o perfil do acervo do sujeito estudado com o de outras bibliotecas pessoais. No entanto, poucos são os trabalhos realizados, no Brasil, sobre esse tema. As bibliotecas de Júlio Castanheira, estudada por Andrade (2001), e de Oliveira Vianna, analisada por Venâncio (2003), por exemplo, diferenciam-se substancialmente da que estamos analisando por dois principais fatores. Em primeiro lugar, no acervo de AGO é rara a presença de obras consideradas cânones literários nacionais ou internacionais, correntes nas bibliotecas dos intelectuais citados. Quando essa presença ocorre, como é o caso do livro *Os sertões,* de Euclides da Cunha, está também relacionada à construção de uma identidade regional muito evidente. Além disso, nas bibliotecas de Castanheira e Vianna há uma quantidade expressiva de obras em línguas estrangeiras; na de AGO, apenas os livros didáticos de ensino de línguas são publicados em outra língua que não a portuguesa. Mais uma vez, aproximamo-nos do perfil de um "novo letrado".

Podemos também ponderar que as leituras podem ter mudado de função – interessada ou desinteressada – em virtude dos papéis e das atividades que o sujeito ocupou nas diferentes fases da vida. Podemos, por fim, hipotetizar que AGO priorizava a aquisição de livros que fossem ser consultados posteriormente. Nessa direção, ele pode, por exemplo, ter lido muito mais romances – tomados de empréstimo – do que aqueles que se encontram em sua biblioteca. Estamos também nos referindo a livros que, em sua produção, pareceram ter objetivos ético-utilitaristas. No processo de apropriação das leituras, por outro lado, uma obra com essas características pode ter sido lida esteticamente. Nunca saberemos, portanto, quais eram, de fato, os interesses de AGO ao ler os seus livros. Sabe-se, entretanto, que ele era um leitor ativo, que discordava, censurava e corrigia os textos e seus autores, como veremos no último tópico deste artigo.

Os autores mais presentes

No que diz respeito aos autores, o acervo apresenta grande heterogeneidade e dispersão, sendo pequena a concentração de títulos de um mesmo autor. Como se pode observar na tabela abaixo, em um total de 680 exemplares estão presentes 511 autores: apenas 19 autores são responsáveis por quatro ou mais títulos do acervo; outros 54 assinam três exemplares; 58 dois exemplares e 387 autores, que representam 56,9% do acervo, aparecem apenas uma única vez. É preciso considerar também que, em 1,76% (principalmente dicionários e alguns livros didáticos) das obras, não há identificação do autor e, em 1,17% (coletâneas de poesias), são vários os autores que aparecem em uma mesma obra sem um organizador definido.

Como pode ser percebido na tabela ao lado, a maior parte dos autores com mais de uma obra no acervo é composta de escritores de manuais escolares, como é o caso de Jácomo Stávale, autor de compêndios de Matemática, Suzanne Vinholes, de manuais de Francês, Aníbal Bruno, de Português,[20] ou Theodoro Drumond, de Álgebra e Geometria.

Outro conjunto significativo de escritores constantes na biblioteca é formado por intelectuais com grande projeção e pres-

---

[20] Aníbal Bruno também foi um dos principais reformadores da educação pública em Pernambuco. Adepto do escolanovismo, promoveu diversas inovações no estado, nos anos 30. Para um aprofundamento da atuação de Bruno, ver SELLARO (2000).

TABELA 6
Autores mais presentes no acervo da biblioteca

Autor	N
Nilo Pereira	10
Vários	8
Jácomo Stávale, Suzanne Burtin Vinholes e Gilberto Freyre	7
Orlando da Cunha Parahym, Aníbal Bruno, Frei Theodoro Dumond (F. T. D.) e Brasil	6
Aroldo de Azevedo, João Ribeiro, Mário Sette e Valdemar de Oliveira	5
Joaquim Silva, Luiz do Nascimento, Amadeu Sperándio, Felisberto de Carvalho, Arnaldo Carneiro Leão, F. Ahn e Imprensa Oficial de Pernambuco	4
Autores diversos (18)	3
Autores diversos (58)	2
Autores diversos (387)	1
Sem informação	12

tígio em Pernambuco: é o caso, por exemplo, de Nilo Pereira – o autor mais presente no acervo –, que, embora nascido no Rio Grande do Norte, era pernambucano e recifense honorário. Autor de 62 livros, a maioria publicados no Recife, era bacharel pela Faculdade de Direito do Recife (turma de 1932), professor emérito da Universidade Federal de Pernambuco, membro das academias pernambucana e norte-rio-grandense de letras e ganhador do título Machado de Assis, da Academia Brasileira de Letras, pelo conjunto de sua obra.[21] Orlando Parahym, Mário Sette e Valdemar de Oliveira são outros intelectuais pernambucanos, também autores de vasta obra, que têm presença importante na biblioteca. Uma exceção – relativa – a esses casos é a presença, entre os autores preferidos de AGO, de Gilberto Freyre, ao mesmo tempo autor local, mas de projeção nacional e internacional.

---

[21] Disponível em: <www.fundaj.gov.br/docs/nilo/nilo.html>.

Finalmente, é interessante observar a presença significativa, na biblioteca do sujeito, de publicações oficiais, identificadas na autoria "Brasil" e "Imprensa Oficial de Pernambuco". Como também mostrou a análise referente às esferas de circulação social, AGO parecia ter grande interesse por publicações que trouxessem informações oficiais das diferentes instâncias governamentais – muitos desses títulos foram agrupados nas categorias "políticos" e "jurídicos". O "engajamento cidadão" do sujeito é também percebido por meio das inúmeras correspondências que remetia a órgãos públicos, realizando reclamações sobre problemas que enfrentava como um cidadão comum, reproduzidas em suas autobiografias.

A presença de Nilo Pereira, entre os autores preferidos de AGO, repete-se nos recortes de jornais por ele colecionados, como pode ser observado na TAB. 7. Depois de Genolino Amado, que assina 16 recortes, Nilo Pereira é o autor mais selecionado, com 13 recortes. Ambos escreviam sobre variadas temáticas e seus textos eram organizados em formato de crônica. Os textos de Nilo Pereira, como mostram os recortes, foram publicados na seção de *Notas avulsas* do *Jornal do Commercio*, na década de 1990. Escritos, em geral, na primeira pessoa do singular, relatam, em muitos casos, experiências vividas pelo autor (infância, medo, transfusão de sangue, leituras realizadas, pessoas conhecidas, etc.) e, em menor quantidade, abordam outros assuntos (UFPE, política, religião, frases de pessoas públicas, etc).

Os textos de Genolino Amado circularam no jornal *Diário de Pernambuco*, na década de 1940, e se destinavam a um suposto leitor, por ele denominado de "D.A.", que não sabemos de quem se tratava nem se AGO estava incluído nesse conjunto. Entretanto, reconhecemos que, de alguma forma, esses escritos sensibilizaram nosso leitor, tanto que ele os guardou. São textos que tratam de questões trabalhistas, religiosas, políticas e problemas sociais, temáticas que fazem parte das preferências de leitura de AGO também em sua biblioteca. Genolino Amado[22] foi jornalista, professor, cronista, ensaísta e teatrólogo. Nasceu em

Itaporanga, Sergipe, em 3 de agosto de 1902, e faleceu no Rio de Janeiro, em 4 de março de 1989. Foi membro da Academia Brasileira de Letras, colaborou em diversos jornais de São Paulo e do Rio de Janeiro e foi cronista radiofônico, a partir dos anos 30. Na Rádio Mayrink Veiga, apresentou por um longo tempo a *Biblioteca no Ar*, que por duas vezes obteve prêmio como o melhor programa cultural do rádio brasileiro. Publicou livros de ensaios, crônicas, memórias e peças teatrais. Afastou-se das atividades literárias quando passou a exercer, no último governo de Getúlio Vargas, em 1954, o cargo de Diretor da Agência Nacional. De maneira distinta de Nilo Pereira, Genolino Amado teve uma projeção nacional mais evidente e sua própria trajetória profissional parece aproximar-se dos interesses de AGO.

A análise dos autores com maior presença na biblioteca e nos recortes de jornal colecionados por AGO revela o que já

TABELA 7

Autores mais presentes nos recortes dos jornais

Autor	N	%
Genolino Amado	16	17,0
Nilo Pereira	13	13,8
Getúlio César	10	10,7
Agamenon Magalhães	4	4,2
Outros/sem assinatura	51	54,3
Total	94	100,0

analisamos em outro momento deste texto e que ficará ainda mais evidente no próximo tópico: suas preferências de leitura se situam em assuntos e autores pernambucanos, que auxiliam a mapear e a reconstruir cotidianamente sua memória espacial afetiva.

Um leitor local: as editoras e os locais de publicação

---

[22] Ver www.biblio.com.br/conteudo/biografias/genolinoamado.htm

Como visto no tópico relativo às esferas de circulação social privilegiadas na biblioteca analisada, os livros didáticos representam parcela significativa do acervo estudado; desse modo, já se pode inferir que as editoras mais presentes no acervo são as que têm ou tinham esse gênero como especialidade. É o caso da Companhia Editora Nacional e da Francisco Alves, que representam respectivamente 9,1% e 5,4% do total de exemplares, como se pode observar na tabela a seguir.

TABELA 8
Editoras mais presentes no acervo da biblioteca

Editora	N	%
Companhia Editora Nacional	62	9,1
Imprensa Oficial de Pernambuco	50	7,3
Do autor	42	6,2
Francisco Alves	37	5,4
Globo	19	2,8
Companhia Editora de Pernambuco	17	2,5
Órgãos Públicos de Pernambuco	17	2,5
Arquivo Público Estadual	17	2,5
Associação da Imprensa de Pernambuco	14	2,1
Outras editoras/ sem informação	405	59,6
Total	680	100,0

A Companhia Editora Nacional, fundada em 1925, fruto da parceria entre Monteiro Lobato e Octalles Marcondes Ferreira, segundo Hallewell (2005), *ocupou o primeiro lugar entre as firmas brasileiras dedicadas exclusivamente à edição de livros, desde 1921[23] até princípios da década de 1970, sem interrupção* (p. 330). Desde a sua fundação, a Companhia Editora Nacional concentrou as suas atividades editoriais na publicação de livros

---

[23] Quando ainda era a Monteiro Lobato & Cia.

didáticos, o que, na avaliação de Hallewell (2005, p. 354), constituiu uma *decisão comercialmente saudável*, na medida em que novas demandas estavam surgindo nesse segmento, principalmente por influência do movimento Escola Nova. A partir dos anos 30, principalmente, a Editora Nacional investiu particularmente nos didáticos para o ensino secundário, que, embora fosse um nível de ensino com freqüência bastante restrita,[24] era comercialmente rentável, pois, com o estabelecimento da seriação obrigatória do ensino secundário, efetivado a partir das reformas Francisco Campos (1930-1931) e referendado pela lei orgânica do ensino secundário (mais conhecida pelo nome do então Ministro da Educação, Gustavo Capanema, em 1942), o estudante necessitava de um número maior de livros[25]. Além disso, como aponta Hallewell (2005), as famílias daqueles que o freqüentavam tinham, de modo geral, condições financeiras de adquirir livros, o que não ocorria com o primário. Em 1933, por exemplo, dos 1.192.000 exemplares produzidos, 467.000 eram títulos educacionais e 429.500 livros para crianças, muitos dos quais de autoria do próprio Lobato. Em 1967, estima-se que 55% dos livros didáticos brasileiros, tanto para o ensino primário quanto para o secundário, eram publicados pela Nacional.

É bastante plausível, portanto, que, em uma biblioteca em que predominam manuais didáticos, a Companhia Editora Nacional seja a editora com presença mais significativa. No acervo de AGO, estão alguns dos títulos de grande circulação, sobretudo, no ensino secundário, como os compêndios de Língua Portuguesa de Aníbal Bruno ou os de matemática de Jácome Stávale. Há ainda clássicos da literatura infanto-juvenil como *Viagens maravilhosas*, de Júlio Verne.

A livraria Francisco Alves, por sua vez, fundada em meados do século XIX, por um dos tios de Francisco Alves, originalmente denominada Livraria Clássica, desde 1872 anunciava a

---

[24] Em 1940, por exemplo, apenas 2,16% da população brasileira de 10 a 19 anos estava matriculada nesse nível de ensino (ROMANELLI, 1987, p. 78).

[25] Para um detalhamento dessas reformas, ver ROMANELLI (1987).

especialidade de sua firma: livros *colegiaes e acadêmicos* (HAL-LEWELL, 2005, p. 280). De acordo com Hallewell, Francisco, além de manter a linha de trabalho do tio, ampliou-a editando material para a escola primária:

> Os livros didáticos constituem uma linha de vendas segura e permanente, além de proporcionar ao editor nacional uma vantagem sobre os competidores estrangeiros, cujos produtos jamais podem adaptar-se tão bem às condições ou aos currículos locais. Por isso, Baptiste Louis Garnier já tinha iniciado a publicação de livros didáticos, mas Francisco Alves foi o primeiro editor brasileiro a fazer dessa linha editorial o principal esteio de seu negócio. (p. 280)

Crescendo rapidamente mediante a prática de tiragens maiores, o que barateava o preço dos livros e a partir da aquisição das editoras rivais, como, por exemplo, a firma de N. Falconi em São Paulo e, no Rio de Janeiro, a Lombaerts, a livraria Católica, a livraria Luso-brasileira, a Empresa Literária Fluminense e ainda a casa de Domingos de Magalhães, a Francisco Alves alcança, a partir de meados da década de 1890, o monopólio no campo de livro didático brasileiro. Essas aquisições, como relata Hallewell (2005), eram realizadas com o intuito de obter o direito de edição de obras amplamente adotadas pelas escolas: é o caso da pequena livraria da Viúva Azevedo, no Rio de Janeiro, que publicava a Antologia Nacional, de Fausto Barreto e Carlos de Laet. Na biblioteca de AGO constam algumas obras que foram, por muito tempo, reeditadas pela Alves, como, por exemplo: *Os sertões*, de Euclides da Cunha; o *Tratado completo da conjugação dos verbos franceses*, de Casemiro Lieutaud; a série graduada de leitura de Felisberto de Carvalho; a *Antologia nacional*, de Fausto Barreto e Carlos de Laet; o *Novo methodo practico e fácil para aprender a língua francesa*, adaptada por Alves da obra de Johann Franz Sprache.

Publicações de órgãos públicos também estão presentes na biblioteca analisada. Como analisa Hallewell (2005), as publicações oficiais (estatais, governos estaduais, prefeituras das maiores cidades, órgãos locais da administração federal, universidades federais ou estaduais), predominavam, nos anos 70 e 80, em geral, em todos os estados brasileiros, exceto em cidades como São Paulo, Rio de Janeiro, Porto Alegre e Belo Horizonte. Se agruparmos todas as obras do acervo publicadas por órgãos públicos – Arquivo Público Estadual; Editora Universitária da UFPE; instituições públicas nacionais e de Pernambuco – temos um total de (8,4%), um número bem significativo.

Recife, então a maior cidade do Nordeste e a quinta maior do Brasil, não contava, nas últimas décadas do século XX, com grande volume de publicações locais: em 1978, por exemplo, enquanto o Rio de Janeiro, São Paulo, Minas Gerais, Rio Grande do Sul e Paraná produziram respectivamente 5.293, 5.019, 1.045, 601 e 317 títulos, Pernambuco, por sua vez, no mesmo ano produziu apenas 78 títulos, o maior número entre os estados do Norte, Nordeste e Centro-Oeste (com exceção de Brasília, que publicou 145 títulos), mas muito pouco significativo em relação à produção nacional. Segundo Hallewell (2005), as editoras mais importantes da cidade eram o Instituto do Açúcar e do Álcool, o Instituto Joaquim Nabuco de Pesquisas Sociais e a Sudene. Outras editoras, como a Livraria-Editora do Nordeste, o Gráfico Amador, posteriormente denominada de Editora Igarassu, publicava, como informa o autor, esporadicamente, mas especialmente no início da década de 1950. No acervo encontram-se 4 obras publicadas pelo Instituto Joaquim Nabuco de Pesquisas Sociais; 1 pela Sudene; 1 pelo Instituto do Açúcar e do Álcool.

Editoras do autor também aparecem com uma quantidade significativa no acervo (6,1%); como já referido, são títulos de escritores que, assim como o sujeito pesquisado, custeavam suas obras e desenvolviam redes de sociabilidade entre eles, nas quais as trocas de livros e a produção de artigos para jornais sobre seus escritos eram freqüentes. Apesar de esses autores serem quase anônimos, não se pode dizer que não gozavam de prestígio por seus escritos, na medida em que estão presentes em bibliotecas de amigos, parentes e de pequenos escritores, sendo por eles reconhecidos como autores.

Como se pode observar na tabela abaixo, a análise dos locais de publicação dos livros da biblioteca também revela que AGO pode ser considerado um "leitor local": 36,2% das obras do acervo foram editadas no Recife, em geral por editoras sem prestígio (do autor, com 6,1%), por órgãos públicos (8,4%) e por instituições relacionadas à imprensa jornalística, especificamente a imprensa de Pernambuco (10%). Os outros dois locais mais citados – Rio de Janeiro e São Paulo – constituíam, durante a maior parte do século XX, os maiores centros impressores do País.

TABELA 9
Locais de publicação dos livros do acervo

Local de publicação	N	%
Recife	246	36,2
São Paulo	122	18,0
Rio de Janeiro	104	15,3
Outros locais/ sem informação	208	30,5
Total	680	100,0

Leituras em diferentes fases da vida

Um último aspecto que analisamos para buscar compreender o perfil de leitor do sujeito investigado refere-se às datas de publicação dos exemplares do acervo de sua biblioteca. Esses dados foram os mais difíceis de serem reconstruídos, na medida em que quase um terço do acervo (31%) não traz data de edição. Mesmo realizando pesquisas bibliográficas em fontes secundárias, muitas informações continuaram ausentes, impedindo que as obras fossem datadas com precisão. É importante destacar que parte dessa dificuldade decorre da própria especificidade do acervo, composto, em parte significativa, por livros didáticos – objeto efêmero e pouco prestigiado[26]

---

[26] Para uma discussão sobre esse gênero e as dificuldades em reconstruir seus dados, ver BATISTA (2002).

– e por livros publicados por "edições do autor" – em geral também produzidos com menores cuidados editoriais do que outros gêneros de maior prestígio.

Na tabela a seguir, é possível visualizar, a partir dos dados disponíveis, as leituras do sujeito ao longo de sua vida.

TABELA 10
Data de publicação dos exemplares do acervo da biblioteca

Data de publicação	N	%
Até 1920	46	7,0
1921 – 1930	21	3,0
1931 – 1940	34	5,0
1941 – 1950	65	9,0
1951 – 1960	55	8,0
1961 – 1970	61	9,0
1971 – 1980	67	10,0
1981 – 1990	66	10,0
1991 – 1999	54	8,0
Sem informação	211	31,0
Total	680	100,0

Como se pode observar na tabela, os exemplares que compõem o acervo, em sua grande parte, foram publicados ao longo do século XX; apenas 7% foram editados entre o final do século XIX e 1920. Pode-se observar também que há uma distribuição relativamente homogênea entre as diferentes décadas. Esse dado parece indicar que o acervo foi composto aos poucos, e os livros, em maior ou menor quantidade, estiveram sempre presentes na vida do proprietário.

É possível, com base nesses dados, inferir o papel que as leituras ocuparam nos diferentes momentos da vida do sujeito? Os títulos que compõem suas leituras de formação (editados até 1920), compostos principalmente de manuais didáticos, perfazem 7% dos exemplares. É provável que outros títulos referentes a essa fase tenham se dispersado ao longo do tempo, na medida em que são os mais antigos do acervo. Os exemplares datados dos anos 20 e 30 (8% do acervo) constituem, em linhas gerais, as leituras profissionais e aquelas correspondentes à escolarização dos primeiros filhos do sujeito. Os títulos editados entre os anos 40 e 50 (17%) são compostos, predominantemente, também de manuais escolares, relativos à escolarização dos filhos mais jovens de AGO. Finalmente, mais de um terço dos livros (36%) do acervo foram publicados a partir dos anos 60. Classificadas como leituras da velhice, são compostas, em sua maioria, de títulos de outros "pequenos intelectuais" e de títulos jornalísticos. São leituras que parecem subsidiar, portanto, a própria escrita do sujeito e a sua inserção na rede de escritores, na medida em que o período coincide com a publicação mais sistemática de seus artigos em jornais e de seus relatos autobiográficos. Os livros religiosos e os de "leituras desinteressadas", por sua vez, acompanham o autor ao longo das diferentes fases de sua vida.

As marcas de leitura

Como já referido, analisamos também as marcas que AGO deixou em seus livros: em cerca de 4% deles há muitas marcas; em 38,5% há poucas marcas; e em 21,6% nenhuma marca do leitor. As marcas se distribuem homogeneamente nos livros pertencentes às diferentes esferas de circulação social, o que parece indicar que o leitor tinha uma postura semelhante ao ler, por exemplo, romances ou livros sobre agricultura. As marcas de leitura deixadas em livros do acervo alteraram tanto a materialidade dos exemplares como também os próprios textos. Analisamos, sobretudo, as regularidades dos tipos de marcas encontradas. Neste texto, selecionamos alguns exemplos que melhor revelam, em nossa percepção, a relação do leitor com a cultura impressa.

Além de censurar trechos de livros e preocupar-se com a coerência e a coesão dos textos – corrigia a concordância, os acentos, a pontuação, a ortografia, os erros de impressão, enumerava páginas, acrescentava aspas, fechava parênteses, modificava o sumário –, o leitor fazia de seus exemplares verdadeiros "números temáticos" sobre determinado assunto: recortava de jornais textos sobre temas semelhantes, artigos que ele mesmo escrevia sobre as obras, informações sobre os autores e colava-os nos livros.

Grande parte das obras possui a assinatura do proprietário da biblioteca na folha de rosto e também no interior do livro. Ao lado de um cartão de empréstimo, afixado na última página, e do carimbo com a inscrição *Biblioteca Irmãos Oliveira – Pernambuco* que marcam os livros, a assinatura demonstrava o orgulho que AGO sentia por ter construído um acervo tão vasto. Essas marcas de identificação podem significar também o desejo do sujeito de que seu acervo atendesse a outras pessoas.

Fios de barbante, santinhos, pedaços de papel, páginas dobradas, marcadores: esses foram os recursos utilizados pelo leitor para marcar páginas. É comum encontrar a letra "X" manuscrita no canto superior das páginas dos livros instrucionais. Provavelmente, em grande parte dos casos, o "X" foi manuscrito com o objetivo de marcar algo que deveria ser lido e/ou estudado pelo leitor-aluno.

Os sublinhados aparecem freqüentemente nas obras do acervo, tanto em palavras isoladas quanto em trechos maiores, destacando informações ou idéias consideradas importantes pelo leitor. Nas obras que trazem dados historiográficos e geográficos sobre cidades de Pernambuco, foram destacadas partes que relatam o processo de formação de cidades. No livro *Itamaracá: o antigo e o moderno*, escrito por Alves da Mota (Prefeitura Municipal de Itamaracá, 1985), por exemplo, encontram-se grifadas as seguintes partes: "... criação do município de Itamaracá, em 1960, ..." (p. 71); "Os itamaracaenses devem a criação do município ao ex-senador Paulo Guerra, um dos grandes – talvez o maior amigo daquela terra" (p. 76). Além dos sublinhados, AGO também utilizava aspas para distinguir os trechos que considerava interessantes. No livro Condição de mulher, de Lídia Besouchet (Instituto Progresso Editorial, AS, 1947), muitas passagens que expressam pensamentos moralizantes foram destacadas, entre elas a seguinte: "Há bêbados entre milionários, entre facínoras, entre operários... E, francamente não vejo em que a classe rica é menos desgraçada que a pobre, quando está minada de álcool" (p. 53). O destaque para pensamentos moralizantes também é encontrado em outras obras do acervo.

As palavras sublinhadas por AGO, por sua vez, são vocábulos não muito comuns na oralidade e na escrita cotidiana e parecem ter sido, até o momento da leitura, desconhecidos pelo leitor, visto que muitos deles vêm acompanhados do seu significado, em manuscrito, ao lado. É o que ocorre em *Silvino Lopes: o homem e a obra*, de Jordão Emerenciano (Imprensa Oficial de Pernambuco, 1959), nas páginas 37, 48 e 51, nas quais o leitor ressalta alguns termos e escreve seus significados ao lado (*fustes = tronco da coluna; entre a base e o capitel; capitel = rematar uma coluna; abissal = referente a abismo; ogre = espécie de bicho papão*). Em *Arraes: um ano de governo popular*, de Jocelyn Brasil (Opção, 1980), na página 20, a palavra em destaque é *Coturno* e o significado escrito é *Posição*. É interessante destacar que AGO, segundo depoimento de um dos filhos entrevistados, também utilizava, com freqüência, o dicionário para escrever, em seus textos, palavras que fossem distanciadas da linguagem comum. Esses dados parecem indicar que, em sua percepção, um verdadeiro escritor precisava utilizar um vocabulário "raro", distante do cotidiano e do linguajar popular.

As correções ortográficas ou de impressão são um dos vestígios de leitura mais encontrados nas obras do acervo. Essas correções foram feitas, em geral, com caneta esferográfica ou lápis preto. No livro *A história dos Papas*, escrito por Djalma Farias (Comunicarte, 1980), por exemplo, são várias as correções encontradas: italiados – italianos; sangue – saque; ostrogados – ostrogodos; billográficos – bibliográficos; degredado – degradado; Papa Libório - Papa Libério. Colocar aspas nas locuções e/ou fechar aquelas que, em conseqüência dos erros de impressão, não foram fechadas, também foi uma atitude comum de AGO diante dos escritos. Nem mesmo os livros de literatura escapavam das correções do nosso leitor. Em *Contos estranhos*, de J. Ferreira (Imprensa Oficial do Ceará, 1987), o uso incorreto do adjetivo "mau" na locução "Dera para se comentar, na rua, que João Miguel, um brancoso de seus cinqüenta e tantos, gordo, barrigudo, sujo e mau vestido" (p. 169) foi destacado com um grifo e substituído pelo advérbio "mal". Além de corrigir os erros de impressão e a ortografia das palavras, AGO também se preocupava com a concordância do texto: modificava o plural das frases, trocava as regências.

AGO também censurava trechos dos livros que lia. Na obra *Santo Antão: o santo da renúncia*, de Renato Cavalcanti (Do autor, 1991), por exemplo, ele parece não concordar com um trecho do parágrafo da página 52 e o censura, riscando-o com caneta esferográfica preta, impossibilitando que outra pessoa tomasse conhecimento do escrito. Já na página 35 do livro *A história dos Papas*, AGO, além de censurar uma frase, acrescenta uma seta indicando por onde a leitura deveria continuar. O que estava escrito nesses textos? Não se sabe. Por se tratar de um tipo de marca presente principalmente em obras religiosas, pode-se pensar que o leitor censurava informações distorcidas ou incorretas. Como católico praticante, certamente AGO não concordava com certas afirmações realizadas pelos autores das obras religiosas que lia. Além de não concordar com o teor das informações, AGO também buscava impedir que os possíveis leitores de seus livros tivessem livre acesso às informações. Pensava, por exemplo, em seus filhos? Ou em outros leitores, já que seus livros tinham carimbo e cartões de empréstimo típicos de uma biblioteca de acesso público? Essa postura mostra também a crença que nosso leitor tinha no poder do livro: é como se esse objeto material fosse capaz de influenciar e modificar a opinião dos leitores – que seriam passivos. É o oposto de sua própria postura como leitor ativo, crítico e não reverente diante da materialidade do impresso.

Essa intervenção de AGO nos livros de sua biblioteca também pode ser observada por meio de um outro procedimento que era realizado correntemente: leitor assíduo de jornais, lia, selecionava os textos de seu interesse e afixava-os em livros que tratassem da mesma temática. Os textos recortados e afixados nos livros pertencem a jornais de grande circulação em Pernambuco, como, por exemplo, o *Diário de Pernambuco* e o *Jornal do Commercio*. Também aparecem recortes de outros jornais (como *A Província*), mas em quantidade inferior. Esses recortes são, de modo geral, resenhas, artigos, reportagens, fotos e dados biográficos acerca de autores, ilustradores e prefaciadores de obras do acervo. São encontrados principalmente nos exemplares classificados como pertencentes às esferas jornalística e histórico-geográfica, e naqueles cujos autores parecem pertencer à rede de pequenos escritores com os quais AGO se relacionava.

O livro *Medicina esportiva*, de autoria de Pedro Cavalcanti (Do autor, 1990), é um dos volumes do acervo que mais possui recortes de jornais: são quatro resenhas, retratos e dados biográficos do escritor e do prefaciador. As informações acerca das pessoas que compuseram o livro são coladas, de modo geral, por AGO, na parte interna da contracapa e funcionam como as "orelhas" encontradas nos livros de publicação contemporânea.

Muitas dessas resenhas foram escritas pelo próprio AGO, principalmente aquelas referentes aos livros de autoria dos outros "pequenos escritores" e publicadas em jornais de menor circulação, como o *Jaboatão Jornal*. Os livros *O repórter por dentro e por fora*, de Elieser Figueiroa (Do autor, 1983); *Folhas na correnteza*, de Brandina Rocha (Do autor, 1981); *Histórias de Caruaru*, de Agnaldo Fagundes Bezerra (Fundação Antônio dos Santos Abranches, 1983) sofreram, por exemplo, essa intervenção do nosso leitor/autor.

Essas resenhas eram afixadas na parte interna da contracapa do livro e, em muitas delas, foram deixados registros de leitura e de correção do texto. AGO parecia nunca estar satisfeito com o que escrevia: nessas resenhas, ele adicionou informações, corrigiu erros de impressão e escreveu o significado de algumas expressões que, embora ele mesmo tivesse utilizado, não eram de uso corrente.

AGO também tinha o hábito de colar reportagens sobre um determinado tema em obras que tratavam de assuntos semelhantes. Não são poucos os livros em que isso ocorre. No livro *Cultura dos campos*, de autoria de Assis Brasil (Jeanbir Mounier & Cia, 1905), encontra-se afixada uma reportagem que trata das pragas que freqüentemente se desenvolvem nas mangueiras. O exemplar não aborda, especificamente, essa temática, mas agricultura em geral, entretanto, parece ter sido visto, por AGO, como o mais adequado para guardar o texto.

O nosso leitor fazia uso desse procedimento particularmente nos livros que abordavam seus principais interesses de leitura, como é o caso daqueles concernentes à história e geografia de Pernambuco. No interior de muitos desses exemplares foram afixadas reportagens sobre a mesma temática. É o que ocorre, por exemplo, com os livros: *Itinerário sentimental do Ceará-Mirim*, de autoria de Francisco Montenegro (Imprensa Oficial de Pernambuco, 1965); *Itamaracá: o antigo e o moderno*, escrito por Alves da Mota (Prefeitura Municipal de Itamaracá, 1985); *Histórias de Caruaru*, de Agnaldo Fagundes Bezerra (Fundação Antônio dos Santos Abranches, 1983); *Pitimbu e seu passado*, de João Baptista (Alves Pereira Editores, 1998); *Zona de atração e pobreza urbana*, de Roberto Didier Oliveira (Universal, 1980). Esses dados refletem os interesses e os gostos de AGO, mas também do grupo de pequenos intelectuais em que ele estava inserido, pois, de modo geral, muitos livros da biblioteca que tratam da história e da geografia de Pernambuco são assinados por esses autores. É interessante ressaltar também que o local onde nasceu e cresceu nosso leitor, Pernambuco, é um tema constante em seus escritos.

A análise das marcas que o leitor deixou em sua biblioteca nos permite realizar pelo menos quatro tipos de considerações.

Em primeiro lugar, AGO, ao mesmo tempo em que parecia acreditar, como na concepção iluminista, no poder do livro, não tinha uma postura de reverência diante do texto e da materialidade do impresso, pois nele intervia como uma espécie de leitor/co-autor. Essa postura nos leva a uma segunda reflexão: a oralidade parecia permear as relações de AGO com o escrito e o impresso. Em muitos momentos, nosso leitor parecia "conversar" com o autor dos livros que lia: concordava com algumas de suas idéias, discordava de outras, intervinha, acrescentava informações. Certamente, no período estudado, essa não era uma atitude específica de um "novo letrado", na medida em que a oralidade permeava, mesmo no interior das elites letradas, a relação do público com a cultura escrita.[27] Essa questão remete a uma terceira reflexão: há, de certa forma, uma dissolução da autoria, concretizada nessas intervenções. Esse alargamento da noção de autor certamente também não é específico do nosso leitor: como ocorre nas sociedades com fortes resíduos de oralidade, parecia não haver, nas primeiras décadas do século XX, uma noção rígida e inflexível de autoria.[28] Talvez por isso AGO se sentisse à vontade para interferir no texto de outrem. Finalmente, a análise das marcas de leitura nos revela o orgulho que sentia o sujeito investigado em construir e divulgar, por meio das fichas empréstimo, um acervo pessoal de obras relativamente vasto: sabia que a sua biblioteca era uma demonstração de seu esforço; de seu lugar de ruptura em relação às gerações familiares anteriores; de seu lugar de escritor.

Considerações finais

Os resultados da pesquisa revelam que o indivíduo pesquisado dedicava grandes esforços para se estabelecer na cultura

---

[27] Ver, por exemplo, o estudo já referido de ANDRADE (2001) e o clássico estudo de CÂNDIDO (1980), que caracteriza o Brasil do início do século XX como um país de auditores (e não de leitores).

[28] Ver FOUCAULT, 1992.

escrita, em se construir como autor e intelectual. Mais do que um local de "leituras desinteressadas", sua biblioteca constituía, certamente, um ambiente de formação intelectual, típica do perfil de um "novo letrado". A análise dos recortes de jornal por ele colecionados reforça essa conclusão: seus interesses de leitura são predominantemente utilitários. Mesmo excluído dos circuitos legítimos de produção e circulação do impresso, ao se construir como escritor e intelectual, ao longo de sua vida, pode-se afirmar que ele gozou de certo prestígio entre seus pares, com os quais criou uma rede de sociabilidade bastante ativa. A biblioteca tornou-se um símbolo concreto desse lugar simbólico que construiu ao longo de sua trajetória. Os resultados revelam também que se tratava de um leitor profundamente vinculado aos locais onde nasceu e viveu toda a sua vida.

A análise das marcas de leitura revela, por sua vez, a intensa atividade que AGO realizava ao ler: criticava, corrigia e censurava os autores das obras da sua biblioteca. Embora acreditasse no poder do livro, não tinha uma postura de reverência diante desse objeto material. Entretanto, somente com a análise de outras manifestações de sua participação nas culturas do escrito – os textos que escreveu, por exemplo – um aprofundamento sobre os contextos em que nasceu, estudou, trabalhou e viveu e uma confrontação com o acervo de outras bibliotecas pessoais do mesmo período, será possível compreender melhor os processos que possibilitam indivíduos "não herdeiros" tornarem-se leitores e escritores com determinadas características.

Fontes citadas

BRASIL. Ministério da Indústria, Viação e Obras Públicas. Directoria Geral de Estatística. *Sexo, raça e estado civil, nacionalidade, filiação, culto e analphabetismo da população recenseada em 31 de dezembro de 1890.* Rio de Janeiro: Officina da Estatistica, 1898.

BRASIL. Ministério da Indústria, Viação e Obras Públicas. Directoria Geral de Estatística. *Synopse do Recenseamento de 31 de dezembro de 1900.* Rio de Janeiro: Typographia da Estatistica, 1905.

BRASIL. Instituto Brasileiro de Geografia e Estatística. *Estatísticas do século XX*. CD-Rom. Brasília: Ministério do Planejamento, Orçamento e Gestão, [200-].

Referências

ANDRADE, Rodrigo Vivas. *As interseções midiáticas da pequena Bom Sucesso de 1938-1954*: leituras e discursos de Júlio Castanheira. 2001. 147 f. Dissertação (Mestrado em História) – FAFICH, Universidade Federal de Minas Gerais, Belo Horizonte, 2001.

ANDRIES, Lise. Les livres de savoir pratique dans la France des XVIIe. et XVIIIe. siècles. In: CHARTIER, Roger, LÜSEBRINK, Hans-Jürgen (Dir.). *Colportage et lecture populaire*: imprimés de large circulation en Europe (XVIe-XIXe siècles). Paris: IMEC/Éditions de la Maison des Sciences de l'Homme, 1996. p. 173-181.

BAKHTIN, M. *Estética da criação verbal*. São Paulo: Martins Fontes, 1992.

BOURDIEU, Pierre. "Os três estados do capital cultural". In: NOGUEIRA, Maria Alice & CATANI, Afrânio (Org.). *Escritos de Educação*. 4. ed. Petrópolis: Vozes, 2002. p. 65-79.

BOURDIEU, Pierre. A leitura: uma prática cultural. In: CHARTIER, Roger (Org.). *Práticas da leitura*. São Paulo: Estação Liberdade, 1996, p. 231-252.

BOURDIEU, Pierre, PASSERON, Jean-Claude. *Les héritiers*. Paris: Minuit, 1966.

BOURDIEU, Pierre. A economia das trocas lingüísticas. In: ORTIZ, Renato (Org.). *Bourdieu*. São Paulo: Ática, 1983. p. 156-183.

CÂNDIDO, Antônio. *Literatura e sociedade*. São Paulo: Nacional, 1980.

DARNTON, Robert. Primeiros passos para uma história da leitura. In: DARNTON, Robert. *O beijo de Lamourette*: mídia, cultura e revolução. Tradução Denise Bottman. São Paulo: Companhia das Letras, 1990.

DE SINGLY, François. L'appropriation de L'heritage culturel. In: *Lien Social et Politiques*, Paris, n. 35, p. 153-165, 1996.

DE SINGLY, François. Savoir hériter: la transmission du goût de la lecture chez lês étudiants. In: FRAISSE, Emmanuel (Org.). *Les étudiants et la lecture*. Paris: PUF, 1993.

ELIAS, Norbert. *Mozart*: sociologia de um gênio. Rio de Janeiro: Zahar, 1994.

FERREIRA, Tânia Maria T. B. C. "Leitores do Rio de Janeiro: bibliotecas como jardins das delícias". In: *Acervo: Revista do Arquivo Nacional*, v. 8, n. 1-2, p. 83-104, jan./dez. 1995.

FOUCAULT, Michel. *O que é um autor?* Lisboa: Passagens, 1992.

GALVÃO, Ana Maria de Oliveira. *Cordel:* leitores e ouvintes. Belo Horizonte: Autêntica, 2001.

HÉBRARD, Jean. "Les nouveaux lecteurs". In: CHARTIER, Roger & MARTIN, Henri-Jean (dir.). *Histoire de l'édition française.* 2. ed., t. 3. Paris: Fayard; Promodis, 1990. p. 526-565.

LAHIRE, Bernard. *Sucesso escolar nos meios populares:* as razões do improvável. São Paulo: Ática, 1997.

LAHIRE, Bernard. *Homem plural:* os determinantes da ação. Petrópolis: Vozes, 2002.

NASCIMENTO, Luiz. *História da imprensa em Pernambuco:* Diários do Recife (1901-1954). Recife: Imprensa Universitária/UFPE, 1967. v. 3.

ROMANELLI, Otaíza de Oliveira. *História da educação no Brasil.* Petrópolis: Vozes, 1987.

SELLARO, Lêda Rejane Accioly. *Educação e modernidade em Pernambuco:* inovações educacionais no ensino público. 2000. Tese (Doutorado em História) – CFCH, Universidade Federal de Pernambuco, Recife, 2000.

VENÂNCIO, Giselle Martins. *As flores raras do jardim do poeta:* o catálogo da coleção Eurico Facó. Fortaleza: Museu do Ceará, Secretaria da Cultura do Estado de Ceará, 2006.

VENÂNCIO, Giselle Martins. *Na trama do arquivo:* a trajetória de Oliveira Vianna (1883-1951). 2003. 342 f. Tese (Doutorado em História Social) – IFCS, Universidade Federal do Rio de Janeiro, Rio de Janeiro, 2003.

Capítulo 4

UM TRÂNSFUGA: MEMÓRIA FAMILIAR, ESCRITA E AUTODIDATISMO

Antônio Augusto Gomes Batista

O que ele contava – e que a família recita como um mito de origem – é que foi o primeiro filho varão, nascido em 1903,[1] de uma família "humilde" e sem "muita instrução, em Cachoeira do Campo, um distrito de Ouro Preto. Embora seu avô, José, fosse "homem de algumas posses",[2] tivesse o ofício de correeiro e sua oficina fosse considerada grande – é o que se relata –, teria conseguido educar apenas um de seus 14 filhos, no Seminário da Boa Morte, em Mariana, onde se ordenou sacerdote em 1888. Os outros irmãos "ficaram mesmo em Cachoeira". Virgílio, o sétimo filho, teria dominado apenas os rudimentos da escrita e ensaiado diferentes ocupações numa região de Minas que os ingleses, desde os meados do século XIX, estavam modificando com seus trens, suas estações e suas minas, primeiro de ouro, depois de manganês e de minério de ferro. Trabalhou primeiro na oficina de "correias, cintos, cabrestos e talas" do pai; depois, já casado com Bernardina Mayer (neta de "alemão" e de uma "bugre de alguma tribo da região" de São Miguel do Anta), vai tentar a sorte como "cavalariço" (como algumas

---

[1] O terceiro, numa fratria de sete filhos (cinco sobreviveram à infância), as duas primeiras e a quarta e a sexta do sexo feminino.

[2] As expressões entre aspas ou apresentadas por meio do discurso indireto livre foram empregadas em documentos ou em entrevistas pelo sujeito da pesquisa ou por seus descendentes.

vezes se relata) ou "muleiro" (como em outras vezes) na nova usina do Comendador Wigg, voltada para a extração e o beneficiamento de manganês, em Miguel Burnier, uma estação de trem dividida entre comerciantes e gente "do lugar", de um lado, e os operários e trabalhadores da Usina Wigg, de outro. Nesse lugarejo, também um distrito de Ouro Preto, cuidava das mulas que carregavam o minério extraído das lavras para os depósitos ao lado da estação de trem. Com a morte do pai, tentou voltar a Cachoeira, para retomar, sem sucesso, a oficina paterna e seu ofício. Tentou uma última vez, novamente em Miguel Burnier, explorando, com o filho mais velho, as lavras empobrecidas e já abandonadas da Usina Wigg, retirando o minério que sobrara e o vendendo à companhia do comendador. Foi a última tentativa porque um acidente de trabalho – e aqui, sempre se repete, na família: naquele tempo, antes de Getúlio, não havia ainda aposentadoria por invalidez – abriu-lhe uma "chaga incurável" na perna, que o impedia de trabalhar e garantir o sustento da família. O filho mais velho – que já havia vivido o choque de, após ter terminado seu curso primário com as Salesianas, em Cachoeira do Campo, "com distinção e louvor", tornar-se o ajudante do pai no trabalho extenuante da extração de minério – viu-se então diante do inevitável (e a memória da família repete, como um coro grego): passou dias comendo angu e umbigo de banana, tornou-se o arrimo da família, foi pedir emprego, foi pegar na pá, foi encher as mãos de sangue e calos recolhendo o minério que caía dos vagões de trem. Mas "Deus dá o frio conforme o cobertor": o menino de doze anos era "prudente" e "esforçado"; era "humilde", mas também "esperto" e "inteligente" e conseguiu emprego no escritório, onde domou a mão e a caligrafia, os livros de conta e de correspondência, as novas máquinas de escrever e a letra ilegível e em inglês do comendador Wigg. Ele – que pouco havia aprendido com as irmãs salesianas, cujo pai era pouco mais que um analfabeto – iria para sempre ganhar seu pão com a escrita e com o escritório: no começo, na Usina Wigg; depois, na mina de Passagem de Mariana; até se aposentar, como guarda-livros (provisionado pelo Ministério da Educação em 1935), na sociedade anônima proprietária de uma fábrica de tecidos de Itabirito, um distrito emancipado da antiga capital na década de 1920; por fim, quase até o fim da vida, como chefe de gabinete do prefeito dessa cidade. Ele – que pouco havia aprendido na escola, mas que tinha "força de vontade" e "espírito de autodidata" – iria construir com a escrita sua posição num mundo que não era originalmente o seu, escrevendo para os jornais de vida efêmera da cidade, secretariando a banda e Sociedade São Vicente de Paula, o União Sport Club e o hospital, o Rotary e a loja maçônica, o Partido Republicano Mineiro e a Arena. Acabou prefeito da cidade, cidadão honorário e, como muitos disseram no seu longo velório, em 1994, na sede da prefeitura, exemplo para diferentes gerações de homens públicos ou, como ele preferia, de homens que querem servir aos outros. Ele se chamava Antônio Gomes Batista. Ele era meu avô.

I.

Essa memória familiar construída; a escrita e o autodidatismo; a trajetória de um indivíduo comum: é em torno desses principais elementos que a pesquisa que deu origem a este artigo – cujas principais diretrizes aqui se apresentam – está organizada. De modo semelhante aos demais capítulos publicados neste livro, ela tem três objetivos centrais, sustentados por pressupostos e procedimentos da História Cultural. O primeiro é apreender processos e condições que, numa trajetória individual determinada, asseguraram a construção de um "novo letrado",[3] vale dizer, que asseguraram um acesso (pouco provável, tendo em vista os capitais disponíveis na família e no grupo social de origem) à cultura escrita e permitiram sua transmissão – mais ou menos feliz – às gerações posteriores. O se-

---

[3] A noção se baseia no conceito de "novos leitores", utilizado por HÉBRARD (1990) para designar os indivíduos ou grupos sociais que realizam sua primeira inserção na cultura escrita. Estudos de caso sobre a temática podem ser encontrados em HÉBRARD (1996a, 1996b, s.d.).

gundo objetivo é compreender a natureza mesma dessa inserção na cultura escrita e as formas de participação no universo dos escritos que esse modo de inserção ensejou, assegurou e interditou. O terceiro objetivo, por fim, consiste na busca de explorar as tensões, os problemas e as possibilidades envolvidos na realização de uma pesquisa em história que supõe lidar – de maneira central, mas evidentemente não exclusiva – com três tipos de fonte: a *memória familiar* (e que é também memória *do pesquisador*), seus efeitos e seus processos de construção e de transmissão, calcados, sobretudo, na oralidade; os *arquivos familiares* e seus mecanismos de construção, especialmente aqueles relacionados à própria cultura escrita e às decisões – do indivíduo e de seus familiares – que conduzem a sua formação e conservação; por último – e quanto mais se afasta do círculo familiar – o *rumor*, quer dizer, as justificativas e os relatos que, vindos "dos de fora", procuram explicar e dar sentido a uma trajetória singular.

2.

Estudar um indivíduo e seu percurso, sobretudo um "novo letrado", para compreender a construção de modos de inserção na cultura escrita não supõe, entretanto, compreender essa inserção como algo que se esgota no indivíduo mesmo e em sua trajetória; não supõe, tampouco, compreender esse indivíduo e seu percurso como um "caso particular do provável", na expressão de Pierre Bourdieu,[4] quer dizer, como representativos – tanto o indivíduo quanto suas ações – do regime de possibilidades construídas tendo em vista suas condições de existência e sua posição num espaço social.

Pelo contrário: interessa, antes, compreender a trajetória desse indivíduo e o modo pelo qual constrói uma entrada mais ou menos "forçada" na cultura escrita e no mundo dos "grandes" no quadro tanto das condições sociais, econômicas e culturais que

---

[4] Ver, a respeito, BOURDIEU; WACQUANT (1992).

constroem um regime de possibilidades para essa trajetória, quanto no quadro do modo pelo qual esse indivíduo determinado interpreta essas possibilidades, a elas se assujeita, delas tira proveito. Interessa situar esse percurso individual tendo em vista não só o que as condições sociais fazem com um indivíduo, mas também o que esse indivíduo faz *a partir* dessas condições sociais, *com* essas condições sociais. Essa pesquisa se situa, portanto, no campo das *táticas*, na expressão de Michel de Certeau (1990).

Para isso, a investigação tem buscado apreender o indivíduo e seu percurso nas diferentes escalas de seu "mundo"[5]. Em primeiro lugar, o "mundo" econômico e social da região central do Estado de Minas Gerais (sobretudo, os entornos de Ouro Preto, a antiga capital), no final do século XIX e nas primeiras décadas do século XX.[6] Trata-se de um "mundo" que, nesse momento, experimenta importantes transformações econômicas e demográficas. Após um longo período de estagnação e dos impactos da mudança da capital, a região vive um forte movimento de industrialização (curtumes, fábricas de tecido e especialmente a siderurgia e as atividades de extração de minério de ferro a ela ligadas). Associada a uma malha ferroviária recente e em ampliação, essa industrialização inicial possibilita uma também forte mobilidade populacional em direção a novos pólos (a própria Ouro Preto, Itabira do Campo – posteriormente Itabirito – e Miguel Burnier), que demandam a "importação" de operários especializados,[7] de profissionais da escrita comercial

---

[5] Cf., a respeito da utilização de diferentes escalas na pesquisa em história, REVEL (1998).

[6] Evidentemente, compreendido não como um universo autônomo, mas como um espaço singular no qual se manifesta, com maior ou menor peculiaridade, um conjunto de fenômenos de ordem mais geral.

[7] Historiadores "locais" tendem a fazer menção também a uma forte presença de imigrantes europeus, nos finais do século XIX. Silva (1996), por exemplo, referindo-se a Itabirito, enumera a presença de cerca de 35 famílias, portuguesas, italianas e espanholas. Em geral, as famílias italianas e espanholas estão associadas à exploração de derivados de couro, em curtumes e fábricas de calçados.

(chefes de escritório, contadores, apontadores, entre outros)[8] e a formação de uma nova geração de profissionais, fixada na região. Nesse mesmo contexto, a Reforma João Pinheiro, em 1906, vai construir as bases de uma progressiva construção de uma rede de estabelecimentos públicos de ensino – grupos escolares ou escolas isoladas – que permitirão maior acesso das camadas mais pobres ao ensino elementar e às habilidades básicas do ler, escrever e contar.

Em segundo lugar, tem-se buscado apreender o indivíduo e seu percurso no "mundo" das novas formas de sociabilidade que se formam ou que se fixam nesse contexto. Em geral, opondo, mais do que classes, os antigos aos novos habitantes: a cidade alta com sua matriz colonial e a cidade baixa do beirario e da praça da estação, a banda "nova" e a banda "velha", os clubes desportivos e sociais comandados pelos antigos do lugar e aqueles comandados pelos novos industriais e comerciantes, a antiga e a nova matriz, o PTB e o PSD, a UDN e o PR. É todo um conjunto de modos de conviver, de códigos, de relações e de tensões que se organizam em torno dessas sociabilidades, que, quanto mais formalizadas, mais se apóiam na escrita, em suas funções de registro e de comunicação, e que, quanto mais formalizadas e estáveis, mais constituem uma rede de interdependências que unem e separam coronéis e agregados, padrinhos e apadrinhados, empresários e operários, políticos e cabos eleitorais, músicos e presidentes de clubes (e os maçons e o resto da cidade).[9]

---

[8] Em suas reminiscências, Antônio Gomes Batista faz referências a uma forte presença de profissionais da escrita comercial, na Usina Wigg, vindos do Rio de Janeiro.

[9] As lembranças de Antônio Gomes Batista fazem referências sistemáticas às relações de oposição e de rivalidade que organizam essas sociabilidades (nos desfiles de carnaval, nos bailes, nos jogos de futebol, nas retretas). A importância dessas sociabilidades para sua inserção num mundo que não é o originalmente seu é muitas vezes destacada, a ponto de dizer que, ao chegar para morar num novo lugarejo, sua primeira providência era – ele era clarinetista – oferecer-se para tocar numa das (em geral numa das duas) bandas do lugar. A análise de sua trajetória evidencia que essas sociabilidades foram bastante

Em terceiro lugar, a investigação procura reconstruir o "mundo" da família desse indivíduo com um percurso de exceção. Certamente, a família de origem, sua genealogia, seus descendentes, suas formas de reprodução social, pelo matrimônio, por suas alianças e pela educação de suas crianças. Mas também os sentidos que à família se atribuem, as genealogias que se inventam, os laços que se cortam ou se apagam e suas estreitas relações com os discursos que justificam uma trajetória de trânsfuga.[10]

Em quarto lugar, a pesquisa procura se voltar para as práticas e saberes que constituem uma cultura da escrita e favorecem sua apropriação:[11] no caso do indivíduo estudado, bem mais que a escola, é o escritório, seus ritmos, suas práticas,

---

importantes para a construção de um capital de relações sociais, e para uma busca tensa de distinção em relação ao grupo social de origem (na higiene, na indumentária, nas práticas, nas estratégias matrimoniais – de seus filhos e de seus irmãos) que se fazem, em grande parte, por intermédio da escrita e de usos "subalternos" da escrita ("servir ao próximo" secretariando diferentes associações, prefeitos, hospitais; ser "cabo eleitoral de deputados" e construir em torno dessas relações uma rede de dependentes ou, pelo menos, favorecidos). A partir de sua mudança para Itabirito, as escolhas de "lado" serão sempre coerentes e recairão para o grupo dos "novos". Em política, essa opção recairá sobre o Partido Republicano, por suas coligações com a UDN e, após 1964, sobre a Arena e, mais tarde, sobre o PDS.

[10] Embora seja necessário aprofundar esse tópico, Antônio Gomes Batista e seus familiares evidenciam um esforço para concentrar a origem da família no próprio Antônio, construído como um herói fundador, e correspondentemente para apagar a presença das gerações anteriores. No álbum de fotografias de Antônio, por exemplo, não foram encontradas fotografias de seus pais. Algumas delas, entretanto, eram guardadas com cuidado por descendentes de suas irmãs mais velhas, em Cachoeira do Campo.

[11] O estudo da cultura escrita, após buscar apreender, de maneira mais ou menos dicotomizada as diferenças entre a cultura escrita e a oral, passou a buscar apreender as condições sociais, históricas e técnicas em torno das quais, para diferentes casos históricos, construiu-se *uma determinada cultura da escrita* e um conjunto determinado de impactos políticos, sociais, culturais. Passou-se, portanto, a buscar compreender não *a* cultura da escrita em sua oposição à cultura oral, mas *culturas da escrita*. É nesse quadro mais amplo que se situa o interesse pela compreensão da cultura escrita que se organiza em torno do escritório, no final do século XIX e das primeiras décadas do século XX. A respeito das modificações observadas nos estudos sobre a cultura escrita, ver CHARTIER (2002).

suas sociabilidades, o espaço por excelência de sua formação, bem como a rede de relações, os instrumentos, as ferramentas mentais e os processos que organizam a cultura escrita de que se apropria.[12]

Assim, não se procura realizar uma história de um indivíduo alheia às possibilidades e condições que determinam grande parte de sua trajetória, mesmo que de trânsfuga. O que se busca é apreender esse percurso de exceção nos diferentes "mundos" sociais que permitem compreender *parte* do sentido dessa trajetória. *Parte* desse sentido: como defende Norbert Elias (1995) é preciso, para compreender o sentido de uma trajetória, não apenas tomá-la a partir da "perspectiva do ele", mas também da "perspectiva do eu":

> para se compreender alguém, é preciso conhecer os anseios primordiais que este deseja satisfazer. A vida faz sentido ou não para as pessoas dependendo da medida em que elas conseguem realizar tais aspirações. Mas os anseios não estão definidos antes de todas as experiências. Desde os primeiros anos de vida, os desejos vão evoluindo, através do convívio com outras pessoas, e vão sendo definidos, gradualmente, ao longo dos anos, na forma determinada pelo curso da vida. (ELIAS, 1995, p. 13)

3.

Com que fontes, porém, fazer essa história do indivíduo em seus "mundos" e tanto na perspectiva do "eu" quanto do "ele"? Como abordá-las?

Para a reconstrução do "mundo" mais amplo em que se desenvolve o percurso em estudo, bem como do universo da cultura escrita organizada em torno do escritório as respostas são relativamente simples. Por um lado, dados censitários, comerciais

---

[12] Os relatos a respeito desse período de formação tendem a ser os mais detalhados nas reminiscências de Antônio Gomes Batista: as formas de treinamento, particularmente da letra e de seus diferentes tipos, o uso da máquina de escrever, o papel de mediadores ou formadores, as sociabilidades do escritório.

e fiscais fornecem uma importante base para a apreensão das transformações econômicas e demográficas que parecem caracterizar a geografia onde o indivíduo em estudo realiza sua trajetória, no entorno da antiga capital de Estado, especialmente em Cachoeira do Campo, Miguel Burnier, Passagem de Mariana e Itabirito. Por outro lado, a cultura do escritório e seus usos da escrita podem ser reconstituídos com base em manuais dirigidos a "secretários" e guarda-livros, com base em entrevistas orais de diferentes profissionais que atuaram ou, o que é mais comum, realizaram o aprendizado dessa ocupação no período. Além disso, tanto o escritório da Usina Wigg quanto o da fábrica de tecidos em que Antônio Batista trabalhou a maior parte de sua vida possuem arquivos relativamente bem conservados, incluindo mobiliário e instrumentos de trabalho.

Embora trabalhosa, a reconstrução da genealogia familiar e do domínio da escrita dos ascendentes do indivíduo estudado é também relativamente simples: iniciou-se por um primeiro levantamento dos documentos disponíveis nos arquivos familiares e pela coleta de dados junto a seus descendentes. A partir desse levantamento inicial, está em andamento a pesquisa em arquivos eclesiásticos, particularmente na Igreja de Nossa Senhora de Nazaré, em Cachoeira do Campo e da Cúria de Mariana.

As maiores dificuldades dizem respeito às fontes que permitem o resgate da trajetória mesma desse indivíduo, de seus aprendizados, dos "anseios primordiais que [...] deseja satisfazer". O mesmo se dá em relação às sociabilidades e às redes de interdependência que caracterizam as sociedades nas quais esse indivíduo se insere. É certo que entrevista com familiares e mesmo uma longa entrevista realizada com Antônio Batista pouco antes de sua morte, em 1993, são recursos importantes. Também decerto seus arquivos, bem como de seus familiares, sua biblioteca, seus escritos na imprensa, seus ensaios autobiográficos constituem fontes de grande relevância. A pesquisa está atenta ainda, evidentemente, para os "historiadores locais" e para os "historiadores familiares", que reúnem dados, coletam documentos e os interpretam a partir de seus pontos de vista peculiares.[13] Como, porém, tratar esses dados, em geral, tão pouco confiáveis?

O trabalho com essas fontes, especificamente com as lembranças de familiares, amigos e contemporâneos mostra a dificuldade de dar uma resposta precisa a essa questão e a necessidade de tomar, no quadro de suas relações com a oralidade e a escrita, essas fontes mesmas como objeto de estudo. É preciso, portanto, tomar a *memória familiar* (em suas diversas manifestações, orais e escritas, bem como os objetos de memória que se conservam – de móveis a fotografia, passando, evidentemente por livros) nessa perspectiva. O que constitui essa memória? Como é transmitida? O que a caracteriza?

O que se apreende, com base na exploração inicial das lembranças familiares é, em primeiro lugar, que a memória familiar é de natureza heterogênea: é constituída, decerto, por um conjunto de relatos, às vezes escritos, mas predominantemente orais; é, porém, também constituída por objetos que a documentam – de fotografias a quaisquer objetos que assumem um valor de prova[14] –, bem como por objetos que celebram uma história (a espada de Capitão da Guarda Nacional, por exemplo, colocada na parede da sala de visitas), ou que relembram, como "mementos": santinhos de primeira comunhão, comunicados de morte, fotografias, velhas agendas guardadas, cartas.

No que diz respeito aos relatos, particularmente aos relatos orais, a memória familiar possui, em segundo lugar, uma natureza *contextual*, difícil de ser reproduzida diante de um gravador e de uma situação formal de entrevista. As memórias familiares e dos amigos se ativam e se transmitem nos encontros, nas

---

[13] A respeito, ver THOMPSON (2002) e MAURER; MÉCHINT (1997).

[14] Evidentemente, cartas e certidões tendem, por excelência, a assumir essa função documental. Quaisquer objetos, porém, podem assumir essa função quando associados a um episódio qualquer. Um exemplo: um relógio pode ser, como se verá mais à frente, uma espécie de "monumento" (cf. LE GOFF, 1984); mas pode também ser tomado como um documento, como, exemplificando, daquela transação, por meio do qual um familiar do interior foi enganado na capital, comprando por um valor muito alto um relógio Roscof.

festividades, nos velórios, nos serões, nos afazeres do dia-a-dia em que se repete algo que se fez com alguém no passado. Muito do conteúdo dessa memória ainda é transformado pela perspectiva desse contexto específico: pela dor de uma perda; por um esforço deliberado de transmissão de um sentimento de pertença a novas gerações, pelos acertos de conta com o passado. Mais importante: muito do que se diz e, mais ainda, muito do que não se diz, particularmente pelo indivíduo estudado, é orientando justamente por aquilo que em parte se deseja apreender, quer dizer, os "anseios primordiais" que se busca satisfazer para dar sentido a sua trajetória.

Em terceiro lugar, essa memória relatada é de natureza *episódica*: ela não constitui um grande relato – a não ser, em parte, quando escrita num esforço memorialístico – relativamente coerente de uma trajetória que completa seu sentido. Na verdade, ela é organizada em torno de um conjunto de episódios ou anedotas – no sentido original do termo – que se esgotam em si mesmos, sem se articular, por contiguidade, a outros episódios. Assim como os mitos estudados por Lévi-Strauss (1967),[15] suas relações se organizam, antes, com base em relações de semelhança, ou, como a elas se refere Roman Jakobson (s.d.), no eixo paradigmático da linguagem. Em geral introduzidas por uma fórmula como "numa ocasião...", "teve uma vez", as memórias são relatadas como um episódio que, embora aparentemente se esgote em si mesmo, constituem, na relação com outros relatos, "cartas de baralho", que, de acordo com as conveniências do presente, se embaralham diferentemente, formando sentidos distintos.

Em quarto lugar, ao que tudo indica, a memória familiar e sua enunciação constituem atos de fala (mesmo que indiretos) que, como tais, exercem um efeito performativo sobre os

---

[15] Estamos conscientes das diferentes críticas à metodologia proposta por Lévi-Strauss na análise dos mitos (cf., por exemplo, LEACH, 1970). Acreditamos, porém, que seus processos de análise podem fornecer importantes subsídios para a análise da memória familiar.

148 História da cultura escrita: séculos XIX e XX

enunciadores.[16] Algumas vezes, com certeza, esse efeito é o de uma interpelação, que cria uma pertença a uma linhagem e, quase que, parece, ao mesmo tempo, a uma ética: "Seu avô tinha um senso de 'honestidade' tão grande que só aceitava comprar a vista", "mas a semente não cai muito longe da árvore, você é neto de seu avô". Talvez por isso, muito da memória familiar – dessa história construída por "historiadores familiares" –, tenha e assuma a feição de fórmulas e epítetos: "Quer vender?", diz o pai ao filho que assobia, sabendo que este sabe que se trata da fórmula utilizada pela avó nessas situações; "eh, Pedro Silvino, se diz para alguém da família, sabendo que o epíteto vai ser compreendido mais ou menos como "pára de falar tão alto como seu avô Pedro".

Por último, a memória familiar e sua transmissão parecem estar baseadas na *repetição* desses atos de fala e de rituais, de modo a fixar um sentido e, como toda história, numa *seleção*, a partir de um ponto de vista presente, de um interesse expressivo e identitário, do que merece ser relatado, lembrado, documentado ou celebrado.

Para lidar com esse construto, a investigação tem apostado na confrontação dessa memória com outras memórias: por um lado, na confrontação com a documentação civil e eclesiástica (daí a importância da reconstituição documentada de uma genealogia e das estratégias de reprodução do grupo familiar); por outro lado, na confrontação dessa memória com aquela daqueles que dela foram excluídas, por opção ou imposição, ou daqueles que, fora do círculo familiar, dela participam como "testemunhas", como "aliados" ou como "rivais" – daí, nesse caso, a necessidade de melhor explorar a transformação da memória familiar naquilo que, sob o ponto de vista do grupo familiar, caracteriza-se como "rumor" ou como "fofoca da oposição".[17]

---

[16] A respeito da teoria dos atos de fala, ver AUSTIN (1990).

[17] No caso estudado, o rumor tem importância fundamental: o destino de exceção de Antônio Gomes Batista é explicado – quanto mais se afasta do círculo familiar – pela indicação de outra paternidade (verdadeira ou fictícia, pouco

Por fim, a investigação tem apostado numa última diretriz de natureza metodológica: o pesquisador investiga sua própria família sua memória é parte da memória familiar que estuda. Ela é valiosa, embora parcial e resultante dos esforços familiares de construção de seu passado e de seu futuro. Explicitar essa imersão do pesquisador na história que estuda me parece ser um primeiro passo para tratar metodologicamente o problema.[18]

Referências

AUSTIN, J. L. *Quando dizer é fazer*: palavras e ação. Tradução de Danilo Marcondes de Souza Filho. Porto Alegre: Artes Médicas, 1990.

BOURDIEU, Pierre & WACQUANT, Loïc J.D. *Réponses*: pour une anthropologie reflexive. Paris: Seuil, 1992.

CERTEAU, Michel de. *L'invention du quotidien*; 1. Art de faire. Nouvelle édition, établie et présenté par Lucie Giard. Paris: Gallimard, 1990.

CHARTIER, Roger. *Os desafios da escrita*. Tradução de Fúlvia M. L. Moretto. São Paulo: Editora Unesp, 2002.

ELIAS, Norbert. *Mozart*: sociologia de um gênio. Tradução de Sérgio Góes de Paula. Rio de Janeiro: Jorge Zahar, 1995. (Original em alemão: *Mozart, Sur Soziologie eines Genies*. Frankfurt: Suhkamp Verlag, 1991).

HÉBRARD, Jean. Alphabétisation et accès aux pratiques de la culture écrite en Vaunage à la fin du XIXe. siècle (étude de cas). In: *La Vaunage au XIXe. siècle*: approche économique, sociale et politique d'une communauté paysanne de la région nîmoise. Nimes: C. Lacour Éditeur, 1996a.

HÉBRARD, Jean. O autodidatismo exemplar. Como Valentin Jamerey-Duval aprendeu a ler? In: CHARTIER, Roger (Org.). *Práticas da leitura*. São Paulo: Estação Liberdade, 1996b. p. 35-74.

HÉBRARD, Jean. Le lecteur autodidacte. In: *Le grand Atlas de la littérature*. Paris: Encyclopaedia Universal, s.d. p. 274-275.

---

importa): o trânsfuga não seria de fato trânsfuga; seu destino não seria um destino de exceção, já que seu pai, na verdade, seria o comendador Wigg (o que, dizem os primos, explicaria as diferenças de cor entre ele e seus irmãos).

[18] Para uma discussão aprofundada do uso da memória do próprio pesquisador em sua investigação, cf. HOGARTH (1991 e 1992).

HÉBRARD, Jean. Les nouveaux lecteurs. In: CHARTIER, Roger; MARTIN, Henri-Jean. *Histoire de l'édition française*. Paris: Fayard; Cercle de la Libraires, 1990. v. 3 (Les temps des éditeurs: du romantisme à la Belle Époque). p. 526-567.

HOGGARTH, Richard. *The Uses of Literacy*. New Brunswick (USA) and London (UK), Transaction Publishers, 1991.

HOGGARTH, Richard. 33 *Newport Street*. Autobiographie d'un intellectual issu des classes populaires anglaises. Tradução de Christiane e Claude Grignon. Paris: Gallimard: Le Seuil, 1991.

JAKOBSON, Roman. Dois aspectos da linguagem e dois tipos de afasia. In: JAKOBSON, Roman. *Lingüística e comunicação*. Tradução de Izidoro Blikstein e José Paulo Paes. São Paulo: Cultrix, s.d. p. 34-62.

LE GOFF, Jacques. Documento/Monumento. In: *Enciclopédia Einaudi*. Lisboa: Imprensa Nacional; Casa da Moeda, 1984.

LEACH, Edmund. *As idéias de Lévi-Strauss*. Tradução de Álvaro Cabral. 2. ed. São Paulo: Cultrix, 1977.

LÉVI-STRAUSS, Claude. *Mythologiques I*: le cru et le cuit. Paris: Plon, 1967.

MAURER, Sylvie; MÉCHINT, Colette. Histoire locale et généalogies: les deux mémoires. In: FABRE, Daniel (Org.). *Par écrit*: ethnologie des écritures quotidiennes. Paris: Maison des Sciences de l'Homme, 1997. p. 377-393.

REVEL, Jacques. *Jogos de escalas*: a experiência da microanálise. Rio de Janeiro: FGV, 1998.

SILVA, Olímpio Augusto da. *Itabirito, minha terra*: memórias. Organização e notas de Rogéria Malheiros Leão e Thelmo Lins. Itabirito: Prefeitura Municipal de Itabirito, 1996.

THOMPSON, Paul. *A voz do passado*: história oral. Tradução de Lólio Lourenço de Oliveira. 3. ed. Rio de Janeiro: Paz e Terra, 1992.

Capítulo 5

PERSONAGENS EM BUSCA DE UM AUTOR[1]

Eliane Marta Teixeira Lopes

> ... a tensão entre o objeto real e o objeto imaginário não existe, tudo é real, tudo está aqui, e nos movemos entre os parques e as ruas deslumbrados por uma presença sempre distante. (PIGLIA, 2006, p. 11)

I.

Gavetas no mundo inteiro guardam ancestrais em campos-santos e em cômodas. Ali ficam, até que se desmancham e dão lugar a outros. Podem ficar assim por muitos anos, séculos, até que alguém decida abrir as gavetas.

Porque eu abri, "Foi assim que, de repente, vi, diante de mim", homens e mulheres à espera de que falasse deles, neles, sobre eles, a partir deles. Estavam ali presentes, cada qual com seu tormento secreto, ignorados por todos.

"Nascidos vivos, queriam viver". Como se tivessem sido reunidos e caídos naquelas mãos – e poderia ter sido em outras –

---

[1] Foi de Luigi Pirandello e do título de sua peça, apenas do título, *Seis personagem à procura de um autor*, que me lembrei quando comecei a ser assombrada por este trabalho e esses personagens. Abri o livro e na introdução da peça lá estavam frases preciosas que não podia deixar de lado. Trouxe-as ao meu texto mesmo sem saber se nele ficarão, mas cuido para que saibam os leitores que não são minhas, e assim as coloco em itálico. Aos poucos outros autores foram, irão chegando.

para que ela, esta autora, pudesse fazer isso por eles – mantê-los vivos.

Mas como fazer isso? Como diria Pirandello: ... "encontra-se a meu serviço, serve-me, uma empregadinha muito ágil e grande conhecedora de seu trabalho. Chama-se Fantasia". E a "autrora"[2] podia pôr-se a sonhar com os ancestrais e até em fazer um romance.

Mas há o Tempo e o tempo em que ficaram guardados, quem os guardou, e assim há também a História, muito cônscia de seus deveres e obrigações e que busca ser servida, não servir. Fosse apenas pela Fantasia, não precisaria abrir a gaveta. Mas é que há a História e cada vez que olho a gaveta sei que ali "estão trancadas feras de tamanho reduzido: lagartos, ratos, serpentes de pele fria. [...] No redil da história apascento os animais da manada: alimento-os com a carne de meus próprios pensamentos" (PIGLIA, 1987, p. 13).

O divertimento de ambas é parecido: desarrumam a casa, solapam os paradigmas, gastam tempo e dinheiro, e mais, "trouxeram para dentro de minha casa, a fim de que as transforme em personagens, essas pessoas" das quais trago gotas de sangue no meu próprio. Nada sei deles, sobre eles, e ao fim do trabalho, de nada saberei. Mesmo que a fantasia ganhe da História. Mesmo que a História, imponente senhora com letra maiúscula, ganhe da fantasia.

No entanto, cá estão: letras, palavras, frases e mais seus rostos a pedir-me que faça alguma coisa com eles, por eles. Cada um lança um enigma sobre o outro, cada um diz do outro o que nada sabe.

A história exige de mim que reconheça esse passado em um discurso organizado a partir de todas essas presenças faltosas. Na linguagem, devo abrir um lugar para um adiamento da morte.

> A única pesquisa histórica do "sentido" permanece, com efeito, a do Outro, porém, este projeto contraditório pretende compreender

---

[2] Um erro não negligenciável... um lapso eloqüente.

e esconder com o sentido a alteridade deste estranho ou, o que vem a ser a mesma coisa, acalmar os mortos que ainda freqüentam o presente e oferecer-lhes túmulos escriturários. (CERTEAU, 1982, p. 14)

Nenhum grita as suas razões ou lança em minha cara as suas paixões descontroladas; mudos, são apenas papéis pintados com tinta.[3]

A autora que acharam não o é tão-somente: é a bisneta, a neta que bem pequena foi carregada ao colo e, já grande, ouviu palavras elogios e ironia em relação ao caráter e aos talentos familiares. O momento fixado em imagem é resultado de um recorte e todo corte é uma ficção.

FIGURA 1 – O avô e a autora

Guardaram rostos e papéis que me ofereceram – a mim se ofereceram – de forma incontestável. Tentei afastá-los de mim; sepultei-os em caixas em cima dos armários. Tudo fazia para

---

[3] O legado é assim composto: duas peças de teatro escritas pelo primeiro que guardou; um caderno de poesia formado de recortes de jornal em que nomes renomados e esquecidos, autores de poesias, bóiam sobre cola e mais papel; fotografias, rostos de homens e mulheres em papel-cartão que rangem nos dentes da boca fechada e nos olhos já embaciados um anonimato louco para não ser mais.

mantê-los afastados. Mas não resolvia a questão: caíam de lá de cima, de dentro de livros, outros chegavam e somavam-se aos que já existiam. Certamente, por trás desse desforço, um retorno do recalcado se anuncia. "Pois não é em vão que se dá vida a uma personagem". Nem impunemente.

A íntegra do pequeno excerto de Ricardo Piglia é agora irrecusável:

> Esses papéis do passado que guardo numa caixa são meu zoológico particular: ali estão trancadas feras de tamanho reduzido: lagartos, ratos, serpentes de pele fria. Basta abrir a tampa para vê-los moverem-se, minúsculos como as minúsculas placas de gelo que navegam em meu sangue. No redil da história apascento os animais da manada: alimento-os com a carne de meus próprios pensamentos. [...] Esta noite, ao mergulhar a mão direita na caixa onde guardo meus papéis, os animais subiram até meu antebraço, moviam as patinhas, as antenas, tentando sair ao ar livre. Esses répteis, que se arrastam por minha pele cada vez que resolvo mergulhar a mão no passado, provocam em mim uma infinita sensação de repugnância, mas sei que o roçar escamoso de seus ventres, o contato afiado de suas patas, é o preço que tenho que pagar toda vez que quero comprovar quem fui. (PIGLIA, 1987, p. 21)

Se os personagens apresentam-se sob essa forma, "papéis pintados com tintas", é que, eles mesmos guardaram, leram e escreveram esses papéis e outros. Há no meio desses papéis um caderno de recortes. O avô, Auxíbio Victor Teixeira Lopes (AVTL), leu trechos de jornais e revistas, e recortou-os. Em sua maioria, são pequenos poemas de autores conhecidos na época, hoje ignorados, mesmo que façam parte do esquadrão da Academia Brasileira de Letras.

O conjunto dos poemas, já que têm autores, forma uma Antologia e ao mesmo tempo compõe uma biblioteca inventada pela autora e compõem esse autor, que é o recortador de poemas. "Ler consiste, entre outras coisas, em formar o romance de sua própria existência [...]" (REY *apud* BRANDÃO, 2006, p. 11).

O recortador de poemas só leria aquele livro, a antologia que ele mesmo compôs? Qual o romance de sua própria existência?

Poderia banalizar a pergunta: recortador de papel, enquanto recortas papel que dor recortas?

Imagino: pelo trem que chega, na estação de onde telegrafa para o mundo, recebe jornais e revistas; imagino que os lê e que, porque é só – por obrigação e ofício –, se põe a escolher, a recortar e a colar. Compõe, assim, o caderno para legá-lo; compõe, assim, a si mesmo, para memoriar-se. Enquanto ninguém lhe pede que use o telégrafo, pega a tesoura e a cola,[4] ferramentas indispensáveis para compor um caderno de recortes.

> Recorte e colagem são o modelo do jogo infantil, uma forma um pouco mais elaborada que a brincadeira com o carretel, em cuja alternância de presença e de ausência Freud via a origem do signo; [...] Construo um mundo à minha imagem e é um mundo de papel. Imagino que, quando bem velho – se eu ficar bem velho – reencontrarei o puro prazer do recorte: voltarei à infância. [...] Meu dia estará cheio: não lerei mais, não escreverei mais, não saberei mais nem escrever nem ler, mas estarei ligado ainda ao papel, à tesoura e à cola. (COMPAGNON, 1996, p. 12)

A alternância da presença e ausência está na estação: os trens chegam e partem. Ou simplesmente não param, passam sôfregos, resfolegando, soltando fuligem e fumaça, ou ali ficam retidos, por horas, à espera de um desimpedimento. E ele telegrafa: sons alternados, o dedo insistente, repetitivo, um código formado por pontos e traços.

A importância (para si) do que lê e do que compõe está comprovada: ele guardou, conservou, preservou durante cinqüenta e três anos. Depois filhos, sobrinhos e netos: guardaram, conservaram, preservaram. São cento e dois anos de guarda, conservação e preservação.

Mas deve ter havido um motivo. O filho quer guardar o pai: esse foi o motivo – talvez. Todos eram filhos – menos um: todos guardaram o pai. Também eu teria de guardar o pai. Agora é hora de fazer o luto do pai.

---

[4] Ver COMPAGNON (1996). O primeiro texto tem o título "Tesoura e Cola".

O sentido que deu, ou dava, talvez esteja só nisso: guarda/ conservação/preservação, à espera de que outros pudessem... "compreender e esconder com o sentido a alteridade deste estranho..." Tudo que deveria ter permanecido secreto e oculto, mas veio à luz: é o estranho de Freud, seu *Unheimlich*.[5]

Elaborado jogo de memória e de escrita de si. Nada diz de si, mas escolhe outros para, se lidos, dizerem de si, por si, o que nunca disse. Elíptico, como todo telegrafista.

> Elíptico, como todo
> telegrafista.
>
> Na estação,
> Lá estava ele,
> a bater sua única
> t
> e
> c
> l
> a.
>
> Cortando preposições adjetivos e substantivos
> para encurtar palavras. Pronomes eliminados
> para ser breve na necessidade.
> Ah, da utilidade do alfabeto Morse!
> A permitir que se mantivesse assim:
> Elíptico, como todo
> telegrafista.
>
> Em suas mãos,
> Tudo era assim,
> urgente.
> Por suas mãos passou um mundo,
> elíptico, apressado, cifrado:

---

[5] FREUD, Sigmund. *O Estranho*. Cf. PORTUGAL (2006). A autora faz um cuidadoso e fascinante estudo do referido texto de Freud.

Passou amores urgentes
E os vãos.
Passou morte de Nenê,
De filhos jovens.
Notícias tardias de doenças aflitas e incuráveis
Da libertação dos escravos
Dos uivos republicanos
De golpes políticos.
Passou preço do café.

Mas entre todos,
Códigos e sinais,
aqueles de que nunca
Nunca
Pôde dar notícia.

E continuou assim
Como se fosse um tique.
Elíptico, como todo
telegrafista.[6]

O Livro de Recortes:
uma Antologia popular e pessoal

A contracapa

A contracapa do caderno indica o proprietário/recortador: Auxíbio (Victor Teixeira) Lopes. Mas quem escreveu esse nome, fez uma assinatura ou escreveu um nome? Pactuemos assim para continuarmos: quem escreveu o nome, assinou o seu nome, escolheu, recortou e colou os recortes.

---

[6] Ladrona de Palavras que sou, roubei palavras, idéias e estruturas de RICARDO (1957), que fez o belo poema *João, o telegrafista*. Esse telegrafista de que falo acima, não é mais João, é o meu avô. Publicado no livro *Poemas murais*, 1947/1948 (1950). In: RICARDO (1957, p. 517-551).

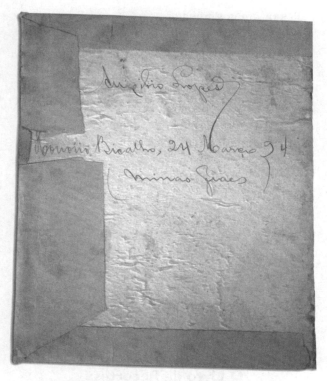

FIGURA 2 – Contracapa do Caderno de Recortes

A contracapa do caderno indica também o espaço e o tempo: Honório Bicalho, 24 de março de 94 (Minas Geraes). Honório Bicalho é o nome de um distrito de Nova Lima, município de Minas Gerais, passagem da Estrada Real, e o nome da estação ferroviária na qual AVTL trabalhava. A estação de *Honório Bicalho,* pertencente à, inicialmente chamada, Estrada de Ferro Dom Pedro II, foi inaugurada em 1890, já sob a égide do novo nome, Estrada de Ferro Central do Brasil, e hoje não existe mais. Tomemos esses dados como fidedignos – sabendo que talvez não o sejam. Para que fique claro, 94 é o complemento de 1800:1894, pois.

FIGURA 3 – A estação por volta de 1900. A quilometragem ainda marca 560.738, diferente da de 1928. Foto do acervo de Carlos Cornejo (Disponível em: <www.estacoesferroviarias.com.br/efcb_mg_linhacentro/honorio.htm>).

Entre os dados da contracapa só há um sobre o qual não restam dúvidas: a pessoa que portava esse nome, Auxíbio, existiu, era o pai de meu pai, meu avô. Nessa estação ele trabalhava como telegrafista, profissão que exerceu por longo tempo de sua vida. Em 1894, tinha 26 anos, era casado e tinha dois filhos de seu primeiro casamento: um menino nascido em 1889 na estação do Commercio, município de Vassouras (RJ), e uma menina nascida em 1893 na "Capital Federal".[7]

É um caderno de capa dura, evidentemente aproveitado de outras finalidades, pois tanto há páginas costuradas, como originalmente deveriam ser, como há páginas coladas. A capa está recoberta por um papel grosso, fortemente colado ao seu suporte; essa sobrecapa faz um "dente" para não encobrir o nome da cidade – o quem indica que a capa foi posta depois de escritos nome e localidade. Não há página de rosto; são 36 páginas pautadas (21 pautas): 7 estão em branco, 29 têm papéis colados.

---

[7] Esses dados foram extraídos de um documento escrito por AVTL, que consta do Inventário que fiz do material legado.

160 História da cultura escrita: séculos XIX e XX

Em algumas páginas há um recorte, em quase todas mais de um, do que se pode concluir que, em geral, são pequenos recortes. São recortes de jornais ou de revistas dos quais de nenhum é possível saber a fonte. Na quarta capa não há qualquer marcação.

O miolo do caderno

O caderno é assim, mas poderia ser denominado Livro de Recortes, já que caderno é apenas o suporte, o que está dentro, seu miolo, é composto de textos, que formam um livro, uma antologia.

No dicionário comum, antologia é uma coleção de trechos selecionados de livros, filmes, músicas. Etimologicamente, antologia é um tratado acerca das flores e vem do nome da mais antiga antologia de que se tem conhecimento, organizada pelo poeta grego Meléagro, e também um estudo das coisas úteis (*crestomátheia*), e ainda parnaso. Todas essas acepções de antologia podem ser atribuídas ao material que tenho em mãos, mas mais especialmente parnaso, que, além de coleção de poesias de vários autores e morada simbólica dos poetas, refere-se também ao Parnasianismo, e é principalmente de poetas parnasianos que se compõe esse Livro de Recortes.

O poema que vai abaixo, e que está à página 10 do caderno,[8] era repetido por toda família, para toda a família; ouvi-o desde criança, como um consolo para quem estivesse sofrendo e uma exibição de que se sabia um poema de cor. A oralidade foi uma exibição, mas também uma extensão, pois, do escrito.

> Quem passou pela vida em branca nuvem,
>
> E em plácido repouso adormeceu;
>
> Quem o frio da desgraça não sentio;

---

[8] As páginas não estão numeradas. A pesquisadora usou esse recurso para provar – se necessário – que o tal poema está no caderno. Este poema, de seis versos, consta na *Antologia das Antologias*, p. 190, em uma versão diferente no terceiro verso: *Quem não sentiu o frio da desgraça*. No último verso também, o *e* que na versão do livro de recortes consta, foi substituído por uma vírgula.

Quem passou pela vida e não soffreu:
Foi espectro de homem – não foi homem,
Só passou pela vida e não viveu.

Francisco Otaviano

Do ponto de vista do autor desse caderno de recortes, talvez os mais importantes – mesmo se não ocupam lugar de destaque – sejam os dos sonetos que vêm assinados: A. J. Teixeira Lopes. Esse autor seria seu pai, que se chamava Antonio Joaquim Teixeira Lopes. São dois: um recorte solto e outro colado à página 51.

Christo na cruz

Era cega dos homens a maneira
De duvidar d'Aquelle que os amava,
Que provas de bondade tantas dava
Mostrando-lhes a senda verdadeira;

Mas seguindo dos crimes a carreira,
Que Satanaz p'ra o mal prompto os /levava,

Do Messias zombaram que expirava
Na cruz para salval-os da cegueira!...
Tarde viram os bens que Elle só encerra,
Em lagrimas seus olhos se desfazem
Porque o sol no céo pára, e treme a terra.
Morre o Christo... Seus olhos no céu /jazem,
E uma supplica dirige quando os cerra:
Perdôa-os, Pae, não sabem o que fazem!...

A. J. Teixeira Lopes.

Máscara
A Arthur Azevedo

Como a este mundo illude a face minha,
E como se engana elle com meu riso,
Sempre alegre, mostrando um paraíso,
Quando atra dor no peito meu se aninha.

A mágoa do prazer também caminha
Ao lado, que disfarça, si é preciso...

162 História da cultura escrita: séculos XIX e XX

Pende dos lábios meus sempre um sorriso
Que bem zomba de quem se lhe avisinha.

É minha face assim, meu peito,
Fazem ambos contraste assas perfeito,
Guardam ambos mysterio bem profundo;

Mas isto quem não vê ser mascarada?
Que a dor no peito meu jaz encerrada,
E a face ri, que a face é que é do mundo.

A. J. Teixeira Lopes
9 de março de 1894

Em alguns dos recortes há a Rubrica[9] sob a qual o texto estava
(e continua a estar) no seu suporte original, revista ou jornal. São
elas: *Aparas; Conselho Diário; Curiosidades; Echos de toda a parte; Escrínio; Folhetim; Lentejoulas; Literatura; Mais belezas telegra-
phicas; Máximas; Narcejas; Parnaso (Colecção de sonetos escolhidos
dentre os melhores publicados em língua portugueza); Pérolas;
Poesias; Quadros Fluminenses; Quadros Vivos; Transcripção*. Há
muitos poemas, sonetos, conselhos, anedotas, piadas que não
estão sob qualquer rubrica. A rubrica *Folhetim*, em uma das vezes
que aparece, traz logo abaixo das letras grandes o nome José do
Patrocínio, o que dá impressão de ser o título de um jornal em que
o redator é o renomado abolicionista, e não uma rubrica de algum
outro. Apesar disso, não pude confirmar a suspeita de que fosse
um jornal com esse título e dirigido por ele.

Há dois recortes de *Vozes d'Africa*. Um deles está colado ao
caderno e outro, apesar de colado em página rasgada de caderno, está solto. Que a origem dos dois é a mesma indica a impressão e o tipo de papel, diferente dos demais recortes pois é
branco. O nome do autor, Castro Alves, está ao fim do poema;
sob o título: *VOZES D'AFRICA – O ESCRAVO* vem a advertência:
(Esta poesia não foi incluída na edição de 1876).

---

[9] A rubrica é o título ou a entrada que faz a indicação geral do assunto, da
categoria da notícia que vai abaixo dela.

FIGURA 3 – Página do Livro de Recortes com destaque para *Echos de Toda Parte*

A rubrica mais constante é a *Echos De Toda Parte*. Sob ela os mais diversos gêneros se abrigam: piadas, anedotas, trovas, epigramas, episódios do cotidiano que pretendem ser engraçados; o título da seção mostra que quer revelar a sociedade em que se estava. Nesses *Echos* podem-se ler preconceitos de todo tipo, mas é, sobretudo, contra as mulheres que se dirigem os gracejos e as piadas, colocando-as sempre em inferioridade, ou ridicularizando atitudes e palavras. O que vai a seguir é apenas um exemplo, dos menos agressivos, pretendendo ser engraçado.

N'um baile

Um par que andava valsando, parou para descansar um bocadinho.

-V. Ex. gosta muito de valsar? Perguntou o cavalheiro a sua dama.

- Oh! Muito! Muitíssimo, cavalheiro.

- Nesse caso por que não aprende a dansar?

Merece atenção o título *Musa Alegre*, assinado por Braz Patife, pseudônimo de Augusto de Carvalho.[10] O *JB on line – 10 de outubro de 2002* – reproduz notícias de *Há 110 anos* e entre elas:

> Foi-nos enviado exemplar de A Musa Alegre, versos humorísticos de Braz Patife, publicados, dia a dia, no jornal O Tempo e ora editados. A capa, primorosamente desenhada e quase patife também, é trabalho que recomenda a imprensa nacional. O leitor conhece os versos e sabe-lhes o valor.

Os sete fragmentos iniciais de *Musa Alegre* que aparecem na antologia estão sem numeração (e não porque tenha sido eliminada); depois há mais sete, com numeração em algarismos romanos, colados inteiramente fora de ordem: (XLVI; XLVII; LI; XXXIII; XL; XXX; XLVIII).

Tal constatação permite levantar hipóteses quanto à maneira de organizar o caderno de recortes. O modo como foram colados os recortes de *Musa Alegre* sugere que também os outros talvez não tenham sido colados em ordem cronológica, isto é, na ordem cronológica em que seus suportes foram publicados. A data de um dos poemas de A.J.Teixeira Lopes (9 de março de 1894), por ser tão próxima àquela que está na contracapa do caderno, também serve para confirmar as suspeitas quanto à maneira de organizar a antologia.

---

[10] O livro esteve recentemente em um leilão e foi arrematado: Braz Patife. Musa Alegre; Versos humorísticos. Publicados dia a dia n'O Tempo. Rio de Janeiro, Typ. De Moreira Maximino&C. 1892. 128p. e 99 versos. Encadernado. http://www.babellivros.com.br/661a1000.

Não encontrei uma notícia circunstanciada sobre o referido jornal, mas há notícias transcritas dele no site: <http://www2.uol.com.br/rionosjornais ou http://www.unicamp.br/cecult/aquisicoesg.html>.

O que salta aos olhos é que não há nenhuma preocupação com a estética, não se quis fazer um caderno bonito. Talvez a preocupação principal fosse a de guardar aquilo que agradava. Jogaram fora os jornais guardados – que, pelo visto, não tinham nenhuma importância, já que não se conservou sequer o nome de nenhum deles – mas deles salvou-se o de que mais se gostava.

Da mesma forma, salta aos olhos que se quis poupar o próprio caderno, aproveitando o máximo de cada uma de suas folhas, mesmo que o fôlego para se fazer o caderno tenha se esgotado antes que o caderno acabasse, visto que há muitas páginas em branco depois do último recorte colado. Não é, pois, uma bela obra e nunca deve ter sido. No entanto, provavelmente ali está a literatura de que AVTL gostava, e por isso a chamo pessoal. Talvez também o de que gostavam seus contemporâneos, aquilo que circulava em jornais, por isso popular. Popular e pessoal. Também é uma mostra daquilo a que era possível ter acesso, mesmo se os recortes não demonstrem as fontes das quais foram extraídos.[11]

Os autores

Os autores recortados sobre os quais encontrei referências[12] nasceram entre os anos de 1825 e 1860 (com exceção, naturalmente, de Luís de Camões). Alguns foram longevos, outros morreram jovens. Alguns ganharam notoriedade e figuram (fulguram! [sic]) em livros de história da literatura e crítica literária ou antologias; sobre outros há pouca coisa escrita e ainda há aqueles que, mesmo tendo tido alguma notoriedade em seu tempo, pois que foram publicados, hoje têm uma posteridade de segunda mão, uma vez que as referências a eles estão limitadas a terem sido co-autores, padrinho de casamento, dedicados

---

[11] Na rubrica *Transcripção*, há a menção de onde foi extraído o poema *Auri Sacra Fames*, assinada por Rozendo Moniz e dedicado ao Barão de Paranapiacaba: (Folhetim da *Gazeta da Tarde*). É a única referência. Consultar: <http://www.unicamp.br/cecult/aquisicoesg.html >.

[12] A maioria das referências encontrei-as na internet. Os livros de História da literatura prendem-se aos escritores consagrados.

a outros (como é o caso de Frederico Severo, co-autor de operetas com Arthur de Azevedo, Julio César Machado, que se sabe ter sido padrinho de casamento de Rafael Bordallo; Eugênio Augusto que dedica poema a Eduardo Salamonde; e ainda Luiz Murat, que, apesar de ter sido acadêmico, não é citado no site da Academia[13]).

As referências na internet são desiguais: de alguns autores (poetas) há longas páginas com fotografia, links, atividades literárias, bibliografia.[14] De outros, uma breve menção em site de algum amigo.

Em ordem alfabética, façamos a chamada desses de que ninguém nunca mais falou: A.J.Teixeira Lopes; *A.L. Joven*; *Agenor Carvoliva*; *Alfredo Peixoto*; *Annibal Cezar*; *Aurélio de Figueiredo*; *Carlos Duarte*; *Eloy Martins*; *Euclydes Faria*; *Ezequiel Freire*; *G. Mascarenhas*; *Generino dos Santos*; *J. Barreiros*; *J. da Cruz Pinto*; *João Cardoso De Meneses e Sousa*; *Jorge Pinto*; *L.M. Pecegueiro*; *Lobo da Costa*; *Luiz dos Reis*; *M. João de Alvarenga*; *M.H.C. de A.P.*; *Mendonça Cardoso*; *Octaviano Hudson*; *Raul Werneck*; *Ricardo Guimarães*; *Rozendo Moniz Barretto*; *Ruy Vaz*; *Tesoura*; *Th. Dias*; *Vas.*; *Vilella Barbosa (Marquês de Paranaguá)*.

Há alguns nomes que obviamente são abreviaturas ou pseudônimos, de outros pode-se suspeitar. Mas pseudônimos de quem? Por que se apresentavam sob pseudônimos? Há também aqueles que continuam constando em Antologias Poéticas:[15] *Francisco Otaviano*; *Castro Alves*; *Gonçalves Crespo*; *Luiz Guimarães Junior*; *Lúcio de Mendonça*; *Artur Azevedo*; *Alberto de Oliveira*; *Raimundo Corrêa*; *Augusto Lima*; *Luiz Murat*.

---

[13] Tenho a sensação de ser tão absurda a afirmação que faço no texto que sinto a necessidade de provar:
"Luís Murat (L. Morton Barreto M.), jornalista, poeta e político, nasceu em Resende, RJ, em 4 de maio de 1861, e faleceu no Rio de Janeiro, RJ, em 3 de julho de 1920. É o fundador da Cadeira n. 1 da Academia Brasileira de Letras, que tem como patrono Adelino Fontoura. [...]" <http://www.biblio.com.br/conteudo/LuisMurat/luismurat.htm>. Gentileza Academia Brasileira de Letras <www.academia.org.br>.

[14] Cf.: <www.biblio.com.br>.

[15] Ver GONÇALVES (2004). (Ler os clássicos; v. 4).

Na Antologia de Antologias não consta o festejado *Guerra Junqueiro*, certamente por ser português, embora na Antologia de AVTL conste o poema merecedor de vários estudos, *A Fome no Ceará*. De *Machado de Assis*, apenas a tradução de *O Corvo* de *Edgar A. Poe*.

Há os que não constam em antologias poéticas (embora na Antologia de AVTL publiquem poesias), mas em *Antologia de ProsadoresI*,[16] como *Valentim Magalhães*. Essa Antologia cita trecho de obra sua *A Literatura Brasileira*[17]sobre José Alencar e Gonçalves Dias. Brito Broca dedica várias críticas e comentários a Valentim Magalhães e em uma delas o chama de *animador*.[18] Segundo esse crítico, sua poesia, e também sua prosa, não são significativas e ele jamais ultrapassou um plano secundário, mas

> Bem mais significativo para nossas letras do que o Valentim Magalhães escritor, é o Valentim Magalhães fundador de revistas, suscitador de debates e polêmicas, promotor de agrupamentos de escritores, incentivando a vida literária e chegando a levar o eco das nossas letras ao estrangeiro. (BROCA, 1991, p. 83)

Valentim Magalhães fundou vários jornais, *A Semana, Notas à Margem* e *O Escândalo* (com Lúcio de Mendonça), e provocou a criação de outros, como *Vida Moderna* criado por Luís Murat. Criou ainda *A Educadora* "com o fim humanitário de facilitar o problema da educação" (BROCA, 1991, p. 83).[19]

Valentim Magalhães foi também, talvez fazendo a extensão de seu *A Educadora*, o tradutor e prefaciador da edição brasileira de *Cuore*, escrito por Edmundo Amicis, em 1887. Desta vez é diretamente à leitora que se dirige:

---

[16] Ver GONÇALVES (1996). (Ler os clássicos; v. 5).

[17] MAGALHÃES, Valentim. *A literatura brasileira*. Lisboa, Livraria de Antonio Maria Pereira, 1896, p.15 e 16. In: GONÇALVES, 1996.

[18] Ver BROCA (1991).

[19] Outro texto dessa coletânea diz respeito a alguns dos autores citados na Antologia e refere-se a *Uma grande época literária em Ouro Preto*, com a passagem por lá, onde já morava Augusto de Lima, de Raimundo Correia, Olavo Bilac, e muitos outros. Um texto imperdível ao qual, infelizmente, não cabem, comentários neste artigo.

Lêde o Coração, minhas senhoras, lêde-o que quereis o livro mais agradável na forma e mais humanamente divino no fundo, na idéia, nas doutrinas, que poderíeis encontrar. Lêde-o e relêde-o, e depois, à noite, todas as noites, lêde uma página aos vossos filhos e não deixeis que o vosso esposo se recolha ao seu gabinete de trabalho ou ao seu quarto de cama, sem pedir-lhe a colaboração do seu saber e do seu entender para a completa inteligência do que pretende De Amicis neste ou naquele passo de sua obra e para a mais perfeita execução de seus planos educativos (MAGALHÃES *apud* HELLER, 1995).

Como disse acima, essa representação de mulher, estúpida e dependente de seu marido, fazia parte do "ar do tempo", facilmente encontrado na literatura, "sorriso da sociedade...".[20]

Talvez AVTL nada soubesse desses seus autores preferidos ou da vida literária do País a essa época ou do ar do tempo; mas talvez os mesmos jornais, de onde foram recortados os poemas, trouxessem notícias que hoje fazem a delícia dos críticos literários,[21] e ele soubesse. Nós é que de nada sabemos, mesmo desconfiando de muita coisa.

A Biblioteca Inventada[22]

Atribuímos às bibliotecas certas qualidades de nossas esperanças e pesadelos; acreditamos compreender bibliotecas evocadas de entre as sombras; imaginamos livros que deveriam existir para nosso deleite e nos entregamos à tarefa de inventá-los sem temor

---

[20] Cf.: PRIORI (2004) e NOVAIS; SEVCENKO; SCHWARCZ (1998).

[21] Nesse livro, em que estão organizadas as críticas de Brito Broca, encontramos algumas referentes aos autores Lúcio de Mendonça, Artur de Azevedo, Aluísio de Azevedo, Raimundo Correia, Alberto de Oliveira, Francisco Otaviano, Barão de Paranapiacaba e a outros recortados na Antologia de AVTL.

[22] Uso essa expressão apenas para fugir da expressão Biblioteca Imaginária, que se desdobra em conceitos, ao lado de Museu imaginário (Malraux), Documentário Imaginário (Lombardi, Kátia) também um conceito apoiado em consolidadas teorias.

à imprecisão ou à tolice, à cãibra ou ao "branco", às limitações do tempo e do espaço. (MANGUEL, 2006, p. 239)

A biblioteca de AVTL poderia ter sido composta por esses autores. Seu gosto faz com que pensemos nesses autores inseridos no contexto literário do final do século XIX. Em geral, um leitor não se filia a um movimento literário, e certamente com ele não teria sido diferente, mas àquilo que esse movimento expressa.

Segundo Brito Broca, parodiar a famosa frase de Afrânio Peixoto (a literatura é o sorriso da sociedade) parece ser correto naquela sociedade: a vida literária é o sorriso da sociedade... enquanto tudo vai bem. A Revolta da Armada e a reação florianista de 1893 desarticularam a vida literária no Rio de Janeiro, que era onde os jornais, nesse sul do Brasil, vicejavam e de onde partiam para que fossem recortados. No entanto, em 1894, ainda houve quem tenha feito uma antologia pessoal...

No Jornal do Brasil de 1891, José Veríssimo escreveu:

> A vida literária no Brasil se, por motivos de fácil explicação, não foi jamais intensa, nunca também foi tão apagada como no presente momento. A literatura, ao menos no Brasil, parece fugir às épocas agitadas e ser avessa aos períodos de excitação política. (BROCA, 1991 p. 83)

Nomes de escritores já conhecidos e a data marcada no caderno sugerem, quase impõem, a referência ao movimento literário "vigente", o Parnasianismo, que se manteve de meados do século XIX até o início do modernismo, já nos anos 20. Talvez uma definição de Parnasianismo conveniente a esse trabalho seja: "É na convergência dos ideais anti-românticos, com a objetividade no trato dos temas e o culto da forma, que se situa a poética do Parnasianismo" (BOSI, 1983, p. 246). Nesses poemas recortados é isso que encontramos, quer nos famosos, quer nos medíocres: culto da forma. Muita rima, muita métrica.

Mas há também algum conteúdo: há humor, que pode ser encontrado em vários epigramas, em anedotas, em conselhos, quase sempre sexistas; há política em poemas de cunho abolicionista e há muito lirismo.

Senão, vejamos.

A Negra é um poema de Gonçalves Crespo: tem 32 versos, 8 estrofes, 4 versos cada uma; o primeiro e o terceiro versos têm dez sílabas, e o segundo e o quarto versos, cinco sílabas. O conteúdo desse poema nada tem de abolicionista, ao contrário, começa louvando as qualidades físicas de uma mulher negra em comparações quase sempre pejorativas, um racismo à brasileira e sem esconder o erotismo que provoca no poeta.

> Teus olhos, ó robusta creatura,
> Ó filha tropical!
> Relembram os pavores de uma escura
> Floresta virginal.
>
> E's negra sim, mas que formosos dentes,
> Que perolas sem par
> Eu vejo e admiro em rubidos crescentes
> Se te escuto fallar!
>
> Teu corpo é forte, elástico, nervoso.
> Que doce ondulação
> Do teu andar, que lembra o andar gracioso
> Das onças do sertão.
> (...)

O poema *Luctemos,* de José do Patrocínio, está dedicado a Luiz Murat. É um longo poema: são dezessete estrofes, de quatro versos cada uma. Nesse poema, um leitor fez três intervenções com um lápis de ponta azul: a primeira, no alto da página, em letra cursiva traz uma data: *Abril 83* e uma outra palavra ilegível; esse leitor fez também um *V* à direita das estrofes sete, onze e quatorze, que podem ser interpretadas como uma concordância.

> 1.)Tu que tens n'alma as vibrações sonoras
> Do ar ferido pelos vôos d'aguias,
> E vives, como um céu, suando auroras
> Para que o sol da inspiração alague-as:

2.)Poeta e sonhador, porque indiscreto
Vens revolver um triste cemitério,
E despertar a sombra d'um Hamleto
Muda e feliz no seu dormir funereo?

(.......................................)

7.)Cantar?o que? A patria agonisante,
em noite sem aurora e sem manhan,
Pedia o braço másculo do Dante,
E o látego fatal dos Chatiments.

(.......................................)

11.)Eis-me, porém, na lucta; eis-me ao teu lado.
Luctemos se te apraz; a Lyra empunho!
Eu sou como Satan o rebellado,
Só sei cahir trazendo o céu no punho.

(.......................................)

14.)Quero a igualdade de homens e de raças,
Quero ver do Africano a dextra solta,
Inda que eu tenha de ir cantar nas praças
As estrophes sangrentas da revolta.

(.......................................)

17.)Chama-se Liberdade a virgem forte,
A Joanna d'Arc da immortal batalha,
Se ao seu serviço nos ferir a morte,
A luz dos sec'los nos será mortalha.

Luiz dos Reis faz parte dos poetas da Antologia de quem ninguém mais falou, mas (quando? onde?) publicou uma *Saudação aos escravos*. Longo poema dividido em três partes, marcadas cada uma com um algarismo romano. A primeira parte tem 44 versos, a segunda 66 e a terceira 16. A divisão em estrofes, tal como a dos versos em cada uma das partes, não é homogênea, mas as rimas, ricas ou pobres, estão presentes em todos eles.

I

Raça espúria[23] e bemdita, eu venho te saudar,
Ha muito que o teu pranto enorme, secular,
Cahiu n'alma do povo e a grande aspiração,
O esplendido ideal é a luz da redempção.
Está para findar esse martyrio enorme;
Cada dia que passa é como um cáhos informe
De tristeza e de dôr p'ra os nossos corações.

(...)

III

Virgem mimosa e bella, ó Musa da Poesia,
Tu que adoraste outr'ora o filho de Maria
E que emprestaste o brilho, ó flôr adamantina,
Que aureóla inda hoje a tradicção divina,
Se as maguas desta terra o coração te affligem,
Guia co'um olhar teu aquelles que a dirigem;
Se as vergonhas d'um povo arrancam-te um lamento
E és altiva e sempre a deusa do talento,
Teus dilectos inspira, ó deslumbrante Déa,
Liberta-me este povo aos sons d'uma epopéa;
Se ainda amas do Bem as lendas de Jesus,
Envolve-me esta Patria em lategos de luz;
De estrellas n'um diluvio apaga esta negrura,
Faz que desça um luar ás noites de amargura
Do misero captivo, e deixa que, altaneiro,
Musa, eu mande por ti um hymno ao captiveiro.

Vozes d'Africa (O escravo[sic]), de Castro Alves, faz parte do livro *Os escravos,* que começou a ser preparado em 1865; dele fazem parte seus poemas mais engajados política e socialmente e de maior repercussão, como *Navio Negreiro. Vozes d'África* foi escrito em São Paulo, em 11 de junho de 1868.[24] Pouco tempo antes, em 1866, Castro Alves havia fundado, em Recife, uma Sociedade Abolicionista com alguns companheiros de estudo,

---

[23] Espúria?? Talvez a palavra valha pelo som e pela métrica.
[24] Ver ALVES (1986).

entre eles, Rui Barbosa. Essa militância em prol da Abolição continua na atividade literária, com ampla repercussão entre os escritores da época.

É um poema muito conhecido tido como um brado do poeta contra o "responsável" pela ordem das coisas. Aliás, a mistura de religião com a política fica patente nesses três poemas do livro de recortes.

> Deus! ó Deus! onde estás que não respondes?
> Em que mundo, em qu'estrella tu t'escondes?
> Embuçado nos céus?
> Há dous mil annos te mandei meu grito,
> Que embalde desde então corre o infinito...
> Onde estás, senhor Deus?...

Mais uma vez, fica a suspeição em relação às datas apresentadas no caderno, à ordem de colagem dos poemas. Podemos dizer que o autor da Antologia é um abolicionista *après la lettre*. Ou que o caderno em que cola aquilo de que gosta foi feito de jornais guardados há muito e dos quais quis se ver livre, mas guardando o de que gostava. O descarte é uma importante operação de preservação da memória.

Uma antologia popular e pessoal, mas também uma lembrança, uma memória de tempos e de si.

A Antologia pode revelar os livros[25] que estariam nessa biblioteca inventada.

---

[25] Esses dados foram retirados da *Antologia de Antologias. 101 poetas brasileiros revisitados,* que tem Notas biobliográficas ao final do volume (p. 501) muito bem organizadas e de diversos sites da internet.

Antônio Mariano **Alberto de Oliveira** (1857-1937)
Obras:
Canções Românticas (poesia, 1878); *Meridionais* (poesia, 1884); *Versos e Rimas* (poesia, 1895); *Sonetos e Poemas* (poesia, 1885); *Poesias* 1879-1897 (poesia, 1900), etc.
Artur Nabantino Gonçalves **de Azevedo** (1855-1908)
Obras:
Uma Véspera de Reis (teatro, 1876); *A Capital Federal* (teatro, 1897); *O Escravocrata* (teatro, 1884); *O Dote* (teatro, 1907); *Um Dia de Finados* (sátira,

Nas prateleiras destinadas à poesia, encontraríamos *Canções Românticas, Meridionais, Versos e Rimas, Sonetos e Poemas, Poesias, São Francisco de Assis, Contemporâneas, Poesias, A cachoeira de Paulo Afonso, Vozes d'África, Navio Negreiro, Os escravos, Espumas flutuantes, Os cantos de Selma, Miniaturas, Noturnos, Poesias, Corimbos, Sonetos e rimas, Quatro poemas, Ondas, Ondas II, Ondas III, Primeiros sonhos, Sinfonias, Aleluias, Cantos e lutas, Rimário.*

1880); *Contos fora de moda* (conto, 1897), etc.

Antônio **Augusto de Lima** (1860-1934)

Obras:

Contemporâneas (poesia, 1887); *Poesias* (1909); *Noites de sábado* (crônica, 1923); *São Francisco de Assis* (poesia, 1930), etc.

Antônio Frederico de **Castro Alves** (1847-1871)

Obras:

Espumas flutuantes (poesia, 1878); *Gonzaga ou a Revolução de Minas* (teatro, 1875); *A cachoeira de Paulo Afonso* (poesia, 1876); *Vozes d'África, Navio Negreiro* (poesia, 1880); *Os escravos* (1883).

Francisco Otaviano de Almeida Rosa (1825-1889)

Obras:

Os cantos de Selma (poesia, 1881) – obra esparsa em revistas e jornais de seu tempo.

Antônio Cândido **Gonçalves Crespo** (1846-1883)

Obras:

Miniaturas (poesia, 1871); *Noturnos* (poesia, 1882); *Poesias* (1898).

Luís Caetano Pereira **Guimarães Júnior** (1847-1898)

Obras:

Lírio branco (romance, 1862); *Uma cena contemporânea* (teatro, 1862); *Corimbos* (poesia, 1866); *Filigranas* (ficção, 1872); *Sonetos e rimas* (poesia, 1880).

Luís Barreto **Murat** (1871-1929)

Obras:

Quatro poemas (poesia, 1885); *Ondas I* (poesia, 1890); *Ondas II* (poesia, 1895); *Ondas III* (poesia, 1910), etc.

Raimundo da Mota Azevedo **Corrêa** (1859-1911)

Obras:

Primeiros sonhos (poesia, 1879); *Sinfonias* (1883); *Aleluias* (poesia, 1891).

Antônio **Valentim** da Costa **Magalhães** (1859-1903)

Obras:

Cantos e lutas (poesia, 1897); *Quadros e contos* (1882); *Vinte contos e fantasias* (1888); *Inácia do Couto,* (comédia, 1889); *Escritores e escritos* (1894); *Bric-à-brac,* (contos, 1896); *Flor de sangue* (romance, 1897); *Alma* (crônicas, 1899); *Rimário* (poesia, 1899).

Em menor número, mas igualmente prestigiadas, peças de teatro: *Uma Véspera de Reis, A Capital Federal, O Escravocrata, O Dote, Um Dia de Finados, Gonzaga ou a Revolução de Minas, Uma cena contemporânea, Inácia do Couto.* As crônicas e os contos em menor número: *Noites de sábado, Contos fora de moda, Quadros e contos, Vinte contos e fantasias, Bric-à-brac, Alma.* E apenas dois romances (ou três?): *Lírio branco, Flor de sangue, Filigranas.* Haveria ainda, talvez como guia literário da época, um livro de ensaios *Escritores e escritos.*

Tal seria naquele momento, um pouco antes ou um pouco depois, sua biblioteca. Ao todo quarenta e seis volumes. Vinte e oito livros são de poesia – quem, cidadão comum, nem estudioso nem crítico, apenas por gosto, ao início do século vinte e um tem uma prateleira com vinte e oito livros de poesia? – é um número considerável! O gosto literário desse personagem está claro, seus autores prediletos; aqueles que recortou eram mesmo poetas com produção considerável no gênero. A poesia era um gênero prestigiado no século XIX e ainda por muito tempo; a sociabilidade da gente letrada podia contar senão com os poetas pelo menos com os recitadores para pôr em dia as novidades e animar os recitais lítero-musicais.

No legado, não há mais nenhum documento, nenhum indício, que me diga de como AVTL cultivava a leitura, a literatura ou do seu gosto literário depois que fez esse caderno. Terá acompanhado os movimentos literários? Terá feito outros cadernos, ora perdidos? Passou a ser mais escasso o material literário nos jornais e revistas de um modo geral, ou nos que ele recebia? Não os adquiria mais?

Só o que há são fotografias, retratos seus e dos seus, que vão mostrando a família aumentando: mais filhos, mais netos. E o envelhecimento. Implacável.

Referências

ALVES, Castro. *Obra completa.* Rio de Janeiro: Nova Aguilar, 1986.

BOSI, Alfredo. *História concisa da literatura brasileira*. São Paulo: Cultrix, 1983.

BRANDÃO, Ruth Silviano. *A vida escrita*. Rio de Janeiro: 7 Letras, 2006.

BROCA, Brito. *A vida literária no Brasil 1900*. 4. ed. Rio de Janeiro: José Olympio/Academia Brasileira de Letras, 2004.

BROCA, Brito. Um animador: Valentim Magalhães. In: *Naturalistas, parnasianos e decadistas. Vida literária do Realismo ao Pré-modernismo*. Campinas: Editora da Unicamp, 1991.

CERTEAU, Michel de. *A escrita da história*. Rio de Janeiro: Forense Universitária, 1982.

COMPAGNON, Antoine. *O trabalho da citação*. Belo Horizonte: Editora UFMG, 1996.

CORNEJO, Carlos. Estação de Honório Bicalho. [1900?]. 1 fotografia, preto e branco. Disponível em: <www.estacoesferroviarias.com.br/efcb_mg_linhacentro/honorio.htm>.

GONÇALVES, Maria Magaly Trindade. *Antologia de Antologias:* 101 poetas brasileiros "revisitados". São Paulo: Musa Editora, 2004.

GONÇALVES, Maria Magaly Trindade. *Antologia de Antologias*: prosadores brasileiros revisitados. São Paulo: Musa Editora, 1996.

HELLER, Bárbara. Tuteladas ou letradas? Imagens de Mulheres em textos escolares e literários de 1800 a 1930. In: SEMINÁRIO NACIONAL MULHER E LITERATURA, 1995, Natal. *Anais eletrônicos do 5º Seminário Nacional Mulher e Literatura*. Natal: UFRN, 1995. p. 519-525. Disponível em: <http://www.unicamp.br/ iel/memoria/ projetos/ ensaios/ ensaio23.html>.

MANGUEL, Alberto. *A Biblioteca à noite*. São Paulo: Companhia das Letras, 2006.

NOVAIS, Fernando Novais; SEVCENKO, Nicolau; SCHWARCZ Lilia M. (Orgs.). *História da vida privada no Brasil*. São Paulo: Companhia das Letras, 1998.

PIGLIA, Ricardo. *O último leitor*. São Paulo: Companhia das Letras, 2006.

PIGLIA, Ricardo. *Respiração artificial*. São Paulo: Iluminuras, 1987.

PRIORI, Mary (Org.). *História das mulheres no Brasil*. São Paulo: Contexto, 2004.

PORTUGAL, Ana Maria. *O vidro da palavra*: o estranho, literatura e psicanálise. Belo Horizonte: Autêntica, 2006.

RICARDO, Cassiano. *Poesias completas*. Rio de Janeiro: José Olympio, 1957.

Capítulo 6

PROCESSOS DE INSERÇÃO E PARTICIPAÇÃO NAS CULTURAS DO ESCRITO: O CASO DE UM HERDEIRO[1]

Juliana Ferreira de Melo

A investigação

De que modo, por meio de que processos um indivíduo, membro de uma família das elites[2] brasileiras, apropriou-se, nas primeiras décadas do século XX, das culturas[3] do escrito, no quadro de um conjunto de práticas de transmissão familiar dessas culturas? Como uma criança, pertencente a uma família das elites econômicas e intelectuais, insere-se no mundo da escrita? Como podem as sociabilidades familiares, organizadas, muitas vezes, em torno da oralidade, possibilitar a inserção e a participação de um herdeiro[4] na cultura escrita? Qual é o papel

---

[1] Este capítulo foi elaborado com base no texto que constitui minha monografia de conclusão do curso de Graduação em Letras, Bacharelado em Português, da Universidade Federal de Minas Gerais, escrita sob a orientação de Antônio Augusto Gomes Batista e Ana Maria de Oliveira Galvão.

[2] A respeito da discussão acerca da complexidade que envolve a definição de *um* significado para a palavra *elite*, ver BUSINO (1999). Para um aprofundamento a respeito da constituição das novas elites, que passaram a configurar o quadro social brasileiro a partir de 1870, e de seus projetos, ver SEVCENKO (1998); ALMEIDA (2004) e COELHO (1999).

[3] Compreende-se o termo *cultura* aqui, de acordo com as reflexões de GINZBURG (2006) em torno de suas acepções.

[4] Para o presente texto, pressupõe-se o importante papel que exercem os próprios indivíduos, os quais se comportam como herdeiros, em relação ao capital

da oralidade nesse processo? De que maneira se forma um leitor e um escritor nessas condições?

Buscar elementos para responder a essas perguntas apresentou-se como o objetivo principal da investigação de que trata este capítulo. Essa investigação foi realizada por meio de um estudo monográfico sobre um indivíduo que se inseriu na cultura escrita em grande medida, por herança familiar, ao longo das primeiras décadas do século XX. Assim, o presente texto apresentará alguns resultados, obtidos por meio da realização de parte de um projeto de pesquisa sobre os modos e as condições de inserção e participação nas culturas do escrito por um herdeiro: o médico e escritor mineiro Pedro Nava (1903-1984).[5]

No quadro da pesquisa mais ampla, da qual já se tratou no início deste livro e à qual a investigação sobre Pedro Nava se integra, pressupõe-se que oralidade e escrita não se constituem como instâncias separadas, nem mesmo quando se trata dos usos sociais da leitura e da escrita.[6]

Desse modo, práticas familiares, disposições[7] culturais, situações vivenciadas, na família, organizadas tanto em torno da

---

cultural disponibilizado por sua família, pela escola, pelos diferentes espaços por onde circulam. Os atores sociais não apenas recebem certa herança cultural, mas também realizam um trabalho de apropriação do capital cultural que se busca transmitir a eles. Sobre os sentidos que se pode atribuir ao termo *herdeiro*, ver Pierre BOURDIEU (2002); DE SINGLY (1993) e LAHIRE (1997, 2004).

[5] Durante o Bacharelado, realizei apenas parte desse projeto. Atualmente, continuo realizando a pesquisa no curso de Mestrado da Faculdade de Educação da UFMG.

[6] Sobre estudos que tenderam destacar possíveis dicotomias entre culturas orais e culturas letradas, bem como uma suposta evolução à medida que as sociedades tiveram suas culturas, antes tipicamente orais, transformadas pela entrada da escrita e de seus recursos, ver ONG (1986, 1998); HAVELOCK (1988); COOK-GUMPERZ e GUMPERZ (1981). Para um prolongamento dessa discussão, ver os estudos de EISENSTEIN (1985); GRAFF (1987); STREET (1995) e OLSON (1994), os quais evidenciaram as intricadas relações entre oralidade e escrita.

[7] Lahire (2004, p. 10-27) define "disposições" como "inclinações", "propensões", "hábitos", "tendências" ou "persistentes maneiras de ser" de um indivíduo que podem se manifestar – ou não – ao longo de sua vida, nos diversos contextos de socialização por onde circula. Desse modo, para o autor, as

oralidade, quanto da escrita, as maneiras de se transmitir modos de ser, de agir, bem como os modos de apropriação, por Pedro Nava, de representações, gostos, comportamentos, disposições, que lhe possibilitaram a participação no mundo da cultura escrita, configuram o objeto de estudo desta pesquisa. Identificar, descrever e analisar as representações – construídas por Pedro Nava em sua obra memorialística – das condições, das práticas, dos processos, dos modos de transmissão e de apropriação cultural vivenciados por ele na família, os quais lhe permitiram tanto uma inserção que seria natural e espontânea no mundo da escrita quanto o sucesso nesse processo também se constituíram como objetivos da investigação.[8]

Observar o indivíduo no espaço de socialização que foi um dos mais marcantes na sua formação quanto à leitura e à escrita, por meio da análise dos documentos construídos por ele mesmo, compõe a principal diretriz metodológica da pesquisa. Logo, as memórias de Pedro Nava constituem a fonte principal do estudo.[9] Nesse sentido, é importante destacar que evidentemente

---

"disposições" seriam produtos das experiências "socializadoras múltiplas das quais os sujeitos participam, em diversos grupos (dos menores aos maiores) e em diferentes formas de relações sociais" (p. 10-11).

[8] A pesquisa que, do ponto de vista metodológico apresenta-se como um estudo monográfico, tem sido desenvolvida por meio da observação do indivíduo, sobretudo a partir do estudo intensivo do material documental relacionado à sua formação. Para um aprofundamento de reflexões teórico-metodológicas relacionadas a pesquisas que se realizam, utilizando jogos de escala de observação, como também procedimentos metodológicos próprios da micro-história, ver REVEL (1998), GINZBURG; CASTELNUOVO; PONI (1989) e LEVI (1992).

[9] Inicialmente, para a escrita da monografia, utilizei, como fonte principal de investigação, apenas o primeiro volume da série de livros que constituem as memórias de Pedro Nava. Hoje, com a continuidade da pesquisa, venho coletando dados nos outros sete volumes que compõem a obra memorialística do escritor. Pretendo ainda analisar fontes documentais relacionadas à época em que viveu Pedro Nava e consultar bibliografia sobre esse momento histórico. Além disso, interessa-me ainda investigar as condições de produção das memórias; todos esses procedimentos justificam-se pela necessidade, para os estudos historiográficos, de se realizar a crítica das fontes utilizadas na pesquisa histórica.

não se trata de trabalhar o texto literário como retrato fiel da realidade, uma vez que o pacto de leitura[10] proposto pelo texto literário é muito diverso do pacto de leitura apresentado por gêneros textuais que não pertencem à esfera literária (BAKHTIN, 1992). A obra memorialística de Pedro Nava foi analisada, portanto, como um modo de representação da realidade, considerando sempre o que a memória ficcional pode oferecer aos leitores, e pesquisadores, de uma trajetória individual (re)criada.[11]

Pedro Nava: o sujeito da pesquisa[12]

A 5 de junho de 1903, iniciou-se a história de Pedro Nava na cidade de Juiz de Fora. O médico e escritor mineiro foi considerado, por Carlos Drummond de Andrade (1902-1987), seu amigo pessoal, um dos maiores figurantes do quadro da memorialística de língua portuguesa. Originário das elites econômicas e intelectuais, em seus processos de inserção e participação nas culturas do escrito, ocuparam papel relevante pelo menos três instâncias, relacionadas aos usos sociais da leitura e da escrita, que marcaram sua participação na cultura letrada e contribuíram, de modo decisivo, para a sua formação: a família, a escola, a convivência entre os pares. É recorrente, nas memórias de Pedro Nava, o destaque para a importância das "palestras de depois do jantar; nas tardes de calor, nas varandas que escurecem; nas dos dias de batizado, de casamento, de velório [...]" (NAVA, 2002, p. 9.) que realizavam os parentes mais velhos, com

---

[10] O conceito de *pacto de leitura* é aqui compreendido conforme o descrevem PAULINO *et al.* (2001).

[11] Para um história da teoria da História, na qual se pode verificar o processo de alargamento das fontes em pesquisa histórica, ver José Carlos Reis (2005). Para um aprofundamento da discussão sobre o uso da literatura como fonte, em investigações no campo da História da Educação, GALVÃO (1998); LOPES e GALVÃO (2001).

[12] O desenho do perfil de Pedro Nava é esboçado aqui a partir do estudo de Maria Eneida de Souza (2004) e também da análise que venho realizando das memórias do escritor, o que me permitiu ter acesso a alguns dos dados biográficos do memorialista.

o intuito de assegurar a transmissão, para as gerações mais novas, da memória familiar, que não só particularizava o clã[13] dos Nava, mas também parecia constituir a identidade de seus membros. Também não se pode desprezar a experiência escolar do escritor, a qual seria reconstruída mais tarde, em seu segundo livro de memórias, *Balão cativo* (1973). Primeiro em Belo Horizonte, no Colégio Anglo-Mineiro, depois no Rio de Janeiro, no Campo de São Cristóvão, no Colégio Pedro II, Nava viveu o contato escolar com o mundo das letras.

Contudo, Pedro Nava já havia iniciado seu percurso escolar no Colégio Andrès, em Juiz de Fora, onde residiu até 1910, ano em que se mudou com sua família para o Rio de Janeiro, por decisão de seu pai, o médico e sanitarista José Pedro da Silva Nava. Com a morte do pai, em 1911, a família voltou para Juiz de Fora, residindo aí até 1913. Nesse ano, ocorreu nova mudança, agora, para Belo Horizonte. Nava continuou, então, o seu percurso escolar no Colégio Anglo-Mineiro, quando conheceu Afonso Arinos de Melo Franco (1905-1990). Depois disso, seguiu para o Rio de Janeiro, onde completou o curso ginasial no Colégio Pedro II, retornando a Belo Horizonte somente em 1920, a fim de iniciar seu curso na Faculdade de Medicina.

O poder econômico e o prestígio social da família parece ter lhe possibilitado, durante toda a sua formação inicial, estudar sempre nos colégios renomados das cidades em que viveu, conforme dito anteriormente. Somado a isso, Pedro Nava tinha disponibilidade para o contato com o mundo das letras. Devido a seu pertencimento a uma família abastada, Nava, de

---

[13] Para significar esse termo, Pedro Nava, em *Baú de ossos*, afirma: "[...] no fim de certos risos, no remate de dados gestos, [...] reconhecemos o Avô, o antepassado, [...] nas cinco gerações que dele defluíram e de que nenhum membro ainda se perdeu de vista, e de que to dos se olham com a simpatia, a solidariedade e a compaixão que fazem de nós um forte clã. Não pela superioridade, porque não há famílias superiores nem inferiores [...]. Eu disse forte clã – pela nossa consciência de diferenciação tribal" (NAVA, 2002, p. 13).

acordo com o que se pode observar em suas memórias, sempre teve tempo disponível para estudar, desfrutar da cultura "legítima" da sociedade de sua época (NAVA, 2002, p. 353-355). Diferentemente das crianças pobres que viveram entre os fins do século XIX e início do século XX, em Juiz de Fora, muitas das quais trabalhavam nas indústrias da cidade, para ajudar financeiramente suas famílias, conforme o que revela a pesquisa de Eliana Dutra (1988), Pedro Nava viveu todo seu período escolar sem trabalhar. Ele podia desfrutar da música, componente comum do seu cotidiano, e da companhia das tias maternas, estudiosas do Francês, professoras, que sempre se encontravam no piano ou tocando flauta e violino (NAVA, 2002, p. 351). Também era permitido a Nava, menino, a convivência com material escrito, sempre disponível no espaço de sua casa, assim como era permitido a ele preencher suas horas com a leitura de revistas, com a leitura literária, com o prazer de folhear os livros de arte de suas tias (NAVA, 2002, p. 347).

Após ter se formado como médico em 1927, Pedro Nava assumiu o cargo de chefe do serviço de Epidemiologia do Centro de Saúde de Juiz de Fora. Em 1929, voltou a Belo Horizonte, onde permaneceu até 1931. De 1931 a 1933, trabalhou em Monte Aprazível, cidade do estado de São Paulo, partindo para o Rio de Janeiro, cidade em que viveu até a morte. Nava construiu, assim, uma sólida carreira médica: ocupou postos em instituições públicas dos estados do Rio de Janeiro e Minas Gerais; assumiu cargos de professor catedrático de Clínica Médica da Faculdade de Ciências Médicas e de professor titular da Escola de Aperfeiçoamento Médico da Policlínica Geral do Rio de Janeiro. Além disso, estagiou em hospitais estrangeiros, participou de congressos nacionais e internacionais, destacou-se como pesquisador em Reumatologia. Foi eleito, em 1957, membro da Academia Nacional de Medicina e, em 1968, decidiu reduzir o trabalho no consultório para se dedicar à escrita de suas memórias.

São os movimentos da memória que fizeram de Pedro Nava, segundo Francisco Barbosa,[14] o escritor que redimensionou a memorialística brasileira, a partir de 1972, ano de publicação de Baú de ossos, o primeiro livro da série que compõe suas memórias. Apesar de constituída por um conjunto de sete volumes, a escrita memorialística de Nava permaneceu inacabada. Sua carreira literária, entretanto, já havia nascido muito antes, nas décadas de 1920 e 1930, quando participou, juntamente com Drummond, Abgar Renault (1901-1995), Emílio Moura (1902-1971), Milton Campos (1900-1972), João Alphonsus (1901-1944) e outros, do movimento modernista de Belo Horizonte. Nessa época, escreveu poemas e, antes das memórias, dedicou-se à carreira médica por mais de 30 anos, tendo produzido, nesse período, um grande número de textos sobre Medicina. Grande parte desses textos encontra-se reunida nos livros: Capítulos da História da Medicina no Brasil; A Medicina de Os Lusíadas e em Território de Epidauro. Baú de ossos (1972), Balão cativo (1973), Chão de ferro (1976), Beira-mar (1978), Galo-das-trevas (1981), O círio perfeito (1983) e Cera das almas (2006) compõem a obra memorialística de Pedro Nava. Desses, Cera das almas, o último da coleção e o único incompleto, possui poucas páginas, já que a escrita das memórias foi interrompida pelo suicídio de Pedro Nava a 13 de maio de 1984, quando o escritor se matou com um tiro na cabeça, próximo à rua onde morava.

O mundo letrado antes da alfabetização: a oralidade também propiciava a experiência com o universo da cultura escrita

Ouvir histórias da família, escutar contos de fadas, folhear e recortar revistas, ver o modo pelo qual as pessoas se envolvem

---

[14] A breve análise de Francisco Barbosa do significado da escrita memorialística de Pedro Nava para a literatura brasileira encontra-se na edição publicada, em 1973, de Baú de ossos. Sobre o redimensionamento da memorialística brasileira a partir do trabalho de Pedro Nava, ver também SOUZA (2004).

em atividades de leitura e de escrita em seu dia-a-dia, manusear livros e objetos utilizados ao escrever; esses são apenas alguns exemplos que ilustram os diversos usos sociais da leitura e da escrita, comumente presentes no cotidiano de nossa sociedade. Trata-se também de práticas das quais participam tanto indivíduos alfabetizados quanto aqueles que não dominam as tecnologias do ler e do escrever, visto que, muitas vezes, tais práticas se desenrolam mediadas não só por materiais escritos, mas também por meio da mediação da voz.[15]

No caso de Pedro Nava, verificou-se que, bem antes de aprender a ler, além de estar, com freqüência, mergulhado nas conversas cotidianas que aconteciam nos diversos espaços por onde circulava, ele ouvia os parentes contar histórias e histórias da família, escutava contos de fadas que eram narrados a ele por Rosa, uma escrava de sua avó materna, folheava e recortava revistas. Nas memórias, Pedro Nava atribui à Rosa a apresentação do mundo maravilhoso dos contos de fadas. Antes mesmo de ir morar com os parentes paternos com quem ele sempre participava do mundo letrado, Pedro Nava tinha acesso a textos e materiais próprios do mundo da escrita; ainda menino, em Juiz de Fora, o autor já havia conhecido "todas as histórias de Andersen, Perrault e dos irmãos Grimm" (NAVA, 2002, p. 228). Isso porque Rosa contava-lhe essas histórias: "Devo a ela as da Sereia Menina, do Rouxinol, do Patinho Feio e dos Cisnes Bravos... Do Gato de Botas, do Barba Azul e do Chapeuzinho Vermelho... Da Borralheira, do Pequeno Polegar e da Branca de Neve... Todas as noites, na hora de deitar... Rosa! Agora a Pele de Burro. Agora a Bela e a Fera. E vinham as histórias" (p. 228).

Somado a isso, ele assistia a seus parentes paternos envolvidos pelas atividades de leitura e escrita; o pai lendo jornais pela manhã (p. 343) ou estudando, à noite, "para os dois concursos

---

[15] Vale notar que, nos últimos anos, alguns estudos vêm mostrando que participam do universo da cultura letrada, mesmo as pessoas as quais não se alfabetizaram, graças à existência de práticas sociais, baseadas na oralidade, que envolvem a leitura e a escrita. Nesse sentido, destacam-se aqui os estudos de SOARES (1998) e de GALVÃO (2002).

Processos de inserção e participação nas culturas do escrito... – Juliana Ferreira de Melo 185

que venceu muito pouco tempo antes de morrer" (p. 355) e que ofereciam "cargos de médico legista da Polícia e médico da Saúde Pública" (p. 355), tio Salles em seu processo de escrita de poemas (p. 318) e de outros gêneros textuais (p. 335), tia Alice absorvida pela escrita de cartas (p. 369). Também a casa dos parentes paternos, em que morou durante parte da infância, era sempre um convite para entrar no mundo da escrita:

> A mesma gravidade de seu quarto, minha tia levava consigo para a saleta onde tinha seus livros e seu piano. [...] Tudo ali era simétrico e arrumado. Duas estantes de livros, uma de cada lado da porta, com os romances de *Dona Candidinha*. Suas *Horas de Leitura*. Livros encadernados. Brochuras de capa branca e outras, de capa cinzenta, de que não me esqueci, pois eram os volumes que eu folheava para ver as figuras. Anos depois identifiquei as mesmas ilustrações, lendo Maupassant, Daudet, Mirbeau. Foi como um encontro de sombras da infância quando deparei com os desenhos de Vallet e Jeanniot em *Mademoiselle Fifi* e *Boule de Suif*; os Rossi e Myrbach em *Jack* e *Sapho*; outra vez os de Jeanniot e os de Carrey no *Le Calvaire* e em *Sébastien Roch*. Eles me deram as chaves da literatura da tia – de suas boas leituras, do seu bom gosto. Na parede fronteira, entre dois braços de opalina para os bicos do gás, ficava o piano preto, ladeado por estantes menores, cheias de partituras musicais. (NAVA, 2002, p. 351)

As memórias de Pedro Nava mostram que o contato com materiais escritos era comum em seu cotidiano,[16] assim como era bastante comum sua experiência com a cultura escrita estar embebida pela oralidade. A investigação sobre os modos de inserção na cultura escrita por Pedro Nava têm mostrado que,

---

[16] Na atualidade, têm sido realizadas pesquisas, cujos resultados mostram que existe uma correlação, embora não necessária e absoluta, entre a experiência de pessoas que tiveram, em suas casas, desde a infância, a possibilidade de utilizar, manipular uma grande diversidade de materiais escritos e os níveis de letramento alcançados por essas pessoas mais tarde. O Indicador Nacional de Alfabetismo Funcional (INAF) é exemplo desse tipo de pesquisa que, desde 2001, vem realizando levantamentos nacionais sobre o alfabetismo funcional dos jovens e adultos brasileiros. GALVÃO (2003), ao analisar os dados do INAF (2001), afirma que o "contato com materiais de leitura diversos desde a infância constitui um fator muito importante para que, quando adulto, o indivíduo alcance maiores níveis de alfabetismo [...]" (p. 130).

muitas vezes, os eventos que mantinham, em alguma medida, relação com o mundo letrado estavam constantemente organizados em torno da oralidade: "Era sempre nessa dependência – meio sala, meio escritório – que nossa família se reunia para conversar. A Marout gostava de evocar a história de Carleto, Roca e dos mancebos esganados. Foi meu primeiro folhetim de sangue... [...]" (NAVA, 2002, p. 332).

Observa-se que narrativas, histórias reais ou inventadas, com características de um texto escrito, eram contadas durante os encontros da família. Às vezes, a seqüência de histórias, que eram evocadas durante as conversas entre os parentes, apresentava textos literários clássicos: "[...] tio Salles e tia Alice tinham chegado do Ceará. Ia ser tempo de figura em livro e de uma história saindo de cada estampa. Foi quando conheci Napoleão Bonaparte, Dom Quixote e Sancho Pança. Tio Salles apresentou-me os três no mesmo dia" (p. 317). Existiam, portanto, materiais escritos que apoiavam o discurso; tratava-se de eventos de oralidade organizados, apresentando características próprias de textos escritos.[17] Quando era o momento da história ser narrada por um dos parentes, em muitos casos, ela já havia sido lida antes e no momento da "palestra" seria contada para o restante dos ouvintes: "Segundo folhetim – tim-tim por tim-tim. Mais sangue! A história de Euclides da Cunha contada por meu Pai. [...] Meu Pai terminava contando os lances da autópsia praticada por um Afrânio Peixoto lavado em lágrimas" (Nava, 2002, p. 333). O pai contava a história de Euclides da Cunha e, a cada encontro, havia mais histórias a serem contadas. O pai de Pedro Nava e o tio Salles, além de contarem as histórias, discutiam e debatiam seus posicionamentos. Pedro Nava ouvia, assistia a tudo,

---

[17] A análise das sociabilidades familiares, em *Baú de ossos*, organizadas em torno da oralidade, permitiu-me identificar, em grande parte dessas interações entre os parentes e os amigos da família de Pedro Nava, seqüências discursivas que apresentam, por exemplo, introdução, desenvolvimento e conclusão, bem como a seleção e o arranjo de palavras nos períodos, de um modo muito semelhante às seqüências discursivas próprias da escrita. Assim, é importante ressaltar que a organização da oralidade na família de Pedro Nava aproximava-se da organização da escrita, sobretudo quanto à construção da estrutura textual.

podendo, dessa maneira, apropriar-se do capital cultural que levaria em seu percurso.

Assim, foi possível constatar, com base na análise das memórias de Pedro Nava, sobretudo por meio da análise do primeiro volume de sua obra memorialística, Baú de ossos, as maneiras pelas quais os parentes de Pedro Nava incentivavam-no, quando menino, a ir ganhando gosto pelo mundo da escrita. Eles o presenteavam com livros, revistas e cadernos para desenhar; permitiam que ele circulasse nos espaços da casa destinados às atividades de leitura e escrita, e também, muitas vezes, destinados aos encontros de familiares e amigos para conversar; deixavam que ele efetivamente utilizasse esses espaços e manipulasse os objetos que lá se encontravam: "Eu folheava às vezes os livros de tio Salles e foi assim que descobri um álbum representando as pinturas truculentas e oníricas de Hieronymus Bosch" (p. 347).

Além disso, seus familiares apresentavam uma atitude muito positiva em relação a Nava, destacando-se, nesse sentido, os momentos em que o menino estava às voltas com o mundo da cultura escrita: "Eu, sentado à escrivaninha de tio Salles, desenhando e enchendo de admiração meus pais e a roda deslumbrada das tias e tios. Esse menino é um gênio" (p. 341). Não se pode deixar de ressaltar, portanto, os bons efeitos que, tanto o incentivo pelos parentes para que a criança vivencie o contato com materiais escritos, quanto atitudes positivas da família em relação à criança, durante suas primeiras experiências com o mundo da escrita, podem surtir, em se tratando da formação de seu gosto pelas culturas do escrito, como também de sua, conseqüente e bem-sucedida, inserção e participação no mundo das culturas letradas.

As "palestras" – sociabilidades familiares organizadas em torno da oralidade, a constituição dos sujeitos e a formação de um herdeiro

Genealogias, arquivos públicos e cartórios, documentos, cartas, bilhetes e retratos, pessoas, casos e conversas que denunciaram a força do passado, espaços que dispararam a rede das lembranças e dos esquecimentos, o contato, os objetos, os cheiros; enfim, os vestígios[18] da experiência vivida por um grupo, por uma família e a evidência de suas raízes, de sua identidade, tudo isso foi retomado e (re)construído por um de seus descendentes. O herdeiro vai em busca da sua origem; ele quer saber quem é que está na sua mão, no seu rosto, no seu coração, no seu gesto, na sua palavra; quem é que se envulta "e grita estou aqui de novo, meu filho! meu neto! você não me conheceu logo porque eu estive escondido cem, duzentos, trezentos anos" (NAVA, 2002, p. 175). O produto da busca de Pedro Nava pelo conhecimento de si mesmo, por meio daquilo que seu passado podia mostrar, vem revelar a história de sua família; vem revelar algo ainda mais precioso: a experiência de indivíduos que pertenceram a outros tempos, a outros espaços. Importava, para o escritor, entrar na época em que viveram seus ancestrais; importava saber de seus modos e condições de vida, séculos antes de seu próprio nascimento.[19]

Com base na análise das memórias de Pedro Nava, percebe-se que, diferentemente do que se poderia esperar para um indivíduo oriundo das elites brasileiras, cuja família, durante grande parte de sua existência, manteve ligação com os círculos nacionais do poder social, político e cultural,[20] a oralidade

---

[18] Trabalha-se aqui com a noção de vestígios como sinais de uma experiência humana e, por isso mesmo, como dados que, identificados, reunidos, enfim, organizados tendo como base uma metodologia específica e rigorosa, podem contribuir para a reconstrução do passado. Para um aprofundamento dessa metodologia própria do campo de estudos da História, ver GINZBURG (1989).

[19] É em *Baú de ossos*, primeiro volume das memórias, que Pedro Nava narra a história de sua família, tecendo a genealogia familiar e buscando suas origens. Esse trabalho do autor, de (re)construção de sua história, em vários momentos da narrativa, leva-o, leva-nos, a tempos e espaços diversos, como é o caso, por exemplo, dos episódios nos quais o narrador vai à Europa, também com o objetivo de encontrar indícios que confirmassem a existência de um ancestral paterno na Itália do século XV.

[20] O pertencimento da família de Pedro Nava às elites econômicas brasileiras e a ligação de sua família com os círculos de poder são revelados pelo narrador de *Baú de ossos* nos episódios registrados nas páginas: 18-22, 30, 31, 193, 194, 224, 225, 238, 242-246, 250, 251, 297, 306-309, 335, 336, 372.

ocupou um espaço fundamental nos diversos níveis de sua formação, na formação de seus familiares e em seu processo de inserção na cultura escrita. O texto de Pedro Nava oferece-nos a possibilidade de observar a forte presença da oralidade no cotidiano de sua família. As memórias revelam que, desde o século XIX, os "serões"[21] já se encontravam enraizados no dia-a-dia de seus parentes. Era comum suas práticas culturais diárias organizarem-se em torno da oralidade. Os parentes reuniam-se, conversavam e, por meio das "palestras",[22] transmitiam, de geração para geração, a cultura familiar e as estórias dos sujeitos. Assim como a oralidade, presente na vida diária da família de Pedro Nava, permitiu a ele se inserir na cultura letrada, participar das culturas do escrito mesmo antes de saber ler e escrever, construir grande parte de suas memórias, também foram as conversas, os casos, as sociabilidades familiares que, envolvendo o mundo oral, contribuíram para que Pedro Nava e os demais membros de seu "clã" delineassem suas identidades e se constituíssem como sujeitos.

Os casos contados pelos parentes, as conversas, os encontros entre familiares e amigos, organizados em torno da oralidade, foram reunidos por Pedro Nava, em seu Baú de ossos. Aí, os episódios de sua família erguem-se com a força da palavra escolhida, selecionada e bem cuidada pelo escritor que, ao costurar o tecido das histórias de seus ascendentes – e a sua própria história –, deixa entrever as origens e os modos da constituição de sua família. Permite também observar que as conversas lembradas, colhidas para edificar as memórias de "um pobre homem do Caminho Novo das Minas dos Matos Gerais" (Nava, 2002, p. 5), assumem pelo menos duas funções, no

---

[21] Termo utilizado por Pedro Nava em seu *Baú de ossos*, para designar as reuniões diárias entre os parentes e amigos de sua família, no final da tarde, para conversas a respeito de temas variados, tais como: assuntos de família política, economia, Abolição da Escravatura, casamento, música, literatura, etc.

[22] Também esse termo é utilizado pelo autor-narrador de *Baú de ossos* para designar tanto as conversas entre seus parentes e amigos da família, quanto os casos (re)contados por seus familiares durante os "serões".

que se refere às possibilidades da construção, pelo leitor, de sentidos para a presença desses casos e dessas conversas na obra memorialística.

Em primeiro lugar, a oralidade, que ganha corpo no texto, apresenta-se como um dos pilares da narrativa. O processo de produção das memórias, de acordo com os elementos – e também com as fronteiras – que a narrativa poética de Pedro Nava fornece, baseou-se, em grande medida, nas histórias ouvidas pelo autor-narrador, quando menino, quando adulto; o "vazio documental se preenche [...], pouco a pouco, com um concerto de vozes perdidas" (ZUMTHOR, 1993, p. 47). Desse modo, as memórias evidenciam tanto a experiência do menino (re)criada pelo adulto como também a experiência do homem que volta ao passado, mergulhando nas histórias de sua família, recordadas por ele ou contadas a ele pelos parentes.

Em segundo lugar, as conversas lembradas e os casos contados e recontados evidenciam, no corpo textual, como se dava a construção da identidade dos sujeitos e a constituição de um "clã". Era a oralidade que, nesse caso, propiciava aos parentes recordar e falar sobre pessoas muito importantes da família, rememorar e narrar fatos que apontavam para as formas de comportamento, para os valores e crenças que fundamentavam a ética da família e de seus membros:

> Minha tia-avó Marout [...] dedicou-se [...] a tia Candoca, a minha prima Maria, a meu Pai, a minha Mãe, a mim e a meus irmãos. À sobrinha Ritinha, aos outros sobrinhos netos, à família inteira. Repetia sem parar suas frases de sabedoria gregária. Minha gente, devemos viver uns para os outros, no sangue, porque os *amigos* só nos julgam pelo que temos. Amizade, dedicação, participação, solidariedade? Para o mundo isto é pouco, porque o que vale para ele é poder dar o que o dinheiro vale. Eu que não tenho dinheiro, dou meu coração. Mas isso é moeda que reservo para os meus, para a gente de minha família. É Pamplona? Então tome. Ai! de mim que cedo aprendi e quanto! como tinha razão a minha tia velha... Ganhei calos de trabalhar para os outros. Dei minha roupa. Mais que esta, tirei minha pele para participar melhor. Os a que servi amplamente, uns esqueceram. Outros pagaram com um coice. Outros, com moeda ainda pior que coice – que é

aquela, azinhavrada, da gratidão contada e milimetrada. Fiz favores aos litros, dei de mim aos potes, às canadas – a todos e a propósito de tudo. Recebi de volta, em conta-gotas. Aliás nunca pedi esse *de volta*. Nunca fiz investimentos com minha prestimosidade. Quanto mais serviços presto a uma pessoa, menos me julgo autorizado a pedir-lhe um copo dágua na minha sede. Aquele a quem se serve é tabu... (Nava, 2002, p. 329-330)

Quem são os sujeitos? As posições, as preferências, os gostos, as reprovações assumidas e demonstradas por meio da fala, do discurso, bem como as atitudes, as ações dos indivíduos retomadas nos *causos* da família, repetidos em cada encontro e narrados por Pedro Nava em sua obra memorialística, revelam os seres humanos de sua família.

O processo de categorização dos episódios narrados e reconstruídos em *Baú de ossos* revela que esses episódios destacam-se por serem caracterizados sobretudo por sua relação com o mundo oral. Além disso, a análise desses episódios, que envolvem, por vezes, apenas os parentes de Pedro Nava e, em outros momentos, as relações entre o autor-personagem e seus familiares, também permitiu verificar a existência de "certas complexidades individuais" (Lahire, 2004, p. IX). Logo, ainda que essa análise seja significativa por permitir observar, no corpo das memórias, o desenho da identidade dos sujeitos, ancestrais do escritor, e também por permitir revelar tanto a constituição de um "clã", quanto os fatos, os processos, as condições que possibilitaram a formação de Pedro Nava como um herdeiro,[23] não se trata, aqui, de procurar coerências capazes de

---

[23] A fim de descrever e compreender os processos que envolvem a transmissão e a apropriação de heranças, BOURDIEU (2002), por meio de seus estudos, evidenciou que "a transmissão doméstica do capital cultural" apresenta-se como "o mais oculto e determinante" instrumento social, pertencente "ao conjunto das estratégias educativas", dos "investimentos educativos", utilizados por algumas famílias, ao buscar fazer com que seus membros herdem, por assim dizer, um conjunto de saberes, modos de ver e sentir, representações, práticas e disposições (p. 73). LAHIRE (2004) e DE SINGLY (1993, 1996), desenvolvendo também pesquisas sociológicas sobre disposições culturais e formação de herdeiros, respectivamente, evidenciaram a complexidade desses processos e mostraram como os diversos contextos de socialização

demonstrar a totalidade dos sujeitos. Busca-se evidenciar a existência de uma rede complexa de fatores, de peculiaridades, de relações que, ao lado da constituição de atores sociais, possibilitaram a formação exemplar de um indivíduo e a sua, conseqüente, inserção e participação nas culturas do escrito.

A tradição de uma família constitui-se daquilo que a memória pode guardar. Essa é a constatação que Pedro Nava apresenta em suas memórias. Logo, a transmissão intergeracional da herança cultural familiar configura-se como um fator indispensável na preservação de sua tradição. Cabe às gerações mais jovens receber e preservar a tradição, disponibilizando essa herança, para as gerações mais novas, também sob a forma de capital cultural.

A herança, segundo Lahire (2004), pode ser concebida também no seu sentido "imaterial". Desse modo, ela seria "constituída de maneiras de ver, de dizer, de sentir e de agir, isto é, de hábitos corporais, de crenças, de categorias de percepção e de apreciação, de interesses e de desinteresses, de investimentos e desinvestimentos, de gostos e de desgostos". De acordo com o autor, esse tipo de herança chegaria ao herdeiro por meio de socializações diretas, silenciosas ou por meio "de uma inculcação ideológico-simbólica", as quais aconteceriam "na família, na escola, entre pares ou no local de trabalho" (p. 334).

Nas memórias, a herança familiar é apresentada como um conjunto de elementos bastante abrangente. Essa herança seria constituída tanto pelos "pequenos fatos que tecem a vida de cada indivíduo e do grupo com que ele estabelece contatos" (Nava, 2002, p. 9), quanto por costumes, crenças, superstições. Pedro Nava, entretanto, embora ressalte a importância desses elementos, que compõem a herança familiar, e o papel fundamental

---

interferem na formação dos indivíduos. Vale ressaltar aqui, no entanto, que, embora a análise também se apoie em categorias conceituais próprias de estudos sociológicos, realizados a partir da década de 1960, na França, como os já citados ao longo deste capítulo, tem-se procurado matizar as teorias sociológicas francesas para que anacronismos não sejam cometidos, com a simples e ingênua transposição dessas teorias para o contexto brasileiro do início do século XX.

ocupado pela memória para que a tradição de uma família seja preservada, não revela outro elemento tão importante quanto "a memória dos que envelhecem", no processo da preservação da tradição familiar. É o conjunto complexo de diferentes disposições que possibilitam tanto a transmissão da herança familiar dos parentes mais velhos aos mais jovens quanto a apropriação dessa herança pelas gerações mais novas, a fim de que a tradição familiar possa continuar sendo transmitida de geração para geração, assegurando, desse modo, a sua existência.

Em *Baú de ossos,* as disposições manifestadas por Pedro Nava em diversos momentos, bem como o sentido e a coerência que ele mesmo atribui a elas,[24] durante o desenrolar da narrativa, sugerem seu comportamento como um herdeiro e revelam também a compreensão, por sua parte, dos processos de transmissão e apropriação da herança cultural como processos que seriam comuns e naturais entre seus parentes, tamanho é o enraizamento desses processos de formação em sua família. Vale notar, nesse sentido, que a compreensão de Pedro Nava desses processos nessa perspectiva caracteriza a formação própria de herdeiros.[25] Tal compreensão, que revela, por sua parte,

---

[24] Conforme DE SINGLY (1996, p. 163), "pour comprendre l'appropriation de l'héritage par l'héritier, il faut prêter attention aux formes de la transmission et aux manières dont elles sont perçues par les héritiers." ("para compreender a apropriação da herança pelo herdeiro, é preciso prestar atenção às formas de transmissão e a maneira como são percebidas pelos herdeiros."). Tradução sob minha responsabilidade.

[25] Vale notar, contudo, que não existe a consciência, por parte do "herdeiro", de que conhecer e gostar, por exemplo, da literatura clássica, da música erudita, das artes plásticas, não são fenômenos naturais, espontâneos. Em outras palavras, o herdeiro não sabe que esse conhecimento e esse tipo de gosto são construídos por ele mesmo durante o seu percurso de vida e durante a sua convivência em um meio social que lhe possibilita tal aprendizado. É interessante notar, entretanto, que, em vários momentos da narrativa de *Baú de ossos,* de *Balão cativo* e também de *Chão de ferro,* Pedro Nava demonstra certa tensão ao iniciar a convivência com o universo da cultura considerada "legítima", sobretudo nos momentos de leitura solitária, durante seu processo de alfabetização, e nos momentos de apropriação da cultura da escrita transmitida pelas escolas em que estudou: Colégio Andrés (Juiz de Fora), Colégio Anglo-Mineiro (Belo Horizonte), Colégio Pedro II (Rio de Janeiro). Para um discussão das acepções de cultura "legítima" em relação ao termo "popular", ver BOURDIEU (1996).

a aparente naturalidade na transmissão e na apropriação de heranças, é evidenciada pela narrativa de Pedro Nava, pelo modo como ele atribui significado à experiência cotidiana, vivida entre seus parentes:

> Esse folclore jorra e vai vivendo do contato do moço com o velho – porque só este sabe que existiu em determinada ocasião o indivíduo cujo conhecimento pessoal não valia nada, mas cuja evocação é uma esmagadora oportunidade poética. Só o velho sabe daquele vizinho de sua avó, há muito coisa mineral dos cemitérios, sem lembrança nos outros e sem rastro na terra – mas que ele pode suscitar de repente (como o mágico que abre a caixa dos mistérios) na cor dos bigodes, no corte do paletó, na morrinha do fumo, no ranger das botinas de elástico, no andar, no pigarro, no jeito – para o menino que está escutando e vai prolongar por mais cinqüenta, mais sessenta anos a lembrança que lhe chega, não como coisa morta, mas viva qual flor toda olorosa e colorida, límpida e nítida e flagrante como um fato presente. (NAVA, 2002, p. 9)

Nesse processo, a oralidade aparece como mediadora, e fator determinante, da transmissão da herança cultural. Nas palavras de Zumthor (1993, p. 71), "nada teria sido transmitido nem recebido, nenhuma transferência se teria eficazmente operado sem a intervenção e a colaboração, sem a contribuição sensorial própria da voz [...].". Assim,

> Costumes de avô, responsos de avó, receitas de comida, crenças, canções, superstições familiares duram e são passadas adiante nas palestras de depois do jantar; nas das tardes de calor, nas varandas que escurecem; nas dos dias de batizado, de casamento, de velório (Ah! as conversas vertiginosas e inimitáveis dos velórios esquentadas a café forte e vinho-do-porto enquanto os defuntos se regelam e começam a ser esquecidos...). (NAVA, 2002, p. 9)

O fenômeno da transmissão da herança cultural familiar a Pedro Nava produziu-se, em grande medida, nas fontes da palavra. Além de revelar a importância, para os parentes mais velhos, da transmissão intergeracional da tradição familiar, o texto de Nava evidencia o papel fundamental ocupado pela oralidade nesse processo.

Considerações finais

Pedro Nava desejou (re)conhecer-se; quis conhecer seus avós, seus ascendentes, ao menos para saber "como anular e diluir defeitos na descendência ou acrescentá-la com qualidades e virtudes" (NAVA, 2002, p. 168). O desejo transformou-se em centenas de páginas de memórias por meio de um trabalho minucioso de pesquisa, de escrita, que despertaria a admiração dos mais experientes historiadores. Para o leitor de Pedro Nava, suas memórias apresentam-se como uma incrível experiência poética de exploração do tempo. Mais do que isso, elas trazem a história que, atravessando séculos e espaços, revela a realidade verossímil da vida de homens e mulheres.

Como artefato literário, as memórias já tiveram o seu valor simbólico, estético comprovado e se encontram longe de qualquer questionamento. Como fonte de pesquisa, para a realização de um estudo histórico, a obra de Pedro Nava também mostra sua importância porque revela o testemunho da experiência, da vida de seres humanos. Nesse sentido, as memórias configuram-se, pois, como um registro dos modos de ser e de viver de um grupo social, de um indivíduo, de sua família. Compreendidas como uma representação, as memórias vêm demonstrar o percurso de formação de determinados indivíduos, suas conquistas e também suas *pedras*.

Por meio do estudo de que trata este capítulo, notou-se que um herdeiro não entra na cultura da escrita espontaneamente, mesmo que esse processo pareça natural. Ainda que a análise das memórias tenham mostrado que não existia um grande esforço por parte dos parentes de Pedro Nava para fazer com que ele participasse de práticas culturais e sociais que envolvem o uso da leitura e da escrita, já que a "conversa geral era cheia de preferências pelas idéias, pelas coisas e causas nobres, pelos assuntos intelectuais – estes, versados simplesmente, como moeda de todo dia" (NAVA, 2002, p. 337), é possível afirmar que havia uma inclinação dos parentes, sobretudo daqueles pertencentes à elite cultural mineira nas primeiras décadas do século XX, com quem muito conviveu e se relacionou Pedro Nava durante a infância, em permitir que ele participasse dos momentos em que os parentes e os amigos da família fossem tratar de assuntos políticos, viver o contato com os livros, experimentar o mundo da literatura e da música. Essas predisposições aparecem tão enraizadas nas práticas cotidianas da família, como se fossem parte dos sujeitos, como se fossem um *habitus*[26] desses indivíduos, que eles não demonstram ter consciência de que suas práticas foram aprendidas, nem que as escolhas que fazem, quando se trata de gostos, preferências, hábitos e costumes ligados ao mundo das culturas letradas, não são naturais, não são espontâneas. Assim, tornar-se um herdeiro, estando mergulhado em espaços onde as disposições letradas manifestam-se na forma de práticas que, mediadas pela oralidade, são próprias do mundo da leitura e da escrita, pode parecer uma conseqüência natural e espontânea.

Contudo, ainda que os parentes de Pedro Nava não tenham providenciado, forçosamente, os espaços e as condições para a transmissão de um conjunto de práticas e comportamentos, entre os quais se encontram práticas e disposições letradas, houve uma escolha por parte desses indivíduos em viverem de um determinado modo e não de outro. Ainda que a família realizasse, de maneira deliberada, a transmissão de uma herança cultural letrada a um de seus descendentes, a transmissão de capital cultural a Pedro Nava parece, à primeira vista, ter simplesmente acontecido graças aos tipos de sociabilidade familiar vivenciados pelo herdeiro. Vale, entretanto, ressaltar que os parentes paternos com quem conviveu Pedro Nava escolheram valorizar essas práticas e não outras, escolheram realizar um "trabalho" de transmissão cultural a ele. Portanto, não se trata de uma inserção natural na cultura escrita, mas de práticas e modos de inserção que se apresentam, em geral, *como* naturais, espontâneos, comuns; que assim foram considerados pelo

---

[26] O termo aqui é compreendido conforme a acepção de BOURDIEU (2002).

próprio herdeiro e por sua família, devido ao forte enraizamento dessas práticas, dessas disposições no cotidiano das gerações que constituíram a família de Pedro Nava.

A realização da pesquisa possibilitou observar, desse modo, aspectos que, à primeira vista, não teriam relações muito próximas e diretas com o universo das culturas letradas. Constatou-se, nesse sentido, que as características identitárias, as disposições dos sujeitos, as práticas individuais, as atitudes e as maneiras escolhidas para se relacionar com o mundo, com as pessoas, configuram um conjunto complexo de fatores que podem – ou não – contribuir para um percurso de formação bem-sucedido, inclusive em relação ao processo de inserção e participação nas culturas do escrito.

Um estudo de uma trajetória individual, no qual se realiza uma microanálise, pode nuançar teorias formuladas por investigações que se desenvolveram em uma abordagem global. No caso deste estudo, em que se constata o importante papel desempenhado pela oralidade nos processos de inserção e participação nas culturas do escrito por Pedro Nava, observa-se, ao mesmo tempo, a relevância dos estudos da Sociologia da Educação, das teorias sociológicas sobre a formação de herdeiros e a necessidade dessas teorias serem matizadas, sobretudo quando são utilizadas na análise da realidade brasileira, na atualidade e na perspectiva histórica.

Foi possível perceber também que oralidade e escrita constituíam as práticas culturais da família de Pedro Nava. Além de se verificar que a socialização do escrito ocorria também, e em grande medida, por meio de práticas orais, observou-se ainda que os momentos de oralidade, não só familiarizaram Pedro Nava com o mundo da escrita como também propiciaram a ele a experiência, não-forçada, com esse universo. Essa constatação nos leva a matizar também os estudos sobre culturas orais e culturas letradas que tenderam a separar mundo oral e mundo da escrita, a construir dicotomias e antagonismos entre esses dois mundos e até mesmo a mostrar uma evolução, linear, da sociedade em direção ao progresso e ao desenvolvimento, na medida em que culturas, essencialmente orais, foram se transformando com a introdução do escrito no mundo do oral.

Com efeito, a realização desta investigação sobre o percurso de Pedro Nava demonstrou que a oralidade, sobretudo no âmbito familiar, apresentou-se como um "catalisador" no processo de inserção e participação de Nava nas culturas do escrito; em outras palavras, a oralidade pareceu funcionar como um instrumento facilitador desse processo, aproximando os membros do grupo familiar de Pedro Nava da cultura escrita. Desse modo, nas situações familiares, as gerações mais velhas procuravam transmitir, às gerações mais novas, antes mesmo que os indivíduos dessas gerações dominassem as técnicas específicas do ler e do escrever, o capital cultural que possibilitasse e facilitasse essa inserção nas culturas do escrito. Portanto, essas situações, organizadas em torno de uma cultura oral familiar, pareceram instrumentalizar os membros mais jovens da família para o processo de inserção e participação no mundo letrado.

É preciso, notar, no entanto, que, mesmo tendo chegado a essas constatações, os resultados obtidos a partir da investigação sobre Pedro Nava revelam a existência de algumas questões que ainda não puderam ser respondidas. Em primeiro lugar, a realização da pesquisa mostrou a necessidade de se buscar outros documentos, não somente sobre o escritor, os estudos realizados a respeito de sua obra, as entrevistas concedidas por ele à imprensa, mas também documentos sobre a época e da época em que ele viveu sua infância, seus anos de escolarização, do momento em que participou do movimento modernista brasileiro, do período em que construiu sua carreira médica, até tornar-se reconhecidamente um grande escritor, um grande memorialista em língua portuguesa. Realizar a crítica das fontes, o cruzamento de dados advindos de diversas fontes apresenta-se como um procedimento metodológico fundamental na pesquisa, sobretudo na pesquisa histórica. No caso do estudo de que se trata este capítulo, adotar esse procedimento é a condição para que se possa, para além da narrativa de Pedro

Nava, da literatura, para além da verossimilhança que o texto literário pode e quer trazer, responder a perguntas como: O que era Juiz de Fora, Belo Horizonte, Rio de Janeiro no início do século XX? Como era a vida nessas cidades? O que significava ser filho de médico, naquele momento? Qual era o sentido de se originar de uma família mineira, que integrava, naquela época, as elites econômicas e intelectuais do Brasil? Pertencer, nas primeiras décadas do século XX, a essa elite oferecia quais possibilidades de formação para um indivíduo? E a urbanidade, a industrialização, a modernidade dos espaços onde viveu Pedro Nava, na primeira metade do século XX, como esses fatores interferiram em sua trajetória? Sabendo-se que Nava passou a se dedicar à carreira literária em 1968, escrevendo em um gênero textual e por meio de um estilo que, em certa medida, distanciava-o de outros escritores modernistas, como Drummond e Mário de Andrade, como saber qual foi a dimensão ocupada pelo Movimento Modernista no Brasil na vida de Pedro Nava? Essas são algumas das interrogações a que a investigação ainda não pôde responder.

Assim, tanto pelo limite quanto pelo alcance que a realização desta pesquisa revelou, é possível afirmar que trabalhos que colocam em evidência a complexidade das práticas e dos processos que envolvem e constituem os diferentes modos de inserção e participação nas culturas do escrito por indivíduos, famílias e grupos sociais diferenciados, oriundos de diversos meios sociais, em diversos contextos históricos, são importantes, justificáveis e necessários. Primeiro, porque são estudos com essa temática e com esses objetivos, aqueles que podem tornar complexo e nuançar o conceito de "cultura escrita", possibilitar a construção de uma história da cultura escrita, desvendar as intricadas e complexas relações entre oralidade e escrita, que ainda se encontram cobertas por certa opacidade, bem como revelar que tipo de inserção na cultura escrita fazem diferentes atores sociais. Segundo, porque mostram, por um lado, como competências intelectuais e instrumentos culturais são herdados e, por outro, os movimentos dos próprios indivíduos,

200 História da cultura escrita: séculos XIX e XX

famílias e grupos sociais para romper tradições, assim como para criar e instaurar novas potencialidades em relação à experiência no mundo letrado.

Fontes principais

NAVA, Pedro. *Baú de ossos* (memórias). 10. ed. São Paulo: Ateliê Editorial; Editora Giordano, 2002. 464 p.

NAVA, Pedro. *Balão cativo* (memórias 2). São Paulo: Ateliê Editorial; Editora Giordano, 2000. 416 p.

NAVA, Pedro. *Chão de ferro* (memórias 3). 3. ed. São Paulo: Ateliê Editorial; Editora Giordano, 2001. 420 p.

Referências

ALMEIDA, Agassiz. *A república das elites*: ensaio sobre a ideologia das elites e do intelectualismo. Rio de Janeiro: Bertrand Brasil, 2004. 544 p.

BAKHTIN, Mikhail. *Estética da criação verbal*. São Paulo: Martins Fontes, 1992.

BOURDIEU, Pierre. Os três estados do capital cultural. In: NOGUEIRA, Maria Alice; CATANI, Afrânio (Orgs.). *Escritos de educação*. 4. ed. Petrópolis: Vozes, 2002. p. 65-79.

BOURDIEU, Pierre. Você disse "popular"? *Revista Brasileira de Educação*, n. 1, p. 16-26, jan./abr. 1996.

BUSINO, Giovanni. Elite. In: *Enciclopédia Einaudi*. v. 38. Sociedade – Civilização. Lisboa: Imprensa Nacional; Casa da Moeda, 1999. p. 245-270.

COELHO, Edmundo Campos. *As profissões imperiais*: Medicina, Engenharia e Advocacia no Rio de Janeiro (1822-1930). Rio de Janeiro: Record, 1999.

COOK-GUMPERZ, Jenny; GUMPERZ, John J. From oral to written culture: the transition to literacy. In: WHITEMAN, M. F. (Ed.). *Variation in writing*: functional and linguistic-cultural differences. Hillsadale: Erlbaum, 1981. p. 89-109.

DE SINGLY, François. L'appropriation de l'heritage culturel. *Lien social et Politiques – RIAC*, n. 35, p. 153-165, 1996,

DE SINGLY, François. Savoir hériter: la transmission du goût de la lecture chez les étudiants. In: FRAISSE, Emmanuel (Org.). *Les étudiants et la lecture*. Paris: PUF, 1993.

EISENSTEIN, Elizabeth L. On the printing press as an agent of change. In: OLSON, D. R.; TORRANCE, N.; HILDYARD, A. *Literacy, language and learning*: the nature and consequences of reading and writing. Cambridge: Cambridge University Press, 1985. p. 19-33.

GALVÃO, Ana Maria de Oliveira. *Amansando meninos*: uma leitura do cotidiano da escola a partir da obra de José Lins do Rêgo (1890-1920). João Pessoa: Editora Universitária/UFPB, 1998.

GALVÃO, Ana Maria de Oliveira. Leitura: algo que se transmite entre as gerações? In: RIBEIRO, Vera Masagão (Org.). *Letramento no Brasil*: reflexões a partir do INAF 2001. São Paulo: Global, 2003. p. 125-153.

GALVÃO, Ana Maria de Oliveira. Oralidade, memória e a mediação do outro: práticas de letramento entre sujeitos com baixos níveis de escolarização – o caso do cordel (1930-1950). *Educação e Sociedade*, São Paulo, v. 23, n. 81, p. 115-160, dez. 2002.

GINZBURG, Carlo. *O queijo e os vermes*: o cotidiano e as idéias de um moleiro perseguido pela Inquisição. São Paulo: Companhia das Letras, 2006.

GINZBURG, Carlo. Sinais: raízes de um paradigma indiciário. In: GINZBURG, Carlo. *Mitos, emblemas e sinais*: morfologia e história. São Paulo: Companhia das Letras, 1989.

GINZBURG, Carlo; CASTELNUOVO, Enrico; PONI, Carlo. *A micro-história e outros ensaios*. São Paulo: Companhia das Letras, 1989.

GRAFF, Harvey J. *Os labirintos da alfabetização*: reflexões sobre o passado e o presente da alfabetização. Tradução de Tirza Myga Garcia. Porto Alegre: Artes Médicas, 1994. 332 p.

HAVELOCK, Eric. The coming of literate communication to western culture. In: KINTGEN, E. R.; KROLL, B. M.; ROSE, M. *Perspectives on literacy*. Carbondale and Edwardsville: Southern Illinois University Press, 1988. p. 127-134.

LAHIRE, Bernard. *Retratos sociológicos*: disposições e variações individuais. Tradução de Didier Martin e Patrícia Chittoni Ramos. Porto Alegre: Artmed, 2004.

LAHIRE, Bernard. *Sucesso escolar nos meios populares*: as razões do improvável. São Paulo: Ática, 1997.

LEVI, Giovanni. Sobre a micro-história. In: BERKE, Peter. *A escrita da história*: novas perspectivas. São Paulo: UNESP, 1992. p. 133-161.

LOPES, Eliane Marta Teixeira; GALVÃO, Ana Maria de Oliveira. *História da Educação*. Rio de Janeiro: DP&A, 2001. (O que você precisa saber sobre).

MELO, Juliana Ferreira de; BATISTA, Antônio Augusto Gomes; GALVÃO, Ana Maria de Oliveira. *O papel da oralidade na inserção na cultura escrita por um "herdeiro"*: Pedro Nava e os episódios familiares em *Baú de ossos*. Monografia (Graduação em Letras – Bacharelado em Português) – Faculdade de Letras, Universidade Federal de Minas Gerais, Belo Horizonte, 2005.

NAVA, Pedro. *Baú de ossos* (memórias). 2. ed. Rio de Janeiro: Livraria José Olympio; Editora-Sabiá, 1973.

OLSON, David R. *The world on paper:* the conceptual and cognitive implications of writing and reading. Cambridge: Cambridge University Press, 1994.

ONG, Walter J. *Oralidade e cultura escrita:* a tecnologização da palavra. Campinas: Papirus, 1998. 223 p.

ONG, Walter J. Writing is a technology that restructures thought. In: BAUMANN, G. *The written world:* literacy in transition. Oxford: Clarendon Press, 1986. p. 23-50.

PAULINO, Graça *et al. Tipos de texto, modos de leitura.* Belo Horizonte: Formato Editorial, 2001. (Educador em formação).

REIS, José Carlos. *História e teoria:* historicismo, modernidade, temporalidade e verdade. 2. ed. Rio de Janeiro: Editora FGV, 2005.

REVEL, Jacques. *Jogos de escala:* a experiência da microanálise. Rio de Janeiro: FGV, 1998.

SEVCENKO, Nicolau (Org.). *História da vida privada no Brasil.* República: da Belle Époque à Era do Rádio. v. 3. São Paulo: Companhia das Letras, 1998. p. 7-48; 513-679.

SOARES, Magda. *Letramento:* um tema em três gêneros. Belo Horizonte: Autêntica, 1998.

SOUZA, Eneida Maria de. *Pedro Nava, o risco da memória.* Juiz de Fora, MG: FUNALFA Edições, 2004.

STREET, Brian V. *Social literacies:* critical approaches to literacy in development ethnography and education. London and New York: Longman, 1995.

ZUMTHOR, Paul. *A letra e a voz:* a "literatura" medieval. Tradução de Amálio Pinheiro, Jerusa Pires Ferreira. São Paulo: Companhia das Letras, 1993.

PARTE III
PERCURSOS FAMILIARES DE PARTICIPAÇÃO NA CULTURA ESCRITA

Capítulo 7

PRÁTICAS DE LEITURA E ESCRITA EM FAMÍLIAS NEGRAS DE MEIOS POPULARES (PERNAMBUCO, 1950-1970)[1]

Fabiana Cristina da Silva

Neste capítulo, buscou-se identificar e analisar de que forma foram construídas práticas de leitura e escrita em duas famílias negras e de meios populares em Pernambuco, no período de 1950 a 1970.[2] É importante enfatizar que os pais das famílias estudadas tinham baixo grau de escolaridade; as famílias configuravam-se, portanto, como "não herdeiras" de um determinado "capital cultural" instituído e legitimado em sociedades letradas. Por meio de que práticas de letramento os membros dessas famílias realizaram sua inserção na cultura escrita? Em

---

[1] Este capítulo foi elaborado com base nos resultados de minha dissertação de mestrado, intitulada: *Trajetórias de longevidade escolar em famílias negras e de meios populares (Pernambuco, 1950-1970)*, defendida em 2005 no Programa de Pós-Graduação em Educação da Universidade Federal de Pernambuco, sob a orientação da Professora Ana Maria de Oliveira Galvão – UFMG. A pesquisa teve como objetivo principal identificar, descrever e analisar condições que possibilitaram filhos de famílias negras e de meios populares alcançarem certa longevidade escolar chegando, nas décadas de 50 a 70, ao ensino secundário ou ao ensino superior em Pernambuco. Nesse sentido, buscou-se compreender como filhos de pais analfabetos ou semi-alfabetizados conseguiram superar as expectativas das gerações anteriores, tendo cursado níveis superiores de ensino.

[2] O período estudado corresponde ao momento de escolarização dos filhos dessas famílias.

História da cultura escrita: séculos XIX e XX

que espaços? Que pesos assumiram a escola e o próprio ambiente familiar nesse processo? Existiram outros fatores que contribuíram para essa inserção? A que tipos de material escrito os membros dessas famílias tiveram acesso? Por meio de quais processos aprenderam a ler e a escrever? São essas e outras questões que este artigo se propõe a analisar.

Alguns pressupostos teórico-metodológicos

Para compreender as práticas de leitura e escrita das famílias estudadas, é importante considerar a existência de uma relação bastante estreita entre essas práticas e os processos de escolarização que esses indivíduos tiveram. Desse modo, fez-se necessário o diálogo, principalmente, com os campos da História, da História da Educação e da Sociologia da Educação. No campo da História, o estudo foi norteado por pesquisas e concepções da Nova História Cultural,[3] sobretudo da Micro-História.[4] Podemos destacar estudos como os de Ginzburg (1987), Galvão (2001), Hébrard (1996), entre outros, sobre indivíduos que conseguiram superar as gerações anteriores ou desenvolveram estratégias bastante singulares para aprender e fazer uso da leitura e da escrita.

As famílias estudadas constituem, no quadro dos contextos econômico, social, educacional e étnico-racial da época em que viveram, trajetórias de exceção. Vem reforçar a distinção das

---

[3] Corrente teórica que teve seu momento inicial em 1929, na França. Para maior aprofundamento, ver: BURKE (1992, 1997), REIS (2000), PESAVENTO (2003), CHARTIER (s.d), LOPES; GALVÃO (2001), LE GOFF (1988).

[4] Considerada como uma "prática historiográfica", como afirma Levi (1992). Essa abordagem surgiu nos anos 70 do século XX. A micro-história é essencialmente a mudança da escala de observação: "Para a micro-história, a redução da escala é um procedimento analítico, que pode ser aplicado em qualquer lugar, independentemente das dimensões do objeto analisado" (Levi, 1992, p. 137). Em outras palavras, ao estudar as práticas de leitura e escrita de famílias negras, de meios populares, bem como sua inserção e participação em certos níveis de ensino, por meio da escala de observação da família (em vez da escala da sociedade ou até mesmo do sistema escolar), houve a possibilidade de apreender elementos novos, conteúdos diferentes dos que já estão dispostos na literatura.

famílias analisadas um estudo de Galvão (2003)[5] em que a autora se refere à impressionante reprodução da escolaridade em famílias com alto nível de escolarização. Conforme Galvão, se os pais de uma determinada família de classe média têm mais de 11 anos de estudo, na maioria dos casos, seus filhos também chegam a estudar 11 anos ou mais. De acordo com a autora, existem, no entanto, as exceções, pois há casos em que pais analfabetos têm filhos que chegam à universidade, como poderemos observar por meio dos resultados apresentados no presente capítulo.

No campo da Sociologia, faz-se necessária a compreensão das relações entre família negra, pouco escolarizada, de meio popular, de um lado, a escola, a leitura e a escrita, de outro. Para as investigações sobre diferenças entre indivíduos, relacionadas à raça[6], herança, classe social e capital cultural, o campo sociológico muito tem contribuído. Nessa direção, podemos destacar trabalhos como o de Viana (1998[7] e 2005[8]) e uma coletânea organizada por Nogueira e outros (2000)[9], além de estudos clássicos como os de Bourdieu e Passeron (1996), Bourdieu (1998) e Lahire (1997).[10]

---

[5] Nesse estudo, é apresentada a análise de alguns dos dados obtidos em uma pesquisa do IBOPE, em 2000, sobre os níveis de alfabetismo da população brasileira entre 15 e 64 anos de idade, realizada com 2000 pessoas de todas as regiões do País.

[6] O termo raça é utilizado como conceito relacional, que se constitui histórica e culturalmente a partir de relações concretas entre grupos sociais, sendo rejeitado o determinismo biológico e valorizadas a cultura e a identidade de cada um (SISS, 2003; MUNANGA, 2003).

[7] Trata-se de sua tese de doutorado em que se buscou compreender o que tornou possível o sucesso escolar de jovens oriundos de famílias de camadas populares na contemporaneidade.

[8] É um artigo que tem como tese inicial a existência de formas específicas de presença familiar na escolarização dos filhos de meios populares.

[9] Trata-se de um conjunto de pesquisas realizadas nos anos 90, que apresentava como objetivo geral investigar a crescente e estreita conexão, nas sociedades contemporâneas, entre família e escola.

[10] Estudo já clássico sobre o sucesso escolar em meios populares, em que o autor enfoca as origens das famílias e a relação que elas estabelecem com a escola, enfatizando aspectos como a interação com professores, as estratégias utilizadas para acompanhar permanentemente o cotidiano escolar dos filhos, a transmissão do capital escolar, entre outros.

É importante, contudo, esclarecer o que significa o conceito de *herança*. Segundo Pierre Bourdieu, ser herdeiro[11] é tratar da gestão da relação entre pais e filhos, ou seja, é a perpetuação da linhagem e de sua herança. Herdar é reproduzir o projeto do pai e, para isso, é necessário muitas vezes negar, diferenciar ou até mesmo superar o próprio pai. Essa superação é o que constituiu a trajetória das famílias pesquisadas, em que os filhos, não herdeiros, por meio de sua permanência na escola, conseguiram superar a geração anterior, mais especificamente, no que se refere ao grau de escolarização de seus pais e à apropriação da leitura e da escrita.

Nesse sentido, indo além da concepção de Bourdieu sobre herança, autores como Singly (1996) e Lahire (1997) afirmam que o conceito de herança não pode ser trabalhado como algo dado pelo pai ao seu filho; ao contrário, a herança tem de ser trabalhada dentro do grupo familiar para que sua transmissão se realize com sucesso. Assim, de que adiantaria uma mãe, com alto capital cultural, que não consegue, por falta de tempo, acompanhar os filhos nas atividades escolares? Na mesma direção, podemos supor o caso de um pai que lê muito, mas que não costuma dividir suas leituras com a família.

Há também casos em que famílias, como o das analisadas na pesquisa de que trata este texto, podem até não possuir determinado capital cultural, na acepção de Bourdieu, mas a sua presença nas atividades e na rotina escolar é tão grande que conseguiram trabalhar o capital que é disponibilizado nas instituições escolares. Segundo Setton (2005),[12] na "falta de diplomas

---

[11] A palavra "herdeiro" é utilizada no sentido definido por Bourdieu e Passeron (1964). Nesse sentido, o conceito refere-se a indivíduos que têm o privilégio de pertencer a famílias que possuem recursos culturais e materiais, os quais possibilitam e/ou potencializam a transmissão de um capital cultural. Além desse conceito, trabalhamos também com as categorias de capital (cultural, social e econômico) também definidas pelos autores.

[12] O artigo tem como objetivo analisar alguns aspectos das trajetórias pessoais e familiares de alunos que tiveram sucesso acadêmico improvável. De origem popular, com baixos rendimentos e pequena herança de uma cultura escolar, os alunos pesquisados destacaram-se de um universo de estudantes que ingressaram nos cursos considerados de elite da Universidade de São Paulo.

e de hábitos de freqüentar os templos da cultura [...]" (p. 80), o capital cultural pode ser visto de forma mais simples, mediante leitura de jornais e revistas, da assistência por meio de uma programação televisiva informativa, da audiência de entrevistas com especialistas, de viagens pela internet, entre outros. Nessa direção, podemos também caracterizar as famílias analisadas como possuidoras de "pequenas heranças", de acordo com Setton (2005), para quem toda família tem algo a transmitir culturalmente.

Estudos como os de Viana (1998) e Portes (2001) enfatizam que esse esforço de apropriação se reflete na trajetória dos filhos. Acredita-se que, por meio da escola, esses indivíduos que possuem uma pequena herança possam se aproximar e obter, em determinado grau, o capital cultural que é legitimado pela instância escolar. Faz-se, assim, necessária a observação dessas famílias em suas singularidades, tanto nos aspectos cultural, moral, quanto ético, dentro dos próprios processos familiares, escolares, ou de outros fatores que contribuem para a apropriação, considerada legítima, da leitura e da escrita.

Nas décadas de 50 e 60 do século XX, o ensino ainda não se encontrava plenamente democratizado, e as taxas de escolarização dos níveis secundário e superior, principalmente em Pernambuco, eram ainda muito baixas. Segundo dados da *Revista Conjuntura Econômica*, de março de 1957,[13] no censo de 1950, apenas um pouco mais de 20% dos habitantes ativos remunerados possuíam cursos completos e, em cada 100 deles, 84 tinham certificado do ensino primário, 15 do secundário e apenas 1 tinha o ensino superior.

Essa disparidade se torna ainda maior quando tomamos, como característica de análise, a cor. No mesmo censo de 1950, tomando a população de mais de 10 anos de idade, temos que a percentagem de alfabetizados situava-se ao redor de 48%; com

---

[13] Trata-se de uma revista sobre economia que traz um artigo intitulado: "Os negros na sociedade brasileira", que aborda as ocupações profissionais, econômicas e a situação educacional dos negros no Brasil, tomando como análise o censo de 1950.

curso completo, seja primário, seja secundário, seja superior, cerca de 18%. Quando observamos os dados, considerando como variável a cor, temos:

Grau de instrução da população de mais de 10 anos
de idade, segundo a cor

Cor	% de alfabetizados maiores de 10 anos
Brancos	52,9
Pardos	31,0
Negros	26,7
Amarelos	82,6

Fonte: FUNDAÇÃO GETÚLIO VARGAS. CONJUNTURA ECONÔMICA. n. 3, mar. 1957.
(Quadro baseado em tabela, p. 67).

Nesse contingente de alfabetizados, verificamos que 42% dos brancos, 38% dos amarelos e apenas 6% dos pardos e 6% dos negros tinham curso completo (seja primário, seja secundário, seja superior). É dentro desse contexto que as duas famílias estudadas conseguiram que seus filhos tivessem maior aproximação da leitura e da escrita, levando-os a atingir níveis de ensino estatisticamente improváveis para sua classe e raça.

A família 1 é constituída por pai, mãe e três filhos. Os pais, dona Conceição, 77[14] anos, foi costureira e seu Edmilson, 82 anos, exerceu a ocupação de pedreiro durante a maior parte de sua vida. Ambos não chegaram a concluir o primário e são aposentados. Lúcia é a filha mais velha, tem 58 anos, é solteira e sem filhos. Fez a graduação em Pedagogia e Mestrado e Doutorado em Educação. É professora universitária desde 1976. Luiz, único homem, é o filho do meio. Tem 56 anos, é casado e tem três filhas. Tem o secundário incompleto. Luciana é a filha mais nova, tem 55 anos, é separada e tem três filhos homens. Fez o curso de graduação em Letras e trabalha como professora nas

---

[14] Os nomes utilizados são pseudônimos, e as idades citadas são referentes ao ano de 2005, momento de realização da pesquisa.

redes de ensino municipal (Recife) e estadual (Pernambuco). A família morou, durante quase toda a infância e o início da adolescência dos filhos, em uma casa própria no bairro de Águas Compridas, em Olinda. Aproximadamente no final da década de 50, mudou-se para o bairro de Cajueiro, na cidade do Recife, para outra casa própria, onde os pais residem até hoje.

A família 2 é constituída por pai, mãe e dois filhos. Os pais, seu Robson, alfaiate, e dona Célia, a princípio bordadeira e dona de casa – e, depois, bibliotecária –, são falecidos. Seu Robson e dona Célia tinham o curso primário completo. Tiveram dois filhos legítimos e uma filha adotiva; José é o filho mais velho, 64 anos, casado, e tem três filhos. É médico e exerce a profissão de psiquiatra na cidade de São Paulo. Célia[15] é a filha do meio, tem 60 anos de idade, é solteira e não tem filhos. Fez graduação em Medicina, tem Mestrado e Doutorado em Antropologia. Exerce a profissão de professora universitária. Dorinha é a filha mais nova, foi adotada por seu Robson e dona Célia na cidade de Barreiros. Com 56 anos, é casada e tem dois filhos. Fez o curso de graduação em Pedagogia e é aposentada como professora da rede de ensino estadual (Pernambuco). A família morou, durante quase toda a infância dos filhos, em uma casa própria na cidade de Barreiros. Depois, moraram a maior parte do tempo no bairro de Cajueiro, na cidade do Recife, também em casa própria.

O depoimento oral foi a melhor maneira de se observar alguns indícios sobre os processos de escolarização e de apropriação da leitura e da escrita pelas duas famílias estudadas.[16]

---

[15] É interessante observar que, nessa família, mãe e filha têm o mesmo nome.

[16] Na pesquisa, foram realizadas cinco entrevistas que duraram de 40 minutos a três horas. Na família 1, foi possível entrevistar, em duas ocasiões, a filha mais velha e, em uma ocasião, a mãe e a filha mais nova. Na família 2, infelizmente, só foi possível entrevistar a filha do meio. Ou seja, só foram entrevistadas mulheres. Não foi possível a realização da entrevista com seu Edmilson, José e Dorinha. Seu Edmilson tem problemas de saúde e não era possível o seu depoimento. Tive muitas dificuldades de contato com Edmilson e Dorinha; José, por sua vez, morava em uma cidade do interior de São Paulo, sem contato algum, pois, segundo a irmã, não tem nem telefone.

212 História da cultura escrita: séculos XIX e XX

A entrevista, com base na memória dos indivíduos ou de grupos sociais que viveram em um determinado tempo histórico e cronológico, só pôde ser utilizada e valorizada como uma fonte de pesquisa científica, principalmente no campo da História, a partir do surgimento dos *Annales*, que possibilitaram o alargamento das fontes na pesquisa histórica. Recentemente, a partir desses pressupostos, é que se começou a utilizar a memória para se tentar reconstituir a história, inclusive, de indivíduos comuns. Essa utilização se deve ao fato da chamada História Oral trazer várias e importantes reflexões teóricas e metodológicas, necessárias à realização de pesquisas, como, por exemplo, as relações entre história e memória, entre trajetórias de vida e construção de biografias e autobiografias, entre a tradição oral e a tradição escrita, a postura e a ética do pesquisador, além de outros aspectos que indicam a riqueza e o potencial dessa metodologia.[17]

Outro aspecto importante que circunda o uso da história oral é uma tradição acerca da sua utilização em estudos predominantemente referentes a camadas populares, aos excluídos e marginalizados. Pelo pouco acesso que esses grupos tinham ao material escrito, ou devido à pouca relação com a escrita, os depoimentos orais foram até pouco tempo o meio mais eficaz de estudar questões referentes a esses grupos. Hoje, essa tradição já pode ser considerada como ultrapassada, principalmente quando essa metodologia já vem sendo utilizada para o estudo das elites, ditas "letradas", bem como para observar as contradições nos próprios processos de apropriação da leitura e da escrita, como as que iremos observar por meio das famílias estudadas na pesquisa da qual trata este capítulo.

Além do trabalho com depoimentos orais, também se tornou necessário buscar dados referentes aos níveis de alfabetização,

---

[17] Para um aprofundamento dessas questões, ver, entre outros, ALBERTI (1990), AMADO; FERREIRA (1998), THOMPSOM (1992).

escolarização e urbanização do período nas cidades onde moraram e estudaram as famílias pesquisadas. Nesse sentido, foram consultados os acervos do Instituto Brasileiro de Geografia e Estatística (IBGE) e do Núcleo de Estudos e Pesquisas em História da Educação em Pernambuco (NEPHEPE).

A família como principal espaço de aquisição da leitura e da escrita

O papel ocupado pela família no processo de inserção dos filhos na cultura escrita se mostrou, nesta pesquisa, um dos fatores mais importantes, pois é primeiramente no âmbito familiar que os filhos, desde pequenos, absorvem os conceitos fundamentais e práticas de socialização relacionados a diversas atividades. Viana (2005),[18] analisando as formas específicas da presença das famílias de camadas populares na escolarização dos filhos, afirma que é necessário identificar especificamente as práticas de cada família, pois não há um estilo familiar único. A autora vem mostrando que é importante observar, além do que é definido nos estudos clássicos sobre o tema, que as causas do sucesso escolar em famílias de meios populares não podem ser definidas unicamente como práticas de superescolarização ou de uma forte mobilização escolar; existem outras características que necessitam ser observadas. É importante notar, desse modo, que cada família envolvida na pesquisa teve práticas socializadoras, muitas vezes distintas, para trabalhar a escolarização dos filhos.

---

[18] Em busca de indícios que ajudem a melhor compreensão do que formula como tese, que é a existência de formas específicas da presença das famílias na escolarização dos filhos, a autora faz uma importante revisão de literatura com estudos realizados empiricamente, como: LAACHER (1990), LAHIRE (1997), LAURENS (1992), PORTES (2001), SINGLY (1996), TERRAIL (1990 e 2002), ZÉROULOU (1998). Alguns deles, segundo a autora, "sustentam a tese de que as escolaridades prolongadas em meios populares supõem uma forte mobilização familiar" (p. 121) e outros dizem que "o sucesso escolar não é redutível à mobilização dos pais – dependendo dela parcialmente – e que a mobilização familiar teria duas faces, a dos pais e a dos filhos/jovens" (p. 121).

Entre essas práticas, podemos destacar o incentivo à leitura e à escrita, muitas vezes anterior à escolarização, o que foi observado no caso da família 2, em que o aprendizado básico de leitura e escrita aconteceu em casa. Nessa família, os filhos aprenderam a ler com a mãe e a fazer "contas de matemática com o pai". Assim, já chegaram à escola sabendo ler e escrever:[19]

> [...] Nós aprendemos a ler em casa, com ela, e engraçado, aprendemos a fazer conta com ele. [...] Ele ensinava somar, subtrair, dividir, máximo mínimo divisor, é, frações, é, entendeu, e ela, eu me lembro que quando eu fui para o Grupo Escolar na primeira vez eu já lia, manchete de jornal, não é, quer dizer, fácil uma coisa fácil, [...]. Grandão, eu já lia.

O acesso a material impresso e manuscrito vem se mostrando, em alguns estudos, como, por exemplo nos de Hébrard (1996), Galvão (2003), Ginzburg (1987), Lahire (1997), entre outros, como um dos fatores importantes para a maior ou menor inserção de indivíduos na cultura escrita. A familiaridade com a leitura é de grande importância para o sucesso escolar de alguns indivíduos.[20] Para Hébrard (1996), além da maneira como um indivíduo lê, é ainda mais importante entender o papel ocupado pelo ensino da leitura em nossa sociedade, e esse ensino muitas vezes despreza aqueles indivíduos que aprendem de uma maneira diferente, ou que praticam uma leitura reflexiva, crítica e não passiva de um livro.

Em relação à circulação de livros na família 1, eram predominantes os livros escolares. Na memória das filhas, os manuais didáticos eram a única presença do texto escrito dentro da família:

---

[19] Esses fatos aconteceram aproximadamente no final dos anos 40, na cidade de Barreiros. Nessa cidade, o número de analfabetos era quase o dobro da média de cidades como Olinda, onde os filhos da família 1 aprenderam a ler e a escrever. Da população da cidade de Barreiros com mais de cinco anos de idade, 22,5% sabiam ler e escrever (IBGE, 1958, p. 52,182 e 239).

[20] Segundo LAHIRE (1997), "[...] a leitura em voz alta de narrativas escritas, combinadas com a discussão dessas narrativas com a criança, está em correlação extrema com o 'sucesso' escolar em leitura" (p. 20). Essa prática pode ser observada, a seguir, no que se refere à família 2.

Práticas de leitura e escrita em famílias negras de meios... – Fabiana Cristina da Silva 215

[...] Era só da escola, era. Livros? Só na escola mesmo. A gente só tinha aquele livro tradicional, né, o livrinho que a gente levava e que minha mãe tinha um cuidado, com os livros da gente, era tudo bem encapadinho, tudo direitinho [...]. (Luciana)

[...] Tem revistas em casa? Tem revistas, tem jornais? Não [...]. (Lúcia)

Além dos livros escolares, "livrinhos" foram citados por Lúcia, que pertenciam a seu pai e, de vez em quando, circulavam na casa. Esse objeto era tão raro que esse fato marca a depoente até hoje: "[...] às vezes, engraçado, um tempo desses, eu peguei um livrinho antigo de pai, é, às vezes, passava um livrinho assim, que pai tinha, mas a gente não tinha esse material didático em casa, porque os dois não tinham história de escolarização [...]" (Lúcia). É na escola que o universo da cultura escrita, tomando como exemplo a presença de impressos, é revelado de forma mais presente para a família 1. Ela é o lugar específico para os saberes pedagógicos; é com a ajuda do material escolar que essa família se aproxima da cultura escrita.

É importante observamos que, nos anos 50, provavelmente pela falta de opções de lazer, lia-se mais; o livro era uma ocupação costumeira, como afirma Barroso (1998). Essa prática, porém, era atribuída a setores médios da sociedade, às camadas mais intelectualizadas. Apesar de a família 2 não fazer parte estatisticamente desse quadro, o livro era bastante utilizado em seu interior. Clássicos da literatura infantil, como Monteiro Lobato, e escritores como Machado de Assis, além de enciclopédias, faziam parte da vida da família, ainda antes de dona Célia fazer o curso de Biblioteconomia:

[...] A sala de visita da casa tinha duas estantes, onde tinha uma enciclopédia Jackson, tinha as obras de Machado de Assis, de José Lins do Rego, de Eça de Queirós, de que eu me recordo, de alguns autores franceses traduzidos e tinha também uma prateleira de livros para crianças e adolescentes, Poliana, Poliana Moça, Monteiro Lobato, Sítio do Pica-Pau Amarelo, Tesouro da Juventude e eu me lembro! [...]. (Célia)

A presença das leituras clássicas, consideradas legítimas, remete-nos à teoria, como afirma Setton (2005), de Bourdieu.

Para o sociólogo, entre os grupos populares, existe uma busca pela cultura legítima. Assim, mesmo não sendo a leitura considerada legítima comumente associada a pessoas de meios populares, a família 2, principalmente a mãe, sabendo de sua importância, fez questão que esse tipo de leitura fizesse parte do crescimento dos filhos. Nessa família, existia até uma lógica de organização dos livros em casa: os livros infantis, aqueles que as crianças poderiam ler, ficavam separados dos livros de adulto, os quais os filhos eram proibidos de ler: "[...] Meu irmão era mais velho do que eu, uns quatro ou cinco anos, onde ela dizia: – Olhe daqui pra cima não pode ler, porque é para adultos, daqui pra baixo pode ler. Eu mais é (pausa) mais, [...] mais encantada pela transgressão, eu li Menino de Engenho quando meu irmão era proibido de ler [...]" (Célia).

Provavelmente, o fato de a depoente nos dias atuais ter clareza sobre a importância da leitura na formação de um indivíduo, e quais são as obras literárias consideradas importantes, que tornam seu leitor "legítimo", conforme Hébrard (1996), faz com que enfatize mais a presença desses livros em sua formação. Mas é visível também que os objetivos de escolarização dos filhos que sua mãe tinha, aliados ao seu gosto pela leitura, fizeram com que fosse criado, em sua casa, esse ambiente propício à leitura.

Em relação ao material escrito que circulavam nas duas famílias, há também uma grande diferenciação. O próprio grau de escolarização dos pais talvez explique, pelo menos em parte, a presença forte do livro não escolar na família 2, e a sua quase inexistência na família 1. A profissão escolhida por dona Célia também a diferencia da mãe da outra família: a sua paixão pelos livros e o gosto pela leitura a fez escolher a ocupação de bibliotecária, depois que os filhos já estavam crescidos; o mais velho, já no nível secundário.

Além da existência de livros em casa, foi objetivo da pesquisa observar se eles eram efetivamente lidos, e de que maneira as famílias realizavam essa prática. No caso da família 1, os depoimentos revelam que essas práticas eram bem mais vividas na escola, como poderemos observar no tópico seguinte deste capítulo. Em casa, parece que a leitura "desinteressada", vinculada ao prazer, era inexistente. A leitura estava sempre relacionada aos exercícios escolares: "[...] A minha casa não foi esse ambiente de propiciar essas possibilidades de leituras a não ser aquilo que a escola garantia [...]" (Lúcia).

Todavia, um dos exercícios de prática da escrita foi revelado no depoimento da filha mais velha, que o reconheceu como parte do cotidiano da família. Desse exercício, participavam ela e seu pai, sob os olhares da irmã mais nova. O pai da família 1, como já citado, era pedreiro e, como tal, necessitava fazer orçamentos e plantas para a construção de casas. Embora soubesse escrever, normalmente ele os guardava "na cabeça", até que a filha mais velha, Lúcia, aprendeu a ler e começou a escrever para ele: em um primeiro momento, à mão, e, depois, com uma máquina de datilografia:

> [...] Por exemplo, eu que fazia o orçamento de pai, quando comecei a escrever, quer dizer, em vez dele guardar o orçamento na cabeça ou rascunhar, que pai tinha, até escrevia tudo direitinho, mas não usava, não é, agora quando eu comecei a escrever, então, era eu que fazia, o orçamento dele, dos trabalhos dele, quando ele pegava um trabalho, então eu escrevia o orçamento. [...] Do mesmo jeito que a máquina de datilografar ficava muito a serviço de fazer o orçamento dele, eu já não fazia mais o orçamento à mão pra ele, já fazia orçamento datilografado. [...] Dizia assim, é, uma alvenaria, não é, então dizia tantos metros de parede, tantos metros quadrados, pintura, massa lisa, massa corrida, então, aí ele ia dizendo e eu ia fazendo a listinha pra ele [...]. (Lúcia)

Essa prática cotidiana de fazer orçamentos para ajudar no trabalho do pai aproxima-se do papel que Lahire (1997) atribui à realização de algumas atividades que englobam o planejamento da família, feitas de forma escrita, como agendas, lista de compras, entre outros: elas ajudam efetivamente na escolarização e na melhor apropriação da leitura e da escrita pelos sujeitos.

No caso da família 2, as práticas de leitura e escrita eram quase sempre proporcionadas pela mãe. Considerada pela filha como uma "ávida leitora", fazia com que o pai, um "ávido ouvinte", participasse dessas práticas, tendo como objetivo, segundo Célia, tornar os filhos "pequerruchos ávidos influenciáveis". A leitura era um gosto pessoal da mãe que, segundo a filha, era transmitido aos filhos de uma forma muito inteligente, sem pressão. Ocasionalmente, ela introduzia nas conversas a curiosidade sobre determinado livro que os filhos tinham lido e, a partir daí, fazia algumas discussões:

> [...] Ela e ele meu pai ficava atento, sabe, e questionava e fazia perguntas, sabe: –Ah! E essa história de... Como é? Como é essa história de "Emília no País da aritmética?" Eu quero ler esse livro. Aí ele lia também, entendeu, quer dizer, então não era ler por ler como se assiste novela por assistir, era uma coisa que, não havia um negócio chato, não, a gente essa semana todo dia vai se sentar pra ver que livro leu o que achou, o que, não [...] era isso não. Era aquela coisa frouxa na mesa, num dia de domingo, num jantar, tá entendendo? [...]. (Célia)

Sua mãe, segundo Célia, também era a responsável pelo envolvimento do pai com os livros:

> [...] Mas ele e ela tinham uma relação muito maravilhosa, e eu tenho a impressão que nesse relacionamento ela, por osmose, passava as coisas pra ele, ela lia um livro, contava pra ele, discutia com ele, um romance que eu tô falando, um romance, Eça de Queiros, Machado de Assis. Ela era uma ávida leitora. E ele me parece um ávido ouvinte [...]. (Célia)

A leitura e a discussão de um livro em família, sobretudo em se tratando de um clássico, é um comportamento típico das classes médias, que compreendem a função que a leitura exerce na construção de um indivíduo. A família 2, embora pertencente às camadas populares, revela, assim, uma forte tendência à intelectualidade. Podemos, desse modo, observar que realizar leituras consideradas legítimas não era prerrogativa apenas de segmentos privilegiados, mesmo no período estudado.

Célia aponta esse hábito de leitura, que se iniciou na infância pela influência da mãe, como um dos fatores que ajudou na sua escolarização. É em conseqüência desse hábito que ela acreditava que se sairia bem no que escolhesse profissionalmente, principalmente hoje, quando está atuando no campo das Ciências Humanas, da Antropologia, campo bastante diferente da Medicina. Esse gosto pela leitura que Célia diz ter herdado da mãe pode ser interpretado como um certo capital cultural. A prática cotidiana que circundava essa família propiciou, pelo que parece, uma boa transmissão desse capital, que se apresenta na família pela presença da leitura.

Assim, podemos observar que, na família 1, a presença de livros e as práticas de leitura se restringiam, quase sempre, a livros escolares, ou seja, a escola é que representou mais efetivamente o mundo da leitura e da escrita. A presença de outros materiais de leitura era tão rara que ficou marcada na memória de Lúcia. A escrita de orçamentos com seu pai se caracterizou como uma prática de escrita cotidiana em parte de sua juventude. Na família 2, contudo, a aproximação ao mundo da escrita foi feita primeiramente dentro do âmbito familiar. A presença de livros diversos sempre foi constante; de acordo com o depoimento, a mãe era uma forte impulsionadora da leitura e do diálogo sobre os livros.

Assim, mesmo em se tratando de duas famílias de meios populares, as relações com a leitura e a escrita se diferenciam entre si. Tudo indica que, nesses casos, a formação profissional dos pais tenha tido peso nessa diferença. Não podemos esquecer que a mãe da família 2 tinha como formação biblioteconomia e, mesmo antes, já cultuava uma paixão pelos livros.

As pesquisas realizadas por Lahire (1997) têm mostrado que, apesar de tendermos a ver as classes populares como homogêneas, existe uma diversidade nas relações de tais classes com a escrita, o que podemos observar na medida em que descrevemos as diferenças entre essas duas famílias. O autor afirma que

Por detrás da similaridade aparente das categorias socioprofissionais, talvez se escondam diferenças, abismos sociais na relação com a escrita, diferentes freqüências de recurso a práticas de escrita e leitura, diferentes modos de representação dos atos de leitura e de escrita, diferentes sociabilidades em torno do texto escrito. (p. 20)

A questão não se limita, como afirma Lahire (1997), à presença ou não de práticas de leitura em casa; o que é importante é saber se essas práticas foram vividas de forma negativa ou positiva, se se aproximaram da modalidade de uso do escrito feito pela escola. No caso das duas famílias, seja em casa ou na escola, seja com a forte presença de livros clássicos, seja com os livros escolares ou com listas de orçamento, essas recordações surgem nos depoimentos como práticas positivas e que incentivaram e ajudaram os sujeitos na vida escolar.

O estudo também revelou que existiam outras práticas familiares específicas, as quais podemos analisar como importantes na formação que os filhos tiveram em relação à leitura e à escrita, como é o caso de uma rotina escolar doméstica bem dividida e definida. Tomando como consideração as conclusões a que chega Lahire (1997) em seu estudo, essa ordem doméstica é "indissociavelmente, uma ordem cognitiva", pois "a regularidade das atividades, dos horários, as regras de vida estritas e recorrentes, os ordenamentos, as disposições ou classificações domésticas produzem estruturas cognitivas ordenadas, capazes de pôr ordem, gerir, organizar os pensamentos" (p. 26).

As duas famílias estudadas pareciam criar hábitos e uma rotina bem definida para as atividades domésticas e para as atividades escolares. Pode-se afirmar que tal rotina tinha como finalidade o melhor desenvolvimento na escola e, assim, nessa rotina, a leitura e a escrita aparecem fortemente. No que diz respeito à família 1, em que os pais têm um baixo grau de escolarização, a mãe, mesmo que intuitivamente, compreendia a importância de incentivar, acompanhar e sistematizar diariamente as atividades escolares dos filhos. Na família 2, em que os pais têm grau de escolarização maior, eles pareciam conhecer a importância da disciplina e de uma rotina de estudo para o desenvolvimento intelectual dos filhos. Mesmo balanceando as diferenças em torno da intencionalidade dessas atividades, as duas famílias criaram estratégias ou procedimentos semelhantes para desenvolver o acompanhamento escolar dos filhos, que estão diretamente relacionados a práticas orais e escritas.

Nos casos estudados por Viana (1998) e Gurgel (1998), é bastante freqüente esse permanente acompanhamento da família em relação à trajetória escolar dos filhos. Segundo os autores, um bom e contínuo diálogo familiar, em que os pais diariamente perguntam sobre o dia escolar dos alunos, os problemas, os avanços, se tem deveres a realizar (mesmo que não compreendam todos esses aspectos, tentam ajudar de diversas formas como: pedir para o filho relatar como a professora mandou fazer as tarefas, verificar principalmente a caligrafia, mandar refazer a tarefa se a letra não estiver bonita, passar cópias de textos, etc.), como uma forma de controle e acompanhamento da vida escolar dos filhos, parece influenciar positivamente na permanência escolar.

As famílias 1 e 2 faziam disso uma rotina diária que, com o passar do tempo, os filhos incorporaram. O valor da escola era tão grande que, em casa, era necessário seguir um ritual, e tudo só aconteceria depois que as atividades escolares estivessem prontas, e os conteúdos escolares do dia estivessem estudados. A hora de estudar vinha antes de qualquer atividade em casa. Era a primeira e mais importante atividade do dia. Tais atividades não eram vistas como coisas complementares, e sim como uma obrigação. Esse momento era diário e, durante todo o processo de formação escolar dos filhos, o estudo tinha uma hora certa e específica para acontecer: "[...] Aí, é, nós chegávamos, almoçávamos, tomava banho, essa coisa toda e tinha aquela hora de chegar e sentar na mesa [...] e estudava de x horas a x horas que eu não sei te precisar [...]" (Célia).

Um local único e determinado para o estudo dentro da rotina dessas famílias também era definido: a principal mesa da casa. Era nela, e não em um lugar à parte, feito especificamente para estudar, que eram realizados esses momentos de estudo. A mesa às vezes na cozinha, às vezes ficava na sala, mas era ela que servia para tudo, em que a família conversava e também fazia as refeições.

Normalmente, e estrategicamente, a mesa ficava sempre no campo de visão das mães, para que, enquanto elas desenvolvessem suas atividades domésticas, pudessem acompanhar as atividades dos filhos:

> [...] a gente tinha uma mesa na sala, era, era uma mesa na sala, né, a mesa ficava assim no canto e era naquela mesa. Muitas vezes minha mãe lá na máquina costurando e a gente na mesa fazendo as tarefas da gente [...]. (Luciana)

> [...] Só discretamente, quer dizer, ela dava uma passada e sacava se a gente tinha fechado o caderno e tava olhando pro mundo ou tava fazendo estrelinha, entendeu? [...]. (Célia)

No caso da família 1, Lúcia chega a vincular a sua disciplina intelectual a essa rotina de atividades na mesa da cozinha no seu período escolar: "[...] eu digo o que eu acho, digo eu não posso dizer com muita profundidade. Mas acho que a minha disciplina intelectual nasceu na mesa da cozinha da minha casa, não é, por essa obrigação que a gente tinha de estudar [...]" (Lúcia).

Nas famílias estudadas, todos os membros parecem ter desempenhado um papel específico e importante no projeto bem-sucedido de escolarizar os filhos. Mas, sem dúvida, nenhum deles se destacou tanto nesta pesquisa como a figura da mãe. É a ela que também atribuímos o papel desempenhado pela leitura e pela escrita nessas famílias.

Podemos observar esse destaque na própria escolha da profissão de dona Célia. Apesar de não ter deixado de ser dona de casa, função que exerceu unicamente durante boa parte de sua vida, escolheu ser bibliotecária. Além da real paixão que tinha pelos livros, é possível considerar que ela sabia da importância desse instrumento para uma melhor escolarização dos filhos. Como afirma a filha Célia, ela se viu em determinado momento tendo de voltar a estudar para poder ajudar mais os filhos: "[...] então ela estabeleceu como meta que os filhos deveriam estudar, para isso ela teria que estudar [...]" (Célia).

A mãe parecia ser a pessoa que priorizava a escola antes de qualquer coisa. Acreditamos que a escola era o projeto de vida dessas mulheres que, por um motivo ou por outro, não foi concretizado. Desse modo, elas trabalharam para que esse projeto de vida fosse então de seus filhos e, para isso, não mediam esforços.

Essas práticas das mães, mesmo inconscientes ou involuntárias, marcaram as filhas a ponto de elas as situarem como parte significativa de seu dia-a-dia, na infância. A mãe tinha o papel de monitoramento, de controle das tarefas. Na memória dos filhos, era importante sempre saber se a tarefa de casa foi feita. Ou, se não fosse feita, as razões que levaram a essa situação. Esse acompanhamento se dava normalmente por meio da oralidade. Mesmo quando não tinham o domínio da escrita ou dos conteúdos escolares, as mães acompanhavam os filhos, como na família 1:

> [...] a minha mãe é a melhor professora de prática de ensino, que eu já conheci, não é. [...] Porque quando nós chegávamos [...] ela perguntava assim, não sei nem se ela tem lembrança disso ou se isso marcava tanto a ela quanto marcou a mim, filha, estudante, não é? [...] quando ela, a gente chegava ela perguntava: – Tem dever? Tem. – Então vá logo fazer o dever, pra poder ir brincar. (Lúcia)

O monitoramento era realizado sem que a mãe "vigiasse" o filho: parecia confiar nele. Observava, de longe, as atividades do filho enquanto fazia suas tarefas domésticas: "[...] Ela ficava fazendo os trabalhos dela e dizia: – Olha a hora do dever. Já fizeram a tarefa? E a gente sentava e fazia a tarefa, entendeu? [...]" (Luciana).

Essa disciplina diária aparece também no estudo de Lahire (1997) no que ele denomina como "ordem moral doméstica". Segundo o autor, em casa, os pais podem exercer um controle direto sobre a escolarização dos filhos, proibindo e limitando saídas, sancionando notas baixas, assegurando que as atividades sejam feitas, entre outros aspectos, evitando assim que os filhos se desviem da escola. Esses filhos das famílias 1 e 2, por crescerem nesse universo familiar que podemos considerar como organizado e sistematizado, adquiriram, até mesmo sem perceber, métodos de organização, estruturas cognitivas ordenadas e predispostas, como afirma Lahire, a "funcionar como estruturas de ordenação do mundo" (1997, p. 27), assim como do mundo escolar.

Tentar ajudar nas atividades, decodificando as orientações da professora e usando sempre a repetição oral do que ela ordenou, verbalizando para que o filho pudesse entender melhor, tornou-se uma característica da mãe da família 1:

> [...] se não soubesse o que fazer, não é, às vezes a gente vinha com um dever que não sabia como fazer, aí ela perguntava: – Como foi que a professora disse que era para fazer? Aí a gente repetia o que era que a professora disse que era pra fazer, então ela intuitivamente, não é, ajudava a fazer o dever: "então você vai fazer". Decodificava a fala da professora [...]. (Lúcia)

Muitos estudos vêm evidenciando atualmente que as relações entre oralidade e escrita são bem mais estreitas (e não oponentes) como se tendeu a afirmar antes.[21] A oralidade é um dos fatores que ajuda o indivíduo a entrar no mundo da cultura escrita. Nós vivemos em um mundo oral, nossa primeira aproximação com o mundo se dá por meio da oralidade, e não diretamente por meio da escrita. Quando dona Conceição utilizava a oralidade – repetição da fala da professora, voz alta, etc. –, para inserir os seus filhos no mundo da escrita, atribui compreensão ao escrito, nesse caso, às atividades escolares.

---

[21] Para uma revisão crítica sobre esses estudos, ver GALVÃO; BATISTA (2006).

Esse acompanhamento baseado na repetição oral daquilo que foi solicitado pela professora não foi, por outro lado, observado com tanta ênfase no depoimento da família 2, provavelmente por dona Célia ter um grau de instrução maior do que dona Conceição. Na família 1, quando dona Conceição não entendia o conteúdo escolar, ou seja, à medida que se iam complexificando os graus de ensino, ela mandava perguntar a outra pessoa. Na família 2, por outro lado, na memória da filha, diante de qualquer dúvida que tivesse, ela sempre perguntava à mãe, e muito raramente ela não conseguia ajudar, a não ser quando os filhos estavam no nível superior.

A escola como principal espaço de aquisição da leitura e da escrita

A apropriação de algumas "habilidades básicas", como a leitura e a escrita, mostrou-se nesta pesquisa como um percurso diferente e particular de cada família estudada. Como já dito anteriormente, foi principalmente pela escola que a família 1 se apropriou com mais eficiência da leitura e da escrita e teve acesso a livros e a práticas de leitura. Foi em espaços educativos, ainda não institucionalizados,[22] porém fora do âmbito doméstico, que seus membros aprenderam a ler e a escrever. Segundo dona Conceição em seu depoimento, ela fez questão de "botar os meninos pra estudar tudo pequenininhos [...] com cinco anos". Por isso, teve que pagar a particulares para que isso ocorresse já que, no caso de Lúcia, com essa idade, "no Estado não entrava". Segundo dados do IBGE (1956), das 883.240 crianças em idade escolar em 1950, 751.625, ou seja, 85%, ainda não estavam alfabetizadas. Entretanto, a família 1 conseguiu tirar seus filhos das estatísticas antes do início da idade escolar formal.

---

[22] Embora estivéssemos nos anos 50 do século XX, muitos espaços educativos, sobretudo nos níveis iniciais de ensino, permaneciam pouco institucionalizados e tinham no "mestre-escola" praticamente a sua figura central.

No caso de Lúcia, as primeiras recordações que ela tem do aprendizado da leitura e da escrita relacionam esses aprendizados a dois ambientes diferentes, ambos próximos de sua casa, no bairro de Águas Compridas, na cidade de Olinda.[23] O primeiro ambiente não era propriamente uma escola, mas um espaço em que havia uma espécie de aula particular. Acontecia na casa de uma senhora chamada dona Lia. O segundo ambiente, por sua vez, era um salão, que se aproximava mais de um ambiente escolar: era a escola do "Professor Astrogildo", em que conseguiu, pela primeira vez, ler um texto "corrido"; nesse espaço, portanto, podemos considerar que a depoente se alfabetizou. Foi nesse momento que Lúcia pegou, pela primeira vez, uma cartilha e leu o texto inteiro, momento este que diz ter sido mágico:

> [...] Quando eu fui para o Astrogildo, então, já veio a cartilha [...] Então, quando eu cheguei aqui no Astrogildo eu me descobri lendo, lendo um texto da cartilha [...] acho que meu clic se deu aqui na escola do Astrogildo [...] porque eu, me descobri lendo quando, eu peguei a cartilha, aquela cartilha "Vamos Estudar" e eu li o texto inteiro, não é, eu não sei como esse momento mágico aconteceu. (Lúcia)

Foi com dona Lia, porém, que Lúcia estudou a carta do ABC, o primeiro livro que recorda ter possuído na infância e base da

---

[23] É importante observar que, segundo o Censo de 1950, na cidade de Olinda, no período em que Lúcia iniciou sua escolarização, das pessoas de 5 anos e mais, 56,1% sabiam ler e escrever. Um índice alto se comparado com a média do Estado, cuja taxa de alfabetização era de 27,5% (IBGE, 1958, p. 182). Pernambuco ocupava o 14º lugar no quadro da alfabetização nacional. Do censo de 1940 ao de 1950, a alfabetização da população de 5 anos e mais aumentou no Estado de 25,7% para 27,5%, menos de 2,5% nesse espaço de dez anos. O número de alfabetizados somava 780.663, para um total de 3,4 milhões de habitantes (IBGE, 1956). É importante observar ainda que os índices de alfabetização em Pernambuco, em 1950, eram de no máximo 65%. Olinda, cidade em que Lúcia e Luciana estudaram antes e durante o primário, e o Recife tinham, respectivamente, as taxas mais altas de alfabetização, 64,94% e 60,66%. Somente nesses dois municípios é que havia predominância de alfabetizados. Em todas as outras cidades do Estado, os analfabetos formavam uma compacta maioria, nunca inferior a 60% e, em quinze delas, superior a 85% (IBGE, RBM, n. 34, 1956, p. 145).

alfabetização de muitas crianças na época. A carta do ABC era muito utilizada na alfabetização das crianças ainda nesse período, assim como no período anterior[24] e também no período posterior. Luciana também se recorda de ter estudado com ela. As pessoas, assim como Lúcia, tendem a se lembrar, até hoje, de alguns trechos:

> [...] porque a gente não chegava ao final da Carta não, era só o início lá, né. Aquela segunda parte, de não sei o que mastigou pimenta, aquilo ali a gente, era muito mais, eu hoje entendo que aquilo era mais uma parte folclórica da carta de ABC, porque a essência mesmo da carta de ABC era o alfabeto, não é, então era o que eu estudei aqui [...]. (Lúcia)

Na pesquisa de Galvão (2000), em que a autora se debruçou sobre as décadas de 1930 e 1940, também aparecem referências à carta do ABC, por meio das memórias de seus entrevistados, como podemos observar: "[...] os livros que existiam antigamente era ... o que tinha era tão atrasado, que o pó... o menino meu só tinha a carta de ABC. Só tinha a carta de ABC. [...]" (Zé Mariano) (GALVÃO, 2000, p. 334). Segundo a autora, nesse período, a carta de ABC parecia ser largamente utilizada no Recife e em Pernambuco, embora já criticada desde o final do século XIX. As cartas do ABC ou abecedários foram, assim, amplamente utilizados no Brasil até meados do século XX. Pfromm *et al* (1974) afirmam que, até o início da década de 30, a editora Globo, de Porto Alegre, anunciava suas "Cartas de ABC", folheto vendido por 200 réis, que parece, segundo os autores, ter tido sucessivas edições.

Luciana recorda que, no momento em que aprendeu a ler e a escrever,[25] realizou principalmente uma atividade de recitação

---

[24] A mãe da família 1 se alfabetizou com a carta do ABC e tem, na memória, alguns de seus trechos: "Oh, meu pai, eu vou ler, não faz bem eu não ler, vá ler mais [risos]". O trecho memorizado é parte da carta de ABC de Landelino Rocha, largamente utilizada em Pernambuco (acervo do NEPHEPE).

[25] Luciana, por ser a mais nova da família, fez um percurso um pouco diferente. Sua primeira experiência escolar se deu em uma instituição evangélica, a mesma onde Lúcia iniciou o primário, a Escolinha de dona Luíza.

de poesias na escola: "[...] Eu era pequenininha, eu era pequena, que eu lembro que eu fui recitar uma poesia de um pão, e eu era bem pequenininha mesmo, aí minha mãe mandou até o padeiro fazer um pão bem pequenininho, sabe, então eu era pequena mesmo [risos]". No primário,[26] Lúcia também se recorda de ter recitado poesias: "[...] eu era tímida. Mas mesmo assim participava das coisas da escola. [...] Ela sempre fala do que a gente recitava, não é, na escola [...]. É um momento de recitar, é, dizer poesia, não é".

Uma professora exerceu forte influência na formação de Lúcia. Hoje, ela reconhece que a desenvoltura no falar, o gosto pela leitura e pela escrita e até o fato de ter sido representante de turma na Escola Normal[27] se devem a uma professora de Português. Essa professora tinha uma forma de dar aula diferente, dinâmica, que encantava Lúcia. Analisando o passado, afirma que essa professora teve papel importante na sua formação e que até hoje traz isso dentro de si:

> [...] É, eu fui oradora de turma. E isso tinha muito a ver com uma professora, que era uma professora de língua portuguesa, Erênia Nascimento.[28] Erênia tinha formação em Direito, mas ela era uma excelente professora de língua portuguesa. Eu sempre digo, que é aquela a didática estava nela, não é, no jeito que ela ensinava. Então é despertar para ler, para ler alto, para quebrar a inibição, então tudo se vivia na sala de Erênia Nascimento. Era um verdadeiro laboratório, não é, logicamente que enquanto eu fui aluna, eu não sabia disso. [...] Depois, né, que eu olho pra trás, aí, é que eu percebo, Erênia teve, não é, essa contribuição na minha formação, porque ela, todos os dias nós líamos, e líamos alto, e líamos para toda a turma. Na sala nós tínhamos uma preparação de grêmio mensal, então, cada equipe era responsável por preparar o grêmio. E o grêmio era resultado de uma parte literária, que a gente

---

[26] Obra Social Cura Dars, escola em que Lúcia e Luciana fizeram o ensino primário.

[27] Escola pública de muito prestígio social e educacional no período em que Lúcia e Célia realizaram o ensino secundário.

[28] Para um depoimento de Erênia Nascimento e uma análise de suas práticas como professora de português, ver BARRETO (2004).

teve. Então a gente, com ela tinha a forma de escrever, nós tínhamos um diário, que ela acompanhava, não para ler o diário, mas para olhar se a gente escreveu. [...] Todos os dias, isso.

[...] você escrevia na sua casa e no outro dia da aula dela ela olhava, olhava a data, ela não se interessava pelo texto, até a gente ter criado o hábito ela não precisava mais olhar, então, escrever essa era uma estratégia dela. Ler. Nós líamos, quer dizer, eu fiz toda aquela literatura nacional com Erênia, mas não era só ler, era ler e transformar aquilo em teatro, em poesia, quer dizer, interpretar e recriar. Pra isso é que tinha o grêmio. E a terceira coisa era o ler alto, né, e com dicção, ela, se a gente tivesse sentado lá trás ela ficava lá na frente, pra escutar, se a gente tivesse lá na frente ela ficava lá trás, contanto que onde ela estivesse ela escutasse [...]. (Lúcia)

Por meio da professora Erênia, Lúcia foi apresentada pela primeira vez a uma biblioteca, a biblioteca da Escola Normal, e teve despertado seu gosto pela leitura, pelos livros, principalmente pelo gênero das biografias: "[...] essa professora, a Erênia, é ela era uma pessoa que incentivava a leitura, biografias, então hoje eu tenho hábito de ler biografias. [...] Adoro ler biografia. Erênia foi uma pessoa importante, pra isso [...]. Fui aprendendo com ela" (Lúcia).

As biografias são muito presentes nas práticas de leitura daqueles considerados "novos leitores", ou seja, dos leitores que não tiveram uma aproximação desde a infância com as leituras consideradas como legítimas. Muitas vezes, essas biografias contam as histórias de pessoas que lutaram para conseguir um determinado objetivo; é como se o leitor se inspirasse naquele exemplo, naquela história de vida. Essa questão aparece explicitamente no depoimento de uma das pessoas pesquisadas por Setton (2005), Duda, que tem na biografia o gênero de que mais gosta; Duda diz ter se inspirado na vida de Beethoven, ao ler sua biografia, como parâmetro para ela conseguir atingir seu objetivo. Setton (2005) observou também a presença de uma literatura, muitas vezes considerada como desclassificada, do ponto de vista escolar, como os folhetos, almanaques, entre outros, na vida de "novos leitores".

230 História da cultura escrita: séculos XIX e XX

É a essa professora, Erênia, que Lúcia reporta sua entrada ao mundo da leitura e da escrita e também, em um momento de reflexão, reconhece que foi a escola que possibilitou sua inserção no mundo letrado, inserção essa que ela não tinha no âmbito familiar, como vimos anteriormente: "[...] Então, a escola foi aquilo, foi o que mobilizou, meu gosto pela leitura (pausa) então, na escola eu fui buscar isso. [...] Principalmente na Escola Normal, então a Escola Normal foi assim, um campo aberto. [...] A não ser escolares. Exatamente. [...] Romances [...]. Fui aprendendo com ela" (Lúcia).

Podemos, assim, observar que, no caso da família 1, o aprendizado básico da leitura e da escrita foi realizado em ambientes considerados escolares. Esses ambientes também possibilitaram o acesso a material de leitura que não se encontravam com freqüência no ambiente familiar. Esses aspectos são bem diferentes no que concerne à família 2, em que havia toda uma preparação familiar em relação à leitura e à escrita antes mesmo de se ir para a escola. Nesse caso, a boa formação escolar dos pais permitia que esse processo se desse em casa, como relatado anteriormente. Essa distinção se deve, entre outros aspectos, ao fato de, na família 1, os pais terem nível de escolaridade menor.

Não podemos deixar de destacar que existiram outros fatores que influenciaram as práticas de leitura e de escrita dessas famílias. Além do espaço familiar e escolar, acreditamos que os sujeitos estudados tenham encontrado referências exteriores a esses núcleos que contribuíram para uma apropriação mais efetiva de práticas de leitura e de escrita. Em outras palavras, existiram outras instâncias de socialização de que esses indivíduos fizeram parte e que influenciaram, direta ou indiretamente, nesse processo. A primeira dessas instâncias é a cidade. Nos anos 50, Recife era uma cidade caracterizada pela sua efervescência cultural,[29] por já se

---

[29] A cidade, no seu aspecto cultural, é que demonstrava ainda mais a sua efervescência, pois contava com 25 bibliotecas gerais e especializadas, públicas e particulares, e as bibliotecas ambulantes. Circulavam, no período, cerca de sete jornais diários; havia três rádios, 27 tipografias, quarenta e seis cinemas, um museu, um teatro e 24 livrarias, além das atividades artísticas que eram realizadas em vários bairros.

encontrar plenamente urbanizada, e Barreiros[30] vivia o auge da indústria açucareira. Diante disso, podemos observar que, no período, morar em cidades ou em bairros específicos, com características urbanas, culturais e econômicas intensas, com acesso a bens culturais de prestígio, como cinemas, bibliotecas, e participações em movimentos sociais, parece ter interferido bastante na trajetória escolar desses sujeitos.

Um dos fatores, o qual podemos aqui destacar, que contribuía para a efervescência cultural da cidade do Recife, foi a criação das chamadas bibliotecas populares, fixas e ambulantes. A criação dessas bibliotecas estava também ligada aos movimentos populares da cidade no período. Segundo Verri (1996), elas foram criadas a partir de 1944 e, somente anos depois, foram efetivamente concretizadas na gestão do prefeito Pelópidas Silveira. Organizadas pelo Departamento de Documentação e Cultura da Prefeitura Municipal, tinham como objetivo levar a cultura, por meio de livros, aos bairros mais populares do Recife, como inicialmente os bairros de Santo Amaro, Encruzilhada, Casa Amarela e Afogados. Com o tempo, o projeto foi se expandindo para outros bairros.

Essas bibliotecas existiam também de forma ambulante, em ônibus que circulavam por alguns bairros do Recife. Célia e sua família conheceram e utilizaram bastante os serviços desse tipo de biblioteca: "[...] eu, no primeiro, no segundo ano de Medicina, até mesmo no terceiro ano científico [...] bibliotecas ambulantes em ônibus que ia a cada quinze dias num bairro, que você fazia seu cartão, e você tirava desde o seu livro didático até a revista, passando pelo romance e pela poesia" (Célia). Nesse momento, a sua família já morava no bairro de Cajueiro, sua mãe e seus irmãos tinham a carteirinha da biblioteca e,

---

[30] Cidade em que a família 2 viveu até a adolescência dos filhos. Barreiros está localizada no litoral da zona da mata sul pernambucana. Ela surgiu no começo do século XIX, em um povoamento em volta de uma capela dedicada a Santo Antônio. É uma das cidades que teve seu auge na efervescência da produção das usinas de cana-de-açúcar nas décadas de 40 e 50, no Estado.

segundo ela, eram clientes assíduos: "[...] É, ele chegava numa rua numa rua básica do bairro, por exemplo, em Cajueiro, chegava, ele parava na frente da Igreja, então o povo corria, todo mundo descia o morro [...]" (Célia).

Outro serviço interessante que existia na época e de que Célia fez uso foi uma biblioteca pública, na Avenida Guararapes, no centro do Recife, em que havia, além de empréstimos de livros, uma discoteca disponível para se escutar qualquer tipo de música:

> "[...] Que tinha uma [...] uma discoteca, individualizada, com umas vinte cabines, com fones, que você chegava lá como numa biblioteca você dizia é: – Eu quero ópera. Eu quero sonatas ou eu quero Pixinguinha, e você entrava na sua cabine, e você colocava seus fones e você ouvia sem interferir [...]" (Célia).

O acesso a qualquer tipo de biblioteca é outra característica observada ao longo da história desses indivíduos. Nesse aspecto, as famílias também são bastante distintas. Como já vimos, a família 2 tinha uma aproximação e um acesso muito permanente a livros e a bibliotecas, em virtude, entre outros fatores, da formação profissional de sua mãe. A presença de livros e a utilização de bibliotecas existiram, nessa família, desde quando os filhos eram crianças. Na cidade de Barreiros, onde viveram a infância, havia, em 1950, quatro bibliotecas em funcionamento, entre elas a biblioteca municipal que, no período, contava com a sua mãe no cargo de bibliotecária. Célia disse que, atualmente, tem uma biblioteca pessoal formada por cinco mil livros, muitos deles herdados da sua mãe e outros adquiridos posteriormente:

> [...] criou o hábito, não é, mas pra que você tenha uma idéia, eu tô me mudando pra cá, ainda não terminei a mudança, ainda tô com muita coisa lá, na outra casa. Eu tenho uma biblioteca que, em parte, é herdada dela e depois é incrementada pelo meu gosto pessoal, de cinco mil livros, eu ainda não trouxe porque ainda não fiz ainda a biblioteca aqui, são cinco mil livros! (Célia)

A família 1, no entanto, segundo o depoimento das filhas, não teve, durante a infância, acesso a bibliotecas, principalmente na localidade em que moravam, onde esse tipo de serviço não existia. Isso pode ser constatado a partir dos dados do censo de 1950, segundo os quais, na cidade de Olinda, havia cinco bibliotecas de caráter privado, e todas estavam localizadas no centro histórico da cidade e não na periferia, onde se localizava Águas Compridas, o bairro onde os filhos de seu Edmilson e dona Conceição cresceram.[31]

Segundo Lúcia, a primeira vez em que teve acesso a uma biblioteca foi quando começou a estudar na Escola Normal, o que se apresentou, para ela, como uma das diferenças entre essa instituição de ensino e as escolinhas em que já havia estudado. Luciana, por sua vez, só conheceu uma biblioteca quando chegou ao ensino superior. As bibliotecas, como um lugar de referência onde o capital cultural de uma determinada sociedade é guardado e, a partir do acesso que se tem a elas, transmitido, desempenham papel primordial na formação escolar de alguns indivíduos.

Em Pernambuco, segundo o censo de 1958, existiam 48 bibliotecas; elas eram, no entanto, normalmente localizadas nos centros das principais cidades, dificultando o acesso de pessoas que moravam nas periferias, como era o caso da família 1. Por outro lado, a oportunidade de ter morado em um bairro de classe média, em um período histórico em que o governo realizava um movimento de criação de bibliotecas em lugares populares, foi a chance, vivida pela família 2, de participar desse movimento. Essa oportunidade vinha se somar às disposições da família em relação à leitura, aos livros e às bibliotecas, construídas em outras instâncias, principalmente na família, a partir do percurso pessoal e profissional de dona Célia.

---

[31] São essas as bibliotecas: a biblioteca do Seminário Arquidiocesano de Olinda e Recife, a biblioteca O Luzeiro, a biblioteca do Mosteiro de São Bento e a biblioteca do Centro Cultural dos Professores Municipais (IBGE, 1958, p. 240).

Considerações finais

Diante do exposto, podemos observar inicialmente que a inserção no mundo da cultura escrita, pelos sujeitos investigados na pesquisa de que trata este capítulo, foi realizada de forma distinta e particular. Tal constatação só confirma, como já fizeram outros estudos, que os meios populares não podem ser vistos como grupos homogêneos, pois, embora as famílias estudadas tivessem o mesmo nível econômico e social, as práticas de leitura e escrita se realizaram de forma diferenciada. É importante destacar que, no momento em que nos propomos a entender se existiram e de que modo eram vivenciadas as práticas de leitura e escrita desses sujeitos, a família e a escola se configuraram como as agências principais da sua inserção na cultura escrita.

Neste estudo, observamos certa distinção em relação à apropriação da leitura e da escrita pelas famílias. A família 2, constatamos, teve uma relação mais estreita com a leitura e a escrita, decorrente principalmente das práticas exercidas no âmbito familiar, enquanto a família 1 tem sua efetiva aproximação da leitura e da escrita por meio da escola.

Na família 1, existiram práticas de leitura e escrita desenvolvidas no âmbito familiar; porém, elas se restringiam às orientações e aos acompanhamentos da atividade escolar, realizadas principalmente pela mãe que utilizava a repetição oral para a compreensão e o desenvolvimento das atividades dos filhos. A escrita era usada para a realização das atividades escolares, mas também em outras atividades no âmbito familiar: sobretudo a filha mais velha, Lúcia, empregava esse recurso cotidianamente para ajudar nas atividades profissionais do pai. Foi, contudo, na escola que os filhos dessa família aprenderam a ler, tiveram maior acesso a livros não escolares, freqüentaram bibliotecas e vivenciaram diferentes práticas de leitura e escrita.

Por sua vez, na família 2, a escola foi mais um dos elementos que contribuíram para a solidificação dessas práticas, pois, desde o aprendizado básico da leitura e da escrita, o acompanhamento das atividades escolares, o acesso em casa a livros não escolares de autores reconhecidos como legítimos, o hábito de freqüentar bibliotecas, tudo isso foi vivenciado inicialmente na família. Nesse grupo familiar, a mãe se configurou como principal agente na mobilização dos filhos em relação às práticas de leitura e escrita, principalmente, em virtude de sua compreensão – que ela deveria ter – sobre a influência da leitura na formação de um indivíduo; esse indício pode ser relacionado a sua posterior formação como bibliotecária.

Por fim, não podemos deixar de destacar a especificidade histórica da cidade do Recife no período estudado. Certamente, essa especificidade muito contribuiu, principalmente para os filhos da família 2, para o acesso a bens e práticas culturais reconhecidas e legitimadas pela sociedade letrada.

Fontes

FUNDAÇÃO GETÚLIO VARGAS. *Conjuntura Econômica.* Rev. ano XI, n. 3, março. Rio de Janeiro, 1957.

IBGE. *Enciclopédia dos Municípios Brasileiros.* XVIII Volume. Rio de Janeiro, 1958.

IBGE. Conselho Nacional de Estatística. *Revista Brasileira dos Municípios,* n. 34, IX, abr./jun. 1956.

Referências

ALBERTI, Verena. *História oral:* a experiência do CPDOC. Rio de Janeiro: Ed. Fundação Getúlio Vargas, 1990.

AMADO, Janaína; FERREIRA, Marieta de M. *Usos e abusos da História Oral.* Rio de Janeiro: Fundação Getúlio Vargas, 1998.

BARRETO, Sônia Maria Damasceno da Silva. *Saberes escolares e ensino de português no cotidiano do curso secundário* (Recife, 1940-1960). Recife: O autor, 2004.

BARROSO FILHO, Geraldo. *Formando individualidades condutoras:* o Ginásio Pernambucano dos anos 50. São Paulo, 1998. Tese (Doutorado em Educação). Programa de Pós-Graduação em Educação da Universidade de São Paulo, 1998.

236 História da cultura escrita: séculos XIX e XX

BOURDIEU, Pierre. A escola conservadora: as desigualdades frente à escola e à cultura. In: NOGUEIRA, Maria Alice; CATANI, Afrânio (Orgs.). *Escritos de educação*. Petrópolis: Vozes, 1998. p. 39-64.

BOURDIEU, P.; PASSERON, J. C. *A economia das trocas lingüísticas*: o que falar quer dizer? São Paulo: Edusp, 1996.

BOURDIEU, P.; PASSERON, J. C. *Les héritiers, Les Étudiants et la culture*. Paris: Minut, 1964.

BURKE, Peter. *A escola dos Annales (1929-1989)*: a revolução francesa da historiografia. São Paulo: UNESP, 1997.

BURKE, Peter (Org.). *A escrita da história*: novas perspectivas. Trad. Magda Lopes. São Paulo: Editora da Universidade Estadual Paulista, 1992.

CHARTIER, Roger. *A história cultural*: entre práticas e representações. Lisboa: Difel, s.d.

GALVÃO, Ana Maria de Oliveira. Leitura: algo que se transmite entre gerações? In: RIBEIRO, Vera Masagão (Org.). *Letramento no Brasil*. São Paulo: Global, 2003. p. 125-153.

GALVÃO, Ana Maria de Oliveira. Processos de inserção de analfabetos e semi-alfabetizados no mundo da cultura escrita (1930-1950). *Revista Brasileira de Educação*, Rio de Janeiro, v. 16, p. 81-94, 2001.

GALVÃO, Ana Maria de Oliveira. *Ler/ouvir cordéis em Pernambuco –* 1930-1950. Belo Horizonte, 2000. Tese (Doutorado em Educação) – Programa de Pós-Graduação da Faculdade de Educação da Universidade Federal de Minas Gerais, 2000.

GALVÃO, Ana Maria de Oliveira; BATISTA, Antônio Augusto Gomes. Oralidade e escrita: uma revisão. *Cadernos de Pesquisa*, v. 36, n. 128, p. 403-432, maio/ago. 2006.

GINZBURG, Carlo. *O queijo e os vermes*: o cotidiano e as idéias de um moleiro perseguido pela Inquisição. São Paulo: Companhia das Letras, 1987.

GURGEL, Paulo Roberto Holanda. *Ditos sobre o sucesso escolar*: estudo de casos no Estado da Bahia. Projeto de Educação Básica para o Nordeste. Brasília: MEC, 1998.

HÉBRARD, Jean. O autodidatismo exemplar. Como Valentin Jamerey-Duval aprendeu a ler? In: CHARTIER, Roger (Org.). *Práticas da leitura*. São Paulo: Estação Liberdade, 1996. p. 35-74.

LAACHER, S. *L'école et ses miracles*: notes sur les déterminants sociaux des trajectoires scolaires des enfants de familles immigrées. Paris: Politix, n. 12, p. 25-37, 1990.

LAHIRE, Bernard. *Sucesso escolar nos meios populares*: as razões do improvável. São Paulo: Ática, 1997.

LAURENS, Jean-Paul. *1 sur 500* – La réussite scolaire em milieu populaire. Toulouse: Presses Universitaires du Mirail, 1992.

LE GOFF, Jacques. *A história nova*. São Paulo: Martins Fontes, 1988.

LEVI, Giovanni. Sobre a micro-história. In: BURKE, Peter (Org.). *A escrita da história*: novas perspectivas. Tradução de Magda Lopes. São Paulo: Editora da Universidade Estadual Paulista, 1992.

LOPES, Eliane Marta Teixeira; GALVÃO, Ana Maria de Oliveira. *História da Educação*. Rio de Janeiro: DP&A, 2001.

MUNANGA, Kabengele. Uma abordagem conceitual das noções de raça, racismo, identidade e etnia. 3º Seminário de Relações Raciais no Brasil – *Cadernos PENESB*, Niterói: EdUFF, nov. 2003. (no prelo).

NOGUEIRA, Maria Alice; ROMANELLI, Geraldo; ZAGO, Nadir (Orgs.). *Família e escola*: trajetórias de escolarização em camadas médias e populares. Petrópolis: Vozes, 2000.

PESAVENTO, Sandra Jatahy. *História & História Cultural*. Belo Horizonte: Autêntica, 2003.

PFROMM, Samuel *et al*. *O livro na educação*. Rio de Janeiro: Primor/ MEC, 1974.

PORTES, Écio Antônio. *Trajetórias escolares e vida acadêmica do estudante pobre da UFMG*: um estudo a partir de cinco casos. Belo Horizonte, 2001. Tese (Doutorado em Educação), Faculdade de Educação, Universidade Federal de Minas Gerais, 2001.

REIS, José Carlos. *Escola dos Annales* – a inovação em história. São Paulo: Paz e Terra, 2000.

SETTON, Maria da Graça Jacintho. Um novo capital cultural: pré-disposição e disposições à cultura informal nos segmentos com baixa escolaridade. *Educação e Sociedade*, v. 26, n. 90, jan./abr. São Paulo: Cortez, 2005, p. 77-106.

SINGLY, François de. *L'appropriation de l'héritage culturel*. Lien social et politique – RIAC, n. 35, p. 153-165, 1996.

SISS, Ahyas. *Afro-brasileiros, cotas e ação afirmativa*: razões históricas. Rio de Janeiro: Quartet; Niterói: PENESB, 2003.

THOMPSON, Paul. *A voz do passado*: História Oral. Rio de Janeiro: Paz e Terra, 1992.

TERRAIL, J.–P. L'issue scolaire: de quelques histoires de transfuges. In: TERRAIL, J.–P. *Destins ouvrires* – La fin d' une classe? Paris: PUF, 1990. p. 223-258.

TERRAIL, J.–P. Du sens de l' auto-exclusion / La mobilisation contre les probalités. In: TERRAIL, J.–P. *De l' inégalité scolaire*. Paris: La Dispute/ SNÉDIT, 2002. p. 46-54.

VERRI, Gilda Maria Whitaker. *Templários da ausência em bibliotecas populares*. Recife: Editora Universitária da UFPE, 1996.

VIANA, Maria José Braga. *Longevidade escolar em famílias de camadas populares*: algumas condições de possibilidade. Belo Horizonte, 1998. Tese (Doutorado em Educação) – Faculdade de Educação, Universidade Federal de Minas Gerais, 1998.

VIANA, Maria José Braga. As práticas socializadoras familiares como *lócus* de constituição de disposições facilitadoras de longevidade escolar em meios populares. *Educação e Sociedade*, São Paulo: Cortez, v. 26, n. 90, jan./abr. 2005, p. 107-125.

ZÉROULOU, Z. La réussite scolaire des enfants d'immgrés: l'apport d'une approche en termes de mobilisation. *Revue Française de Sociologie*, v. 29, n. 3, p. 447-470, 1988.

Capítulo 8

A TRANSMISSÃO FAMILIAR DA LEITURA
E DA ESCRITA: UM ESTUDO DE CASO

Patrícia Cappuccio Resende

O que faz com que uma família se aproxime gradativamente da cultura escrita ao longo de três gerações? Como se constrói o gosto e um notável desempenho escolar nas práticas de leitura e escrita pelos membros dessa família?

Essas são as questões que guiaram este estudo, originariamente uma monografia[1] de conclusão de curso, que se iniciou incorporado à pesquisa mais ampla de que trata este livro. Buscou-se descrever e analisar os modos pelos quais uma família em processo de ascensão social em direção às camadas médias, da qual os ascendentes possuem níveis diferentes de inserção na cultura escrita, realiza ao longo de três gerações uma considerável aproximação das práticas do escrito. Em outras palavras, pretendeu-se compreender como os membros dessa família foram pouco a pouco se apropriando e transmitindo o domínio das habilidades do ler e escrever e também um conjunto de disposições favoráveis a uma prática intensa e diversificada da leitura e da escrita.

---

[1] Tratou-se de uma monografia de conclusão do curso de Pedagogia, na Universidade Federal de Minas Gerais, apresentada em julho de 2005 e orientada por Antônio Augusto Gomes Batista e por Ana Maria de Oliveira Galvão.

Essa questão mais geral se desdobra em questões mais específicas, que auxiliam a responder o objeto da pesquisa, tais como: ao longo das diferentes gerações, de que forma se configura a família pesquisada? Qual é o envolvimento dos pais e filhos com as práticas de leitura e escrita? Como se dá o processo, quando é este o caso, de mobilização da família na transmissão de saberes, práticas e disposições que visam assegurar a construção de um gosto pela leitura e o sucesso na escolarização das crianças? Como os filhos se apropriam desses saberes, práticas e disposições e como vêem esse processo?

A coleta de dados foi feita por meio de entrevistas com membros da segunda e da terceira gerações e da observação em domicílio. A opção de ouvir mais de uma geração explica-se pelo pressuposto de que uma dinâmica social se faz num período de maior duração, envolvendo no mínimo, duas gerações.

Diante da impossibilidade de entrevistar a primeira geração, optou-se pela utilização de distintas fontes: as Memórias[2] produzidas por um dos membros da primeira geração, escritas originalmente com o objetivo de serem recordações para seus netos, assim como informações obtidas por meio da segunda geração durante as entrevistas, que abordaram, entre outros temas, a história do grupo familiar. Outro material também analisado foi um memorial acadêmico escrito por um dos membros da segunda geração, no qual se narra a sua história familiar, sua trajetória de formação como leitora, bem como seu papel de mãe-educadora.

A trajetória familiar: a aproximação da cultura escrita

Apresentam-se, a seguir, as três gerações (FIG. 1), a começar pela caracterização das segunda e terceira gerações, já que o acesso à família pesquisada se deu por meio delas. Além disso,

---

[2] Suas Memórias encontram-se em fase de edição que será financiada pela família.

é especialmente na relação entre a segunda e a terceira gerações que se encontram elementos mais evidentes sobre a "transmissão" da leitura e da escrita, visto que as filhas mais velhas do casal Verônica e Antônio[3] apresentam desenvoltura nas habilidades de leitura e escrita e a primogênita, considerável gosto por essas práticas.

As segunda e terceira gerações formam um único núcleo familiar que se constitui pelo pai, pela mãe e por quatro filhos, respectivamente: Antônio (40 anos), Verônica (39 anos), Luísa (14 anos), Ana (11 anos), André (2 anos) e Adriana (6 meses).[4] Atualmente ocupam uma posição que os aproximam das classes médias e habitam na cidade de Contagem, na Região Metropolitana de Belo Horizonte. É um dos municípios mineiros com maior concentração de indústrias e operários. A residência, herança recebida por Antônio de seus pais, localiza-se num bairro de classe média.

A segunda geração nasceu na cidade de Belo Horizonte, resultado da migração dos pais. Verônica viveu toda a infância e juventude na região central de Belo Horizonte e Antônio, em Contagem. Eles se conheceram no Centro Federal de Educação Tecnológica de Minas Gerais (CEFET),[5] onde estudaram e, após a conclusão do curso técnico, casaram-se.

Depois de trabalharem mais de dez anos como técnicos em eletrônica, o casal retomou os estudos ingressando na Universidade e, hoje, exercem a ocupação de professores. Ele, como professor dos níveis fundamental, médio (em redes municipal e privada) e superior (na Universidade do Estado de Minas

---

[3] Para preservar a identidade dos sujeitos da pesquisa, utilizaram-se nomes fictícios.

[4] No que diz respeito ao controle da natalidade, a família parece não apresentar traços de famílias das classes médias, muito atentas a esse controle em razão dos investimentos educacionais. Essa característica da família parece estar relacionada à trajetória *em ascensão* da família, mas, talvez, sobretudo, à adoção da família à doutrina espírita, como se verá mais adiante.

[5] No momento da pesquisa, a filha primogênita do casal estava se preparando para a prova de seleção dessa mesma escola técnica.

Gerais e em instituição privada) e, ela, como professora particular de Matemática.

Antônio cursou Matemática e se especializou em Educação Matemática em um centro universitário particular em Belo Horizonte. Mais tarde concluiu o curso de Mestrado em Educação em uma universidade federal de prestígio. Posteriormente à entrada do marido no ensino superior, Verônica cursou alguns períodos do mesmo curso na mesma universidade, mas não chegou a concluí-lo. Prestou outro vestibular e, no momento da pesquisa, cursava Pedagogia.[6]

Os quatro filhos nasceram em Belo Horizonte e passam a infância em Contagem. Luísa e Ana, as duas filhas mais velhas, freqüentam uma escola particular confessional de prestígio em Contagem e em Belo Horizonte (8ª e 5ª série, respectivamente), mesma instituição na qual trabalha o pai como professor de Matemática dos níveis fundamental e médio. Ambas apresentam considerável desenvoltura nas habilidades de leitura e escrita (até mesmo leram a monografia e realizaram críticas sobre ela) e vêm apresentando trajetórias escolares de sucesso segundo a escola (constantemente são premiadas como "alunas destaque" da escola, o que lhes dá o direito de obter descontos nas mensalidades;[7] em seus boletins escolares, as notas são superiores a 90%). Os dois filhos mais novos ainda não freqüentam a escola.

---

[6] É interessante notar que as trajetórias escolares de Verônica e Antônio não são lineares. O caráter irregular e acidentado do percurso escolar nos meios populares foi descrito por ZAGO (2000). Após acompanhar, em intervalos de tempo e durante sete anos, a escolarização dos filhos de 16 famílias de baixo poder aquisitivo, a autora observou "o caráter dinâmico da formação dos percursos, tal como sua lógica não linear, feita de egressos, interrupções e retornos à escola (p. 19)". Deste modo, a pesquisa mereceria outras entrevistas nas quais Verônica e Antônio pudessem falar com mais detalhes sobre seus processos de escolarização.

[7] A família não se beneficia dos descontos nas mensalidades por meio dos prêmios recebidos pelas crianças, já que a situação do pai como professor da escola já lhes concede o direito de estudar de graça.

Ao se investigar a procedência desse núcleo familiar, percebe-se que a família é originária de meios populares e predominantemente rurais e realizou um processo de mobilidade social (e de inserção no mundo urbano marcado por novos e distintos tipos de relação de trabalho) ainda na primeira geração (FIG 1).

Pelo lado paterno, ambas as famílias do senhor José e da senhora Ercília são provenientes de meio rural. São procedentes de uma cidade que está localizada na Zona Metalúrgica de Minas Gerais, a 86 km de Belo Horizonte. Em ambas as famílias, os homens eram agricultores, e as mulheres, donas-de-casa. O Sr. José cursou até o quarto ano primário, e D. Ercília, até o terceiro ano primário. Após o casamento, o chefe da família se tornou operário de uma empresa que atua no setor siderúrgico, e a mulher continuou dona-de-casa. Passaram a residir em Contagem e tiveram apenas dois filhos. A ascensão do Sr. José dentro da empresa permitiu ao casal forte mobilidade social, cultural e escolar. Hoje, eles retornaram à região de origem, morando em Belo Vale.

Pelo lado materno, a primeira geração estudada também realiza uma trajetória social ascendente, ainda que relativamente "errática" e que as posições sociais iniciais se beneficiem da vivência num ambiente urbano e possibilitem um conjunto de laços sociais importantes.

A família do Sr. Geraldo, pai de Verônica, possuía um cartório numa pequena cidade do interior mineiro que se localiza aproximadamente a 290 km de Belo Horizonte, na Zona da Mata, onde seu pai trabalhava como escrivão. A profissão não lhe rendeu ganhos expressivos. Sua mãe era dona-de-casa. O Sr. Geraldo concluiu o quarto ano primário e saiu de casa quando tinha apenas dez anos para trabalhar como atendente em uma farmácia.

A Sra. Irene, mãe de Verônica, tem origem portuguesa pelo lado paterno. Seu pai veio para o Brasil e trabalhou como garçom. Com essa profissão, não conquistou uma boa situação financeira. Sua mãe, brasileira, era dona de casa. Entre os membros da primeira geração, foi ela quem atingiu o maior nível de escolaridade, tendo concluído o segundo ano ginasial.

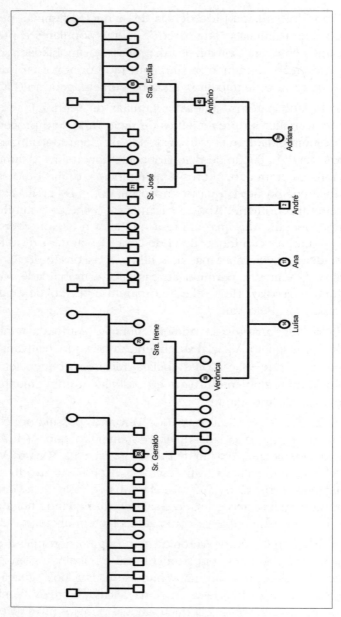

FIGURA 1 – As três gerações estudadas

Depois de casados, mudaram-se para Belo Horizonte, onde o Sr. Geraldo trabalhou como vendedor de consórcio médico-hospitalar e, mais tarde, atuou como administrador de uma farmácia da família, propriedade de sua filha bioquímica. D. Irene eventualmente costurava para fora. Atualmente é dona de casa. Tiveram sete filhos. A dinâmica pouco estável das vendas do pai impossibilitou uma situação financeira mais favorável.

Dessa forma, observando-se as próprias ocupações do casal da segunda geração (professores) e dos seus pais, membros da primeira geração (agricultor e dona de casa; escrivão e dona de casa/costureira), pode-se dizer que a família viveu acentuado processo de acumulação, ainda que extemporâneo, de capital econômico e cultural[8] para a conquista de uma nova posição no espaço social.

Quanto à escolarização, a família caracteriza-se por uma considerável diferença de capital escolar entre as duas primeiras gerações. Enquanto a primeira geração estudada teve de quatro a seis anos de escolarização (sendo um pouco superior no lado materno), seus filhos (segunda geração) chegaram ao nível superior ou até mesmo à pós-graduação. É evidente que parte desse salto se deve também à acentuada demanda e oferta de escolarização que se inicia, no Brasil, sobretudo a partir dos anos 1970.[9]

Diante dessa breve caracterização da família pesquisada, são oportunas as perguntas apresentadas mais acima: como, de fato, se configura essa família e que traços socioculturais sugerem uma relação com a transmissão do gosto pela leitura e escrita

---

[8] Bourdieu utiliza o termo capital cultural para se referir aos "objetos culturais", à "cultura legítima internalizada" e aos "certificados escolares" cujas posses são úteis para dar acesso a um grupo ou a um indivíduo a uma determinada posição social. Diferentemente do capital econômico, o capital cultural não pode ser "transmitido instantaneamente", "por doação ou transmissão hereditária", "por compra ou troca". Ver: BOURDIEU (1988, p. 71-80).

[9] Sobre a forte demanda pela escolarização no mundo contemporâneo, ver ROMANELLI (1995), RODRIGUES (1995) e ZAGO (2000).

246 História da cultura escrita: séculos XIX e XX

e do sucesso escolar? como, ao longo dos percursos de vida, os sujeitos criaram disposições[10] para a leitura e escrita, ou seja, criaram hábitos, tendências, inclinações para ler e escrever e ainda adquiriram gosto por essas práticas?

Durante as entrevistas, perguntas como "por favor, faça uma descrição da casa onde morava na infância"; "qual era a sua rotina na infância?"; "você se lembra do seu pai/mãe ler alguma coisa?"; "o que ele/ela lia?"; "conte um pouco sobre sua vida escolar", etc. resultaram em longos relatos pelos quais pude buscar compreender as formas familiares da cultura escrita, os aspectos da ordem moral familiar, as condições e disposições econômicas, as formas de autoridade familiar e também as formas de mobilização familiares quanto à escolarização, importantes fatores para compreender trajetórias escolares – de acordo com a literatura sobre as relações entre família e escola.

Pude perceber, por meio das falas dos entrevistados e das demais fontes, que duas grandes instâncias auxiliaram a inserção na cultura escrita no caso pesquisado, cada uma com suas próprias especificidades: a família e a escola.

As formas familiares da cultura escrita

Como dito anteriormente, as filhas mais velhas do casal, Luísa e Ana, apresentam grande desenvoltura nas habilidades de leitura e escrita. Aprenderam a ler com facilidade, lidam bem com as tarefas escolares e não-escolares que exigem fluência na leitura e na escrita, além de exprimirem considerável sucesso escolar.

Ambas ingressaram na escola aos quatro anos, em uma escola particular de pequeno porte próxima à casa onde moram e passaram a infância em meio a brincadeiras e jogos educativos.

---

[10] Bernard Lahire define disposições como "propensões", "inclinações", "hábitos", "tendências", "persistentes maneiras de ser" que se manifestam nas práticas, nos comportamentos, nas opiniões dos indivíduos, podendo variar em função do momento no percurso biográfico e em função do contexto de socialização (LAHIRE, 2004, p. 26-27).

Verônica comprava jogos de tabuleiro, "revistinhas" de colorir e ligar pontos, palavras cruzadas e, sobretudo, lia muitos livros, principalmente na hora de colocar as duas para dormir. Sobre a leitura na hora de dormir, Verônica recorda que leram a coleção de Monteiro Lobato. Luísa se lembra da mãe ler fábulas e contos clássicos. Segundo as filhas mais velhas, a leitura materna ocorria mesmo antes de saberem ler. Depois que se alfabetizaram, a prática continuou, mas as filhas acompanhavam a leitura. Quando questionada a procedência dos livros lidos por Verônica, a filha mais velha diz que eram comprados por sua mãe.[11]

Ana diz que as irmãs também herdaram livros das tias, quando a avó se mudou de Belo Horizonte para uma cidade do interior mineiro. O costume de ler antes de dormir continua. Atualmente, Verônica tem lido crônicas de Luiz Fernando Veríssimo para as meninas.

O hábito da mãe de ler histórias antes de dormir provavelmente tem relação com o êxito escolar das filhas. Um estudo de Shirley Brice Heath (1987) sobre os modos como famílias de diferentes culturas do sudoeste dos Estados Unidos ensinam os seus filhos a atribuírem sentido ao que lêem aponta a leitura antes de dormir como uma forma natural de interação entre pais e filhos importante para o sucesso escolar nas atividades de leitura e escrita. Segundo a autora, "[...] as formas de apreender a partir dos livros são uma parte de aprendizagem do comportamento, tal como comer, sentar, jogar, e construir casas" (p. 97).[12]

Além disso, na mesma direção, Lahire (1997) e Rego (1990) baseiam-se em Wells (1985 e 1986) para afirmar que a familiaridade precoce da criança com a escrita pode conduzir a práticas

---

[11] Parece ter sido no início da infância que as crianças receberam maior número de livros literários como presente dos familiares. Mais à frente, referindo-se à situação atual da família, Luísa comenta que raramente recebe livros como presente.

[12] "[...] ways of taking from books are as much a part of learned behavior as are ways of eating, sitting, playing games and building houses (HEATH, 1987, p. 97)." A tradução é de minha responsabilidade.

relacionadas ao sucesso escolar. De acordo com Rego (1990), a aquisição da língua escrita por algumas crianças se inicia antes mesmo de serem alfabetizadas, através do contato significativo com práticas de leitura e escrita na família, como é o caso da terceira geração da família pesquisada. A autora também se refere à leitura de histórias em voz alta como "uma oportunidade incentivadora do interesse infantil pela leitura (p. 28)". Na mesma perspectiva, Lahire aponta:

> ...a leitura em voz alta de narrativas escritas, combinadas com a discussão dessas narrativas com a criança, está em correlação extrema com o "sucesso" escolar em leitura. Quando a criança conhece, ainda que oralmente, histórias escritas lidas por seus pais, ela capitaliza – na relação afetiva com os seus pais – estruturas textuais que poderá reinvestir em suas leituras ou nos atos de escrita. (LAHIRE, 1997, p. 20)

Outras atividades desenvolvidas pelas crianças e que também têm uma forte dimensão educativa são a preparação de aulas para a evangelização no Centro Espírita,[13] por meio da criação de historinhas e ilustrações, assim como da confecção de fantoches. Mais adiante, voltarei a fazer referência sobre a prática do espiritismo da família, apesar de não ser essa a ênfase deste trabalho.

No caso de Luísa, ela apresenta notável desempenho nas atividades de leitura e escrita, bem como exprime considerável gosto por essas práticas, e seu desejo é ser escritora. Além do contato com práticas de leitura e escrita no seio familiar, Luísa assistiu a sua madrinha fazer concursos literários, tendo ganhado alguns prêmios. O convívio com a madrinha certamente foi importante, já que mostrou que ser escritora era algo concreto

---

[13] O casal é praticante do espiritismo desde 1994. Vale ressaltar que, de acordo com o Censo de 2000, os espíritas constituem o grupo religioso com a mais alta taxa de alfabetização no País. A religião faz um intenso uso da leitura para o estudo, construiu, no Brasil, uma ampla rede de livrarias e feiras de livros e "inventou" um novo gênero de livro, o "romance" espírita, em geral psicografado, no qual se relata a vida de uma pessoa.

e possível. No entanto, segundo ela, é a escola que ocupa um lugar de destaque na construção do desejo de ser escritora, conforme poderá ser observado mais à frente.

Já no caso se Ana, consigo entender melhor sua relação com a escrita e com a leitura quando ela fala de sua ligação com a irmã mais velha e da sua vida escolar. É principalmente Luísa e a escola que a apresentam ao mundo das letras. Ora Ana aceita com prazer a introdução pela irmã no mundo da escrita, ora ela apresenta certo receio. Era com grande prazer que ouvia as histórias contadas pela irmã. No entanto, demonstra certa resistência quando a irmã propõe brincar de "escolinha". Entendo que ela aprecia os momentos em que a escrita aparece "naturalmente" e rejeita quando a escrita pode ser vivenciada como uma forma de avaliação de seu desempenho pela irmã mais velha.

De fato, a visão que Ana tem da irmã mais velha se confunde em duas perspectivas quase opostas. Ora fala com certa ironia do fato da irmã ter parado de brincar precocemente devido aos seus compromissos com o estudo, ora fala com orgulho da irmã ser uma aluna excepcional. Essa ambivalência leva a pensar que, ao mesmo tempo em que ela quer se diferenciar de Luísa, pois continua achando que brincar é proveitoso e que não é interessante uma pessoa estudar em excesso, ela admira a estudante comprometida que a irmã é. Ela "opta", então, por uma posição intermediária: não pára de brincar, mas continua se dedicando às tarefas escolares.

E o que dizer sobre os dois últimos filhos? Será que eles apresentarão o mesmo sucesso escolar e a mesma desenvoltura nas práticas de leitura e escrita? Essa questão fica ainda mais instigante quando lembramos que há entre Luísa (14 anos) e Ana (11 anos), e André (2 anos) e Adriana (seis meses) uma considerável diferença de idade, e também uma notável diferença no momento do percurso biográfico da família (inclusive em relação às próprias ocupações do casal).

Já se sabe que André gosta de ouvir os familiares lendo histórias para ele. Diferentemente das irmãs mais velhas, ele conta com todos os membros da família para ler os livros. Em uma das visitas em sua casa, presenciei Verônica lendo dois livros de literatura infantil para ele. Ela começava a frase e ele completava. Sabia de cor os dois livros. Ambos eram antigos, da época em que as duas irmãs mais velhas eram pequenas. Além de ter contato com seus próprios livros, ele presencia os pais e as irmãs lendo individual e silenciosamente.

Tanto Ana quanto Luísa têm a mesma percepção dos pais como leitores. Sobre a mãe, as filhas comentam sobre suas leituras acadêmicas para o curso de Pedagogia, sendo que Luísa também comenta sobre a leitura dos livros espíritas, com o intuito de preparar palestras que são proferidas no Centro Espírita freqüentado pela família. Apesar de também ser uma leitora de livros espíritas, Luísa diferencia-se da mãe quanto às preferências de leitura. Enquanto sua predileção recai sobre a literatura, sua mãe prefere livros espíritas e textos acadêmicos sobre educação. Essa diferenciação entre os gostos pela leitura sugere uma construção de uma identidade individual distinta da mãe. É o que François de Singly (1996) indica acontecer entre a maioria de estudantes leitores que são filhos de pais que também lêem com maior freqüência.

No caso do pai, elas enxergam a leitura como parte da sua profissão. Ele é um leitor profissional. Ana não consegue diferenciar o que é leitura e o que é trabalho:

> O meu pai... eu não sei se ele mais lê ou faz trem pro colégio... eu não sei...porque ele entra ali pra sala e fecha a porta...aí fica assim estudando lá os trem...preparando aula...esses trem... (Entrevista 3)

E Luísa diz:

> [...] meu pai sempre foi da matemática né? Eu lembro que ele dava muita atenção pra leitura e tudo mais... o que eu mais lembro dele [...] é dele sentado na mesa... escrevendo e tudo... era mais o exemplo dele mesmo... que a gente via ele envolvido com aquele material... [...] aí a sala ficou toda pra ele ali... cheia de livros... então eu sempre tive contato com os livros dele e tudo, né? (Entrevista 4)

Além de se relacionar com a leitura e a escrita para fins acadêmicos, em uma conversa informal com Verônica, tive acesso a outras práticas de leitura e escrita de Antônio, desde a época da juventude: constantemente escrevia poesias para Verônica e o faz ainda hoje, embora com menor intensidade.

Segundo demonstra Verônica em seu memorial, o papel afetivo que a escrita apresenta na família ultrapassa a relacionamento do casal. Verônica e as crianças também utilizam a escrita para expor seus sentimentos. São comuns as trocas entre os membros da família de poesias, cartas e cartões comemorativos.

A dimensão afetiva da escrita tem uma história familiar mais antiga pelo lado materno, iniciando na primeira geração estudada. Contrariamente ao ambiente tenso da escola, Verônica lembra como o ambiente familiar era acolhedor e, mesmo antes de ingressar na escola, vivenciou experiências de incentivo à leitura.

Além do estímulo à leitura dentro de sua família, Verônica desfrutou do exemplo do pai como leitor. Ela recorda de o ver ler constantemente jornais e revistas. É ele, pois, que transmite aos filhos a idéia de leitura como algo natural.

Apesar de também incentivar os filhos a ler, o hábito de leitura de D. Irene não era forte quando Verônica era criança. Somente mais tarde, com sua mudança para o interior, resultante de um convite que uma das filhas fez para o pai de trabalhar em uma farmácia, suas disposições se modificaram. Com mais tempo livre, já que estava apenas com a filha caçula, e com mais recursos financeiros, ela adquiriu o hábito de ler revistas sobre a área da saúde. Nessa época, Antônio e Verônica já eram casados. Ele era dono de uma banca de revistas e constantemente levava revistas como presente, que, segundo Antônio, ela lia com muito interesse.

Antônio, por sua vez, também conta com a figura de uma leitora em sua família, a sua mãe. Ele se refere a ela como "suporte intelectual" da casa e comenta de seu hábito diário de ler jornal depois do almoço, sentada à cozinha. Quanto ao pai, ele se recorda de vê-lo ler, embora diga que estava sempre mais ocupado com atividades do fazer e não indique os textos e suportes que lia.

O fato de a primeira geração estudada possuir pelo menos um leitor parece ter certa relação, ainda que mais ou menos tênue, com a construção da identidade de Antônio e Verônica como leitores. Entre outros, os estudos de Galvão (2003), Lahire (1997) e De Singly (1993) apontam que, apesar de não ser um fator determinante, o exemplo dos pais leitores colabora na construção de filhos leitores.

Em pesquisa sobre a transmissão do gosto da leitura entre universitários, De Singly (1993) sugere que entre os jovens, além de outras formas do nascimento da necessidade de ler, como a mobilização e outras estimulações exteriores, está a herança. Segundo o autor, o exemplo dos pais leitores desempenha papel considerável – quanto mais os pais lêem, mais chances os filhos têm de se tornarem leitores.

Em uma perspectiva semelhante, Bernard Lahire afirma:

> O fato de ver os pais lendo jornais, revistas ou livros pode dar a esses atos um aspecto "natural" para a criança, cuja identidade social poderá construir-se sobretudo através deles (ser adulto como seu pai ou sua mãe significa naturalmente, ler livros...). (1997, p. 20)

Galvão (2003), ao analisar os dados do Indicador Nacional de Alfabetismo Funcional,[14] aponta que os níveis de utilização da leitura e escrita dos sujeitos têm correlação, além de outros fatores (como a pertença etária, social e geográfica) com

---

[14] O Indicador Nacional de Alfabetismo Funcional (Inaf) é uma pesquisa que parte da iniciativa do Instituto Paulo Montenegro – Ação Social do IBOPE e da ONG Ação Educativa, com o objetivo de "oferecer à sociedade brasileira um conjunto de informações sobre habilidades e práticas relacionadas à leitura, escrita e matemática da população brasileira de modo a fomentar o debate público e subsidiar a formulação de políticas de educação e cultura" (RIBEIRO, 2003, p. 9).

os níveis, hábitos e práticas de leitura dos pais e com a presença de material escrito na infância.[15]

Mobilização pela escolarização

Desde cedo Verônica procurou desenvolver nas crianças noções de autonomia e de responsabilidade em relação aos compromissos escolares. Nesse caso, foram as formas de exercício da autoridade familiar que deram importância ao autocontrole, permitindo que as crianças se apropriassem da noção de autonomia, propícia ao sucesso escolar.

Se a presença física na escola não era considerada significativa por parte de Verônica, era grande a sua mobilização em relação às atividades escolares a serem desenvolvidas em casa. O trecho seguinte do memorial de Verônica é bem esclarecedor da relação que ela mantinha com a escolarização das filhas mais velhas: "Eu sempre as levei [na escola] e as busquei e apesar das oportunidades, nunca me preocupei em dialogar com os profissionais (professoras, diretores, supervisores pedagógicos) a fim de conhecer o projeto político pedagógico da instituição". Entretanto, mais à frente, destaca: "[...] Sempre participei das atividades extras à rotina diária, pesquisas, maquetes, construções de aparelhos, como televisão para contar histórias" (Memorial, p. 11). Tal fato pode sugerir que a mãe considera que os capitais familiares podem suplantar os transmitidos pela escola.

Além disso, embora Verônica não explicite, há uma preocupação em garantir que as filhas cumpram com seus deveres como estudantes, fazendo o "para-casa" e estudando para provas. Ela não faz um acompanhamento sistemático das atividades, mas cuida para que as crianças tenham tempo e um ambiente

---

[15] Apesar de explicitar a relação positiva entre pais leitores e filhos leitores, a autora, ao dar ênfase às estatísticas que contrariam essa correlação, e ao reconstruir duas trajetórias de sujeitos que estão em contradição com o que mostram os padrões gerais apreendidos pelo Inaf, considera que esses fatores são importantes na construção de um leitor, mas não determinantes.

propício para o estudo. Exemplos desse cuidado são o fato de ter escolhido segunda-feira como um bom dia para as entrevistas com a pesquisadora, já que as meninas já teriam adiantado, no fim de semana, o "para-casa" para os primeiros dias letivos; a iniciativa que teve de ligar para a biblioteca a fim de chamar Luísa para a entrevista apenas quando eu estivesse disponível, e, por último a ausência de imposição do compromisso de cuidar dos irmãos mais novos, deixando, dessa forma, o tempo das irmãs mais velhas livre para os estudos.

Além dessas formas de mobilização, fica evidente a preocupação da mãe quanto ao respeito às autoridades escolares na seguinte passagem, também do Memorial:

> Embora a Pedagogia tenha me sensibilizado a ver mais facilmente as incoerências ou enganos dos professores, o discurso aqui em casa é que elas saibam relevar algumas pequenas injustiças. Se quiserem reclamar algum suposto erro de correção de prova que o façam com respeito e educação. (MEMORIAL, p. 15)

Embora o pai não apresente a mesma mobilização da mãe na escolarização das crianças, ele também demonstra preocupação e valorização com a trajetória escolar das filhas. Exemplos disso são a preocupação em garantir a freqüência das filhas à escola; os incentivos ao estudo; os elogios sobre as notas e os constantes questionamentos à esposa, quanto ao fato de as filhas terem ou não feito as tarefas escolares. Todas essas atitudes demonstram a tentativa do pai em verificar o cumprimento às regras escolares. Para isso, "o pai parece exercer uma autoridade baseada não na violência física, mas na interiorização da legitimidade de suas palavras pelos filhos" (LAHIRE, 1997, p. 170).

A mobilização para a escolarização dos filhos também está presente na primeira geração. Do lado paterno, a família, pertencente a meios populares e pouco escolarizados, é um exemplo de que a omissão parental em famílias mais desfavorecidas é um mito (LAHIRE, 1997, p. 334).

Certamente, Antônio viveu uma infância muito diferente da de seus filhos. Na companhia de vizinhos e de seu único irmão,[16] que é quatro anos mais velho, ele passava a maior parte do dia brincando na rua. Com uma rotina pouco organizada, Antônio conta que não tinha horário preestabelecido para fazer as tarefas escolares.

Apesar de a família não apresentar, entretanto, um acompanhamento sistemático das atividades escolares, outras práticas e atitudes voltadas para o rendimento escolar puderam ser observadas. Nesse caso, foi principalmente a mãe, D. Ercília, quem mais se preocupou com as questões educacionais dos filhos, principalmente no que diz respeito à escolha dos estabelecimentos de ensino.

Antônio relata que a escolha pelo curso técnico em uma instituição federal de ensino foi incentivada pela mãe. Esse incentivo estava baseado na idéia de que era preciso estudar para logo conseguir um emprego de natureza não-manual; e um curso técnico, assim, seria interessante para esse fim,[17] caso não fosse possível ao filho prosseguir numa carreira universitária.[18] Foi sua mãe quem o matriculou em um curso preparatório para a escola técnica, além de tê-lo levado ao primeiro dia de aula,

---

[16] O irmão de Antônio é quatro anos mais velho do que ele e teve um percurso escolar bem diferente. Não concluiu o ensino médio. A falta de interesse pelos estudos e seu fracasso na escola levaram-no a optar pela vida no campo.

[17] É interessante notar que Antônio e Verônica não utilizaram os mesmos argumentos ao se referirem à intenção da filha mais velha de estudar na mesma escola. Eles destacam a qualidade do ensino e a exigência de autonomia. A própria escolha do curso foi diferente. Enquanto os pais cursaram o técnico em Eletrônica, Luísa estava se preparando para a seleção para o curso técnico em Turismo. A justificativa foi a de que o curso proporcionaria formação cultural.

[18] Em estudo sobre a mobilidade social entre operários na Bahia, GUIMARÃES (1993) constata que vários trabalhadores qualificados de um pólo petroquímico na Bahia eram oriundos de uma pequena classe média. Sobre a trajetória desses trabalhadores, o autor nos diz que: "A uma certa idade, geralmente entre 18 e 25 anos, sentiram que não poderiam continuar os estudos e, sem abdicar de seus projetos de ascensão social, acreditaram que uma carreira técnica na indústria os levaria mais rapidamente à posição almejada: uma classe média assalariada, estabilizada e que ganhasse bem para os padrões de referência" (p. 81) Essa mesma trajetória parece ter sido vivida por Antônio e Verônica. O ensino técnico foi pensado como um degrau, onde se ficaria um tempo, até a acumulação de recursos para o estudo superior.

já que se localizava numa região de Belo Horizonte não muito conhecida por Antônio.

Também pôde ser percebida a importância da escolarização de Antônio para a família, em uma passagem do livro de memórias escrito pelo Sr. José, na qual ele relata a mudança de parte da família (Antônio e sua mãe) do interior mineiro para Belo Horizonte a fim de que o primogênito pudesse ter melhores condições de estudo. "Tivemos que voltar para BH para Antônio continuar seus estudos, pois ele tinha vontade de ser um profissional competente. Aqui em Belo Vale não tinha universidade" (MEMÓRIAS, p. 40).

Não há como negar que a condição de separação temporária do casal (por oito anos), para que o filho mais novo prosseguisse os estudos esteja relacionada a uma situação econômica favorável. Ter dinheiro para manter duas casas em funcionamento possibilitou a transmissão de uma moral da perseverança.[19] A esse respeito, Lahire pondera que:

> Para que uma cultura escrita familiar, ou para que uma moral da perseverança e do esforço possam constituir-se, desenvolver-se e ser transmitidas, é preciso certamente condições econômicas de existência específicas. (LAHIRE, 1997, p. 24)

Pelo lado materno, também há forte mobilização pela escolarização dos filhos exercida pela figura da mãe, D. Irene, talvez por sua mais alta escolaridade.[20] Assim como a mãe de Antônio, a de Verônica não acompanhava diariamente as atividades escolares. No entanto, ela escolhia os melhores estabelecimentos de ensino público para os filhos (mesmo que isso

---

[19] Conforme dito anteriormente, Sr. José obteve considerável ascensão dentro da empresa do setor siderúrgico onde trabalhou. Iniciou como mecânico e chegou a mestre. Vale lembrar que, na década de 1970, no Brasil, o setor econômico cresceu rapidamente. O período entre 1968 e 1973 ficou conhecido como "Milagre Econômico".

[20] No período em que ela abandonou os estudos (década de 1950), apenas 4,71% da população brasileira entre 10 e 19 anos chegava ao mesmo nível de escolaridade (ver ROMANELLI, 1987).

implicasse gastos com transporte), confeccionava os uniformes escolares, produzia material a ser utilizado na escola (como o quadro, valor de lugar, material utilizado nas aulas de matemática) e costurava os vestidos de quadrilha que, segundo Verônica, ficavam muito "bem feitinhos". O capricho com esse material evidenciava uma preocupação e uma valorização com a questão escolar que acabava preparando para uma boa escolaridade.

Além disso, sempre que as crianças apresentavam alguma atividade diferente para ser feita, geralmente relacionada às artes, a mãe ajudava com muito interesse. Mesmo nas atividades extra-escolares, sempre foi grande seu incentivo pelas artes. Queria que as filhas fizessem cursos voltados para a música, a pintura, etc., mesmo em momentos em que os recursos financeiros não eram grandes.

No seu percurso escolar, além da mobilização da mãe, Verônica contou com a influência de outros membros da família, como as irmãs, um tio e alguns primos, no seu processo de escolarização. Por ser a sexta filha, ela pôde vivenciar as discussões sobre a trajetória educacional das irmãs (onde estudar, que curso fazer, etc.) e aprender com elas. Diante da impossibilidade de o pai ajudar financeiramente, pagar um cursinho preparatório para os filhos que tentavam vestibular, era a ajuda dos irmãos que prevalecia.[21]

Um dos tios por parte de mãe – são dois tios – teve importância significativa nos estudos de Verônica. Ele não chegou a fazer curso superior. Trabalhava em escritório, era chefe de uma seção administrativa. Por não ser casado, freqüentava a residência de Verônica para fazer as suas refeições. Na época que ela prestou concurso para a escola técnica, foi ele quem pagou

---

[21] Dos sete filhos, quatro fizeram curso superior. Duas ingressaram no ensino superior logo que saíram do ensino médio, concluindo os cursos de Administração e Letras. Verônica ingressou no ensino superior depois de dez anos que havia concluído o curso técnico. Outra irmã sua ingressou após três anos, já que não foi aprovada nos dois primeiros vestibulares que fez. O único irmão não terminou o ensino médio.

o curso preparatório. Foi ele também quem a influenciou pela escolha do curso técnico em eletrônica, já que tinha feito alguns cursos nessa área e julgava ser um bom campo de trabalho.

Por parte de pai, eram 12 irmãos. Verônica não sabe por que razão o mais velho foi morar com outras pessoas e acabou tendo a oportunidade de se formar em um curso superior. Além disso, todos os seus primos (filhos desse tio), assim que concluíam a educação básica, ingressavam na universidade, em cursos prestigiados, como os de Engenharia e Direito. Somando-se ao exemplo do próprio tio e de seus primos, Verônica também ouvia seu pai se referir ao irmão com muito orgulho, o que possivelmente deixava nela o desejo de um dia proporcionar ao pai o mesmo orgulho que ele sentia pelo irmão.

As formas escolares da cultura escrita

No caso de Luísa, o bom desempenho na leitura e na escrita e o gosto por essas práticas foram sendo construídos ainda na infância, em parte por causa da família, como já foi visto no item anterior, e em parte por causa da escola. É principalmente por intermédio da escola que ela diz que a escrita "entrou em sua vida". Hoje, seu desejo é ser escritora, e a maioria de suas produções escritas está vinculada à escola, sejam elas atividades que todos os alunos fazem, sejam concursos promovidos e divulgados pela escola.

Saber desse desejo é fundamental para entender melhor os investimentos que ela faz para concretizá-lo. Conforme diz Norbert Elias (1995),

> Para se compreender alguém é preciso conhecer os anseios primordiais que este deseja satisfazer. A vida faz sentido ou não para as pessoas, dependendo da medida em que elas conseguem realizar tais aspirações [...] os anseios não estão definidos desde os primeiros anos de vida, os desejos vão evoluindo, através do convívio com outras pessoas, e vão sendo definidos, gradualmente, ao longo dos anos, na forma determinada pelo curso da vida... (p. 13)

Ainda em relação à construção do desejo de ser escritora, pode-se dizer que esse ultrapassa a descoberta, pela menina, do prazer que a atividade lhe provoca. Desde pequena ela teve demonstrações, principalmente da escola, de que tinha aptidão para a escrita. Exemplos dessas demonstrações são os prêmios recebidos em concursos de redação, os elogios das professoras e também as boas notas recebidas. A escola lhe ajudou a ter consciência de que era muito hábil na leitura e na escrita e que, portanto, valia a pena investir nessas atividades. A respeito disso, Norbert Elias (1995) nos diz que:

> [...] a consciência, qualquer que seja sua forma específica, não é inata a ninguém. No máximo, o potencial para formar uma consciência é um dote humano natural. Tal potencial é ativado e toma forma numa estrutura específica através da vida de uma pessoa com outros. A consciência individual é específica à sociedade. (p. 66)

Além disso, desde o início de sua escolarização, são constantes os episódios de leitura e escrita na escola lembrados de forma positiva. Luísa gostava de ditado, apresentava sucesso na leitura e na escrita na sala de aula. Ela diz recordar apenas de cartilhas no período de sua alfabetização. Sobre o início de sua escolarização, o único livro que ela lembra ter lido para a escola foi o da coleção "Bebê Maluquinho", de Ziraldo. Não gostou muito, pois não se identificou com o livro. "[...] falava de bebê... não tinha nada a ver comigo" (Entrevista 4). Nesse período, era majoritariamente a família que possibilitava o acesso à literatura.

A escola também teve papel importante na inserção de Ana no mundo da escrita e no gosto pelas práticas de leitura e escrita. Desde cedo ela estudou em escolas onde a escrita e a leitura eram muito exigidas. Nesse caso é interessante notar a ação da mãe na escolha dos estabelecimentos de ensino onde as filhas estudaram e estudam. Ana conta que, quando ainda cursava a educação infantil, sua mãe a mudou de escola. A justificativa de que ela se lembra é de a mãe apontar que lá as crianças ficavam apenas brincando. Luísa também fala a esse respeito,

260 História da cultura escrita: séculos XIX e XX

dizendo que: "A escola não estava atendendo às expectativas da família, estava dando pouco 'para-casa'" (Entrevista 4).

Além disso, já no início do ensino fundamental, em outra escola, são vários os relatos de episódios de leitura e escrita dentro da instituição escolar ou para ela. "Surpresinha literária" é um desses episódios que é lembrado por Ana com gosto.[22] Ela apreciava as apresentações que havia sobre os livros literários. Entre outras atividades interessantes proporcionadas pelo colégio, ela destaca um concurso de paródia em que foi vencedora. É com muito orgulho que diz:

> [...] aí nesse ano também teve várias coisas que a gente concorreu e tal... teve um... era pra gente fazer uma paródia de uma música... falando da árvore e tal.. aí eu também ganhei...e foi pro jornalzinho do colégio... aí foi assim muito legal... (Entrevista 3)

Embora as entrevistas não tenham evidenciado uma grande importância da escola na apropriação do gosto pela leitura e escrita nas duas primeiras gerações, são vários os casos de sucesso escolar entre os membros da família.

Na primeira geração, ambos os avôs não deixaram, embora a escolorização reduzida, de alcançar sucesso na escola. No lado materno, Sr. Geraldo gostava de estudar e completou a quarta-série "com honra ao mérito", o que parece ser motivo de muito orgulho para ele e para a família: "... deve ter com minha mãe ainda uma... louça... parabéns... honra ao mérito" (Entrevista 2). No entanto, as dificuldades econômicas da família o fizeram sair de casa aos dez anos para trabalhar com seu irmão em uma farmácia no Rio de Janeiro. Segundo sua filha, era com muito sofrimento que ele falava de sua saída de casa.

No lado paterno, o Sr. Antônio enfrentou dificuldades para permanecer na escola, visto que tinha que andar nove quilômetros para chegar à escola mais próxima de sua casa, que se

---

[22] Júlia também teve acesso a essa atividade escolar, embora não a tenha enfatizado durante a entrevista.

localizava na zona rural. Entretanto, em suas memórias, relata boas recordações da escola. Recebia boas notas e gostava da professora. "Tirei o diploma da quarta-série com média 8" (MEMÓRIAS, p. 10).

Todos os membros da segunda geração ultrapassaram a escolaridade dos pais e a maioria chegou à universidade ou à pós-graduação. Também são comuns entre os membros dessa parte da família aprovações em concursos de instituições de ensino prestigiadas, como o Centro de Educação Tecnológica de Minas Gerais e a Universidade Federal de Minas Gerais.

A trajetória escola de Verônica se iniciou aos seis anos de idade. Segundo conta em seu memorial,

> Era uma menina muito assustada, tinha medo de ser chamada à atenção, de me perder dentro da escola, de fazer as atividades erradas, da minha irmã esquecer de me buscar... (MEMORIAL, p. 3)

No entanto, o ingresso de forma mais tensa na escola não pareceu prejudicar seu desenvolvimento, pois concluiu o pré-primário sendo considerada a melhor aluna da classe.

A primeira série foi vivida de forma trágica por Verônica. Seu grande medo era quando a professora cobrava leitura oral de improviso. Ela diz se lembrar de que nunca conseguia ler direito, gaguejava e tremia. Até que um dia levou escondido para a casa o livro e treinou a leitura. Seus problemas com a professora foram resolvidos.

O incidente com a leitura merece ser destacado, pois a figura da mãe tem papel relevante na superação da sua dificuldade. Quando Verônica apresentou problemas com a leitura, sua mãe, após ser chamada à escola, manifestou um sentimento de confiança na filha. Em vez de uma incessante cobrança, ela soube ouvi-la e acreditou em sua capacidade. A esse respeito, Lahire (1997) menciona que:

> A herança familiar é, pois, também uma questão de sentimentos (de segurança ou de insegurança, de dúvida de si ou de confiança em si, de indignidade ou de orgulho, de modéstia ou de ar-

rogância, de privação ou de domínio...), e a influência, na escolaridade das crianças, da "transmissão de sentimentos" é importante, uma vez que sabemos que as relações sociais, pelas múltiplas injunções preditivas que engendram, são produtoras de efeitos de crenças individuais bem reais. (p. 172)

No ensino médio, Verônica estudou no Colégio Estadual Central, também uma instituição de prestígio na época e, posteriormente, como já dito, foi aprovada no concurso para o Centro de Educação Tecnológica de Minas Gerais. No momento da pesquisa ela cursava Pedagogia na Universidade Federal de Minas Gerais.

Antônio, por sua vez, foi quem alcançou maior longevidade escolar. No momento da pesquisa, ele havia concluído o curso de Mestrado em Educação na Universidade Federal de Minas Gerais. Não apresentou nenhuma reprovação ao longo do seu percurso escolar. Estudou até a sexta-série em escolas públicas estaduais. Em virtude da ascensão de seu pai na empresa siderúrgica na qual trabalhava, cursou as sétima e oitavas séries em uma escola particular de Contagem, mesma instituição onde trabalha como professor de Matemática e onde as filhas estudam. Assim como sua esposa, concluiu o curso técnico em Eletrônica. Após dez anos de trabalho como técnico, ingressou em uma faculdade privada, no curso de Matemática.

Freqüência à biblioteca

A importância da biblioteca está especialmente presente na terceira geração. Procuro saber a procedência dos livros lidos pelas crianças e Luísa me diz que raramente ganha livros de presente. Recorda-se apenas de dois episódios. Uma tia a presenteou com um volume da série Harry Potter[23] e um tio com uma coleção de contos. Segundo Luísa, os familiares não têm o

---

[23] Harry Potter é o título de uma coleção de livros literários escrita por Joanne Kathleen Rowling e destinada a crianças e adolescentes. Atualmente, está entre os livros mais vendidos para essa faixa etária.

hábito de presentear com livros. É na biblioteca escolar que as crianças têm acesso à maioria dos livros que lêem.

Além de ler os livros literários selecionados pela escola, Luísa freqüentemente vai à biblioteca e escolhe um por conta própria. Ela diz: "Eu tô sempre com um livro rodando...sabe...e assim quando não tem nenhum livro pra ler eu pego dicionário e começo a ler [risos] ...que eu gosto de ler dicionário"[24] (Entrevista 4).

Também pergunto como é que Luísa faz suas escolhas na biblioteca. Ela diz que procura escolher os melhores autores, recorre aos autores mais comentados. Então questiono: Comentados por quem? E ela diz:

> Ah comentados...comentados pela mídia...não sei...o que eu escuto mais falar né...aí eu acho que/ é comentado pela minha tia que é professora...e tá sempre falando...aí [...] e comentados também na escola. (Entrevista 4)

Embora Luísa não tenha clareza sobre a origem dos seus conhecimentos a respeito de quem são os melhores autores, percebe-se que ela já está construindo uma disposição para a legitimidade cultural,[25] no caso, a literária.

Também no caso de Ana, o uso constante da biblioteca escolar é algo marcante. Ela me diz que utiliza a biblioteca diariamente, no turno diferente das aulas, e nenhum colega de classe

---

[24] A respeito do hábito de ler dicionário, ela diz que gosta das palavras. "[...] quando eu leio dicionário... eu fico conhecendo sabe... fico descobrindo quem é amiga de quem ali no dicionário... eu acho legal demais... eu acho assim... o dicionário amplia muito o vocabulário e tudo... você fica conhecendo outro jeito de falar a mesma coisa... aí eu acho legal... não só quando eu to escrevendo... tô com dúvida em alguma palavra não... eu pego o dicionário assim... aí eu começo a ler [risos]" (Entrevista 4).

[25] De acordo com Bourdieu, prevalece na sociedade uma cultura legítima (como, por exemplo, o bem cultural da literatura legítima) que é historicamente instituída pelos grupos dominantes. No entanto, tanto os membros dos grupos dominados como os membros dos grupos dominantes desconhecem o caráter arbitrário e imposto dessa cultura. Ambos tendem a ver o que é legítimo como justo em si mesmo e não como uma construção social. Para uma maior discussão sobre legitimidade cultural, ver BOURDIEU (1983b).

faz o mesmo. De acordo com ela, a maioria dos alunos que freqüenta a biblioteca são alunos do ensino médio. O objetivo de sua freqüência está relacionado com uma leitura e escrita para pesquisas e tarefas escolares, levando em conta que em casa muitas vezes o ambiente não é dos mais propícios ao estudo, devido à presença dos dois irmãos mais novos. São raros os momentos em que ela procura a biblioteca para uma leitura desinteressada.

Sobre os gostos de classe, Bourdieu (1983a) aponta que:

> a cada nível de distribuição, o que é raro e constitui um luxo inacessível ou uma fantasia absurda para os ocupantes do nível anterior ou inferior, torna-se banal ou comum, e se encontra relegado à ordem do necessário, do evidente, pelo aparecimento de novos consumos, mais raros e, portanto, mais distintivos. (p. 85)

Dessa forma, a leitura literária pode se constituir uma prática cultural necessária ou não, dependendo do nível de capital cultural possuído. No caso pesquisado, as práticas de leitura estão, muitas vezes, associadas à escola, o que, se por um lado não é uma característica de uma família detentora de certo capital cultural, por outro parece ser característica de uma família com uma acumulação recente de capital cultural.

Conclusão

Alguns traços na configuração familiar no caso pesquisado demonstram características interessantes que permitem compreender o modo como essa família consegue "transmitir" o gosto pela leitura e escrita e também o sucesso na escolarização.

O primeiro traço é uma forte mobilização para a escolarização das crianças, que está presente desde a primeira geração. Esse investimento familiar está, em todas as gerações, mais relacionado com a figura da mãe. São as mães que mais se preocupam com a escolha dos estabelecimentos de ensino, com as tarefas escolares, com o comparecimento em reuniões na escola.

Em segundo lugar, em todas as gerações nota-se uma ordem moral doméstica baseada no bom comportamento e no respeito às regras escolares. Esse traço se fortalece da primeira para a segunda geração. Na primeira geração, na maioria das vezes, é a mãe quem procura cobrar um comportamento dos filhos condizente com as expectativas da escola. Já na segunda geração, tanto a mãe quanto o pai procuram transmitir aos filhos noções de autonomia e de respeito aos professores (eles próprios, além disso, são professores).

Em terceiro lugar, não há como desconsiderar as disposições econômicas. Esse traço pode ser visto de dois ângulos diferentes: o primeiro é a escolarização como estratégia para um futuro melhor, perspectiva presente principalmente na primeira geração. O segundo são as possibilidades de estudo que a ascensão familiar da primeira geração permitiu à segunda, e por sua vez, esta vem permitindo à terceira geração.

No entanto, vale ressaltar que nenhum desses aspectos indica causas únicas para o sucesso das crianças nas duas gerações mais escolarizadas e para o gosto pela leitura no caso da terceira geração. "O caso só pode ser entendido nas relações de interdependência dentro do contexto familiar" (LAHIRE, 1997, p. 40).

Dessa forma, sobre as relações entre os membros da constelação familiar, percebe-se, ao longo das gerações, uma disponibilidade de tempo e oportunidades de socialização da mãe com os filhos.

Além disso, o apoio moral, afetivo e simbólico também está presente na família. Foram diversos os relatos de momentos de suporte em relação às atividades escolares, seja ajudando em providenciar algo que a escola requereu, transmitindo confiança ao filho que estava com dificuldades, seja demonstrando orgulho com a aprovação do filho em um concurso. Ou seja, "a herança familiar é, pois, também uma questão de sentimentos"[26] (LAHIRE, 1997, p. 172).

---

[26] Ainda em relação aos sentimentos, poderiam ter sido explorados os sentimentos que permeiam a relação entre as filhas mais velhas. É uma relação de admiração e ao mesmo tempo de competição.

Cabe ressaltar a relação afetuosa que a escrita assume, principalmente nas segunda e terceira gerações, tanto nos momentos de leitura, como o de histórias antes de dormir, quanto nos momentos de escrita, por meio das poesias e cartas escritas e trocadas entre os membros da família para expressar os sentimentos.

Há também, em cada uma das gerações, uma distinção das finalidades da leitura. Para os membros da primeira geração não há uma separação muito clara entre as práticas de leitura mais desinteressadas e as práticas de leitura escolares, ao passo que os membros da segunda geração apresentam práticas de leitura e escrita com uma nítida diferenciação entre aquelas relacionadas à trajetória escolar e profissional, e aquelas relacionadas à religião e ao deleite. Já para a terceira geração, o "gosto" pela leitura é algo que tem forte vínculo com a escola, mas também com a família.

Finalmente, é importante explicitar que o estudo tratou de apenas um caso e que não se trata necessariamente de um caso representativo de todas as famílias em movimento de ascensão no interior das classes médias. Mas não se pode deixar de considerar que, mesmo um caso, trata-se de um "caso particular do provável" e que, por isso, reproduz elementos presentes em famílias que ocupam a mesma posição social. O modo pelo qual esses elementos se articulam e se determinam constitui suas naturezas próprias, que é incapaz de representar o conjunto de famílias que vivem condições de existência semelhantes. Dessa forma, apesar de a pesquisa não permitir uma generalização estatística, ela contribui para a compreensão do complexo fenômeno de inserção na cultura escrita, assim como os outros capítulos deste livro.

Fontes

Memórias. 2004. Belo Vale. 48 p.

Memorial. Belo Horizonte: Faculdade de Educação, Universidade Federal de Minas Gerais, 2004. 18 p.

Referências

BOURDIEU, Pierre. Gostos de classe e estilos de vida. In: ORTIZ, R. (Org.). *Pierre Bourdieu*: sociologia. São Paulo: Ática, 1983a.

BOURDIEU, Pierre. O que falar quer dizer. In: BOURDIEU, Pierre. *Questões de sociologia*. Rio de Janeiro: Marco Zero, 1983b. p. 75-88.

BOURDIEU, Pierre. Os três estados do capital. In: BOURDIEU, Pierre. *Escritos de Educação*. Petrópolis: Vozes, 1998. p. 71-80.

DE SINGLY, François. Savoir hériter: la transmission du goût de la lecture chez les étudiants. In: FRAISSE, Emmanuel (Org.). *Les étudiants et la lecture*. Paris: PUF, 1993.

DE SINGLY, François. L'appropriation de l'heritage culturel. In: *Lien social et Politiques*. Paris, n. 35, p. 153-165, 1996.

ELIAS, Norbert. *Mozart*: sociologia de um gênio. Rio de Janeiro: Jorge Zahar, 1995.

GALVÃO, Ana Maria Oliveira. Leitura: algo que se transmite entre as gerações. In: RIBEIRO, Vera Masagão (Org.). *Letramento no Brasil*: reflexões a partir do INAF 2001. São Paulo: Global, 2003. p. 125-153.

GUIMARÃES, Antônio Sérgio Alfredo. Operários e mobilidade social na Bahia: análise de uma trajetória individual, *Revista Brasileira de Ciências Sociais*. São Paulo, v. 8, n. 22, p. 81-97, 1993.

HEATH, Shirley Brice. What no bedtime story means: narrative skills at home and school. In: *Language Socialization across cultures*. Cambridge University Press, p. 97-124, June 1987.

LAHIRE, Bernard. *Sucesso Escolar nos Meios Populares*: as razões do improvável. São Paulo: Ática, 1997.

LAHIRE, Bernard. *Retratos sociológicos*: disposições e variações individuais. Porto Alegre: Artmed, 2004.

REGO, Lúcia Lins Browne. *Literatura infantil*: uma nova perspectiva de alfabetização na pré-escola. São Paulo: FTD, 1990.

RIBEIRO, Vera Masagão (Org.). *Letramento no Brasil*: reflexões a partir do INAF 2001. São Paulo: Global, 2003. p. 125-154.

RIBEIRO, Vera Masagão. Por mais e melhores leitores. In: RIBEIRO, Vera Masagão (Org.). *Letramento no Brasil*: reflexões a partir do INAF 2001. São Paulo: Global, 2003. p. 9-29.

RODRIGUES, E. M. Ensino noturno de 2º grau: o fracasso da escola ou a escola do fracasso? *Educação e Realidade*. Porto Alegre, n. 20, p. 49-72, jan./jul. 1995.

268 História da cultura escrita: séculos XIX e XX

ROMANELLI, O. *História da Educação no Brasil (1930/1973)*. Petrópolis: Vozes, 1987.

ROMANELLI, Geraldo. Projetos de escolarização dos filhos e estilos de vida de famílias das camadas médias, 13 f. [Trabalho apresentado na Anped], 1995.

WELLS, Gordon. Preschool literacy-related. Activities and success in school. In: OLSON, D. R.; TORRANCE, N.; HILDYARD, A., (Orgs.). *Literacy, language and learning*. Cambrigde University Press, 1985. p. 229-256.

WELLS, Gordon. *The meaning makers*: children learning language and using language to learn. London, Heinemann Educational Books Inc., 1986.

ZAGO, Nadir. Processos de escolarização nos meios populares: as condições da obrigatoriedade escolar. In: NOGUEIRA, Maria Alice (*et al.*). *Família e escola*: trajetórias de escolarização em camadas médias e populares. 2. Ed. Petrópolis: Vozes, 2003, p. 19-41.

PARTE IV

PERCURSOS DE GRUPOS SOCIAIS E PARTICIPAÇÃO NA CULTURA ESCRITA

Capítulo 9

OS MENINOS DAS AULAS PÚBLICAS DE PRIMEIRAS LETRAS: PERNAMBUCO, PRIMEIRA METADE DO SÉCULO XIX

Adriana Maria Paulo da Silva

A intenção deste artigo é apresentar parte dos resultados de uma pesquisa a respeito das práticas de escolarização em Pernambuco entre fins do século XVIII e a primeira metade do século XIX.[1] Trata-se, por um lado, de trazer a público os dados obtidos por intermédio da análise das listas dos alunos das aulas públicas de Primeiras Letras da província de Pernambuco entre os anos de 1828 e 1846, no que diz respeito às suas quantidades, *qualidades*, naturalidades, filiações, idades e *adiantamentos ou progressos*.

A argumentação central deste texto encaminha-se no sentido de sustentar que, em Pernambuco, no período em questão, o ensino das Primeiras Letras e o acesso às aulas públicas nas quais este acontecia não estiveram restritos às elites brancas e ricas (sob qualquer ponto de vista). Homens e mulheres com variadas condições de vida e trabalho e de todas as cores encaminharam e lutaram (com diferentes graus de dificuldades, certamente) para manter suas crianças nas poucas aulas públicas de Primeiras Letras disponíveis na província. Nesse sentido, demonstrar-se-á a inegável pluralidade social e racial dos meninos

---

[1] Versão modificada de uma parte do IV capítulo da minha tese. Cf. SILVA, Adriana Maria Paulo da. *Processos de construção das práticas de escolarização em Pernambuco, em fins do século XVIII e primeira metade do século XIX.* 2006. 366 f. Tese (Doutorado em História) – Centro de Filosofia e Ciências Humanas – Universidade Federal de Pernambuco, Recife, 2006, p. 285-323.

que freqüentavam as aulas públicas de Primeiras Letras de uma das maiores áreas escravistas do planeta no Oitocentos, corroborando os estudos feitos na última década a este respeito, em várias províncias do Império do Brasil (Silva, 1999, 2000, 2002, 2003, 2006b; Veiga, 2005; Gouvêa, 2007). Dessa forma, pretendo contribuir para as discussões inseridas neste livro, as quais, por intermédio de diferentes objetos e procedimentos, ocupam-se em destacar a inserção de indivíduos e grupos, comumente associados ao universo da oralidade, nas culturas do escrito.

Qualidades, adiantamentos ou progressos: os usos dessas categorias

Com relação aos itens dos dados obtidos, creio ser necessário explicar dois deles: *qualidades* e *adiantamentos* ou *progressos*.

A expressão *qualidades*, durante a primeira metade do século XIX, era designativa tanto da cor dos indivíduos quanto, por seu intermédio, da proximidade desses e/ou dos seus ascendentes à experiência do cativeiro. Neste sentido, valem algumas explicações básicas. Quando uma pessoa era designada por "branca", já estava implícito o fato de ela nunca ter sido escrava, e isso é bem óbvio para o caso da escravidão moderna. Agora, as designações "preto" ou "crioulo" tanto se referiam às cores das pessoas, quanto também serviam para diferenciar os escravos africanos (chamados de pretos), dos escravos brasileiros (chamados de crioulos), ou seja, cor, nacionalidade e estatuto jurídico designados, ao mesmo tempo, em cada uma dessas expressões.

Outra forma de designação dos não-brancos era por intermédio da expressão "pardos". Essa designação, para o caso do Rio de Janeiro, por exemplo, era normalmente utilizada com relação à população livre de cor, mas tanto podia indicar um tom de pele menos escuro, como também o fato de o indivíduo assim designado já estar distanciado da experiência do cativeiro há uma ou mais gerações. Nesse caso, a condição de livre poderia implicar a utilização da designação "pardo" para referenciar, até, pessoas retintas que, por exemplo, nunca haviam sido escravas (Mattos,

1998). Em toda a documentação coligida a respeito de Pernambuco, não encontrei nenhum caso semelhante a este.

A maior parte da documentação oficial referente às práticas de escolarização em Pernambuco durante o período em questão não apresenta nenhum tipo de referências às cores das pessoas: nem professores, nem alunos, nem dirigentes, nem ninguém. Nos poucos registros nos quais essas referências aparecerem e nos quais um nome qualquer foi mencionado sem a imediata "qualificação" de seu(a) dono(a), significou que o nome em questão pertenceu a uma pessoa branca. Ou seja, os brancos, majoritariamente, nas documentações que abrigaram esse tipo de registro, não "precisaram", via de regra, de qualificações. Os não-brancos, por sua vez, freqüentemente foram racialmente qualificados – como pretos, pardos, crioulos e cabras – e por meio de classificações bastante singulares inclusive, as quais incluíram um tipo denominado *semibranco* e outro, *preto crioulo*. Por *semibranco*, suponho, o professor público de Primeiras Letras de Paudalho (cidade atualmente a 44 km de distância do Recife), chamado José Calazans da Silva Fragoso,[2] nos idos de 1839, quis designar 14 dos seus 66 alunos – os quais não se encaixavam (sabe-se lá por quais razões) em nenhuma das "qualidades" disponíveis no léxico provincial de então.

Sendo a classificação por cor, no Rio de Janeiro e Pernambuco, da primeira metade do Oitocentos algo bastante variável (e um excelente mote para futuras pesquisas), tendo a concordar com a historiografia especializada a respeito da região (Carvalho, 1998, p.106) – em função dos resultados desta pesquisa –, que a utilização dessa prática, em Pernambuco, relacionou-se à firme intenção (por parte dos funcionários públicos) de designar os diferentes tons de pele da gente completamente mestiça que povoou essas plagas. Nem todos os professores, autores das listas analisadas a seguir, *qualificaram* seus alunos, mas, todos que o fizeram, o fizeram em função das suas cores.

---

[2] Ver APEJE: Série Instrução Pública – IP 2 (1839-1842), p. 181-182 f.

Com relação às expressões *progressos* e *adiantamentos*, cumpre dizer que elas se referem às três formas distintas, utilizadas por alguns professores para prestarem contas às autoridades públicas (e em menor medida, aos responsáveis) da "situação escolar" dos alunos. Por "situação escolar" devemos compreender um conjunto de aspectos avaliados pelos professores com base nos quais eles pretendiam descrever o comportamento individual e o nível de aprendizado dos alunos com relação ao tempo de freqüência às aulas e com relação aos assuntos que foram ensinados.

Quando descreviam o nível de aprendizado em relação ao tempo de freqüência, classificavam os meninos como: *principiante, adiantado, bastante adiantado, alguma coisa adiantado, não tem adiantamento, menos aproveitado, atrasado, muito progresso, pouco progresso, bastante progresso, muito pouco progresso, aproveitado, menos aproveitado, a exercitar, pouco por falta de freqüência* e *pouco por doente*. Das 24 listas de alunos, nada menos do que 14 delas (quase 60% do total) apresentam esse tipo de classificação.

Outros cinco professores (20% do total), em anos variados, preferiram classificar os *progressos* dos seus alunos em função daquilo que eles tinham efetivamente aprendido ou estavam aprendendo em relação à leitura, à escrita e à aritmética. Desta forma utilizaram expressões do tipo: *carta, escrita, somando, carta de sílabas, junta e repartindo, soma, tabuada, conta de repartir, escrita-escrevendo, primeiras cartas, contando, escrita-escrevendo-contando, bastardo, linhas, multiplicação, divisão, diminuição, bastardinho, escrituração, ABC, livro, escrito* e *sílabas*. Voltaremos a algumas dessas expressões mais adiante.

As listas de alunos das aulas de Primeiras Letras da província de Pernambuco entre 1828 e 1846: possibilidades e limites da documentação

As listas estão divididas cronologicamente da seguinte forma: oito listas para o ano de 1828; três listas para o ano de 1829, três listas para o ano de 1830; cinco listas para o ano de

1833; uma lista para o ano de 1834; duas listas para o ano de 1836; uma lista para o ano de 1839 e uma lista, feita em 1846, mas com informações retroativas de 1829 até 1846.

Temos, portanto, o seguinte universo: entre 1828 e 1846, funcionaram aulas públicas de Primeiras Letras em não menos do que 58 localidades em toda a província (mas não é possível afirmar terem essas funcionado ao mesmo tempo). Desse total, sobreviveram listas referentes a 17 localidades, equivalentes a no mínimo 29% do total das localidades nas quais houve escolas em funcionamento durante o período. Nessas listas foram registradas informações a respeito de 908 meninos que freqüentaram as aulas de Primeiras Letras da província e elas constituem a principal documentação com base na qual proponho ter sido étnica e socialmente diversificado o público discente das aulas públicas de Primeiras Letras da primeira metade do século XIX, na província de Pernambuco.

Nas listas, com algumas exceções, foram registradas as seguintes informações: nome do professor (autor da lista), nome da localidade na qual a aula se encontra, nomes dos alunos, filiações ou situação de criação, locais de nascimento dos alunos ("pátrias" em Olinda; "naturalidades" em Goiana), idades (à exceção da lista dos alunos de Santo Antão) e os seus "progressos" ou "adiantamentos" (que eu chamei anteriormente de "situação escolar").

Além dessas informações, nas listas de alunos referentes à Vila de Goiana, à povoação de Tejucupapo (pertencente à Goiana) – ambas em 1828 – foram registrados os locais de moradia dos meninos. Nessas listas, juntamente com a lista da povoação de Paudalho, em 1839, foram também registradas as "qualidades" dos meninos que freqüentaram aquelas aulas, cujas explicações já foram dadas logo no início deste artigo.

Com base nessas listas, elaborei quatro conjuntos de quadros, com informações específicas a respeito das filiações e situações de criação dos meninos listados; a respeito da sua naturalidade; idade e quantidade de familiares nas aulas públicas, abrangendo, em geral o período que vai de 1828 a 1846.

As variações na quantidade de meninos designados em cada um dos quadros relacionaram-se primeiramente à ausência de um determinado tipo de registro (idade ou naturalidade) a respeito de um ou mais meninos, devido aos inúmeros danos causados pelos vermes e insetos à documentação sob a guarda do APEJE; e secundariamente às opções dos professores ao fazerem os registros.

QUADRO 1

Quadro referente aos registros de filiações dos alunos constantes nas listas das Aulas de Primeiras Letras em Pernambuco, entre 1828 e 1846.[3]

ANO	LOCAL (nº de alunos)	Filhos de Pais		Filhos de "Pai Incógnito"		Órfãos ou Expostos		Adotivos		Filhos de Mães		Crias de Avós		Cativos	
		Nº	%	Nº	%	Nº	%	Nº	%	Nº	%	Nº	%	Nº	%
1828	São Pedro Mártir de Olinda (82)	66	80	16	20	–	–	–	–	–	–	–	–	–	–
	Seminário de Olinda (71)	61	86	10	14	–	–	–	–	–	–	–	–	–	–
	Povoação de Paratibe (16)	12	75	1	6,25	2	12,5	–	–	1	6,25	–	–	–	–
	São Lourenço da Mata (26)	22	85	–	–	–	–	–	–	4	15	–	–	–	–
	Vila de Goiana (66)	48	73	–	–	–	–	5	7	13	20	–	–	–	–
	São Lourenço de Tejucupapo (22)	19	86	–	–	–	–	–	–	1	5,2	2	10,5	–	–
	Freguesia do Pasmado (31)	25	81	6	19	–	–	–	–	–	–	–	–	–	–
1829	Vila de Santo Antão (45)	28	62,2	–	–	1	2,2	1	2,2	13	29	–	–	2	4,4
	Sirinhaém (28)	20	71,4	–	–	1	3,6	–	–	7	25	–	–	–	–
	Rio Formoso (37)	35	94,5	–	–	–	–	–	–	2	5,5	–	–	–	–
	ANOS 20 (424)	336	79,2	33	7,8	4	0,9	6	1,4	41	9,7	2	0,5	2	0,5
1830	Goiana (144)	136	94	1	0,7	3	2,1	–	–	4	3	–	–	–	–
1833	Brejo (22)	22	100	–	–	–	–	–	–	–	–	–	–	–	–
	Vila de Santo Antão (39)	32	82	–	–	–	–	–	–	7	18	–	–	–	–
	Bonito (21)	20	95	–	–	–	–	–	–	1	5	–	–	–	–
	Sirinhaém (9)	9	100	–	–	–	–	–	–	–	–	–	–	–	–
	Rio Formoso (27)	27	100	–	–	–	–	–	–	–	–	–	–	–	–
1834	Cimbres (10)	10	100	–	–	–	–	–	–	–	–	–	–	–	–
1836	Itamaracá (24)	23	96	–	–	–	–	–	–	1	4	–	–	–	–
	Pasmado (23)	18	78	5	22	–	–	–	–	–	–	–	–	–	–
1839	Paud'alho (67)	61	91	–	–	–	–	–	–	6	9	–	–	–	–
1832-39	Loreto (60)	60	100	–	–	–	–	–	–	–	–	–	–	–	–
	ANOS 30 (446)	418	93,7	6	1,3	3	0,7	–	–	19	4,3	–	–	–	–
1840-46	Loreto (66)	61	92,4	5	7,6	–	–	–	–	–	–	–	–	–	–
	TOTAL GERAL (936)	815	87	44	4,7	7	0,7	6	0,6	60	6,4	2	0,2	2	0,2

---

[3] FONTES/ APEJE:

– CM 6 (1825-1828) – "Mapa remetido pelo professor de Primeiras Letras do

As aulas públicas de Primeiras Letras em Pernambuco, mesmo antes das interdições criadas às crianças cativas, por meio da lei provincial de 1837, constituíam-se de um espaço destinado aos meninos livres/libertos, majoritariamente criados por famílias nucleares, de tipo tradicional, chefiadas por homens.

Nas localidades nas quais os alunos foram listados nos anos 20, os meninos cujos pais foram nomeados representaram 79% do total de meninos.

Nas localidades nas quais ocorreram esses mesmos registros nos anos 30, eles representaram 94% do total de meninos e na única lista que cobre o período de 1840 a 1846, eles

---

Seminário de Olinda, Manoel Antônio da Assunção Cardim", sem número de página.

– CM 6 (1825-1828) – "Mapa remetido pelo professor de Primeiras Letras da freguesia de São Pedro Mártir em Olinda, Antônio Felipe Neri", p. 190 v.

– CM 6 (1825-1828) – "Mapa remetido pelo professor de Primeiras letras da povoação de São Lourenço da Mata da qual é professor José Calazans da Silva Fragoso", p. 191.

– CM 6 (1825-1828) – "Relação dos alunos que freqüentam as aulas de Primeiras Letras da povoação de Paratibe", p. 192. Assinada pelo professor João Machado Freire.

– CM 6 (1825-1828), "Relação dos alunos que aprendem na Aula Régia de Primeiras Letras desta Vila de Goiana", p. 221-224 v. Remetido pelo professor Padre Antônio José de Barros.

– CM 6 (1825-1828) – "Relação dos alunos que de presente aprendem na aula de Primeiras Letras da freguesia de São Lourenço de Tejucupapo, em 10 de julho de 1828", p. 225.

– CM 6 (1825-1828), "Lista dos alunos que freqüentam as aulas de Primeiras Letras da freguesia do Pasmado da qual é professor Francisco José Machado, neste presente ano de 1828", p. 226.

– CM 6 (1825-1828) – "Lista dos alunos que freqüentaram a Aula das Primeiras Letras neste Vila de Santo Antão, neste presente ano de 1828, da qual é professor João Severino de Oliveira Campos, em 30 de abril de 1828", p. 248.

– CM 8 (1830), "Relação dos alunos que existem nesta aula. Aula na Rua do Soledade, 8 de outubro de 1830", p. 131. Assinada por José Gomes de Jesus Marreca.

– CM 8 (1830), "Lista dos alunos que se estão aplicando nas Primeiras Letras", assinada por Domingos Monteiro de Oliveira Gondim, p. 132.

– CM 8 (1830) "Lista dos alunos que freqüentaram a Aula de Primeiras Letras da Vila de Goiana, nos meses de julho, agosto, setembro; qual é professor neste presente ano de 1830 Antônio Máximo Barros Leite", p. 134-136.

correnponderam a 92,4% do total. Apenas para ratificar essa constatação, importa assinalar que a localidade na qual ocorreu o menor índice de registros dos nomes paternos nas listas de alunos, foi a aula pública de Primeiras Letras da vila de Santo Antão, no ano de 1828, e ainda nessa, 65% dos meninos tiveram os nomes de seus pais registrados.

Em todas as listas houve apenas um registro de meninos cativos, na aula de Santo Antão, em 1828, referente aos dois escravos do Sargento Mor Francisco Prudente do Nascimento – para os quais não houve registro de idade –, cujos nomes eram

---

– CM 12 (1833), "Relação dos alunos que freqüentam a Aula de Primeiras Letras da Vila de Santo Antão da qual é professor Herculano da Silva e Braga, em 18 de junho de 1833", p. 43.

– CM 12 (1833), "Relação dos Alunos do Povoado de Bonito, em 10 de junho de 1833", assinada pelo professor Antônio Francisco Chaves, p. 44.

– CM 12(1833), "Mapas dos alunos que freqüentam a Aula de Primeiras Letras da Povoação do Brejo da Madre de Deus, de que sou professor", assinado por Sivestre Antônio de Oliveira Mello, p. 87-88.

– CM 12 (1833), "Mapa dos alunos que freqüentaram a Aula de Primeiras Letras de Ensino Público da Povoação do Rio Formoso, nos meses de julho, agosto e setembro de 1829", p. 224-227.

– CM 12 (1833), "Mapa dos alunos que freqüentaram a Aula de Primeiras Letras da Povoação do Rio Formoso nos meses de abril, maio e junho do corrente ano de 1833", assinado pelo Padre Antônio Álvares da Silva Freire, p. 226-227.

– CM 12 (1833), "Mapa dos alunos que freqüentam a Aula das Primeiras Letras da Vila de Sirinhaém do 1º [documento danificado] último de setembro deste corrente", datado de 17 de outubro de 1829, p. 230

– CM 12 (1833), "Mapa dos alunos que freqüentam a Aula de Primeiras Letras da Vila de Sirinhaém, em 12 de julho de 1833, assinado pelo professor José Cândido da Silva Braga", p. 232.

– CM 13 (1834), "Mapa dos alunos que freqüentam a Aula de Primeiras Letras da Vila de Cimbres, da qual é professor Marcelino José da Silva Braga, em 5 de maio de 1834", p. 347.

– CM 15 (1836), sem título, assinada por "Alexandre Primo Camello Pessoa, Professor de Primeiras Letras", p.282.

– CM 15 (1836), "Lista dos alunos que freqüentam a Aula de Primeiras Letras da Freguesia de Nossa Senhora da Boa Viagem de Pasmado, neste presente ano de 1836", p. 284. Datado em 6 de maio e assinado por dois membros da Câmara da Vila de Pasmado, cujos nomes foram destruídos pelos vermes.

Henriques Lopes de Miranda e Severiano Prudente. Ambos estavam na aula desde maio de 1827 e, na altura da elaboração da lista – fins de maio de 1828 –, Henriques exercitava "leitura-escrita, escrevendo" e Severiano exercitava a "leitura de primeiras cartas". Fora esse registro, não encontrei mais nenhum e eles me sugerem que às crianças escravas, com raras exceções como essas – e como aquelas referentes às aulas particulares da província –, restou mesmo a escravidão e nada mais.

Os dados sugerem que, na passagem dos anos 20 para os anos 30 do século XIX, os critérios de seletividade social para o ingresso e permanência nas aulas públicas de Primeiras Letras favoreceram aos meninos que contavam no mínimo com o reconhecimento público da figura paterna.

Nos anos 20, em 70% das localidades listadas, houve a ocorrência de meninos criados unicamente por suas mães. São Lourenço da Mata, a Vila de Goiana, a Vila de Santo Antão e Sirinhaém surpreendem por serem localidades nas quais foi relativamente grande o número de mulheres sozinhas com meninos na escola: 15%, 20%, 29% e 25%, respectivamente, foram os meninos listados como "filhos de mães", quando no cômputo geral, os "filhos de mães" corresponderam a apenas 6% dos meninos listados.

Nos anos 30 esses percentuais reduziram-se drasticamente e, em apenas 45% das localidades listadas, registrou-se a ocorrência desse tipo de vínculo familiar.

Não tenho conhecimento acerca de trabalhos que tenham investigado os níveis de ilegitimidade na província de Pernambuco durante a primeira metade do século XIX. Entretanto, Figueira de Mello apresentou, para os anos de 1838 e 1839, a sistematização

---

– IP 2 (1839-1842), "Mapa dos Alunos que freqüentaram a Aula das Primeiras Letras da Vila do Paudalho desde o primeiro de julho até o último Outubro do corrente ano de 1839", p. 181-182. Assinado pelo professor José Calazans da Silva.

– IP 5 (1846), "Lista dos alunos que freqüentaram e freqüentam a Aula de Primeiras Letras na Povoação de Nossa Senhora do Loreto, freguesia da Muribeca, da qual é Professor Público o padre José das Candeias e Mello de 1829 a 1846"; p. 88-90.

dos mapas enviados pelos vigários da província, por freguesias, na qual constam os registros a esse respeito. Infelizmente não encontrei nenhuma lista de alunos referente ao ano de 1838 e a única freguesia para qual há uma lista no ano de 1839 – Paudalho –, não foi contemplada nos registros de Figueira de Mello.[4]

Órfãos, expostos e meninos adotados, ao que parece, tiveram as suas poucas chances de ingressarem nas aulas públicas de Primeiras Letras ainda mais reduzidas durante a década de 30. Do ponto de vista das estruturas familiares, esses dados indicam que, muito embora crianças com várias situações familiares e de criação tenham convivido nas aulas públicas de Primeiras Letras, essas, *pari passu* ao seu lento crescimento quantitativo na província, foram experimentando uma seletividade familiar, tendente a privilegiar os meninos com uma estrutura familiar tradicional.

QUADRO 1 A

Filiações dos alunos constantes nas listas das Aulas de Primeiras Letras em Pernambuco entre 1828 e 1846, com relação às suas "qualidades"[5]

ANO/LOCAL	QUALIDADES	Filhos de Pais		Filhos de "Pai Incógnito"		Órfãos ou Expostos		Adotivos		Filhos de Mães		Crias de Avós		Cativos	
		Nº	%	Nº	%	Nº	%	Nº	%	Nº	%	Nº	%	Nº	%
Goiana e Tejucupapo **1828 (88 meninos)**	Pretos (5)	6	5	10 0	–	–	–	–	–	–	–	–	–	–	–	–
	Pardos (28)	32	17	61	–	–	–	–	2	7	7	25	2	7	–	–
	Índios (1)	1	–	–	–	–	–	–	1	100	–	–	–	–	–	–
	Brancos (54)	61	50	92,5	–	–	–	–	1	2	3	5,5	–	–	–	–
Paud'alho **1839 (67 meninos)**	Pretos (1)	1,5	1	10 0	–	–	–	–	–	–	–	–	–	–	–	–
	Semi Brancos (14)	21	10	71	–	–	–	–	–	–	4	29	–	–	–	–
	Brancos (52)	78	50	96	–	–	–	–	–	–	2	4	–	–	–	–

---

[4] Cf. MELLO, Jeronymo Martiniano Figueira. *Ensaio sobre a estatística civil e política da província de Pernambuco*. Recife: Conselho Estadual de Cultura, 1979, p. 297.

[5] FONTES/ APEJE:
– CM 6 (1825-1828), "Relação dos alunos que aprendem na Aula Régia de Primeiras Letras desta Vila de Goiana", p. 221-224 v. Remetido pelo professor Padre Antônio José de Barros.

Segundo o esforço único de Figueira de Mello (1979), o primeiro censo populacional a reunir informações sobre as "qualidades" dos habitantes da província foi feito em 1829, logo, um ano depois das listas de Goiana. A título de curiosidade apenas, comparando as informações desse censo com as informações da lista de alunos de Goiana, encontramos algumas proximidades.[6]

Havia na província 35.582 meninos livres/libertos de até 10 anos – faixa etária na qual encontrava a maioria dos meninos listados. Entre esses, à semelhança da lista de Goiana, os pretos representavam 6% do total (2.486 meninos) e os índios 1% (419 meninos).

As diferenças, com relação ao censo, ficaram a cargo do grande favorecimento dado aos meninos brancos, no que respeita às possibilidades de acesso às aulas públicas de Primeiras Letras, comparando-os aos meninos pardos. Enquanto os brancos representavam 37% do total de meninos livres/libertos da província – lembrando que aos brancos não cabia a qualificação de "libertos"–, nas aulas de Goiana e Tejucupapo, eles representaram 61% do total dos alunos. E, com relação aos pardos, enquanto representassem 39% do total de meninos livres/libertos da província, ou seja, a maioria, nas escolas de Goiana e Tejucupapo representaram apenas 32% do total dos alunos.

Talvez as disputas sociais pelo acesso às aulas públicas, em Pernambuco, para pretos e índios não fossem diferentes do conjunto das lutas cotidianas travadas por aqueles segmentos da população no que diz respeito a todos os itens da pauta da

---

– CM 6 (1825-1828) – "Relação dos alunos que de presente aprendem na Aula de Primeiras Letras da freguesia de São Lourenço de Tejucupapo, em 10 de julho de 1828", p. 225.

– IP 2 (1839-1842), "Mapa dos Alunos que freqüentaram a Aula das Primeiras Letras da Vila do Paudalho desde o primeiro de julho até o último outubro do corrente ano de 1839", p. 181-182. Assinado pelo professor José Calazans da Silva.

[6] MELLO, Jeronymo Martiniano Figueira. *Ensaio sobre a estatística civil e política da província de Pernambuco*. Recife: Conselho Estadual de Cultura, 1979, "Mapa Geral da população de Pernambuco, ano 1829, classificada por idades, classes e condições d'indivíduos" p. 310-311.

vida, a começar por suas simples possibilidades de sobrevivência em liberdade. Por outro lado, com relação aos pardos, muito embora fossem mais numerosos nessa faixa etária e contassem com favorecimentos sociais e possibilidades de ascensão social bem maiores do que os outros segmentos não-brancos, com relação ao acesso às aulas públicas de Primeiras Letras, talvez suas possibilidades e chances de acesso fossem pouco menores do que no restante das práticas sociais.

Embora poucos pretos tenham podido colocar seus filhos nas aulas públicas de Primeiras Letras, nada menos do que a totalidade daqueles que conseguiram apresentou uma estrutura familiar tradicional. Ou seja, 100% dos meninos pretos tiveram o nome de seus pais registrados, demonstrando serem filhos ou legítimos, ou socialmente reconhecidos. Não houve nenhuma ocorrência de um menino preto ser "filho de pai incógnito", ou "adotivo", ou "órfão, ou exposto". Talvez o destino dos meninos pretos sem pai ou só "filhos de mãe", não tenha sido, de fato a escola, mas sim o mundo do trabalho, com todas as suas facetas relacionadas à já bastante conhecida (e secular) exploração do trabalho infantil, potencializada pelo racismo.

Com relação aos meninos pardos, eles estiveram em quase todas as situações de criação – à exceção de "filhos de pais incógnitos" e "órfãos ou expostos"– e a maioria deles, tal qual os outros, foi também "filhos de pais".

Mas a segunda questão é que os meninos pardos e "semi-brancos"[7] tiveram mais oportunidades de estar nas aulas públicas de Primeiras Letras da província, mesmo sem terem uma estrutura familiar tradicional, particularmente os "filhos de mães". Nos anos 20, os meninos registrados como "filhos de mães" representavam 25% do total de meninos pardos e apenas 5% do total de meninos brancos. Na lista de 1839, 29% dos meninos pardos eram "filhos de mães".

---

[7] Esta denominação foi dada pelo professor de Paudalho, conforme consta no quadro e até o presente momento não a encontrei em nenhuma outra situação.

As possibilidades de compreensão dessa expressiva ocorrência relacionam-se, entre outros fatores, ao fato, como propôs Marcus Carvalho (1998), da socialização das mulheres – particularmente, das mulheres pobres – ocorrer de uma forma submissa, facilitando a sua aceitação por parte dos grupos sociais dominantes. Uma vez "aceitas", algumas, embora fossem "sozinhas", conseguiam buscar oportunidades de criação e escolarização para suas crianças.[8]

Manter uma criança na escola não foi nada fácil para quem viveu em Pernambuco durante a primeira metade do século XIX. De acordo com o quadro a seguir, pouquíssimas famílias conseguiam ter mais de um menino nas aulas públicas e quando conseguiam, dificilmente punham mais de um ao mesmo tempo.

---

[8] CARVALHO, Marcus J. M. de. *Liberdade*: rotinas e rupturas do escravismo no Recife, 1822-1850. Recife: Editora da UFPE, 1998, p. 221-225.

QUADRO 2

Quadro referente à quantidade de filhos, por famílias, nas aulas públicas de Primeiras Letras em Pernambuco, entre 1828 e 1846[9]

Ano/ Aulas públicas de Primeiras Letras	Famílias por aulas	1 filho	%	2 filhos	%	3 filhos	%	4 filhos	%
1828		n°		n°		n°		n°	–
São P. Mártir	72	64	89	6	8	2	3	–	–
Seminário	63	58	92	5	8	–	–	–	–
Paratibe	11	8	73	2	18	1	9	–	–
S. L. da Mata	20	15	75	5	25	–	–	–	–
Pasmado	24	19	79	3	12,5	2	8,3	–	–
Goiana	53	44	83	6	11,3	2	4	1	2
Tejucupapo	19	17	90	1	5	1	5	–	–
Santo Antão	44	42	95,5	2	4,5	–	–	–	–
1829									
R.Formoso	29	24	83	3	10	1	3,5	1	3,5
Sirinhaém	24	20	83,3	3	12,5	1	4,1	–	–
Anos 20 (total)	359	311	86,6	36	10	10	2,7	2	0,5
1830									
Vila de Goiana	82	69	84	7	8,5	5	6	1	1,5
Goiana	36	31	86	3	8	1	3	1	3
1833									
Rio Formoso	18	13	72	3	17	–	–	2	11
Brejo	19	17	89,4	1	5,3	1	5,3	–	–
Bonito	17	13	76	3	18	1	6	–	–
Santo Antão	33	28	85	4	12	–	–	1	3
1834									
Cimbres	4	1	25	1	25	1	25	1	25
1836									
Pasmado	20	17	85	3	15	–	–	–	–
Itamaracá	19	15	79	3	16	1	5	–	–
1839									
Paudalho	51	38	74	10	20	3	60	–	–
Anos 30 (total)	299	242	81	38	13	13	4	6	2
1846									
Loreto	20	15	75	3	15	2	10	–	–
Total Geral	678	568	84	77	11	25	4	8	1

---

[9] FONTES/ APEJE:

Utilizando o exemplo das 72 famílias, às quais pertenceram os 82 meninos que estudaram na freguesia de São Pedro Mártir de Olinda; relacionando-o aos 402 fogos existentes na freguesia, naquele ano; e considerando que cada fogo correspondesse a apenas uma família, veríamos que apenas 17% do total de famílias daquela freguesia (central na cidade) conseguiram colocar suas crianças nas aulas públicas. Segundo esse mesmo raciocínio, em Paratibe (área distante do centro e atualmente pertencente ao município de Paulista) teria ocorrido o *record* de acesso de famílias às aulas chegando a 30%; e em Goiana (terceira cidade mais importante da província), o contrário, com apenas 8% das famílias tendo meninos nas aulas (MELLO, 1979).

– CM 6 (1825-1828) – "Mapa remetido pelo professor de Primeiras Letras do Seminário de Olinda, Manoel Antônio da Assunção Cardim", sem número de página.

– CM 6 (1825-1828) – "Mapa remetido pelo professor de Primeiras Letras da freguesia de São Pedro Mártir em Olinda, Antônio Felipe Neri", p.190 v.

– CM 6 (1825-1828) – "Mapa remetido pelo professor de Primeiras Letras da povoação de São Lourenço da Mata da qual é professor José Calazans da Silva Fragoso", p. 191.

– CM 6 (1825-1828) – "Relação dos alunos que freqüentam as aulas de Primeiras Letras da povoação de Paratibe", p. 192. Assinada pelo professor João Machado Freire.

– CM 6 (1825-1828), "Relação dos alunos que aprendem na Aula Régia de Primeiras Letras desta Vila de Goiana", p. 221-224 v. Remetido pelo professor Padre Antônio José de Barros.

– CM 6 (1825-1828) – "Relação dos alunos que de presente aprendem na Aula de Primeiras Letras da freguesia de São Lourenço de Tejucupapo, em 10 de julho de 1828", p. 225.

– CM 6 (1825-1828), "Lista dos alunos que freqüentam as aulas de Primeiras Letras da freguesia do Pasmado da qual é professor Francisco José Machado, neste presente ano de 1828", p. 226.

– CM 6 (1825-1828) – "Lista dos alunos que freqüentaram a Aula das Primeiras Letras nesta Vila de Santo Antão, neste presente ano de 1828, da qual é professor João Severino de Oliveira Campos, em 30 de abril de 1828", p. 248.

– CM 8 (1830), "Relação dos alunos que existem nesta aula. Aula na Rua do Soledade, 8 de outubro de 1830", p. 131. Assinada por José Gomes de Jesus Marreca.

– CM 8 (1830), "Lista dos alunos que se estão aplicando nas Primeiras Letras", assinada por Domingos Monteiro de Oliveira Gondim, p. 132.

Em geral, mais de 80% das famílias identificadas nas listas de alunos puseram apenas um menino nas aulas. Nas localidades mais pobres, à exceção da Vila de Cimbres – cuja aula contava com uma das menores densidades familiares de toda a província e mesmo assim nunca foi removida –, esse percentual nunca foi menor que 70% e nas mais ricas chegou a passar a marca de 90%.

– CM 8 (1830) "Lista dos alunos que freqüentaram a Aula de Primeiras Letras da Vila de Goiana, nos meses de julho, agosto, setembro; qual é professor neste presente ano de 1830, Antônio Máximo Barros Leite", p. 134-136.

– CM 12 (1833), "Relação dos alunos que freqüentam a Aula de Primeiras Letras da Vila de Santo Antão da qual é professor Herculano da Silva e Braga, em 18 de junho de 1833", p. 43.

– CM 12 (1833), "Relação dos alunos do povoado de Bonito, em 10 de junho de 1833", assinada pelo professor Antônio Francisco Chaves, p. 44.

– CM 12(1833), "Mapas dos alunos que freqüentam a Aula de Primeiras Letras da Povoação do Brejo da Madre de Deus, de que sou professor", assinado por Sivestre Antônio de Oliveira Mello, p. 87-88.

– CM 12 (1833), "Mapa dos alunos que freqüentaram a Aula de Primeiras Letras de Ensino Público da Povoação do Rio Formoso, nos meses de julho, agosto e setembro de 1829", p. 224-227.

– CM 12 (1833), "Mapa dos Alunos que freqüentaram a Aula de Primeiras Letras da Povoação do Rio Formoso nos meses de abril, maio e junho do corrente ano de 1833"; assinado pelo Padre Antônio Álvares da Silva Freire, p. 226-227.

– CM 12 (1833), "Mapa dos alunos que freqüentam a Aula das Primeiras Letras da Vila de Sirinhaém do 1º [documento danificado] último de setembro deste corrente", datado de 17 de outubro de 1829, p. 230.

– CM 12 (1833), "Mapa dos alunos que freqüentam a Aula de Primeiras Letras da Vila de Sirinhaém, em 12 de julho de 1833, assinado pelo professor José Cândido da Silva Braga", p. 232.

– CM 13 (1834), "Mapa dos alunos que freqüentam a Aula de Primeiras Letras da Vila de Cimbres, da qual é professor Marcelino José da Silva Braga, em 5 de maio de 1834", p. 347.

– CM 15 (1836), sem título, assinada por "Alexandre Primo Camello Pessoa, professor de Primeiras Letras", p. 282.

– CM 15 (1836), "Lista dos alunos que freqüentam a Aula de Primeiras Letras da Freguesia de Nossa Senhora da Boa Viagem de Pasmado, neste presente ano de 1836", p. 284. Datado em 6 de maio e assinado por dois membros da Câmara da Vila de Pasmado, cujos nomes foram destruídos pelos vermes.

– IP 2 (1839-1842), "Mapa dos alunos que freqüentaram a Aula das Primeiras Letras da Vila do Paudalho desde o primeiro de julho até o último outubro do

Na Vila Sirinhaém, por exemplo, em 1829, o Sr. João Francisco Régis conseguiu manter três de seus meninos, todos nascidos na Vila, estudando: dois na aula pública de Primeiras Letras e um na aula pública de gramática latina da Vila. O mais velho, de 16 anos, chamava-se Pedro Alexandre Regis e seu professor de latim – Manoel José de Oliveira – declarou seu *pouco adiantamento*, por causa do seu costume de ser *pouco freqüente.*[10] O filho do meio chamava-se José Joaquim de Sales, tinha 14 anos de idade, e estava, segundo seu professor, *pouco adiantado por doente.* E o caçula, Francisco de Paula Regis, de 11 anos, à semelhança de seus irmãos, *era pouco adiantado.* Provavelmente não devia ser fácil mantê-los na escola e nenhum estava dando mostras de ser aplicado nos estudos.

Outro caso de irmãos estudando em níveis diferentes e ao mesmo tempo ocorreu na aula pública de Santo Antão, em 1833, na qual o pequeno Guilherme Gomes do Rego tinha como irmão o estudante da aula de Latim da Vila, chamado Dionísio Gomes do Rego Júnior. O irmão de Guilherme, suponho, devia mesmo ser um talento. Aos 15 anos já traduzia Salustio, Virgílio (o poeta da *Arte de amar*) e *media bem os versos.*[11] E Guilherme, aos 11 anos, segundo seu professor, estava trabalhando com "livros" (a letra impressa), escrevia também com letra bastão ("ABC") e apenas sabia diminuição.

---

corrente ano de 1839", p. 181-182. Assinado pelo professor José Calazans da Silva.

– IP 5 (1846), "Lista dos alunos que freqüentaram e freqüentam a Aula de Primeiras Letras na Povoação de Nossa Senhora do Loreto, freguesia da Muribeca, da qual é Professor Público o padre José das Candeias e Mello de 1829 a 1846"; p. 88-90.

[10] APEJE: Série Câmaras Municipais– CM 12 (1833), p. 228. "Mapa dos alunos que presentemente freqüentam a Aula de Gramática Latina desta Vila de Sirinhaém, de outubro de 1829".

[11] APEJE: Série Câmaras Municipais – CM 12 (1833) p. 43. "Mapa dos alunos que presentemente freqüentam a aula de Latim da Vila de Santo Antão, em 17 de junho de 1833". Este mapa foi assinado pelo professor Tiburtino Pinto d'Almeida.

Thomé da Luz tinha 8 anos quando foi listado como aluno da aula pública de Primeiras Letras de Sirinhaém, em 1829. Era filho de D. Theodora Maria e irmão de Feliz de São Joaquim, de 9 anos. Thomé e o irmão eram matriculados na aula mas, enquanto Feliz freqüentava e aproveitava *pouco* a aula, não se sabe por quais razões, Thomé não tinha nenhum aproveitamento e a seu respeito o professor declarou: *não freqüenta.* Talvez fosse difícil para D. Theodora, sozinha, manter seus dois meninos, ao mesmo tempo, freqüentando a escola. E talvez, como ambos ainda estavam em idade de aprender as Primeiras Letras, a saída fosse dar a vez para o mais velho. Conjecturas...

QUADRO 2 A

Quadro referente à quantidade de filhos, por famílias, nas aulas públicas de Primeiras Letras em Pernambuco, entre 1828 e 1846, com relação às "qualidades" dos meninos listados[12]

Ano/ Localidades /Qualidades	N° de famílias	1 filho	%	2 filhos	%	3 filhos	%	4 filhos	%
1828 – Vila de Goiana		n°		n°		n°		n°	–
Pretos e Pardos	19	16	84	2	10,5	1	5,3	–	–
Índios	1	1	100	–	–	–	–	–	–
Brancos	33	27	82	4	12	1	3	1	3
1828– Tejucupapo									
Pretos e Pardos	9	8	89	1	11	–	–	–	–
Brancos	10	9	90	–	–	1	10	–	–
1839 – Paudalho									
Pretos	1	1	100	–	–	–	–	–	–
Semibrancos	14	14	100	–	–	–	–	–	–
Brancos	36	23	64	10	28	3	8		

---

[12] FONTES/APEJE:

– CM 6 (1825-1828), "Relação dos alunos que aprendem na Aula Régia de Primeiras Letras desta Vila de Goiana", p. 221-224 v. Remetido pelo professor Padre Antônio José de Barros.

– CM 6 (1825-1828) – "Relação dos alunos que de presente aprendem na Aula de Primeiras Letras da freguesia de São Lourenço de Tejucupapo, em 10 de julho de 1828", p. 225.

– IP 2 (1839-1842), "Mapa dos alunos que freqüentaram a Aula das Primeiras Letras da Vila do Paudalho desde o primeiro de julho até o último outubro do corrente ano de 1839", p. 181-182. Assinado pelo professor José Calazans da Silva.

Nos anos 20, indistintamente, as famílias de brancos, pretos e pardos puseram apenas uma de suas crianças na escola. Porém, embora seja o único registro (e, portanto, dependente de outros dados), em fins dos anos 30, apenas as famílias dos meninos brancos puderam ampliar a quantidade de crianças, por família, nas aulas públicas de Primeiras Letras.

O único registro de uma família de não-brancos que conseguiu colocar mais de duas crianças na escola referiu-se à aula de Primeiras Letras da Vila de Goiana, em 1828. Lá, um certo Antônio José dos Santos – a respeito do qual nada foi dito, sugerindo tratar-se de uma pessoa que nem era um profissional liberal nem era militar – conseguiu encaminhar seus três meninos para estudar. Eram eles André Vivino e Herculano José dos Santos, ambos pretos, nascidos em Goiana, com dez anos de idade – indicando talvez serem gêmeos ou filhos de mulheres diferentes –, ambos *com adiantamento na leitura, na escrita de rascunho e na conta de somar.* Tinha ainda um caçula, um pardo de 9 anos, chamado Trajano Antônio dos Santos o qual, à semelhança de seus irmãos, estava também com *adiantamentos na leitura e na escrita de rascunho.*

Em Tejucupapo, o único não-branco que conseguiu colocar dois meninos na aula pública de Primeiras Letras foi o Sr. Gonçalo Gomes da Rª. Seus meninos tinham 9 e 10 anos. Um era pardo e o outro era preto, respectivamente, e chamavam-se Silvestre Gomes e Máximo Gomes. Moravam na povoação próxima chamada Carne de Vaca, atualmente pertencente ao município de Goiana e tinham que andar uma distância razoavelmente grande para ir à aula diariamente. Infelizmente são pouquíssimos os registros, mas, comparando-os com os referentes a Paudalho em 1839, pressupomos que a situação tenha ficado ainda mais difícil para as famílias de não-brancos, porque lá nenhuma delas conseguiu colocar mais de um menino seu na aula.

QUADRO 3
Quadro referente à naturalidade dos alunos constantes nas listas das aulas de Primeiras Letras em Pernambuco, entre 1828 e 1839[13]

ANO	LOCAL (nº de alunos)	Nascidos no Local		Nascidos na Província		Nascidos nas Prov. Vizinhas		Nascidos nas Prov. Distantes		Nascidos no exterior	
		Nº	%	Nº	%	Nº	%	Nº	%	Nº	%
1828	São Pedro Mártir em Olinda (82)	52	63	26	32	4	5	–	–	–	–
	Seminário de Olinda (70)	36	51,4	31	44,3	3	4,3	–	–	–	–
	Paratibe (16)	16	100	–	–	–	–	–	–	–	–
	S. L. da Mata (26)	26	100	–	–	–	–	–	–	–	–
	Vila de Goiana (66)	66	100	–	–	–	–	–	–	–	–
	Tejucupapo (21)	18	86	3	14	–	–	–	–	–	–
1829	Pasmado (31)	19	61,2	11	35,5	–	–	–	–	1	3,2
	Sirinhaém (27)	23	85	4	15	–	–	–	–	–	–
	Rio Formoso (37)	35	94,5	2	5,5	–	–	–	–	–	–
	ANOS 20 (376)	291	77,4	77	20,5	7	1,9	–	–	1	0,2
1830	Goiana (100)	99	99	1	1	–	–	–	–	–	–
1833	Sant Antão (39)	24	61,5	15	38,5	–	–	–	–	–	–
	Bonito (21)	16	76	5	24	–	–	–	–	–	–
	Sirinhaém (9)	7	78	2	22	–	–	–	–	–	–
	Rio Formoso (27)	19	70,4	8	29,6	–	–	–	–	–	–
1834	Cimbres (10)	9	90	1	10	-	–	–	–	–	–
1836	Itamaracá (24)	20	84	4	16	–	–	–	–	–	–
	Pasmado (23)	14	61	7	30,4	2	8,6	–	–	–	–
1839	Paudalho (67)	35	52	31	46	1	1,5	–	–	–	–
	ANOS 30 (320)	243	76	74	23	3	1	–	–	–	–
	TOTAL GERAL (696)	534	77	151	21,6	10	1	–	–	1	0,14

[13] Fontes do Quadro 3: APEJE:

– CM 6 (1825-1828) – "Mapa remetido pelo professor de Primeiras Letras do Seminário de Olinda, Manoel Antônio da Assunção Cardim", sem número de página.

– CM 6 (1825-1828) – "Mapa remetido pelo professor de Primeiras Letras da freguesia de São Pedro Mártir em Olinda, Antônio Felipe Neri", p. 190 v.

– CM 6 (1825-1828) – "Mapa remetido pelo professor de Primeiras Letras da povoação de São Lourenço da Mata da qual é professor José Calazans da Silva Fragoso", p. 191.

– CM 6 (1825-1828) – "Relação dos alunos que freqüentam as aulas de Primeiras Letras da Povoação de Paratibe", assinado pelo professor João Machado Freire, p. 192.

– CM 6 (1825-1828), "Lista dos alunos que freqüentam as aulas de Primeiras Letras da freguesia do Pasmado da qual é professor Francisco José Machado, neste presente ano de 1828", p. 226.

– CM 6 (1825-1828), "Relação dos alunos que aprendem na Aula Régia de Primeiras Letras desta vila de Goiana", remetido pelo professor Padre Antônio José de Barros, p. 221-224 v.

A imensa maioria dos meninos listados (98% deles) era natural da província e, entre eles, 77% eram naturais das próprias localidades nas quais suas aulas funcionaram. Pouquíssimos foram os meninos naturais das províncias vizinhas, a saber: Alagoas, Ceará, Paraíba, Rio Grande do Norte e Maranhão.

Esses dados, articulados à idade dos meninos, conforme veremos adiante, indicam que eles eram filhos de famílias já estabelecidas, havia algum tempo, nas localidades das escolas.

Pouco sabemos a respeito da mobilidade populacional da província durante a primeira metade do século XIX (PALÁCIOS,

---

– CM 6 (1825-1828) – "Relação dos alunos que de presente aprendem na Aula de Primeiras Letras da freguesia de São Lourenço de Tejucupapo, em 10 de julho de 1828", p. 225.

– CM 12 (1833), "Mapa dos alunos que freqüentam a Aula das Primeiras Letras da Vila de Sirinhaém do 1º [documento danificado] último de setembro deste corrente", datado de 17 de outubro de 1829, p. 230.

– CM 12 (1833), "Mapa dos alunos que freqüentaram a Aula de Primeiras Letras de Ensino Público da Povoação do Rio Formoso, nos meses de julho, agosto e setembro de 1829", p. 224-227

– CM 8 (1830) "Lista dos alunos que freqüentaram a Aula de Primeiras Letras da Vila de Goiana, nos meses de julho, agosto, setembro, da qual é professor neste presente ano de 1830 Antônio Máximo Barros Leite", p. 134-136.

– CM 12 (1833), "Relação dos alunos que freqüentam a Aula de Primeiras Letras da Vila de Santo Antão, da qual é professor Herculano da Silva e Braga, em 18 de junho de 1833", p. 43.

– CM 12 (1833), "Relação dos alunos do povoado de Bonito, em 10 de junho de 1833", assinada pelo professor Antônio Francisco Chaves, p.44.

– CM 12 (1833), "Mapa dos alunos que freqüentam a Aula de Primeiras Letras da Vila de Sirinhaém, em 12 de julho de 1833", assinado pelo professor José Cândido da Silva Braga, p. 232.

– CM 12 (1833), "Mapa dos alunos que freqüentaram a Aula de Primeiras Letras da Povoação do Rio Formoso nos meses de abril, maio e junho do corrente ano de 1833", assinado pelo Padre Antônio Álvares da Silva Freire, p. 226-227.

– CM 13 (1834), "Mapa dos alunos que freqüentam a Aula de Primeiras Letras da Vila de Cimbres, da qual é professor Marcelino José da Silva Braga, em 5 de maio de 1834", assinado pelo professor, p. 347.

– CM 15 (1836), sem título, assinada por "Alexandre Primo Camello Pessoa, professor de Primeiras Letras", p. 282.

– CM 15 (1836), "Lista dos alunos que freqüentam a Aula de Primeiras Letras da Freguesia de Nossa Senhora da Boa Viagem de Pasmado, neste presente ano de 1836", datado em 6 de maio e assinado por dois membros da Câmara da Vila de Pasmado, cujos nomes foram destruídos pelos vermes.

2004), entretanto, diante desses dados, podemos imaginar que os meninos que freqüentaram as aulas públicas de Primeiras Letras da província foram majoritariamente filhos de homens residentes e conhecidos nos locais nos quais as aulas funcionaram, cujas atividades provavelmente lhes permitissem tal fixidez.

Em meio a essa tendência geral, registros como os referentes à aula pública de Santo Antão em 1833 chamam a atenção. Naquela aula 18% dos meninos listados eram "filhos de mães" e 4 entre os sete meninos nessa situação eram oriundos de outros locais da província, filhos de mulheres vindas de Escada, de Tamataúpe, de Pajeú e de Tracunhaém. Ou seja, quase a metade dos meninos que não eram naturais da própria Vila e que estudavam na aula pública de Primeiras Letras eram filhos de mulheres sozinhas.

Em Paudalho, no ano de 1839, dos 6 meninos que eram filhos de mães, dois entre eles não eram "locais". Esses casos foram exceções em meio ao conjunto de registros que demonstram que as mulheres que conseguiram colocar seus filhos nas aulas públicas de Primeiras Letras o fizeram nos locais de

QUADRO 3 A

Quadro referente à naturalidade dos alunos constantes nas listas das aulas de Primeiras Letras em Pernambuco, entre 1828 e 1839, com relação às suas "qualidades"[14]

Local	NATURALIDADES	PRETO		PARDO		ÍNDIO		SEMI-BRANCO		BRANCO	
		N°	%	N°	%	N°	%	N°	%	N°	%
1828	Locais	5	100	28	100	1	100	–	–	51	94
Goiana	Provinciais (outros locais)	–	–	–	–	–	–	–	–	3	6
	Prov. Vizinhas	–	–	–	–	–	–	–	–	–	–
1839	Locais	–	–	–	–	–	–	4	28,5	30	58
Paudalho	Provinciais (outros locais)			–	–	–	–	10	71,5	22	42
	Prov. Vizinhas	1	100	–	–	–	–	–	–	–	–

---

[14] FONTES/APEJE:

– CM 6 (1825-1828), "Relação dos alunos que aprendem na Aula Régia de Primeiras Letras desta Vila de Goiana", p. 221-224 v. Remetido pelo professor Padre Antônio José de Barros.

– CM 6 (1825-1828) – "Relação dos alunos que de presente aprendem na nascimento de suas crianças, independentemente da cor, nos casos em que houve registro a esse respeito.

A novidade com relação à naturalidade dos meninos foi o registro da presença de um africano de 7 anos, nascido no Congo, filho de "pai incógnito", estudante da aula de Pasmado, em 1828, e chamado João Manoel de Abr$^{\underline{o}}$. Podemos imaginar que João tivesse entrado havia pouco na escola ou que tivesse chegado havia pouco tempo em Pasmado, porque seu professor disse ser ele "principiante". Fosse uma ou outra situação, importante assinalar que ele não foi nem interditado nem "qualificado" pelo seu professor, assim como também não o foram seus outros colegas de sala. O professor de Pasmado optou por não declarar as "qualidades" de seus alunos e, nesta medida, apesar de ter fortes suspeitas, não posso afirmar nem que João era um "não-branco" e nem que havia outros "não-brancos", ou índios na turma de João.

Foram registrados, nas escolas da Vila e de Tejucupapo, 88 meninos, dos quais, 28 eram pardos, 5 eram pretos, 1 era índio, representando 39% do total de alunos existentes. O índio era um menino de 8 anos, chamado Manoel Florentino, o qual foi descrito como "adotivo" de um certo Jacinto (desta forma, sem sobrenome) e já estava "com adiantamento na leitura, rascunho e taboada".

Junto com Manoel estudavam dois pardos, filhos de dona Benta do Sacramento, nascidos e criados na Vila de Goiana, de 8 e 9 anos. O mais novo recebeu o sugestivo e promissor nome de Lúcio José das Onze Mil Virgens; e talvez fosse colega do índio Manoel e do menino branco, com sobrenome de relativa importância, Manoel Alvarez de Cavalcante e Albuquerque, que era da sua idade e, da mesma forma que Lúcio, estava com "adiantamento na escrita, na leitura e em conta de somar".

Aula de Primeiras Letras da freguesia de São Lourenço de Tejucupapo, em 10 de julho de 1828", p. 225.

– IP 2 (1839-1842), "Mapa dos alunos que freqüentaram a Aula das Primeiras Letras da Vila do Paudalho desde o primeiro de julho até o último outubro do corrente ano de 1839", p. 181-182. Assinado pelo professor José Calazans da Silva.

Ainda em Tejucupapo, o capitão Leonardo Bezerra e o tenente Antônio de Albuquerque haviam matriculado na aula do professor João Ângelo, cada qual o seu menino; Claudiano com 9 e Pedro, com 8 anos, respectivamente. Claudiano e Pedro eram "principiantes" e provavelmente conviviam com os filhos do Sr. Gonçalo Gomes: um chamava-se Máximo, era preto, tinha 10 anos, nascido na povoação de Carne de Vaca, bem próxima a Goiana. Máximo (cujo nome é bastante promissor também) já havia "principiado bem na escrita e menos na leitura" e "já multiplicava", mas, conforme seu professor, "sofrivelmente". O irmão de Máximo chamava-se Silvestre e talvez, por ser mais claro que seu irmão, foi qualificado como "pardo". Ele tinha 9 anos e era "principiante em tudo, mas já estava somando".

Esses meninos estudavam com o neto de dona Dorothéa Silva, o pardo Manoel dos Santos, que já tinha 13 anos, mas ainda era "principiante em ler, escrever e taboada". Estudavam também com o filho do professor João, o menino Francisco Delgado, branco de 11 anos, nascido bem próximo dali, em Alhandra, o qual parecia desmentir a máxima "casa de ferreiro, espeto de pau", porque fora listado como o segundo melhor aluno da escola e assim descrito por seu pai: "Com os mesmos princípios e habilidade do acima".

"Acima" de Francisco Delgado, como o nº 1 da lista do professor João e da aula, estava o pardo Francisco de Deus, de 12 anos, descrito por seu professor da seguinte forma: "Com bom adiantamento na escrita, na leitura e já principia, em conta, regra de três. Tem suficiente habilidade". Francisco de Deus havia nascido em Tejucupapo, mas morava em Carne de Vaca e diariamente caminhava (não pouco) até sua aula. Naquela ocasião, ele vivia com seu avô (materno, talvez), o Sr. João de Deus Barbosa, que era o responsável por ele na escola e, provavelmente, na vida.

Essas informações são bastante significativas. Não obstante seja inegável que a maioria das pessoas que puderam pôr suas crianças nas escolas, segundo essas listas, fossem brancas; os não-brancos, desde que tivessem condições para isso e, provavelmente fossem livres, também puderam e colocaram.

Conforme descrevi, poucos foram os registros referentes às pessoas pretas, entretanto, as que foram listadas demonstraram já estar radicadas nos locais nos quais suas crianças estudavam e possuíam famílias estáveis, fato corroborado pela presença de avós (designando uma estabilidade familiar de no mínimo três gerações).

Diferentemente, em Paudalho, nos idos de 1839, quase a metade dos meninos que lá estudaram pertenciam a famílias migradas de outros locais da província e, com relação aos meninos semibrancos, mais de 70% deles haviam nascido em outros locais da província. Aliás, a tendência dos registros da década de 30 a respeito da naturalidade dos meninos foi um crescimento significativo na quantidade de meninos migrados para os locais das aulas; à exceção de Goiana, cujas aulas listadas, ao que parece, não receberam meninos, a não ser os locais.

Comparando os registros dos pretos e pardos das aulas públicas de Goiana, com os registros dos meninos de Olinda (os quais não foram qualificados), nada nos impede de pensar que lá também pudesse haver esta diversidade. A presença ou a ausência de sobrenomes, por si só, não são indicativas das "qualidades" das pessoas nomeadas. Dos 5 meninos pretos, 4 tinham sobrenome, e, caso não tivessem sido qualificados pelos professores, nós não saberíamos que eram pretos, tendo por base esse critério. Da mesma forma que, entre os 54 brancos listados nas duas aulas, havia 6 meninos sem sobrenome, e 3 deles foram registrados por suas mães, as quais também não tinham sobrenome. O que poderíamos dizer dos meninos de Olinda, se tivéssemos outros dados além dos nomes e idades?

A aula de Sirinhaém, por exemplo, foi "pouco" freqüentada em 1828. Mas lá estudou um rapaz designado como "exposto", chamado José Pinto, de 12 anos. Assim como também foi freqüentada pelo *"doméstico"* de D. Ana, chamado Joaquim José de Santa Anna, de 9 anos. Talvez José tenha tido problemas em se relacionar com os outros meninos em razão de ser agregado à casa de D. Ana – e ser, provavelmente órfão – e, como tal, ser hierarquicamente inferior aos meninos, filhos de famílias que com ele estudavam. Talvez estivesse recalcado com sua situação e tão deprimido, que seu professor o descreveu como "Inerte". Mas talvez, José, à semelhança do menino livre, filho legítimo de Estevão Álvares Ferreira, chamado Pedro Álvares Ferreira, de 10 anos, nascido e criado em Sirinhaém (tal qual José) estivesse apenas passando por uma fase de adaptação na escola ou qualquer outra dificuldade comum aos pequenos nessa fase. O aproveitamento do pequeno Pedro também foi descrito pelo professor

QUADRO 4

Quadro referente à idade dos alunos constantes nas listas das Aulas de Primeiras Letras em Pernambuco entre 1828 e 1839[15]

ANO	LOCAL (n° de alunos)	IDADES									
		5	6	7	8	9	10	11	12	13	≥14
		N°(%)	N°(%)	N°(%)	N°(%)	N°(%)	N°(%)	N°(%)	N°(%)	N°(%)	N°(%)
1828	S.P. Mártir (82)	–	14 (17)	18 (22)	7 (8,5)	13 (16)	14 (17)	7 (8,5)	7 (8,5)	–	2 (2,4)
	Seminário (71)	–	2 (2,8)	10 (1,4)	5 (7)	13 (18,3)	15 (21)	16 (22,5)	7 (9,8)	2 (2,8)	1 (1,4)
	Paratibe (16)	–	1 (6,25)	1 (6,25)	1 (6,25)	5 (31,25)	5 (31,25)	1 (6,25)	2 (12,5)	–	–
1829	S. L. da Mata (25)	–	5 (20)	–	5 (20)	2 (8)	3 (12)	6 (24)	–	1 (4)	3 (12)
	Vila de Goiana (64)	–	–	3 (4,7)	10 (15,6)	15 (23)	10 15,6)	5 (8)	7 (11)	9 (14)	5 (8)
	Tejucupapo (22)	–	–	5 (22,7)	2 (9)	5 (22,7)	3 (14)	1 (4,5)	1 (4,5)	4 (18)	1 (4,5)
	Pasmado (31)	3 (10)	3(10)	5 (16)	5 (16)	7 (23)	4 (13)	2 (6)	1 (3)	1 (3)	–
	Sirinhaém (28)	–	1 (3,5)	3 (11)	6 (21)	2 (7)	3 (11)	5 (18)	4 (14)	1 (3,5)	3 (11)
	R. Formoso (37)	1 (3)	3 (8)	4 (11)	5 (13,5)	7 (19)	9 (24)	6 (16)	2 (5,5)	-	-
ANOS 20 (376)		4 (1)	29 (8)	49 (13)	46 (12)	69 (18)	66 (17,5)	49 (13)	31 (8)	18 (5)	15 (4)
1830	Goiana (116)	-	4 (3)	18 (16)	13 (11)	25 (22)	17 (15)	11 (9)	16 (14)	5 (4)	7 (6)
	Santo Antão (39)	-	2 (5)	4 (10)	4 (10)	8 (20)	2 (5)	7 (18)	5 (13)	5 (13)	2 (5)
1833	Bonito (21)	-	2(9)	-	1 (5)	2 (9)	7 (34)	1 (5)	5 (24)	1 (5)	2 (9)
	Sirinhaém (9)	-	3 (34)	1 (11)	-	2 (22)	-	1 (11)	-	2 (22)	-
	Brejo (22)	-	-	4 (18)	2 (9)	5 (23)	2 (9)	2 (9)	2 (9)	1 (5)	4 (18)
	R. Formoso (27)	2 (7,5)	2 (7,5)	3 (11)	6 (22)	7 (26)	3 (11)	4 (15)	-	-	-
1834	Cimbres (10)	-	-	-	1 (10)	3 (30)	-	1 (10)	2 (20)	1 (10)	2 (20)
	Itamaracá (24)	-	-	2 (8)	3 (12,5)	3 (12,5)	2 (8)	4 (17)	1 (4)	7 (30)	2 (8)
1836	Pasmado (21)	-	3 (14)	7 (33)	2 (10)	1 (5)	3 (14)	3 (14)	2 (10)	-	-
1839	Paudalho (67)	-	2 (3)	11 (16)	6 (9)	6 (9)	12 (18)	9 (13,5)	13 (19,5)	5 (7,5)	3 (4,5)
ANOS 30 (356)		2 (0,5)	18(5)	50 (14)	38 (11)	62 (17,5)	48 (13,5)	43 (12)	46 (13)	27 (7,5)	22 (6)
TOTAL GERAL (732)		6 (0,8)	47 (6,4)	99 (13,5)	84 (11,5)	131 (18)	114 (15,6)	92 (12,6)	77 (10,5)	45 6,1)	37 (5)

[15] FONTES/ APEJE:
– CM 6 (1825-1828) – "Mapa remetido pelo professor de Primeiras Letras do Seminário de Olinda, Manoel Antônio da Assunção Cardim", sem número de página.

como "Inerte". Ou seja, nesse caso (como em muitos outros) não é possível estabelecer, por meio desse tipo de dados, uma correlação imediata entre situação familiar e situação escolar.

A freqüência às aulas, para as crianças, durante a primeira metade do século XIX, dependia de muitos fatores, alguns relacionados às suas próprias condições físicas.

Normalmente as aulas públicas de Primeiras Letras costumavam atrair não apenas as crianças das povoações nas quais se

---

– CM 6 (1825-1828) – "Mapa remetido pelo professor de Primeiras Letras da freguesia de São Pedro Mártir em Olinda, Antônio Felipe Neri", p. 190 v.

– CM 6 (1825-1828) – "Mapa remetido pelo professor de Primeiras Letras da povoação de São Lourenço da Mata da qual é professor José Calazans da Silva Fragoso", p. 191.

– CM 6 (1825-1828) – "Relação dos alunos que freqüentam as aulas de Primeiras Letras da povoação de Paratibe", p. 192. Assinada pelo professor João Machado Freire.

– CM 6 (1825-1828), "Relação dos alunos que aprendem na Aula Régia de Primeiras Letras desta Vila de Goiana", p. 221-224 v. Remetido pelo professor Padre Antônio José de Barros.

– CM 6 (1825-1828) – "Relação dos alunos que de presente aprendem na Aula de Primeiras Letras da freguesia de São Lourenço de Tejucupapo, em 10 de julho de 1828", p. 225.

– CM 6 (1825-1828), "Lista dos alunos que freqüentam as Aulas de Primeiras Letras da freguesia do Pasmado da qual é professor Francisco José Machado, neste presente ano de 1828", p. 226.

– CM 6 (1825-1828) – "Lista dos alunos que freqüentaram a Aula das Primeiras Letras neste Vila de Santo Antão, neste presente ano de 1828, da qual é professor João Severino de Oliveira Campos, em 30 de abril de 1828", p. 248.

– CM 8 (1830), "Relação dos alunos que existem nesta Aula. Aula na Rua do Soledade, 8 de outubro de 1830", p. 131. Assinada por José Gomes de Jesus Marreca.

– CM 8 (1830), "Lista dos alunos que se estão aplicando nas Primeiras Letras", assinada por Domingos Monteiro de Oliveira Gondim, p. 132.

– CM 8 (1830) "Lista dos alunos que freqüentaram a Aula de Primeiras Letras da Vila de Goiana, nos meses de julho, agosto, setembro; qual é professor neste presente ano de 1830 Antônio Máximo Barros Leite", p. 134-136.

– CM 12 (1833), "Relação dos alunos que freqüentam a Aula de Primeiras Letras da Vila de Santo Antão da qual é professor Herculano da Silva e Braga, em 18 de junho de 1833", p. 43.

– CM 12 (1833), "Relação dos alunos do povoado de Bonito, em 10 de junho de 1833", assinada pelo professor Antônio Francisco Chaves, p. 44.

encontravam, mas também aquelas espalhadas pelas áreas ao redor. Essas "áreas ao redor", principalmente na Zona da Mata – região na qual, durante o período em questão, os latifúndios eram predominantes e na qual eram imensas as distâncias entre as propriedades e entre essas e as povoações –, podiam significar quilômetros diários de caminhada. As crianças bem pequenas, neste sentido, ficavam em desvantagem. Essa desvantagem aumentava e muito nas épocas de chuva, quando os

---

– CM 12(1833), "Mapas dos alunos que freqüentam a Aula de Primeiras Letras da Povoação do Brejo da Madre de Deus, de que sou professor", assinado por Sivestre Antônio de Oliveira Mello, p. 87-88.

– CM 12 (1833), "Mapa dos alunos que freqüentaram a Aula de Primeiras Letras de Ensino Público da Povoação do Rio Formoso, nos meses de julho, agosto e setembro de 1829", p. 224-227.

– CM 12 (1833), "Mapa dos Alunos que freqüentaram a Aula de Primeiras Letras da Povoação do Rio Formoso, nos meses de abril. maio e junho do corrente ano de 1833"; assinado pelo Padre Antônio Álvares da Silva Freire, p. 226-227.

– CM 12 (1833), "Mapa dos alunos que freqüentam a Aula das Primeiras Letras da Vila de Sirinhaém do 1º [documento danificado] último de setembro deste corrente", datado de 17 de outubro de 1829, p. 230

– CM 12 (1833), "Mapa dos alunos que freqüentam a Aula de Primeiras Letras da Vila de Sirinhaém, em 12 de julho de 1833, assinado pelo professor José Cândido da Silva Braga", p. 232.

– CM 13 (1834), "Mapa dos alunos que freqüentam a Aula de Primeiras Letras da Vila de Cimbres, da qual é professor Marcelino José da Silva Braga, em 5 de maio de 1834", p. 347.

– CM 15 (1836), sem título, assinada por "Alexandre Primo Camello Pessoa, professor de Primeiras Letras", p. 282.

– CM 15 (1836), "Lista dos alunos que freqüentam a Aula de Primeiras Letras da Freguesia de Nossa Senhora da Boa Viagem de Pasmado, neste presente ano de 1836", p. 284. Datado em 6 de maio e assinado por dois membros da Câmara da Vila de Pasmado, cujos nomes foram destruídos pelos vermes.

– IP 2 (1839-1842), "Mapa dos Alunos que freqüentaram a Aula das Primeiras Letras da Vila do Paudalho desde o primeiro de julho até o último outubro do corrente ano de 1839", p. 181-182. Assinado pelo professor José Calazans da Silva.

– IP 5 (1846), "Lista dos alunos que freqüentaram e freqüentam a Aula de Primeiras Letras na Povoação de Nossa Senhora do Loreto, freguesia da Muribeca, da qual é Professor Público o padre José das Candeias e Mello de 1829 a 1846"; p. 88-90.

caminhos de terra nas várias localidades, inclusive no Recife, ficavam intransitáveis.

Num tempo no qual os meninos andavam nus até bem avançada infância, principalmente as crianças pobres, não era muito difundida a prática de comprar roupas que lhes fossem próprias. Some-se a isso que, como crianças, mesmo as roupas que lhes eram compradas tendiam ou a perderem-se rapidamente ou a estragarem-se. Dessa forma, provavelmente, os meninos maiores, em idade de ajudar na lida das famílias, já que tinham que ser vestidos para essa ajuda, acabavam ficando mais equipados do que os pequenos para irem, caso isto lhes fosse possibilitado (ou obrigado), às aulas. Além disso, no caso das crianças pobres, quantos maiores, poderiam compartilhar as roupas e os sapatos com os adultos da casa, o que lhes facilitava o acesso aos espaços públicos de convivência, entre eles, as escolas.

Os meninos pequenos costumam ser muito frágeis e as aulas públicas de Primeiras Letras, mesmo as da Corte, eram espaços que aumentavam essa fragilidade física. Normalmente, os espaços destinados para aulas eram ruins e pequenos. Tão pequenos quanto a sobra dos ordenados dos professores para o pagamento dos aluguéis das casas nas quais funcionavam e nas quais os professores moravam. Funcionando em locais exíguos – e com pouca ventilação ou nenhuma ventilação (como costumavam ser as casas dos pobres em geral) –, os meninos que as freqüentavam acabavam ficando expostos a todo o tipo de "pestes" da infância: indo de sarnas e piolhos, passando por toda a sorte de viroses e chegando mesmo a complicações hepáticas e intestinais.[16] Essas foram algumas das razões pelas quais poucos foram os meninos entre 5 e 7 anos, registrados nas listas de alunos. De maneira geral, eles corresponderam a apenas 20% do total de meninos, demonstrando que a maioria dos pais evitava colocá-los muito pequenos nas aulas.

---

[16] Imagino que os professores, tão expostos quanto os meninos, não devessem gozar de melhor sorte.

300 História da cultura escrita: séculos XIX e XX

A definição da idade escolar, em Pernambuco, somente veio oficializar-se a partir da Lei de 12 de maio de 1851, por meio da qual foi instituída a obrigatoriedade do ensino a partir dos sete anos. Infelizmente, as listas não dão conta desse período. Entretanto, se considerarmos que os números apresentados no Quadro 4 apontam uma tendência do período, veremos que a

QUADRO 4 A
Quadro referente à idade dos alunos constantes nas
listas das Aulas de Primeiras Letras em Pernambuco
entre 1828 e 1839, com relação às "qualidades"[17]

ANO/LOCAL	IDADES (n° de alunos)	PRETOS		PARDOS		ÍNDIOS		SEMI-BRANCOS		BRANCOS	
		N°	%	N°	%	N°	%	N°	%	N°	%
	6 anos (0)	–	–	–	–	–	–	–	–	–	–
	7 anos (8)	–	–	3	11,5	–	–	–	–	5	9,25
	8 anos (12)	–	–	4	15,4	1	100	–	–	7	13
	9 anos (20)	–	–	6	23	–	–	–	–	14	26
1828 – Goiana e Tejucupapo	10 anos (13)	3	60	4	15,4	–	–	–	–	6	11
	11 anos (6)	–	–	1	3,8	–	–	–	–	5	9,25
	12 anos (8)	1	20	4	15,4	–	–	–	–	3	5,5
	13 anos (13)	1	20	4	15,4	–	–	–	–	8	15
	≥14 anos (6)	–	–	–	–	–	–	–	–	6	11
	GERAL (85)	4	5	26	30,5	1	1			54	63,5
	6 anos (2)	–	–	–	–	–	–	1	7	1	2
	7 anos (11)	1	100	–	–	–	–	2	14	8	15
	8 anos (6)	–	–	–	–	–	–	1	7	5	9,6
	9 anos (6)	–	–	–	–	–	–	1	7	5	9,6
1839- Paudalho	10 anos (12)	–	–	–	–	–	–	5	36	7	13,4
	11 anos (9)	–	–	–	–	–	–	2	14	7	13,4
	12 anos (13)	–	–	–	–	–	–	1	7	12	23
	13 anos (5)	–	–	–	–	–	–	1	7	4	8
	≥14 anos (3)	–	–	–	–	–	–	–	–	3	6
	GERAL (67)	1	1,4	–	–	–	–	14	21	52	77,6

---

[17] FONTES/APEJE:

– CM 6 (1825-1828), "Relação dos alunos que aprendem na Aula Régia de Primeiras Letras desta Vila de Goiana", p. 221-224 v. Remetido pelo professor Padre Antônio José de Barros.

– CM 6 (1825-1828) – "Relação dos alunos que de presente aprendem na Aula de Primeiras Letras da freguesia de São Lourenço de Tejucupapo, em 10 de julho de 1828", p. 225.

instituição da obrigatoriedade foi feita tentando redirecionar uma prática social comum no século XIX, forçando a diminuição da idade para o início do aprendizado escolar.

As crianças cujos pais tivessem condições podiam ser iniciadas ainda em casa – porque, mesmo a lei (que não era obedecida) os obrigava a darem ensino, mas não a enviá-las às escolas – e, quando essas estivessem maiores, encaminhá-las para as aulas que mais lhes conviessem. Entretanto, para os pais que não tinham condições, caso essa lei tivesse vigorado – o que não ocorreu, e nunca foram determinados nem os valores e nem as regras para a cobrança das multas destinadas aos pais potencialmente infratores –, teria implicado uma modificação da prática social comum até então.

Caso os dados de Goiana, Tejucupapo e Paudalho possam ser generalizados, embora fosse incomum, apenas os brancos podiam pôr seus meninos bem pequenos, de 6 anos, nas escolas. Eles e os pardos tiveram possibilidades de levar suas crianças às escolas a partir dos sete anos; enquanto a idade de ingresso dos meninos pretos foi bem mais avançada, a partir dos 10 anos.

Com relação aos brancos, tanto seus meninos puderam ingressar mais cedo nas aulas, como também puderam sair mais tarde. Esse foi o único grupo que conseguiu mantê-los, depois de adolescentes, estudando. Todos os registros da freqüência de meninos de quatorze anos ou mais referiram-se aos brancos.

Iniciando uma conclusão

Muito embora não tenhamos dados quantitativamente suficientes para a análise do perfil dos alunos que freqüentavam as aulas públicas da província em toda a década de 20, a

---

– IP 2 (1839-1842), "Mapa dos Alunos que freqüentaram a Aula das Primeiras Letras da Vila do Paudalho desde o primeiro de julho até o último outubro do corrente ano de 1839", p. 181-182. Assinado pelo professor José Calazans da Silva.

recorrência das informações dos mapas das escolas localizadas na Zona da Mata de Pernambuco e na cidade de Olinda demonstrou que possivelmente era bastante variado o público que freqüentava as aulas públicas de Primeiras Letras da região, havendo entre ele livres, escravos; meninos de todas as cores e índios; meninos de outras províncias da região, estrangeiros; órfãos, meninos ilegítimos; de "boas famílias", criados por avós ou filhos de mães solteiras e/ou sozinhas.

Vimos também que a imensa maioria dos meninos matriculados nas escolas cujas listas sobreviveram, nasceram e cresceram nas próprias localidades onde estudavam ou na própria província. Uns e outros, raríssimos, vieram de outros locais dentro da região atualmente chamada de Nordeste, das províncias fronteiriças – Paraíba, Alagoas, Rio Grande do Norte – e apenas três meninos do Ceará e um do Maranhão.

Destacamos que os meninos eram encaminhados às escolas, na sua maioria, entre os 9 e 12 anos, para todos os que podiam fazê-lo, independentemente da sua cor ou "qualidade".

Por fim vimos que, naquele período, para a maioria das famílias, era bastante difícil manter mais de uma criança estudando. Cerca de 87% das famílias listadas puseram apenas uma criança na escola, constatação que favorece a minha suspeita acerca do caráter popular da maioria do público que procurou escolarizar suas crianças nas aulas públicas de Primeiras Letras, na província de Pernambuco, durante a primeira metade do século XIX.

Filhos de militares graduados, de profissionais liberais, de lavradores, de domésticas, de agregados, de todo tipo de gente, de todas as cores, desde pequenos; desde que fossem livres e que tivessem condições de fixar residência, puderam pôr os seus meninos na escola.

Isso não significa dizer que os espaços escolares fossem "democráticos", longe disso. Isso significa dizer que a população pobre e, inclusive, não-branca pôde, estando também dentro das aulas públicas de Primeiras Letras, disputar e negociar para si e para os seus – em meio aos limites impostos principalmente pela existência da escravidão, pelo estigma da cor dela decorrente – os espaços públicos de instrução do Império do Brasil durante a primeira metade do século XIX. Nessa direção, as aulas de Primeiras Letras se constituíram, em alguma medida, numa agência que possibilitava a aproximação desses meninos às culturas do escrito do período.

Fontes

Microfilmes

Laboratório de Pesquisa e Ensino de História do Departamento de História da UFPE (LAPEH):

– BRASIL. MINC. Pernambuco. Documentação do Projeto Resgate – Arquivo Histórico Ultramarino – Caixa 207-208; Doc.: 14162, anexo 2.

Fontes Manuscritas

Arquivo Público Estadual Jordão Emerenciano (APEJE):

– Série Instrução Pública:

- IP 1 (1825-1838)
- IP 2 (1839-1842)
- IP 3 (1843-1844)
- IP 5 (1846)

– Série Câmaras Municipais:

- CM 3 (1822)
- CM 6(1825-1828)
- CM 7 (1828-1829)
- CM 8 (1830)
- CM 9 (1831)
- CM 11 (1832)
- CM 12 (1833)
- CM 13 (1834)
- CM 15 (1836)
- CM 29 (1849)

– Série Registros:

Registros de Ofícios. Ofícios da Presidência da Província às autoridades judiciárias e Chefe de Polícia. R.O.11/1 (1838).

Referências

CARVALHO, Marcus J. M. De cativo a famoso artilheiro da Confederação do equador: o caso do africano Francisco, 1824-1828. *Varia Historia*, UFMG, n. 27, p. 96-116, jul. 2002.

CARVALHO, Marcus J. M. de. *Liberdade*: rotinas e rupturas do escravismo no Recife, 1822-1850. Recife: Editora da UFPE, 1998.

GOUVEA, Maria Cristina Soares de. Escolarização da criança brasileira no século XIX: apontamentos para uma re-escrita. *Educação em Questão*, Natal, 2007 (no prelo).

MARCÍLIO, Maria Luiza. A população do Brasil colonial. In: BETHELL, Leslie (Org.) *História da América latina*. São Paulo: Editora da Universidade de São Paulo; Brasília: Fundação Alexandre de Gusmão, 2004. p. 311-338. v. II.

MARCÍLIO, Maria Luiza. *História da Escola em São Paulo e no Brasil*. São Paulo: Imprensa Oficial do Estado de São Paulo: Instituto Fernand Braudel, 2005.

MARCÍLIO, Maria Luiza. *História social da criança abandonada*. São Paulo: Hucitec, 1998.

MATTOS. Hebe Maria. *Das cores do silêncio*: os significados da liberdade no sudeste escravista – Brasil século XIX. Prêmio Nacional de Pesquisa (1993). Rio de Janeiro: Arquivo Nacional, 1995.

MELLO, Jeronymo Martiniano Figueira. *Ensaio sobre a estatística civil e política da província de Pernambuco*. Recife: Conselho Estadual de Cultura, 1979 (@1852).

PALACIOS, Guillermo. *Campesinato e escravidão no Brasil*. Agricultores livres e pobres na Capitania Geral de Pernambuco (1700-1817). Brasília: Editora da UnB, 2004.

PERNAMBUCO, APEJE. Atas do Conselho do Governo de Pernambuco (1821-1834). Recife: ALEPE; CEPE, 1997. v. 2.

SILVA, Adriana Maria Paulo da. A escola de Pretextato dos Passos e Silva: questões a respeito das práticas de escolarização no mundo escravista. *Revista Brasileira de História da Educação*, Campinas, n. 4, p. 145-166, jul./dez. 2002.

SILVA, Adriana Maria Paulo da. *Aprender com perfeição*: escolarização e construção da liberdade na Corte da primeira metade do século XIX. 151 f. Dissertação (Mestrado em Educação) – Centro de Estudos Gerais, Faculdade de Educação da Universidade Federal Fluminense, Niterói, 1999.

SILVA, Adriana Maria Paulo da. *Aprender com perfeição e sem coação*: uma escola para meninos pretos e pardos na Corte. 1. ed. Brasília: Editora Plano, 2000.

SILVA, Adriana Maria Paulo da. Escolas misturadas: diversidade étnica e social das escolas da cidade do Recife na primeira metade do XIX. In: XXII Simpósio Nacional de História, *Anais eletrônicos*. João Pessoa, 2003.

SILVA, Adriana Maria Paulo da. *Processos de construção das práticas de escolarização em Pernambuco, em fins do século XVIII e primeira metade do século XIX*. 2006. 366 f. Tese (Doutorado em História) – Centro de Filosofia e Ciências Humanas, Universidade Federal de Pernambuco, Recife, 2006a.

SILVA, Adriana Maria Paulo da. Reinventado um passado: diversidade étnica e social dos alunos das aulas públicas de Primeiras Letras na Corte, na primeira metade do século XIX. *Cadernos Penesb*, FEUFF, Rio de Janeiro/Niterói, EdUFF/Quartet, n. 8, p.36-71, 2006b.

VEIGA, Cynthia Greive. Conflitos e tensões na produção da inclusão escolar de crianças pobres, negras e mestiças, Brasil, século XIX. In: VII Congresso Iberoamericano de Historia de la Educación Latinoamericana, *Anais...* Quito, 2005.

Capítulo 10

NEGROS COM-PASSOS LETRADOS: A AÇÃO EDUCATIVA DA SOCIEDADE DOS ARTISTAS MECÂNICOS E LIBERAIS DE PERNAMBUCO (1840-1860)

Itacir Marques da Luz

A construção da cultura da escrita no Brasil foi um processo que se estendeu além da organização de uma estrutura educacional como expressão de certos interesses políticos e econômicos para difundir a instrução. Seu caráter heterogêneo, ao longo da nossa história, manifestou-se não apenas nas diferentes formas de apropriações e usos das letras, mas também na relação das letras com a participação ativa dos diferentes grupos na sociedade que, apesar das dificuldades enfrentadas, conseguiam se organizar e promover suas próprias iniciativas para a aquisição desse e de outros tipos de conhecimento.

Por isso, neste capítulo tem-se por objetivo discutir a relação de um dos grupos sociais, a população negra, com a cultura escrita, problematizando as representações historicamente criadas que a associa a um cotidiano marcado pela imersão apenas na oralidade e conseqüentemente tendo as letras como algo distante. Como nos lembra Chartier (1998), as representações do mundo social assim construídas, embora aspirem à universalidade de um diagnóstico fundado na razão, são sempre determinadas pelos interesses do grupo que as forjam. Daí, para cada caso, o necessário relacionamento dos discursos proferidos com a posição de quem os utiliza. Segundo o autor,

> As percepções do social não são de forma alguma discursos neutros: produzem estratégias e práticas (sociais, escolares, políticas) que tendem a impor uma autoridade à custa de outros, por elas menosprezados, a legitimar um projeto reformador ou a justificar, para os indivíduos, as suas escolhas e condutas. (CHARTIER, 1998, p.17)

Tal reflexão é aqui desenvolvida com base na ação educativa promovida por uma associação de operários do Recife junto aos trabalhadores locais, entre as décadas de 1840 e 1860, período que marca seu surgimento e o início oficial das suas aulas de primeiras letras; a saber, a Sociedade dos Artistas Mecânicos e Liberais de Pernambuco.[1]

O perfil dos seus primeiros componentes, assim como os fatores sociais que teriam contribuído para tal iniciativa e a sua forma de atuação são alguns dos aspectos aqui discutidos no sentido de entendermos o papel educacional dessa entidade e, mais especificamente, sua importância como instância de apropriação da leitura e da escrita para os negros que atuavam em ofícios específicos em pleno contexto escravista da capital pernambucana.

Para tanto, partimos da perspectiva dos próprios sujeitos envolvidos no processo histórico, por meio da consulta aos documentos deixados pela corporação investigada, ou seja, os registros referentes as suas atividades e aos seus membros, uma vez que tais fontes poderiam nos trazer indícios de como a leitura e a escrita eram utilizadas por esses indivíduos como mais um instrumento para sobreviver e agir sobre o mundo dentro do contexto em que estavam inseridos.

---

[1] O estudo mais aprofundado sobre a ação educativa dessa associação recifense vem sendo desenvolvido como dissertação de mestrado, orientada por Antônio Carlos Ferreira Pinheiro, no Programa de Pós-Graduação em Educação da Universidade Federal da Paraíba. A discussão realizada neste texto advém da monografia de conclusão do curso de graduação em Pedagogia da Universidade Federal de Pernambuco e do relatório final apresentado ao Concurso Negro e Educação, ambos orientados por Ana Maria de Oliveira Galvão.

Essa "história vista de baixo", segundo Jim Sharpe (1992), proporciona também um meio para reintegrar a história aos grupos sociais que podem ter pensado tê-la perdido, ou que nem tinham conhecimento da existência de sua história. Ainda segundo o autor:

> ... os propósitos da história são variados, mas um deles é prover aqueles que a escrevem ou a lêem de um sentido de identidade, de um sentido de sua origem. Em um nível mais amplo, este pode tomar a forma do papel da história, embora fazendo parte da cultura nacional, na formação de uma identidade nacional. (SHARPE, 1992, p. 62)

Um cruzamento das fontes com outros documentos, tais como: os relatórios da Presidência da Província de Pernambuco e da Diretoria de Obras Públicas, os relatórios da Instrução Pública, além da Legislação Educacional e dos jornais da época, permitir-nos-ia a identificação de certos pontos de convergência e divergência entre si, possibilitando melhor compreensão do universo político, social e cultural de onde partia a perspectiva educacional dirigida aos negros jovens e adultos no Recife oitocentista e principalmente das práticas e iniciativas nesse sentido por parte desses indivíduos, livres e escravos. Também poderiam nos levar a um maior entendimento sobre as semelhanças e diferenças entre a educação pensada para negros e para brancos dentro do progressivo processo de institucionalização da escola no Brasil, assim como a compreender a percepção da dimensão educacional daqueles personagens e dos espaços fora do âmbito escolar.

Isso representa, para a história da educação, um novo conjunto de significados, com a abertura para novas abordagens sobre temas aparentemente esgotados, que passaram a revelar outros aspectos sobre o fenômeno educativo, assim como a apreciação de temas até então não considerados nessa área do conhecimento, e que agora passaram a ser instrumentos fundamentais no entendimento não só do ensino e da aprendizagem na instituição escolar, mas também dos processos educativos como um todo (LOPES; GALVÃO, 2001).

Dimensões sociais da "cor" no século XIX

No Brasil do começo do século XIX, os atributos de liberdade e propriedade existentes funcionavam de modo articulado, havendo uma espécie de associação íntima entre Império e Escravidão que se desdobrava em políticas específicas e profundamente relacionadas. Para Ilmar Rohloff de Mattos (1994), um dos reflexos desse quadro era o próprio texto constitucional de 1824. Nele, estabelecia-se a distinção entre cidadãos e não-cidadãos, pois a sociedade civil não poderia existir sem qualificar/fixar previamente os caracteres segundo os quais pudesse reconhecer os membros de que se compõe e os que lhe são estranhos. Estranhos não eram apenas nem principalmente os nascidos em outros Estados nacionais, segundo seu título 2º, mas sim implicitamente os escravos, já que não eram considerados *pessoas*; tendo reconhecida sua capacidade de praticar atos de vontade, eram sim entendidos como *coisas* (MATTOS, 1994, p. 217).

Ainda segundo o autor, a existência de três mundos (do governo, do trabalho e da desordem) era, em primeiro lugar, a existência da distinção entre coisa e pessoa. O povo e a plebe eram pessoas, distinguindo-se dos escravos por serem livres, mas não eram iguais entre si nem no interior de cada um dos seus mundos. À marca que os distinguia dos escravos acrescentavam-se outras que cumpriam o papel de reafirmar as diferenças na sociedade imperial, como o atributo social, o grau de instrução, a propriedade de escravos e, sobretudo, os vínculos pessoais que cada qual conseguia estabelecer. "Dessa forma, a sociedade imprimia-se nos indivíduos que a compunham, distinguindo, hierarquizando e forçando-os a manter vínculos pessoais" (MATTOS, 1994, p. 118).

Mas essa mesma sociedade de estrutura complexa, além dos escravos, também já incluía homens livres de cor – de todas as tonalidades. Thomas E. Skidmore (1989) afirma que a cor da pele, a textura do cabelo e outros sinais físicos visíveis determinavam a categoria racial em que a pessoa era posta por aqueles que a ficavam conhecendo. A reação do observador podia ser também influenciada pela aparente riqueza ou provável *status social* da pessoa julgada, então, pelas suas roupas e pelos seus amigos.

As origens podiam ainda ser tidas por relevantes uma vez que os mestiços em ascensão social davam-se a grande trabalho para esconder os seus antecedentes fenotípicos. Para Skidmore (1989, p. 56), tal comportamento sugere que um mulato, a quem os traços fenotípicos tinham permitido o desejo de ascensão social, podia sentir-se ainda suficientemente inseguro por temer que a sua vivência na sociedade pudesse ficar ameaçada por uma redefinição de *status* com base nas raízes familiares.

Caminhos da instrução

Adquirir instrução no Brasil imperial não era algo fácil, mesmo com a Lei de 15 de outubro de 1827 que autorizava a criação de escolas de primeiras letras nas províncias, determinando que elas deveriam existir "em todas as cidades, vilas e lugares mais populosos [em] que fossem necessárias", o que levaria a rede oficial de ensino a um gradativo processo de institucionalização. No entanto, como destaca Faria Filho (1999), se a escola, até inícios do século XIX, no Brasil, foi uma instituição ausente da vida da população, é preciso que se considere que a sua crescente afirmação desde então não teve o mesmo significado ou foi vivida da mesma maneira pelo conjunto da população. Os limites políticos e culturais relacionados ao sistema escravista, que tornava a sociedade imperial autoritária e desigual, sempre se impunham a um ordenamento legal da educação escolar que se estendesse à maioria da população, embora já houvesse, em algumas províncias uma intensa discussão, nas Assembléias Provinciais, acerca da necessidade de escolarização da população,[2] sobretudo das chamadas "camadas inferiores da sociedade"; discutia-se, por exemplo, a pertinência ou não da instrução dos negros (livres, libertos ou escravos), índios e mulheres (FARIA FILHO, 2000).

---

[2] Em Pernambuco, o presidente da província, Francisco do Rego Barros, chegou a sugerir à Assembléia Provincial a instituição da instrução obrigatória.

Segundo Silva (2002), o tipo de formação designado aos pobres de um modo geral (homens, mulheres e órfãos), no Brasil, desde o período colonial, difundia-se numa lógica de educação voltada para a sobrevivência e a manutenção da ordem social, sendo normalmente destinada ao aprendizado de ofícios específicos. Essa perspectiva educacional afetava diretamente os negros, que, quando na condição de escravos, enfrentavam proibição explícita para a matrícula nas "escolas"; a Lei nº 43, sancionada por Vicente Thomaz Pires de Figueiredo Camargo, presidente da Província de Pernambuco em 1837, estabelecia, em seu artigo 4º, que só poderiam freqüentar as aulas públicas as pessoas livres (PERNAMBUCO, 1837, p. 26-35). É preciso lembrar, porém, que a presença do Estado no ramo da instrução ainda acontecia de forma bastante limitada; algumas vezes, chegava a ser considerada perniciosa, tendo que disputar alunos com outros espaços de ensino não-oficiais que iam se formando à medida que aumentava o interesse pela instrução:

> A rede de escolarização doméstica, ou seja, de ensino e aprendizagem da leitura, da escrita e do cálculo, mas, sobretudo da leitura, atendia a um número de pessoas bem superior ao da rede pública estatal. Essas escolas, às vezes chamadas de particulares outras vezes domésticas, ao que tudo indica, superavam em número, até bem avançado no século XIX, aquelas cujos professores mantinham um vínculo direto com o Estado. (FARIA FILHO, 1999, p. 144-145)

Justamente por isso, determinadas restrições legais não representavam efetivamente grandes impedimentos ao acesso da população negra à instrução, tanto pelo fato de também haver entre esse contingente, indivíduos na condição de livres e libertos que tinham oficialmente o direito de freqüentar as aulas "públicas", quanto porque, os que não conseguiam ou não queriam acessar tais aulas, podiam criar suas próprias escolas, como evidencia Silva (2002, p. 149). A autora analisa a existência de uma escola primária particular na freguesia de Sacramento, no ano de 1853, desvinculada do aprendizado de ofícios específicos e urbanos, que era destinada aos meninos "pretos e pardos", em plena Corte, segundo descrição do seu fundador e professor, Pretextato dos Passos e Silva, que também se designava "preto".

Além disso, esse progressivo processo de expansão, pelo qual passava a instrução no Brasil da primeira metade do século XIX, seja por meio da iniciativa do Estado, seja por meio da iniciativa de particulares, acontecia paralelamente, ou mesmo, em alguns momentos, de modo articulado à discussão sobre a questão da educação profissional. Nesse sentido, vale destacar que a Constituição de 1824 já havia estabelecido o fim das Corporações de Ofício, entidades que tradicionalmente representavam uma das principais instâncias de organização e formação de mão-de-obra especializada desde o período colonial. Tal medida deixaria, assim, uma lacuna para as atividades industriais, ainda que alguns legisladores tenham proposto a implantação de um ensino industrial para negros.[3]

Em Pernambuco, apenas no ano de 1848, foi enfim criada, por lei da Assembléia Provincial, uma escola industrial no Recife, a qual deveria incorporar-se ao Liceu Provincial. De acordo com Ruy Bello (1978, p. 28):

> O seu curso seria de três anos completos, com estágio de mais quatro anos em um ofício mecânico qualquer. Cumprindo este estágio, deveriam os alunos submeter-se a exame prático do ofício escolhido e, também, da língua francesa, ficando assim, habilitado à recepção do diploma de mestres, com a prerrogativa de funcionarem como peritos consultores e de exercerem funções oficiais da sua especialidade.

Era também estabelecido na lei que o governo mandasse a cada ano, à Europa, um dos alunos que mais se distinguissem nos estudos para ali se aperfeiçoar na arte em que se houvesse diplomado. Certamente, estava aí uma das causas da exigência do exame de francês para os alunos concluintes. Esse novo estágio dos alunos já diplomados, ou "alunos em comissão",

---

[3] Para um aprofundamento dessa discussão, conferir RODRIGUES (2001).

como eram designados pela lei, deveria durar mais três anos. No entanto, essa lei, que já era pouco exeqüível diante da falta de estrutura do ensino profissional local, ficaria só no papel (BELLO, 1978).

Segundo Cunha (2000), passariam a surgir, então, instituições criadas, mantidas e administradas, no período imperial, tanto pelo Estado quanto por sociedades civis, destinadas principalmente ao aperfeiçoamento dos trabalhadores livres, por meio do ensino de artes e ofícios. Entre essas sociedades, organizadas por particulares, também havia as que tinham, nos próprios artífices, seus sócios. No entanto, essas sociedades só subsistiram quando conseguiram organizar um quadro de sócios beneméritos que as dirigiam e as mantinham com seus próprios recursos ou com subsídios governamentais que as atraíam.[4] Tais associações também acabariam se difundindo entre a população negra, viabilizando-lhe a aquisição de determinados conhecimentos para maior mobilidade dentro da ordem escravista, por meio de ações e práticas educativas muito particulares.

Um círculo de operários...

No dia 21 de outubro de 1841, é anunciada a fundação oficial da Sociedade dos Artistas Mecânicos e Liberais de Pernambuco, uma organização formada por mestres e aprendizes das chamadas "artes mecânicas", ou seja, carpinteiros, pedreiros, marceneiros, tanoeiros, etc., e que tinha, como característica principal, o trabalho educacional junto aos operários locais por meio da promoção da instrução e da qualificação profissional no consistório da Igreja de S. José do Ribamar. De acordo com Costa (1985), o surgimento dessa corporação teria sido uma reação dos trabalhadores locais pelo estado em que se encontravam. A falta de instrução profissional levava-os a terem menos chance na disputa por trabalho, assim como a uma situação de

---

[4] De acordo com Cunha (2000), as mais importantes sociedades desse tipo foram as que criaram e mantiveram liceus de artes e ofícios, tendo o primeiro deles surgido no Rio de Janeiro, em 1858.

abandono quando adoeciam, na medida em que não possuíam reservas de dinheiro nem instituição que os ajudasse.

Para Ribeiro (*apud* SILVA, 2000), em meio aos aprendizes das corporações de ofício nacionais, havia muitos escravos, e inicialmente tal presença acarretou uma concorrência entre escravos de ganho; libertos; africanos livres e lusos, recém-imigrados do norte português, todos em idade de aprendizado de profissão. Por conta desses conflitos, houve uma espécie de segmentação do mercado de trabalho, que ficaria também gradativamente hierarquizado, e, com isso, as disputas pelos melhores empregos teriam se tornado questões raciais e de classe. De acordo com Silva (2000, p. 106):

> Isso ocorreu possivelmente pelo fato dos portugueses reservarem para si as melhores oportunidades de trabalho porque, além de serem brancos, possuíam algum verniz de alfabetização, marginalizando, dessa forma, os libertos e escravos, nessa ordem.

No caso específico do Brasil, essas confrarias religiosas acabaram servindo como mais um espaço de agregação e organização para a população negra livre ou escrava, na medida em que, sob a justificativa de preservação do ofício e de devoção ao santo padroeiro, promoviam todo um conjunto de ações voltadas principalmente para seus membros e familiares. Entre as confrarias, havia as que tinham, no ofício, o principal fator de congregação dos seus membros e o principal critério de aceitação de um novo integrante na confraria. No Recife desse período, havia uma dessas organizações: a Irmandade de São José do Ribamar. Tratava-se de uma entidade que aglutinava os profissionais das artes mecânicas que atuavam na cidade, mais especificamente profissionais de quatro ofícios;[5] dela faziam parte também alguns membros da associação dos artistas.[6]

---

[5] A própria Igreja de São José do Ribamar também teria sido fundada por carpinteiros em 1653, no bairro de São José, conforme LINS; COELHO (1955) e GUERRA (1978).

[6] Como consta no ofício enviado à Irmandade, em 1845, pelo diretor da associação dos artistas, Geraldo Amarante dos Santos (UNICAP/Coleções Especiais: 25/04/1845).

Além do pertencimento a esse tipo de confraria religiosa, havia, no entanto, outros elementos que tornavam essa associação bastante peculiar. Dos 155 sócios que a integravam nesse período, praticamente todos eram trabalhadores pernambucanos, profissionais e aprendizes das mais diversas idades; a maioria era moradora do centro da cidade, indicando que aí havia um bom número desses profissionais, e não só circulando a trabalho.

Isso parecia significar a existência de um público considerável com necessidade de qualificação profissional, tendo em vista a situação desfavorável na disputa por trabalho. Mas isso não é tudo. Desses 155 sócios registrados na SAMLP, 143 eram pretos, mulatos e pardos, estes últimos constituindo a maioria. Apenas 12 dos inscritos eram brancos – ou pelo menos foram registrados no livro como tal. Desse modo, não seria arriscado dizer que a Sociedade dos Artistas Mecânicos e Liberais de Pernambuco foi, ela mesma, uma organização educacional de profissionais negros, criada em pleno regime escravista da primeira metade do século XIX.

Interessante observarmos que, já em 1839, num dos seus relatórios à Assembléia Provincial, o presidente da Província de Pernambuco, Francisco do Rego Barros, chega a fazer menção a certas aulas profissionalizantes que estavam acontecendo na cidade do Recife, independentemente da iniciativa do governo. Segundo suas palavras, "pelo esforço expontâneo de alguns artistas, estabeleceu-se ali uma aula de Mecânica aplicada às Artes pelo sistema do Barão de Dupin"[7]. Apesar de o comentário do presidente da Província ter sido breve e um tanto impreciso, a semelhança da iniciativa mencionada com o tipo de trabalho educacional, ou seja, o ensino de ofícios mecânicos promovido por profissionais locais e com o próprio perfil da Sociedade dos Artistas é muito grande. Desse modo, talvez se tratasse, ao menos em parte, dos mesmos profissionais da associação que surgiria em 1841, e que, não oficialmente, já teriam se organizado para viabilizar esse tipo de formação na

---

[7] Cf. MOACYR (1939) e BELLO (1978).

cidade, até porque dificilmente uma associação desse tipo surgiria de modo súbito num contexto em que tais ofícios eram exercidos basicamente por negros, em larga medida escravos, mesmo não desconsiderando que outros artistas mecânicos espalhados pela cidade poderiam ter tido a mesma idéia.

Curiosamente, aquilo que parece ter sido, já na década de 1830, os primeiros passos das aulas profissionalizantes da Associação dos Artistas, e que teria se adiantado à iniciativa do Estado Provincial no ensino de ofícios, só apareceria divulgado ao grande público dois anos depois de sua fundação oficial, como mostra este anúncio:

> A Sociedade das artes mecanicas desta cidade tem a honra de participar ao respeitável público, que tem de breve abrir o curso de geometria e mecanica aplicada as artes, no consistório de S. Jose, aquelle que pretender seguir ao dito curso haja quanto antes de comparecer a mesma sociedade para ser contemplado. (Diário de Pernambuco, 9/1/1843)

É importante ressaltar que havia um processo de perda de espaço ou desvalorização dos operários locais em relação aos estrangeiros nas principais frentes de trabalho da cidade, o que exigia maior qualificação dos trabalhadores nacionais. Pelo menos foi isso o que argumentou a sua direção, ao enviar um ofício à Assembléia Legislativa de Pernambuco em 1845:

> Os artistas desta cidade conhecendo a necessidade de se darem mutuamente força, e procurarem adiantar seus conhecimentos, a fim de poderem suportar a concorrencia estrangeira, reunirão-se em Sociedade sob a denominação de Associação das Artes Mecanicas, e esta sociedade para alcançar hum dos seus fins tem sustentado athe hoje em exercicio as cadeiras de Dezenho Linear, e de Geometria aplicada ás Artes, nas quaes, tem, comprazer visto os progressos de alguns de seus adeptos...

Observemos que o objetivo de atender, ao menos prioritariamente, aos seus pares era algo declarado. Esse caráter mutualista fazia com que seus próprios membros procurassem prover os recursos para manter as atividades desenvolvidas pela associação, o que não era algo fácil uma vez que não se tratava de homens de muitas posses, e seus recursos tendiam cada vez mais a se reduzirem diante da redução das frentes de trabalho.

No entanto, mesmo tendo encontrado nenhum documento específico desse período sobre as aulas profissionalizantes que a associação ofertava, há indícios de que o número de alunos que a freqüentava não era pequeno. Basta relembrarmos que em 1841 ela já contabilizava 155 membros. Isso já representava um grande contingente de pessoas que estaria envolvido nas aulas, seja como professores, seja como alunos. Afinal, era uma entidade de caráter mutualista. Justamente também por isso, não podemos esquecer que havia muitos outros trabalhadores locais atuando na cidade e que eventualmente poderiam procurar a associação em busca de proteção.

Apesar da falta de apoio e das limitações estruturais, o trabalho educacional da Associação dos Artistas não parava. Suas aulas continuavam formando novos profissionais e requalificando os já existentes. Não se pense, porém, que isso era feito de modo desorganizado. Os saberes compartilhados tinham como objetivo ampliar a percepção dos profissionais locais quanto à complexidade e à potencialidade dos seus ofícios, melhorando ou aprofundando a técnica para que se pudesse ir além da pura prática.

Em torno das letras

O sucesso do trabalho educacional da Associação dos Artistas não estava garantido, contudo, apenas com as aulas profissionalizantes. À medida que tais aulas iam se consolidando, ficava perceptível que dependiam de outros elementos, além, unicamente, do repasse de conhecimentos técnicos. Elas demandavam o conhecimento e um exercício permanente de algo que os seus atendidos pareciam não dominar, assim como boa parte da população da época, fossem os mais abastados ou os mais simples. Algo sem o qual, o efetivo aprendizado profissionalizante não seria alcançado: a leitura e a escrita. Seria necessário então

Negros com-passos letrados: a ação educativa da Sociedade... – Itacir Marques da Luz 319

difundir o ensino sistemático das primeiras letras junto às aulas já existentes. Desse modo, em mais um ofício enviado à Assembléia Legislativa, dessa vez, no ano de 1854, a diretoria da entidade expunha:

> A actual Direção da Sociedade das Artes Mechanicas e Liberaes desta Província, no empenho de continuar na realização do muito nobre e patriotico pensamento, que deu origem á instituição da mesma Sociedade, e destarte cumprir os deveres que lhe são inherentes, tem cuidadosamente estudado as suas necessidades; assim como procurando chegar ao conhecimento de quaes os meios, cujo emprego possa faze-las desapparecer senão todas, ao menos parte dellas; e logo a primeira que atrahio sua attenção foi a creação d'uma aula de instrucção elementar onde os socios possão adquirir esses primeiros rudimentos sem os quaes elles na sua maior parte não poderão faser o menor progresso...

O próprio método de ensino adotado para as aulas técnicas era um dos fatores que exigia essa maior "propriedade" das letras por parte dos seus sócios freqüentadores, uma vez que se encontrava sistematizado basicamente em forma de livro, o *Curso Normal de Geometria e Mecânica Aplicada às Artes*, do Barão Dupin.[8] Não se sabe exatamente como essa obra ficou conhecida pela associação nem quem a introduziu nas suas aulas, mas o fato é que o material já circulava entre os livros técnicos disponíveis, à venda, em alguns locais especializados, espalhados pela Província.[9] Isso talvez já representasse uma expressão da transformação pela qual passava o universo profissional da época, o que conseqüentemente era sentido em uma ou outra medida, por todos os trabalhadores em atuação na cidade.

Ao discutir o poder do livro, Roger Chartier (1998, p. 8) nos lembra que esse objeto sempre visou instaurar uma ordem,

---

[8] Charles Dupin foi um político, matemático e economista francês, nascido em 1784 e falecido em 1873. Membro da Academia de Ciências de Paris, trouxe notável contribuição aos estudos de sua especialidade (BELLO, 1978, p.129).

[9] Um sobrado da rua do Bom Sucesso, em Olinda, dizia ter essa e outras publicações do gênero "por um preço muito cômodo" (Diário de Pernambuco, 10/2/1843).

fosse a ordem de sua decifração, a ordem no interior da qual ele deve ser compreendido, fosse a ordem desejada pela autoridade que o encomendou ou permitiu sua publicação. O autor salienta, no entanto, que essa ordem de múltiplas fisionomias não obteve a onipotência de anular a liberdade dos leitores. Mesmo limitada pelas competências e convenções, essa liberdade permite ao leitor se desviar e reformular as significações que a reduziram.

Ao analisarmos o processo de mediação do livro, e, com ele, da própria cultura letrada no cotidiano dos trabalhadores locais, entretanto, também não podemos perder de vista as condições estruturais existentes. Nesse aspecto, a escassez de recursos era algo que se impunha à realidade desses indivíduos, de tal maneira que viam qualquer tentativa sua de apropriação ou utilização dos instrumentos novos que se apresentavam enfrentarem dificuldades e limitações. Mais especificamente em relação à associação, esses obstáculos também se materializaram na adoção e aplicação do método de ensino, como se verifica no mesmo ofício:

> Outra necessidade é a da tradução e impressão da obra de Geometria pelo Barão Charles Dupin, a mais propria neste genero para o estudo dos Artistas pela immediata applicação de suas regras e preceitos ás Differentes Artes e Officios, a qual por esta razão, tendo a referida Sociedade adotado, e dado principio a sua tradução p. falta de forças, só pôde conseguir a tradução e impressão de três licções. Não menos sensível é a falta de modelos, e de estatuas que facilitem a intelligencia das regras applicaveis aos variados desenhos conforme á posição dos objectos ou a maneira porque os queira representar o observador; necessidades todas, além d'outras, que se um prompto remedio lhes não for applicado já mais a realisação do fim que procura attingir a mencionada Sociedade se poderá conseguir... (Arquivo:125 − P/ Educação)

A importância da instrução elementar dos sócios parece ter sido algo presente desde o surgimento da Associação dos Artistas, uma vez que aquele apontado como um dos seus fundadores e primeiro diretor, Izidio de Santa Clara, supostamente atuava como um professor de primeiras letras em aulas noturnas e fora a partir dessas aulas que a entidade teria sido organizada.[10] Assim, o que estaria sendo proposto a partir de agora talvez fosse uma maior definição quanto à sua aplicação dentro do trabalho educacional da associação, criada para atender a uma demanda mais específica dos operários locais. Leitura e escrita sistemáticas eram o que poderia garantir não só o sucesso do trabalho da associação, mas a sua própria existência. Por isso, a entidade, mais uma vez, resolveu agir no sentido de materializar seu projeto de alfabetização, sem deixar de solicitar às autoridades o apoio necessário a essa nova empreitada:

> Este remedio, Senr. Deputados, já a Sociedade principiou a applicar creando uma aula de instrução primaria sob a direção d'um de seus membros para isto habilitado; porem ainda assim não estão desfeitas todas as difficuldades, qe tendem a empecer-lhes a mancha de seu progresso, e é certo que nunca o estarão se Vós, cujo zello e dedicação ás Artes, que tantas vezes tendes manifestado, a não auxiliardes com um augmento de cota tal, que possa não só animar a esta recente creação como prever as outras do necessario fim de que ellas possão ser tão uteis e proveitosas quanto são precisas. A sobred^a. Direção pois, confiando no [...] patriotismo q. sempre vos dirige em vossos actos legislativos, vem supplicar-vos em nome da mesma Sociedade que attendendo todas quantas rasões vos ficão expostas, augmenteis a cota que annualmente costumais marcar-lhe, na cifra que para todos os fins julgardes necessaria. E. R. M. Recife, 23 de Março de 1854. João dos Santos Ferreira Barros – Director da Sociedade. (Arquivo:125 – P/Educação)

Além de reforçar, mais uma vez, o caráter autônomo do trabalho educacional que a associação desenvolvia, essa iniciativa de promover as aulas de instrução elementar com recursos próprios representava um passo significativo para a própria

---

[10] Essa versão foi apresentada por algumas matérias de jornais locais do século XX e que tratavam da história do Liceu de Artes e Ofícios de Pernambuco, tais como: Diário de Pernambuco (29/07/1953); Jornal do Comércio (11/10/1944); Jornal do Comércio (2/8/1951); Jornal do Comércio (30/10/1951); Jornal do Comércio (31/10/1951); Jornal do Comércio (1/11/1951); Jornal do Comércio (04/11/1951); Diário da Noite (11/01/1958).

entidade. Isso porque ela caminharia no sentido de se tornar um importante canal de difusão da leitura e da escrita na cidade do Recife, paralelamente aos espaços criados e mantidos pelo Estado para esse tipo de ensino.

A ação empreendida pelo Estado acabava não atendendo efetivamente a segmentos da população que também tinham uma demanda por instrução. Entre esses segmentos, estavam os jovens e os adultos negros que constituíam o grande contingente de operários locais, tradicionalmente associados a uma imagem distante do universo das letras por sua ligação ao mundo do trabalho cotidiano teoricamente incompatível com o "tempo escolar". No entanto, foi desse segmento que surgiu a Associação dos Artistas, e as suas atividades eram direcionadas para o atendimento dos indivíduos que o compunham, numa expressão de forte organicidade. A confirmação disso pode ser observada no perfil de um dos sócios matriculados, ano de 1859, para as aulas de primeiras letras que a associação continuou mantendo:

> Aos trez dias do mez de Julho de mil oitocentos e cincoenta e nove matriculouse na aula de primeiras letras Lourenço José de Sant´anna – preto, cazado, com vinte e quatro annos de idade, natural de Pernambuco. Profissão de pedreiro – sócio da Sociedade das Arttes Mechanicas e Liberaes: do que para contar, fiz este termo que assignei com o mesmo alunno. Pedro José Pereira dos Santos Alvarenga – Secretário. Lourenço José de Santanna. (Livro de Matrículas,1858, 2f)[11]

Assim como Lourenço, a maioria dos 25 sócios matriculados nessas aulas tinham as mesmas características, ou seja, eram pretos ou pardos, nascidos em Pernambuco, tinham idade que variava entre a adolescência e a idade adulta e atuavam como profissionais ou aprendizes de algumas das artes mecânicas mais comuns no contexto local. Como em outros momentos,

---

[11] Apesar de essa e das outras matrículas terem sido feitas no ano de 1859, curiosamente o livro no qual elas foram registradas data do ano anterior. Uma hipótese é de que simplesmente esse livro tenha sido arquivado logo após sua abertura e reutilizado posteriormente.

destacamos aqui o componente da cor como um elemento especial dentro desse conjunto de caracteres que forjavam seus integrantes e definia a própria Sociedade dos Artistas Mecânicos e Liberais de Pernambuco. Afinal, estamos falando de homens negros que estavam em busca de aprender a ler e a escrever, o que já representava por si só um grande desafio mediante uma estrutura social que havia definido, para esse grupo social, apenas e tão-somente o aprendizado empírico da profissão para suprir o mundo do trabalho.

No que se refere às apropriações e usos do conhecimento letrado, João Reis (2003), a respeito do levante dos Malês na Bahia, destaca que é realmente impressionante que a experiência da leitura e da escritura disciplinadas pudesse interessar tão vivamente a libertos e sobretudo a escravos que, embora cansados do trabalho, sempre arranjavam tempo para se dedicar a elas. Mas, como bem lembra o autor, essa não foi uma exclusividade dos malês baianos, uma vez que a dedicação à escrita pode ser encontrada em outras regiões nas Américas onde africanos muçulmanos foram escravizados, embora sem apresentarem a face guerreira dos que existiram na Bahia (REIS, 2003, p. 225).

Embora o movimento ocorrido na Bahia apresente caráter um tanto diferente daquele do qual estamos tratando, inclusive no que se refere à própria linguagem em que se realizava a alfabetização dos envolvidos (o árabe), existe um ponto de articulação entre ambos que os torna semelhantes. Trata-se do impacto simbólico que a posse de tais conhecimentos, por parte desses indivíduos, causava na sociedade da época. Conforme Reis (2003, p. 228):

> Para uma sociedade cujo grupo dominante, os brancos, continuava predominantemente analfabeto, não deve ter sido fácil aceitar que escravos africanos possuíssem meios sofisticados de comunicação. Escrever, afinal, era um sinal indiscutível de civilização, de acordo com os valores europeus que predominavam entre a elite baiana da época, e que localizavam os africanos no universo da barbárie, da pré-escrita, portanto.

Certamente, essa também deve ter sido a sensação quando um grupo de homens negros resolveu se reunir na cidade do Recife em torno de um projeto educacional para atender a seus pares. Mesmo que, nesse caso, a intenção não fosse promover uma rebelião armada, a provocação não foi menos contundente, pois atingia frontalmente todo um conjunto de representações negativas que se estabelecera sobre a população negra e sobre alguns elementos que estavam a ela relacionados naquele contexto e que tinham como objetivo justificar a própria existência do escravismo.

Considerações finais

A representação atribuída aos negros na nossa história logrou a eles a imagem de criaturas puramente associadas ao mundo do trabalho e inertes em relação a qualquer outro conhecimento que circulasse no contexto em que estivessem inseridos. Foi assim que se pensou a relação desse grupo social com a cultura escrita desde os primeiros anos da sua difusão no Brasil, sobretudo no século XIX, quando se toma por base sua suposta "ausência" nos espaços formais ou oficiais de instrução. Tal perspectiva, no entanto, desconsidera a pouca afirmação desses espaços como principais canais de aprendizado das letras, assim como a possibilidade de criação de alternativas de apropriação do conhecimento letrado por parte da população negra e os usos diversos que dele se poderia fazer.

Procuramos, então, problematizar essa questão valendo-nos do estudo da Sociedade dos Artistas Mecânicos e Liberais de Pernambuco. Essa entidade foi criada na primeira metade do século XIX, no Recife, e se notabilizou por ter desenvolvido uma ação educacional junto aos trabalhadores de ofícios específicos que atuavam na cidade. Assim, a Sociedade dos Artistas exerceu papel significativo para o desenvolvimento do campo da educação profissional, ao menos na Província de Pernambuco, principalmente se considerarmos um particular contexto de disputa por espaço entre os operários brasileiros e estrangeiros. Nesse sentido, vale ressaltar que, cada vez mais, os operários estrangeiros foram se instalando na cidade e ocupando as frentes de trabalho. Também não se pode deixar de ressaltar aqui que as iniciativas e os espaços, porventura existentes, destinados à formação profissional estavam comumente relacionados à capacitação de escravos-de-ganho para ampliar o rendimento dos senhores, por meio da oferta dos serviços dos seus cativos a quem precisasse e pudesse pagar.

No entanto, a Sociedade dos Artistas foi mais além. Por meio de sua ação educativa, essa entidade acabou representando uma significativa instância promovida por negros e aberta aos negros para a apropriação da leitura e da escrita, principalmente àqueles que constituíam boa parte do contingente de trabalhadores locais. Essa apropriação já se processava junto com os primeiros operários que a iniciaram a partir das sessões de leitura, sessões essas que os aglutinavam nos intervalos da obra. Tal processo pode ser percebido seja nas atas de reuniões e livros de registros que redigiam ou assinavam, seja, mais sistematicamente, nas aulas de primeiras letras que passaram a oferecer paralelamente ao ensino das técnicas mecânicas que atraiam trabalhadores jovens e adultos para o seu aprendizado.

Numa perspectiva mais ampla, tal iniciativa pode ser considerada como uma demonstração de participação ativa e efetiva desse grupo social nas práticas de leitura e escrita dessa época, apesar das disposições legais em contrário e dos obstáculos sociais cotidianos. Tal participação foi realizada, imprimindo suas marcas e estabelecendo suas condições, reutilizando as letras como mais um instrumento a seu favor, considerando a importância e as possibilidades que esse conhecimento poderia proporcionar para melhor se mover no mundo escravista no qual estava inserido.

Fontes

Jornais

DIÁRIO DE PERNAMBUCO: 13 de abril de 1836. Recife. PE: pág. 14.

DIÁRIO DE PERNAMBUCO: 09 de janeiro de 1843. Recife, PE: sp.

DIÁRIO DE PERNAMBUCO: 10 de fevereiro de 1843. Recife, PE: pág. 04

DIÁRIO DE PERNAMBUCO: 29 de julho de 1953. Recife, PE: sp.

JORNAL DO COMÉRCIO: 11 de outubro de 1944. Recife, PE: sp.

JORNAL DO COMÉRCIO: 02 de agosto de 1951. Recife, PE: sp.

JORNAL DO COMÉRCIO: 30 de outubro de 1951. Recife, PE: sp.

JORNAL DO COMÉRCIO: 31 de outubro de 1951. Recife, PE: sp.

JORNAL DO COMÉRCIO: 1 de novembro de 1951. Recife, PE: sp.

JORNAL DO COMÉRCIO: 4 de novembro de 1951. Recife, PE: sp.

DIÁRIO DA NOITE: 11 de janeiro de 1958. Recife, PE: sp.

Legislação

BRASIL. *Lei Imperial de 15 de outubro de 1827.* Typographia Nacional. Rio de Janeiro: fl. 86 do livro 10 de cartas leis e alvarás, p. 71-73, 31 out.1827. Recife.

PERNAMBUCO. *Lei Provincial n. 43 de 10 de junho de 1837.* Recife: Typ. de M.F. de Faria. Recife, fl. 63 do 1º livro de leis provinciaes. p. 26-35, 12 jun.1837.

Manuscritos

A. L. Arquivo – OR 41. Ofício da Associação das Artes Mecânicas à Assembléia Legislativa da Província de Pernambuco. Recife, 1º de março de 1845.

125/P – Assembléia Legislativa. Solicitação da Associação dos Artistas de Pernambuco, em 23 de março de 1854.

Livro de Matrículas dos Sócios da Sociedade dos Artistas Mecânicos e Liberais de Pernambuco. UNICAP: Coleções Especiais. Recife, 1841.

Livro de Matrículas nas Aulas de Primeiras Letras da SAMLP – UNICAP/ Coleções Especiais. 1858. 04f.

Ofício da Diretoria da SAMLP à Irmandade de S. José do Ribamar – UNICAP/Coleções Especiais. Recife, 25 de abril de 1845.

Referências

BELLO, Ruy. *Subsídios para a história da educação em Pernambuco.* Coleção Pernambucana, v. XVIII. Recife: Companhia Editora de Pernambuco, 1978.

CHARTIER, Roger. Práticas e representações: leituras camponesas em França no século XVIII. In: CHARTIER, Roger. *A História Cultural*: entre práticas e representações. Lisboa: Difusão Editorial Ltda., 1988.

CHARTIER, Roger. *A ordem dos livros:* leitores, autores e bibliotecas na Europa entre os séculos XIV e XVII. 2. ed. Tradução de Mary Del Priore. Brasília: Editora Universidade de Brasília, 1998.

COSTA, Francisco Augusto Pereira da. *Anais pernambucanos (1834-1850).* Recife: Fundarpe, Diretoria de Assuntos Culturais, 1985. v. 10. (Coleção Pernambucana, 2ª fase, 11.).

CUNHA, Luiz Antônio. O ensino industrial-manufatureiro no Brasil. *Revista Brasileira de Educação*, n.14, maio/jun./ago. 2000.

FARIA FILHO, Luciano Mendes. Instrução elementar no século XIX. In: LOPES, Eliane Marta Teixeira; FARIA FILHO, Luciano Mendes; VEIGA, Cynthia Greive (Orgs.). *500 anos de educação no Brasil.* Belo Horizonte: Autêntica, 2000.

FARIA FILHO, Luciano Mendes. Representações da escola e do alfabetismo no século XIX. In: BATISTA, Antônio Augusto Gomes; GALVÃO, Ana Maria de Oliveira (Orgs.). *Leitura, práticas, impressos, letramentos.* Belo Horizonte: Autêntica, 1999.

GUERRA, Flávio. *Velhas igrejas e subúrbios históricos.* Recife: Ed. Intinerário, 1978.

LINS, João Batista; COELHO, Arnaldo Barbosa (Orgs.). *Templos católicos do Recife.* Recife: Edições Folha da Manhã S.A., 1955.

LOPES, Eliane Marta Teixeira; GALVÃO, Ana Maria de Oliveira. *História da educação.* Rio de Janeiro: DP&A, 2001.

MATTOS, Ilmar Rohloff de. *O Tempo Saquarema*: a formação do Estado Imperial. Rio de Janeiro: Acces, 1994.

MOACIR, Primitivo. *A instrução e as províncias*: subsídios para a história da educação no Brasil (1834-1889). São Paulo: Comp. Ed. Nacional, 1939-40. 3 v.

REIS, João José. A "Sociedade Malê": organização e proselitismo. In: REIS, João José. *Rebelião escrava no Brasil*: a história do levante dos Malês em 1835. São Paulo: Companhia das Letras, 2003.

RODRIGUES, José. Celso Sckow e a sua "História do ensino industrial no Brasil". *Revista Brasileira de História da Educação*, Dossiê "Negro e Educação", n. 4, 2001.

SHARPE, Jim. A história vista de baixo. In: BURKE, Peter (Org.). *A escrita da história*: novas perspectivas. Tradução de Magda Lopes. São Paulo: Editora UNESP, 1992.

SILVA, Adriana M. P. *Aprender com perfeição e sem coação*: uma escola para meninos pretos e pardos na Corte. Brasília: Editora Plano, 2002.

SKIDMORE, Thomas E. *Preto no branco*: raça e nacionalismo no pensamento brasileiro. 2. ed. Tradução de Raul de Sá Barbosa. Rio de Janeiro: Paz e Terra, 1989.

Capítulo 11

PRÁTICAS DE LEITURA E ESCRITA DESTINADAS A NEGROS, BRANCOS E ÍNDIOS NO SÉCULO XIX: O CASO DA COLÔNIA ORPHANOLOGICA ISABEL DE PERNAMBUCO [1]

Adlene Silva Arantes

Este estudo que ora se apresenta teve como escala de observação o grupo social e pretendeu investigar a educação, a instrução e os possíveis destinos pensados para os meninos negros, brancos e índios na *Colonia Orphanologica Isabel*, instituição criada pelos missionários capuchinhos, com o objetivo de receber crianças órfãs e ingênuas, na segunda metade do século XIX, na província de Pernambuco, e que também recebia crianças índias. Neste artigo, será abordada a proposta de educação e instrução oferecida na Colônia Isabel, procurando descrever a importância atribuída à leitura e à escrita no interior da instituição, bem como o material e os livros escolares de leitura que circulavam naquele espaço educativo. Diante do exposto, indagamos: teria sido a Colônia Isabel uma possibilidade de inserção desses grupos sociais na cultura escrita?

Para a realização da pesquisa, foram utilizados como fontes programas de disciplinas, regulamentos, regimentos, relatórios e ofícios da Colônia Isabel (1875-1891); relatórios, regimentos e legislação da instrução pública (1827-1889); ofícios e relatórios

---

[1] A pesquisa foi financiada pela Fundação Ford, coordenada pela Ação Educativa e ANPEd, por ocasião do III Concurso Negro e Educação, e orientada pela professora Ana Maria de Oliveira Galvão.

da Presidência da Província (1856-1880); ofícios da Santa Casa de Misericórdia (1875-1880), Marinha, Exército, Juizes de Órfãos (1875-1880), Colégio de órfãos (1858-1860), Relatórios do Colégio do Bom Conselho (Documentos avulsos), Polícia Civil (1872-1876), Anais Franciscanos (1840-1849), Assuntos eclesiais (1872-1880). Utilizaram-se ainda livros escolares de leitura e pareceres de livros escolares do período estudado.[2]

As fontes foram localizadas nos acervos do Arquivo Público Estadual Jordão Emerenciano (APEJE), da Biblioteca Pública Estadual Presidente Castelo Branco (BPE, acervo que pertenceu à antiga biblioteca provincial, fundada em 1852) e do Gabinete Português de Leitura de Pernambuco (GPL, fundado em 1850).[3] Consultaram-se também os acervos do Arquivo da Província de Nossa Senhora da Penha do Nordeste do Brasil (PRONEB) e o Arquivo da Casa Generalícia da Congregação das Irmãs Franciscanas de Nossa Senhora do Bom Conselho,[4] além do site da Universidade de Chicago.

Caracterização da Colônia Isabel

A Colônia Orfanológica Isabel foi uma instituição fundada em 1874. Localizava-se na Zona da Mata pernambucana, na fronteira com a província de Alagoas.[5] A instituição foi construída nas terras de uma colônia extinta chamada Colônia Militar Pimenteiras, local onde existia o aldeamento do Riacho do Mato

---

[2] Os dados referentes aos livros escolares foram levantados durante o desenvolvimento da pesquisa *Livros escolares de leitura: caracterização e usos (Pernambuco, século XIX)* no período de 2000 a 2003.

[3] Nesse sentido gostaria de agradecer a participação de Roberto de Santana Rodrigues, Sandra Silva e Hérika Santos na coleta de dados no acervo do Arquivo Público de Pernambuco, o que foi de fundamental importância para o desenvolvimento da pesquisa.

[4] Gostaria de agradecer também a atenção recebida do Frei Franklim, no Convento da Penha, da Irmã Loreto, no Colégio Imaculada Conceição, e das irmãs da Casa Generalícia na Torre, que me receberam com muita boa vontade, permitindo que consultasse os seus acervos.

[5] Para mais detalhes sobre a localização, consultar ANJOS (1997) e MAIA (1983).

(SILVA, 2000). Dirigida pelos Missionários Capuchinhos, a Colônia Isabel surgiu no contexto de criação de várias instituições semelhantes em todo o País, com o objetivo de recolher e educar meninos órfãos, desvalidos e ingênuos, e garantir mão-de-obra para trabalhar na agricultura, sobretudo a partir de 1871, com a Lei do Ventre Livre. São exemplos de instituições semelhantes à de Pernambuco, a Colonia Orphanologica Cristina, de 1880, no Ceará; a Colonia Orphanologica Brasiliana, fundada em 1881, em Goiás; a Colônia Orfanológica N. S. do Carmo do Itabira, fundada em 1884, em Minas Gerais;[6] e o Asylo Agrícola Isabel, no Rio de Janeiro, criado em 1886.[7] No caso de Pernambuco, temos dados que nos possibilitam compreender como era a região e as características da população onde foi construída a Colônia Isabel.

> [...] Pelo que se collige porém desses imperfeitissimos dados, ve-se que residem no districto da colonia 4,014 pessoas livres de differentes idades, a saber: 2,144 homens e 1,870 mulheres, sendo casadas 1,122 pessoas. Os escravos calculam-se em 100 a 120. [...] dado que alguns índios, e outros indivíduos que o não são acham-se nas terras das antigas aldeias, sujeitos a um regimem particular que o presidente da província seja habilitado com os meios necessários para chamal-os do ócio, a que muitas vezes se entregão por falta dos indispensaveis instintos civilisatorios, [...], mas principalmente por falta inspecção que os obrigue a trabalhar. [...][8] [...] Dar uma boa direcção aos índios para tornarem-se úteis a si e a província é de absoluta necessidade, até que o augmento da população e o progresso da nação faça desapparecer o aldeamento, confundindo-os com os demais habitantes e acabando a separação em que vivem até certo ponto. (RELATÓRIO DO PRESIDENTE DA PROVÍNCIA, 1856, p. 11-12 http:// brazil.crl.edu/bsd/bsd/672/index.html)

Qual seria, então, a melhor maneira de civilizar essa população e torná-la útil a si e à província? Sem sombra de dúvidas,

---

[6] Cf. FONSECA (2002, p. 101-103).

[7] Para uma análise mais profunda sobre essa instituição, consultar SCHUELER (1999).

[8] Manteve-se a grafia original das fontes para não correr risco de cometer anacronismos ao tentar traduzi-las.

a educação seria o melhor mecanismo para atingir tal objetivo. Desde meados do século XIX, a educação das crianças, jovens e adultos das camadas populares livres, nacionais e estrangeiras, e libertas, constituiu um dos projetos de reforma insistentemente discutido pelos dirigentes do Estado e por outros setores da sociedade imperial. A ênfase na instrução e na educação popular, viabilizada pela construção de escolas públicas e colégios e pelo desenvolvimento da escolarização, acompanhava outros planos de intervenção dos poderes públicos na vida da população e nos espaços das cidades. Ao projetarem medidas e apresentarem soluções para os problemas das cidades, indicando caminhos para civilizar e educar a população, os dirigentes imperiais estavam olhando para a realidade à sua volta: a de cidades cujo crescimento demográfico era assustador, na década de 1870, onde a maioria da população livre era negra e mestiça, confundindo-se então os livres e escravos, os nacionais e os estrangeiros recém-chegados (SCHUELER, 1999).

A direção da instituição de Pernambuco esteve sob os cuidados de um missionário capuchinho chamado frei Fidelis Maria de Fognano,[9] de 1874 a 1889. O edifício principal da instituição, projetado por um frei arquiteto, era constituído em cinco quadros, sendo os quatro primeiros de dois andares e o quinto de um só. Contava com 40 salas de 5 a 8 metros, de comprimento sobre 3m a 8m de largura, um refeitório com 50 metros de comprimento sobre 9 metros de largura, uma capela com suas dependências necessárias (PRONEB, 1891, p. 6). A Colônia dispunha de uma estrutura invejável, se comparada às demais escolas da época. Contava com equipamentos considerados modernos e sofisticados, como, por exemplo, um fogão econômico, máquinas de descascar café, de fabricar farinha e de descaroçar algodão, todos vindos da Europa (PRONEB, 1891). A instituição dispunha ainda de uma usina, de várias fazendas e sítios, de

---

[9] Esse frei foi considerado um grande missionário pelas obras que realizou em várias localidades da província de Pernambuco, entre elas, pode ser citada a construção de pontes, estradas de ferro, igrejas, etc. (MELLO, 1871).

um engenho, de uma enfermaria com botica, de uma biblioteca e até de um teatro. As benfeitorias do estabelecimento foram sendo construídas ao longo da direção do frei Fidelis.

Mas como toda essa estrutura teria sido montada? Com que recursos a instituição mantinha os seus trabalhos? Várias eram as formas de adquirir dinheiro para manter a Colônia Isabel. O regulamento da Isabel determinava que os seus recursos seriam provenientes do Patrimônio dos Órfãos, organizado pela Santa Casa de Misericórdia e aprovado pela Presidência da Província (PERNAMBUCO, 1862). A instituição contava também com as diárias dos alunos pensionistas, estipuladas no regulamento: colono aprendiz 100 réis, colono oficial 200 réis e colono mestre 400 réis. O orçamento provincial (Lei nº 1.245, de 17 de junho) também fixava um valor a ser destinado à instituição (RELATORIO DO PRESIDENTE DA PROVINCIA, 1884, p.16, http://brazil.crl.edu/bsd/bsd/701/index.html).

A venda de produtos agrícolas e artefatos, como tijolos e outros objetos provenientes das oficinas, era outra forma de se adquirir recursos (APEJE: IP-46, 1888a, p.12). É importante mencionar que os próprios colonos eram, assim, também responsáveis pela manutenção da instituição. Cada oficina se encarregava de algo necessário ao funcionamento. Por exemplo, a oficina de alfaiate confeccionava os uniformes dos colonos, a de sapateiro cuidava dos sapatos e sandálias para os colonos, e assim por diante.

Para o "bom funcionamento" da Colônia, era estabelecida uma lista de deveres a serem cumpridos pelos funcionários. Entre os deveres dos professores, por exemplo, destacam-se: conservar o silêncio e a ordem indispensáveis aos trabalhos; ensinar pelos métodos adotados à capacidade do discípulo; estar presente na hora estabelecida para receber os seus alunos; tomar as notas de cada aluno, no comportamento e aplicação, fornecendo-as à secretaria para os devidos fins, "com imparcialidade". Além dos professores, a Colônia Isabel contava com a presença de outros funcionários (diretor, capelão, econômo, mordomo, secretário e mestres de oficinas). Os professores e mestres deveriam incitar nos colonos o "amor ao trabalho". O diretor, o econômo, o mordomo e o capelão eram designados entre os religiosos missionários apostólicos capuchinhos, pelo presidente da Província, sob proposta do padre prefeito do Hospício de Nossa Senhora da Penha. A instituição forneceria alimentação e roupas, além de pagar as viagens dos religiosos sempre que precisassem se retirar da Colônia.

Para manter a ordem e a disciplina na Colônia Orfanológica Isabel, havia certas "medidas de polícia interna" (APEJE, IP-46, 1888a). A polícia interna e a educação dos colonos seriam confiadas aos alunos e os homens de reconhecida moralidade, zelo e atividade, que teriam o nome de chefes de turmas e dirigiram e acompanhariam os colonos em todos os movimentos do estabelecimento. Para a boa ordem e fiscalização dos trabalhos, havia na Colônia três categorias de empregados.

A primeira era constituída dos empregados internos, encarregados de vigiar os colonos em todos os atos internos da casa, no recreio, no passeio, etc., e poderia ser composta de alunos. A segunda era composta de professores e empregados incumbidos de vigiar e ensinar, praticamente, os mesmos alunos nos diversos trabalhos de campo e oficinas. A terceira, composta do administrador ou mestre de campo e seus ajudantes, tinha de vigiar a boa execução dos trabalhos ordenados e era responsável não só pelo comportamento dos menores que lhe fossem entregues, mas também pelo bom andamento dos trabalhos e pelas ferramentas recebidas. Todos esses funcionários deveriam se achar presentes nas horas determinadas.

No caso dos professores que trabalhavam na instituição, mesmo o governo provincial concedendo em 1877 os mesmos privilégios de professor público aos da aula primária da Colônia Isabel (Lei nº 1.245, de 17 de junho de 1877), parece que isso não aconteceu, pois, segundo o diretor, era necessário que a Colônia se tornasse um estabelecimento provincial, para garantir a proteção imediata do governo e para que os funcionários da Colônia tivessem os mesmos direitos dos funcionários públicos da época porque,

> Parece que o serviço da Colonia, prolongado por muitos anos inutilisa os individuos ou por molestias ou por velhice e o torna incapaz de por qualquer outro modo procurar os meios de subsistencia, da mesma forma que inutiliza os outros empregados provinciaes e geraes; se esses tem direito a uma recompensa, ou por outra a não ficarem sujeitos a mendigar o pão da caridade, também o tem os empregados da Colonia que quase pode dizer sujeitar-se a viver separados da sociedade ou degradados. Pode pois bem ser que se a Assembléa Provincial decretasse a aposentadoria nas mesmas condições que é ella concedida aos outros empregados publicos. (PRONEB, 1882, p. 6-7)

Essa situação dos empregados da instituição impedia, segundo o frei Fidelis, o seu pleno desenvolvimento, já que os funcionários ganhavam uma quantia insignificante, se comparada ao salário dos funcionários públicos. Além disso, na visão do diretor, faltavam pessoas idôneas para trabalhar, com educação, na Colônia, ou seja, não havia "pessoal educado sob o regimen collegial dos estabelecimentos desta ordem, os individuos que se contractam não se amoldam no modo de vida methodico e severo" que a instituição exigia (PRONEB, 1882, p. 4). Afinal, para quem era essa instituição? Quem eram os alunos da Colônia Isabel?

Os colonos Isabel

Os educandos da instituição, os chamados *colonos Isabel,* eram divididos em duas classes: gratuitos e pensionistas. Poderiam ser recolhidos como colonos gratuitos os órfãos desvalidos, que não tivessem quem se incumbisse da sua educação, os expostos e os filhos livres das mulheres escravas. No caso dos expostos, se houvesse vaga, seria necessária uma requisição da Santa Casa, dirigida ao presidente da Província, solicitando a entrada na Colônia. O número de colonos gratuitos deveria ser 150 (conforme o disposto pelo artigo 8º da Lei nº 1.487, de 25 de junho de 1880). Seriam colonos pensionistas, por sua vez, aqueles que procurassem a educação da instituição, sujeitando-se a pagar pensão anual de "trezentos mil réis". Dessa forma, a Colônia era obrigada a se responsabilizar por todas as despesas com alimentação, vestuário, instrução e demais objetos necessários e instrumentos musicais. Uma das condições para que os meninos fossem admitidos na instituição era a faixa etária de 7 a 12 anos completos.

Uma das dificuldades encontradas para a realização dessa pesquisa refere-se à ausência de informações explícitas sobre a "qualidade", como se dizia no período, dos colonos. Essa dificuldade tem sido sentida por diversos pesquisadores.[10] Apenas nas fontes referentes à expulsão dos meninos da Colônia, essa classificação aparece. As autoridades que dirigiam a instituição e as autoridades provinciais, de maneira geral, faziam uso dos termos órfão, desvalido, exposto, ingênuo e liberto. A denominação órfã dizia respeito à criança que perdeu o pai e/ou a mãe, fosse desvalido ou não. Exposta ou enjeitada era a criança abandonada pelos parentes, geralmente bastarda, deixada em roda dos expostos ou nas ruas. A criança desvalida era geralmente aquela cujos pais não podiam arcar com a sua instrução. Ingênuo era a filha ou o filho de mãe escrava, que nascera a partir de 1871, com a aprovação da Lei do Ventre Livre. Liberta era a criança cujos pais tinham conseguido a liberdade, ou seja, filha de ex-escravos. Nenhum atributo, porém, foi direcionado especificamente aos índios.

A ausência de atributos explícitos relacionados aos índios pode ser explicada, pelo menos em parte, pelo fato de que, segundo Silva (1996), a partir da segunda metade do século XIX, ocorreu um silêncio oficial sobre os povos indígenas no Nordeste. Esse silêncio estava baseado na idéia de assimilação dos índios, "confundidos com a massa da população", como enfatizavam as autoridades. Esse fato influenciou as reflexões históricas e os primeiros estudos antropológicos regionais que afirmavam o *desaparecimento* dos indígenas no processo de miscigenação racial, integração cultural e dispersão no conjunto da população regional (SILVA, 1996).

O processo de extinção de aldeias no Brasil se dava desde, pelo menos, 1757, quando o então ministro português Marquês

---

[10] Ver, entre outros, PERES (2002) e o estudo clássico de MATTOS (1998).

de Pombal promulgou um Diretório que passou a regular os índios no Brasil. A legislação pombalina estava baseada no discurso da "liberdade dos índios", determinando, entre outras medidas, que os aldeamentos seriam elevados à categoria de Vilas, com a instalação de câmaras de vereadores, a nomeação de um diretor leigo responsável pelos indígenas, favorecendo ainda "a ação de civilizar os índios", a moradia de não-índios em terras dos aldeamentos, incentivando os casamentos mistos, obrigando os indígenas ao trabalho agrícola e ao comércio. Com o Diretório de Pombal, proibiu-se aos indígenas o uso de seus próprios nomes, determinando que usassem nomes e sobrenomes de famílias de Portugal, para se evitar que "na mesma povoação existissem muitas pessoas com o mesmo nome". Segundo Irma Rizinni (2002), o primeiro nome era invariavelmente "cristão" (p. 4). Tornou-se obrigatório o uso unicamente da língua portuguesa, determinou-se aos Diretores persuadir os índios a construir suas casas "a imitação dos brancos, fazendo nelas diversos repartimentos", para evitar os supostos vícios da "promiscuidade", segundo a moral cristã da época. Além disso, deveria ser estimulado nos índios "o desejo de usarem vestidos decorosos e decentes", não sendo permitido de modo algum andarem nus, "especialmente as mulheres" (SILVA, 2000).

Segundo Silva (2003), os povos indígenas classificados como *remanescentes de índios*, oficialmente são chamados de *caboclos*. Apesar de conhecidos como *caboclos* também no senso comum e nos lugares onde existiram antigos aldeamentos e terem essa caboclização justificada em diversos estudos regionais, o *caboclo* permaneceu índio, questionando as visões preconceituosas e as teorias explicativas do *desaparecimento indígena*. Assim, vários povos indígenas no Nordeste, *invisíveis* desde fins do século XIX, teceram uma história de resistência étnica afirmada nas primeiras décadas do século XX em razão das pressões que recebiam com o avanço do latifúndio sobre as suas pequenas propriedades, sítios e glebas de terras onde permaneceram resistindo, mobilizaram-se para exigirem seus direitos históricos negados.

De onde provinham os colonos Isabel? Qual a sua origem social? Os Colonos Isabel eram provenientes de várias localidades como Recife, Garanhuns, Cabo, Limoeiro, Ouricuri, Rio Formoso e até de outras províncias, como se observa no gráfico abaixo.

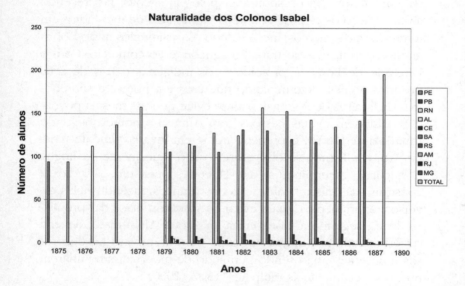

Fonte: APEJE: CD - 05 (1876, 1877, 1879); CD-06 (1883); CD-07 (1884, 1886); PRONEB (1882, 1891).

Analisando os dados acima, pode-se inferir que, nos primeiros anos de funcionamento da instituição os alunos, não eram classificados quanto à naturalidade porque eram todos da província de Pernambuco, e que, a partir do momento em que alunos de outras províncias ingressaram na instituição, houve a necessidade de classificá-los em relação ao lugar de origem de cada um.

Os colonos Isabel também eram classificados pela condição social ou simplesmente "condição" como aparecia nas fontes. Sendo assim, construiu-se um gráfico demonstrativo do número de alunos e sua condição.

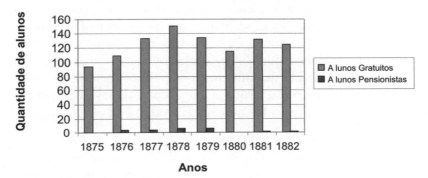

Fonte: APEJE: CD - 05 (1876, 1877, 1879); CD-06 (1883).

Observando o gráfico acima, se percebe que os alunos gratuitos eram a maioria. Pela lógica do regulamento da instituição os alunos gratuitos deveriam ser os meninos pobres. Mas, analisando os dados referentes à admissão de alunos na instituição, percebe-se que a classe social dos meninos poderia diferenciar a resposta aos pedidos de admissão.

A "pobreza" não era o único critério para admissão como colono gratuito. Segundo o referido Regulamento, não deveria haver distinção alguma entre os colonos gratuitos e os pensionistas (APEJE: IP-46, 1888b, p. 13). Contudo, frei Fidelis mencionava certos privilégios, com os quais não concordava que existiam para alguns meninos no momento da admissão, que tinha que aceitar, pois eram determinados pelo presidente da Província.

> [...] Reclamava eu contra quer nas informações, quer verbalmente, e era attendido somente quando quem requeria era pessôa pobre e desvalida, isto é a que tinha mais direito de ser attendida; quando, porém, o protector ou peticionario pertencia a certa ordem da sociedade, ou exercia influencia política, muito embora o menor não se achasse em nenhuma das condições exigidas pelo Regulamento, era sempre attendido, e eu, obrigado a recebêl-o. (PRONEB, 1891, p. 76)

Mesmo quando não havia leitos suficientes, o diretor da Colônia era obrigado a receber mais alunos. Certa vez, o provedor da Santa Casa de Misericórdia queixou-se ao presidente da Província de que Frei Fidelis não queria receber quatro meninos enviados pela Santa Casa por falta de cômodos, pois teria de colocar dois meninos para dormir numa só cama. Segundo o provedor, a falta de cômodos não era motivo suficiente para não aceitar alunos, porque a presidência já havia ordenado que a subvenção fosse aumentada. Argumentava o provedor, dizendo que

> Este não era motivo para não dar cumprimento à ordem de V.Exª. Bastaria preparar outros cômodos para a devida acomodação se assim pensasse a Junta Administrativa da Santa Casa, não estaria agora no Hospital Pedro II, em vez de 300 que é quanto comporta o estabelecimento, 580 na Casa dos Expostos em lugar de 100,160 no Asilo da Mendicidade, 170 em vez de 120. (APEJE: SC -16; 1877, p. 227)

O provedor admitia que os referidos meninos não seriam acomodados como deveriam, mas ao menos estariam abrigados, evitando que caíssem em prostituição, "porque não seriam quatro menores a mais que quebraria a moralidade da instituição e nem seria admissível uma só cama ser ocupada por dois menores" (APEJE: SC -16, 1877, p.227).

Contudo, localizou-se um caso encaminhado pela Presidência da Província que não foi atendido. Trata-se do pedido de *Maria Liberta*, cujo próprio nome faz referência à sua condição jurídica. A referida senhora solicitou a entrada de seu filho na Colônia, um menor liberto cujo nome não foi mencionado na petição que solicitava a sua entrada no estabelecimento. O pedido foi feito no dia 14 de abril de 1885 e despachado no dia 16 no mesmo mês. O motivo alegado para não aceitar o menino na instituição foi falta de vagas (APEJE: CD-07, 1884, p. 119). Por que uma solicitação encaminhada pelo presidente da Província seria negada? Por que o presidente da Província não obrigou a direção da Colônia a receber o menino? A negação do pedido pode ser explicada porque se tratava de um menino liberto? Fica evidente que, como afirmava o diretor da instituição, havia privilégios no momento da admissão dos alunos.

Se nos primeiros anos de funcionamento da Colônia Isabel os colonos eram classificados pela *condição* de gratuitos e pensionistas, a partir de 1881 passam a ser classificados também pela *filiação*. A essa maneira de classificar denominou-se, na pesquisa, de origem familiar. Essa classificação se referia aos alunos como filhos legítimos, filhos naturais, filhos de pais incógnitos, ingênuos, libertos, como se pode observar no quadro a seguir.

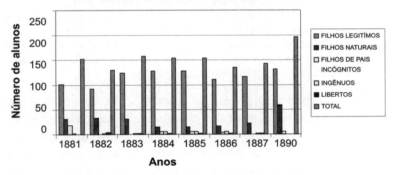

Fonte: APEJE: CD - 05 (1876, 1877, 1879); CD-06 (1883); CD-07 (1884, 1886); PRONEB (1882, 1891).

Os filhos legítimos eram aqueles cujos pais eram casados, os naturais eram filhos de pais que não eram casados, e os incógnitos eram filhos de pais desconhecidos. Os filhos de pais desconhecidos eram geralmente expostos, abandonados na roda e encaminhados à Casa dos Expostos (Rizinni, 2002). Havia ainda a classificação órfãos, porém somente aparece no ano de 1881.

Contudo, como já foi dito, não se pode afirmar a representatividade de crianças negras, índias ou brancas no interior da instituição ao longo do período estudado, devido à falta de indicações explícitas sobre a cor ou qualidade dos colonos nas fontes analisadas. Segundo Veiga (2004), o que esteve em questão para os gestores da instrução na época e que pode ser observado na instituição estudada era que todas as crianças pobres deveriam receber a instrução para se tornarem úteis à sociedade. Parece, assim, que não havia a preocupação em mencionar a "qualidade" dos colonos Isabel.

No caso das crianças ingênuas, a entrada na instituição ocorreu, segundo as fontes localizadas, a partir de 1875, como pode ser observado em um ofício recebido pelo diretor da Colônia.

> Accuso a recepção do officio com que V. Exa acompanhou a copia da portaria dessa presidência de 28 do mez passado, declarando que serão admittidos nesta colonia na qualidade de colonos gratuitos os filhos livres de mulher escrava cuja educação corre por conta do Estado logo que os senhores das mães desistão dos serviços dos ditos menores renunciando o titulo pecuniario de que trata a Lei de 28 de Setembro de 1871, sob n. 2040 [...] Directoria da Colonia Orphanologica Isabel, 18 de Agosto de 1875. (APEJE: IP-46, 1888c, p. 115)

Mesmo sendo legal a entrada de crianças libertas e ingênuas na instituição, o número dessas crianças ao longo do seu funcionamento parece ter sido mínimo. De 1875 a 1890, o número de ingênuos não passou de cinco e o número de libertos não passou de três. Mesmo assim, a presença de meninos ingênuos na Colônia era utilizada pelo presidente da Província como uma forma de conseguir ajuda financeira do Governo Imperial. É o que se observa em correspondência enviada ao imperador em 1876.

> [...] E não seria somente esta província que V. Exa. beneficiaria obtendo do Governo Imperial uma mensalidade certa para esta colônia. Ao mesmo governo Imperial prestaria V. Exa. um relevante serviço. *Não tem elle por ventura os ingênuos a quem brevemente deve tratar de dar a educação para delles fazer agricultores?* Não tem, por conseguinte de procurar abrir casas de educação da natureza deste instituto para nellas recolher essas crianças que trazem consigo a única esperança que sustenta a agricultura nestas províncias do norte?
>
> Pois bem o Governo Imperial além de ter nesta nascente colônia um pequeno ensaio do que terá de fazer, se *coadjuvasse certa e*

efficazmente esta obra grandiosa, não teria ao mesmo tempo á sua disposição um vasto estabelecimento para nelle recolher centenares desses ingênuos, que um dia não muito remoto terão de occupar seus maiores cuidados? (APEJE: RO- 25, 1870, p. 49-50) [Grifos adicionados]

Sabe-se que muitas crianças ingênuas não foram entregues ao Estado, por ser mais vantajoso para os senhores manter os filhos das escravas trabalhando. A própria Lei do Ventre Livre dizia que, quando o ingênuo completasse oito anos, o senhor tinha o prazo de um mês para escolher a modalidade de "libertação" que lhe convinha. Como a criança ingênua era considerada menor até os 21 anos, treze seriam os anos de trabalho, que nenhuma indenização oferecida pelo governo poderia compensar.

Nesse sentido, destaca-se que o parágrafo 6º do artigo 1º da referida lei menciona que "Cessa a prestação dos serviços dos filhos das escravas antes do prazo marcado no § 1º, se, por sentença do juízo criminal, reconhecer-se que os senhores das mãis os maltratam, inflingindo-lhes castigos excessivos" (BRASIL, 1871). Como nenhuma das crianças da Lei do Ventre Livre teria 21 anos em 1888, o destino mais provável para essas crianças era viver na condição de escravos, mesmo tendo nascido livres. Existiram, então, escravos disfarçados, libertos da mesma forma e no mesmo período que os outros escravos, o que explica o fato de instituições como a Colônia Isabel apresentarem um número reduzido de ingênuos entre os internos.

A educação e a instrução na Colônia Isabel

A Colônia Isabel, na condição de escola rural interna, oferecia uma educação voltada para os conhecimentos agrícolas. Segundo o Regulamento, a instituição tinha como objetivo:

Acolher órfãos desvalidos e os filhos libertos dos escravos para torná-los cidadãos pacíficos e moralizados uteis a si e à sua patria, amestrando-os nos mais proveitosos conhecimentos das artes e industrias e principalmente nos melhoramentos das artes e lavoura, pelo estudo theorico e pratico dos instrumentos e melhores

344 História da cultura escrita: séculos XIX e XX

processos do plantio, colheita e manufacturas dos productos agricolas e da fertilisação do solo. (APEJE: IP-46, 1888a, p. 1)

Na Colônia Isabel, era possível observar um calendário escolar bem definido, com feriados, período inicial das aulas e data de realização de exames:

> As aulas se dividiam em agricultura das 6 as 9 da manhã e das 3 as 5 da tarde. Das 10 horas da manhã as 2 da tarde recebiam a instrucção litteraria. As outras horas do dia até as 8 da noite eram destinadas às refeições e recreio, excepto uma hora, das 7 as 8 da noite, que era destinada ao estudo. Os alunos levantavam-se as 4 ¾ da manhã. (APEJE: CD-05, 1877, p. 142)

Como o objetivo do ensino na Colônia Isabel era preparar mão-de-obra para a agricultura e também para a indústria e o comércio, tem-se a concepção de ensino em relação à Colônia Isabel na fala do presidente da Província.

> [...] Pela educação moral e religiosa reforma-se as inclinações naturaes e viciosas, que possam existir no menino; *pela instrucção elementar e profissional* esclarece-se, eleva-se seu espírito; facilita-se os meios de trabalho, em todo o caso afasta-se-o do crime, embora para isso concorra o temor da deshonra ou do castigo.

> Delineado como está o plano da colônia -Isabel- vai alli o órfão desenvolver suas aptidões naturaes para a industria, artes e agricultura; podendo mais tarde entrar na sociedade com um meio de vida seguro e honesto. (APEJE: RO- 25,1870-1876, p. 49-50)

Os conteúdos escolares privilegiavam a educação moral e religiosa e as instruções literárias, agrícolas e artísticas. *Na educação moral e religiosa*, ensinava-se a doutrina da Igreja Católica Apostólica Romana, exposta e explicada pelo capelão do instituto. Nos domingos e nas solenidades da Igreja, os atos religiosos eram acompanhados de música. Os colonos diariamente ouviam missa e, à tarde, faziam sua oração, em comum.

A instrução literária abrangia a instrução primária, compreendendo a leitura e a escrita da língua nacional, aritmética, prática elementar de cálculos em números inteiros, frações ordinárias, decimais, complexos, regras de três, proporções, regra de juros, descontos, companhias, etc. e sistema métrico decimal. Além disso, compreendia leitura e tradução da língua francesa para o português e noções de geografia e de história do Brasil. Os conteúdos de ensino correspondiam, em linhas gerais, àqueles ministrados em escolas primárias não agrícolas, da época.

A instrução agrícola industrial abrangia o ensino prático dos melhores instrumentos empregados na agricultura e dos melhores processos de plantio, colheita, manufatura e transformação dos produtos agrícolas e da fertilização do solo. Deveria compreender também noções práticas de química, de medicina e cirurgia veterinária, quando a colônia dispusesse dos recursos necessários para esse fim. *A instrução artística* abrangia o ensino da geometria e suas aplicações às artes e princípios gerais da mecânica, além do ensino de desenho linear e de orçamentação e do ensino prático dos diversos ofícios necessários à agricultura e ao instituto.

As aulas eram divididas em três: a primeira, com o ensino da leitura, escrita e princípios de aritmética; na segunda ensinava-se leitura, escrita e aritmética até as frações ordinárias; a terceira, com o ensino da leitura, escrita, gramática nacional e aritmética até as frações decimais. Havia ainda uma aula de música e algumas oficinas. Algumas das aulas eram ministradas por professores públicos, contratados pela Presidência da Província, e outras eram dadas gratuitamente por algum funcionário da Colônia.

A aula de música, por exemplo, era ministrada duas vezes por semana e concedida aos colonos como recompensa pela boa conduta. Os alunos que freqüentavam a referida aula, até 1877, receberam instrumentos que foram comprados na Itália. Segundo frei Fidelis, diretor da Colônia no período, essa era a aula mais difícil de manter. Por ser "reconhecida a utilidade da música n'um instituto desta natureza" (APEJE: CD-06, 1883, p. 4), o diretor, o ecônomo e o mordomo da Colônia chegaram a doar suas gratificações para manter a aula funcionando.

A instrução religiosa era dada regularmente, segundo o diretor, para manter a conduta moral dos alunos. Nas palavras de frei Fidelis, "um dos meios mais eficazes para moralizar um povo

346 História da cultura escrita: séculos XIX e XX

era a palavra divina" (APEJE: CD-05, 1877, p. 143). Para isso, a presença do capelão era fundamental, que poderia ser qualquer um dos religiosos presentes. O papel do capelão estava explícito no Regimento Interno da Instituição.

> Art. 43º A missão do capellão do Instituto é puramete espiritual e de encarregar-se do ensino religioso, incubindo-lhe:
> § 1º Explicar aos colonos de modo mais facil à sua compreensão, nos domingos e dias santos, o cathecismo, incitando-os a serem bem comportados, dilligentes e trabalhadores.
> § 2º Acompanhar todos os dias nas horas prescriptas os educandos à capella e assistir a oração que fizerem em comum.
> § 3º Fazer com que os educandos cumpram o preceito de cofissão e da communhão pelo menos uma vez cada anno.
> § 4º Concorrer para que se faça com explendor a festa de Santa Isabel, padroeira do Instituto, que terá lugar a 19 de novembro, e sendo este dia util, no primeiro domingo que seguir-se. (APEJE: IP- 46,1888a, p. 7)

Como a instrução religiosa foi dada regularmente na instituição desde a sua fundação, na opinião do Frei Fidelis,

> seus effeitos, combinados com os da revista quinzenal na qual encontra recompensa o aluno trabalhador, submisso e moralisado, e a reprehensão e pena o indolente e insubordinado, tem-se feito sentir na conducta dos mesmos alumnos, sendo provocada a diminuição dos castigos disciplinares. (APEJE: CD-06, 1883, p. 11)

Além das aulas, a instituição também oferecia oficinas de acordo com as necessidades de manutenção do local. Elas eram ministradas pelos mestres, pessoas contratadas pela Colônia que dominassem alguma "arte" ou ofício. Todos os educandos eram obrigados a escolher uma oficina para freqüentar, principalmente nos dias de chuva ou quando, por qualquer outro motivo, não fosse possível trabalhar no campo. Para exemplificar, menciona-se, a seguir, o movimento das oficinas e o nível de adiantamento dos alunos no ano de 1877, segundo a opinião do frei Fidelis, diretor da Colônia.

> A *Oficina de sapateiro* era freqüentada por quatorze alunos, três deles apresentavam um bom adiantamento. A *Officina de*

Carpinteiro, freqüentada por vinte e três alunos, todos faziam algum serviço. Oito eram mais adiantados e davam *esperança de se tornarem bons artistas*. A *Officina de Alfaiate*, freqüentada por doze alunos, fizeram no referido ano concertos de roupas e outras obras. A *Oficina de Ferreiro* foi freqüentada por oito colonos, de todos *só um era o mais adiantado*. A *Officina de Torneiro* era freqüentada por três alunos. Na *Officina de Padeiro* trabalhavam um padeiro contratado e três colonos que eram responsáveis pela fabricação de pães e bolachas para a colonia. Na *Officina de Serralheiro* trabalhavam um mestre serrador, três colonos e dois serventes, responsáveis pelo fornecimento de água para o consumo no estabelecimento. Na *Officina de Oleiro* havia três colonos, *dois com adiantamento satisfatório*, eram responsáveis pela fabricação de tijolos para as obras da Colônia. (APEJE: CD-05, 1877, p. 5-6) [Grifos adicionados]

Assim, como já foi mencionado, cada oficina era responsável por abastecer as necessidades da Colônia e por arrecadar dinheiro para a instituição, comercializando seus produtos.

A leitura e a escrita na Colônia Isabel

Diante dos dados apresentados o que determinaria o adiantamento de um aluno na instituição? Pode-se relacionar o nível de adiantamento dos colonos Isabel, sobretudo, ao domínio que se tinha da leitura e da escrita. Qual seria então, o objetivo de aprender a ler e escrever na Colônia Isabel?

"[...] habilitar os desvalidos que são admittidos a ganharem a *vida por meio do trabalho"* (PRONEB, 1891, p. 35), "[...] Entrar na sociedade com um meio de vida seguro e honesto" (APEJE: RO-25, 1870-1876, p. 49-50). Sabe-se que a leitura e a escrita eram o mínimo de exigência necessária para a aprendizagem dos ofícios ensinados na Colônia Isabel. Os alunos precisavam consultar livros sobre técnicas de agricultura, lidar com máquinas consideradas "modernas", que necessitavam de conhecimento dos manuais de instrução e funcionamento. Não podemos desconsiderar, porém, que os valores morais, as virtudes ensinadas na instituição necessitavam de leituras de catecismos e da própria Bíblia Sagrada, pois formar cidadãos moralizados também estava explícito no Regulamento como um dos objetivos da instituição. Como teria se dado o aprendizado dos alunos na instituição estudada?

No primeiro ano de funcionamento da instituição, os alunos eram classificados, em relação à aprendizagem, de acordo com o nível de conhecimentos apresentado: analfabeto, instrução primária – 1º grau, e instrução primária – 2º grau. De 1880 até 1890, as "habilidades" dos alunos passam a ser mais detalhadas. Havia então alunos com princípio de leitura e escrita; com princípio de leitura e escrita e conta; com solfejo; com arte de música; com instrumentos de música. Áreas de conhecimento como geografia, geometria, língua francesa, gramática nacional, desenho linear, álgebra, aritmética foram sendo ministradas ao longo dos anos em que a instituição funcionou, como se observa no gráfico abaixo:

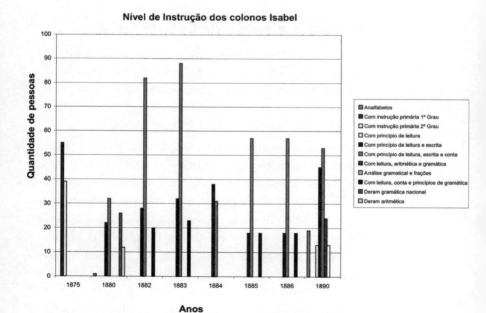

Fonte: APEJE: CD - 05 (1876, 1877, 1879); CD-06 (1883); CD-07 (1884, 1886); PRONEB (1882, 1891).

Pode-se afirmar, por um lado, que o nível de instrução dos colonos Isabel ao longo de seu funcionamento foi significativo. As cadeiras foram sendo adaptadas de acordo com o nível dos alunos. De 1875 a 1890, só foram localizados dados referentes a 20 alunos analfabetos na instituição, o que pode ser considerado pouco se comparado ao número de alunos que por ali passou.

Mas, por outro lado, segundo o diretor da Colônia Isabel, nem todos os meninos acompanhavam o programa estabelecido para a instituição. Em 1877, por exemplo, o diretor mencionava que o nível de instrução dos colonos não permitia que fossem ensinadas matérias mais aprofundadas. "Eu bem quis que se ensinassem os primeiros rudimentos de geographia aos alumnos da 3ª aula; porem, em vista do pouco adiantamento que se obtinha, em razão do pouco tempo de que elles dispõem, suspendi o dito ensino [...]" (APEJE: CD-05, 1877, p. 4). O frei Fidelis mencionava ainda que em 1883 o nível de instrução dos colonos não era tão satisfatório quanto se esperava.

> É preciso notar que este mesmo grau de instrucção primaria não se pode exigir de todos os educandos, porque alguns há que não têm capacidade ao menos para aprender a ler e assignar o seu nome. São poucos, porém os há. Antigos, pelo menos 15% que mal aprendem a ler e assignar o nome; e outros em fim, não menos de 45% que aprendem a ler, escrever e contar não tem capacidade para continuarem com vantagem em estudos de outras matérias. (APEJE: CD-06, 1883, p. 146)

O pouco aproveitamento dos alunos nas aulas também estava presente nas escolas de primeiras letras do período estudado. Segundo Galvão (2004):

> [...] havia a justificativa de que o público que freqüentava as escolas primárias oficiais – cada vez mais composto pelas "camadas inferiores" da sociedade, como se dizia na época, ou seja, pobres, negros e mulheres –, não tinha necessidade de aprender conhecimentos além daqueles que usariam em suas vidas práticas. Essa questão fica bastante clara nesse trecho do Regimento das escolas primárias de 1885: 'Accresce [...] que não é possivel esperar a demora dos alumnos na escola, e isto aconselha a dispôr o ensino por forma que os meninos que não permanecerem

> n'ella além do primeiro gráo, levem já algumas noções sobre todos e cada um dos objectos da instrucção escolar. Não é de somenos valia esta consideração, porque é relativamente pequeno o numero dos meninos que transcendem aquelle 1o. gráo. E assim procura-se tornar mais larga e proficua essa instrucção inicial que raramente é continuada, salvo nos centros mais populosos e pelos filhos de paes abastados. (no prelo)

Vê-se claramente que a escola primária destinada ao "povo" era uma escola cuja prioridade era ensinar a ler, a escrever e a contar. E, na medida em que o "povo" passava pouco tempo na escola, aprenderia nela o maior número de conhecimentos que utilizaria na vida prática. O ensino oferecido na Colônia também era voltado para os conhecimentos mais elementares, aqueles que os alunos precisariam após deixar a instituição.

Na Colônia Isabel aconteciam exames para avaliar o grau de adiantamento dos alunos. Devido ao grande número de alunos que freqüentavam as aulas, seria difícil examinar todos os colonos em um só dia. Por isso, os exames aconteciam em vários dias, sendo examinada uma turma em cada dia. Aplicavam-se notas e menções aos alunos após a realização dos exames. Menção honrosa, menção especial e simples menção eram atribuídas. Os itens avaliados eram os exames em si, que visavam a conhecer o nível dos alunos, o comportamento demonstrado no dia-a-dia e o interesse pelo trabalho demonstrado nas oficinas.

Segundo consta no Regulamento da instituição, no dia 19 de novembro de cada ano, ou no primeiro domingo imediato, a Colônia seria franqueada a quem quisesse visitá-la, abrindo-se uma exposição dos artefatos e produtos agrícolas mais aperfeiçoados nela desenvolvidos. No ano de 1881, por exemplo,

> Solenisou-se no dia 21 de novembro com a assistência do antecessor de V. Exa. e sua esposa e muitos outros distinctos cidadãos, a festa da padroeira da Colonia, a gloriosa S. Izabel, e nesse dia foi festa a distribuição solene dos prêmios aos alunos que foram julgados dignos dessa distincção.
>
> Nos annos antecedentes haviam sido distribuídas medalhas: no anno passado eram distribuídos prêmios em dinheiro que se acha recolhido á caixa econômica em nome dos alumnos premiados.

Julgo ser esse o mais poderoso incentivo para a emulação e ao mesmo tempo para o alumno accostumar-se ao pensamento da economia com que há de realisar um capital para o futuro. As vantagens auferidas desta festa escolar tem sido patentes a todos os respeitos, principalmente depois que tem ella sido honrada com a presença dos Exms. Snrs. Presidentes da Província. Por ellas ficam generosamente compensadas as despezas que essa occasião é obrigada a fazer a Colônia. (PRONEB, 1882, p. 402)

Na ocasião, os alunos da Colônia foram avaliados pela exemplar conduta moral, civil e religiosa, pela aplicação ao estudo e ao trabalho, pelo aproveitamento obtido e pelo desenvolvimento da inteligência (APEJE: CD-07, 1886, p. 10). Nos primeiros anos de funcionamento da instituição, os prêmios eram medalhas e uma quantia em dinheiro; com o decorrer dos trabalhos, os prêmios e as distinções dos méritos passaram a ser prêmio de nota honrosa, inscrição no quadro de honra, acesso de graduação. Nesses últimos casos, o colono poderia ser promovido num emprego de confiança, recebendo salário e podendo até substituir o mestre de oficina, como podemos observar a seguir.

Art. 82. O premio de nota honrosa será concedido ao colono que tiver obtido notas optimas em todos os lugares.

Art. 83. Nas revistas trimestraes o alumno que tiver 4,5 das notas optimas sem ter soffrido pena alguma, será inscripto no quadro de honra, notando-se no mesmo e no livro de matricula o numero de vezes que obteve esta honra.

Art. 84. O alumno inscripto no quadro de honra terá direito de usar de um galão de ouro estreito no bonet e ficará dispenso do serviço da limpeza durante o tempo que n'elle se conservar.

Art. 85. As notas optimas obtidas na revista trimestral serão premiadas com bilhetes de cem réis cada uma.

Art. 86. *A inscripção no quadro de honra havilitará o colono a ser provido em um emprego de confiança, vencendo a diaria correspondente á classificação do dito emprego.* O accesso de graduação datá direito ao colono, além da diaria **prescripta, a** substituir os mestres na officina ou no campo em suas ausencias.

Art. 87. Além dos referidos premios individuaes haverá um premio collectivo para aquella turma que se distinguir entre todas, quer no comportamento, quer no trabalho e consistirá:

§ 1º Em conduzir nos actos publicos a bandeira do Instituto, tendo o direito a um lugar distincto no refeitório e na Igreja.

§ 2º Em algum jogo util de que possa aproveitar toda a turma ou em gravuras. (APEJE: CD-07, 1886, p. 10) [Grifos adicionados]

Além da festa anual, havia outros momentos de premiação. A cada quinze dias, em dia de domingo, havia um momento de premiação e também de punição. Esse momento acontecia numa sala destinada para este fim, onde se reuniam todos os empregados da Colônia e os colonos, na presença do Diretor da instituição. Havia, então, um relato minucioso do comportamento e da aplicação de cada colono ao estudo e ao trabalho e, conforme o merecimento de cada um, seriam elogiados e recompensados ou repreendidos e punidos em conformidade com o Regimento do estabelecimento. Esse ato também era solene, as pessoas estranhas ao estabelecimento poderiam presenciar (APEJE: CD-07, 1886, p. 12).

A partir de 1882, para serem destinados aos alunos que mais se destacassem na agricultura, aulas e oficinas, foram instituídos os seguintes prêmios: frei Fidelis, Lucena, Barroca, Felipe Camarão, Henrique Dias, frei Caetano de Messina e João Alfredo. Alguns desses prêmios homenageavam pessoas consideradas importantes para a sociedade da época, como é o caso do Frei Fidelis, Diretor da Colônia Isabel.

Os prêmios Lucena, Barroca e João Alfredo referiam-se aos próprios Conselheiros Provinciais que os instituíram. O frei Caetano de Messina[11] representava uma figura importante na relação entre a Igreja Católica e o Estado. Frei Messina era considerado

---

[11] Foi um missionário capuchinho que chegou em Pernambuco a 11-9-1841 e, segundo Zagonel (2001), soube conjugar ação social e evangelização. As missões populares deixavam sempre um marco de sua passagem: um açude, um cemitério, uma igreja, um orfanato, água potável e encanada (a cidade de Bom Conselho-PE, por mais de um século serviu-se das encanações de cerâmica feitas por frei Caetano), escolas e outras beneficências. Para manter um orfanato destinado às meninas, frei Caetano fundou a Congregação das Irmãs de Nossa Senhora do Bom Conselho em 1853. Foi nomeado comissário geral das Missões Capuchinhas no Brasil. Tornou-se amigo do imperador Pedro II. Morreu em visita pastoral a Montevidéu, em 9 de janeiro de 1878, com 71 anos de idade e 37 de missionário.

"O Missionário Gigante", por todas as obras que realizou nas províncias do Nordeste e em outros locais do Brasil (MELO, 1871).

Os demais prêmios eram homenagens a personagens históricos. Dois deles – o Henrique Dias e o Camarão – homenageavam, respectivamente, um homem negro pernambucano e um índio, que foram considerados heróis por terem lutado durante a ocupação holandesa em Pernambuco.[12] Ambos os personagens eram representados como heróis nos livros escolares de leitura utilizados pelas escolas primárias pernambucanas da segunda metade do século XIX, o que permite inferir que Henrique Dias e Felipe Camarão eram os modelos de homens negro e índio a serem seguidos na Colônia. Para exemplificar essa afirmação, citaremos trechos de livros escolares da época.

No livro *Lições de História do Brasil*, de Joaquim Manoel de Macedo, editado em 1865, por exemplo, o autor se refere a Henrique Dias como:

> [...] O bravo Henrique Dias, esquecido em Portugal, foi no Brasil nomeado mestre de campo de um regimento de negros da Bahia, regimento que nunca se extinguiria e que perpetuamente se chamaria de *Henrique Dias*, denominação gloriosa que se estendeu aos regimentos de negros de outras capitanias. (MACEDO, 1865, p. 207)

Vale ressaltar que o referido livro era utilizado na Colônia Isabel. Temos também um trecho que ilustra a representação de Felipe Camarão. Trata-se do livro *Pequena Historia do Brazil por Perguntas e Respostas para uso da Infancia Brazileira*, de Joaquim Maria de Lacerda, editado pela primeira vez ainda no século XIX, cuja edição analisada data de 1906.

> Occupação de Pernambuco pelos Hollandezes
> (1630-1654)
> [...] Pergunta. Quem succedeu a Mathias de Albuquerque no commando do exercito de Pernambuco?

---

[12] Esse movimento, que aconteceu de 1645 a 1654, ficou conhecido como Insurreição ou Restauração Pernambucana: nele, uniram forças brancos, negros e índios para expulsar os holandeses da província (SIEBERT, 2001).

Resposta. Succedeu-lhe no commando D. Luiz de Rojas y Borja, que trouxe da Europa um reforço de 1,700 homens.

Pergunta. Que desgraça aconteceu a este general?

Resposta.Tomando logo a offensiva, D. Luiz de Rojas y Borja foi batido e pereceu na batalha (1636).

Pergunta. Que plano de campanha seguiu seu successor?

Resposta. O Conde Bagnuolo que seccedeu a Rojas y Borja, fortificou-se no Porto-Calvo, e começou uma guerra de emboscadas e guerrilhas, na qual se distinguirão o chefe indio *Camarão* e o preto *Henrique Dias*. (LACERDA, 1906, p. 161) [Grifos adicionados]

A existência dos prêmios Henrique Dias e Camarão permite que se possa afirmar que o número de crianças negras e indígenas presentes na instituição era significativo. Do contrário, qual o sentido de tais prêmios?

Mas, afinal, com que material os colonos Isabel aprendiam? O que lhes possibilitava entrar no mundo da cultura escrita?

Material escolar

Entre o material utilizado na Colônia, destacam-se os livros por serem considerados os mais importantes utilizados nas escolas do período, por sua existência ser relativamente recente. Várias fontes, como relatos de viajantes, autobiografias e romances, indicam que textos manuscritos, cartas, documentos de cartório, a Constituição do Império, o Código Criminal, a Bíblia, cartilhas portuguesas e o Catecismo serviam de base ao ensino e à prática da leitura. Em alguns casos, compêndios de História do Brasil eram utilizados como apoio nas atividades de leitura (GALVÃO *et al.*, 2003).

Na província de Pernambuco, os discursos sobre a escassez de livros, sobretudo para os alunos pobres, permeiam praticamente todo o período imperial. Inicialmente, essa preocupação dos que estavam à frente da instrução pública provincial se referia principalmente à ausência de títulos que se adequassem ao ensino, embora já na Lei Provincial nº 30, da instrução de Pernambuco, fosse regulamentada a produção de livros escolares na província, indicando, em seu artigo 1º, que "Fica livre a qualquer pessoa organisar compendios breves e claros, para o uso das aulas de primeiras letras, os quaes contenhão os principios de Calligrafia, Doutrina Christã, Grammatica Portugueza, Arithmetica, e noções geraes de Geomeria pratica"(PERNAMBUCO, 1836).

No caso específico da Colônia Isabel, pode-se dizer que a biblioteca dispunha de um número significativo de livros. Vários desses livros também circulavam nas escolas primárias provinciais. Em 1889, por exemplo, a biblioteca contava com 236 obras em 493 volumes, tratando de matérias diversas (PRONEB, 1891, p. 35-36). O processo de aquisição dos livros foi lento, como menciona o diretor:

> Por quanto este Instituto não tenha sido fundado para o fim de fazer litteratos, e sim para habilitar os desvalidos que nelle são admittidos a ganharem a *vida por meio do trabalho*, entendi que em nada o prejudicaria a prossessão de uma modesta bibliotheca composta de obras escolhidas e de boa doutrina. Com este fim, pois, fui collecionando cuidadosamente, desde o principio, os livros que os amigos do Estabelecimento de vez em quando lhe offertavam, limitando-se o governo deste Estado a mandar-nos obras, pela maior parte incompletas e de pouca ou mesmo nenhuma utilidade. (PRONEB, 1891, p. 35)

Durante a pesquisa, já mencionada, sobre livros escolares, foram identificados dois grandes conjuntos de livros de leitura que circulavam em Pernambuco, no período oitocentista, tendo como critério a destinação e a função dos livros nas escolas: o primeiro destinava-se especificamente à alfabetização, e o segundo, à leitura corrente. No segundo conjunto de livros, identificou-se a presença de três tipos: aqueles que foram, no ato de produção, pensados para o ensino da leitura na escola; aqueles que, em sua origem, não eram pensados para serem utilizados nos processos formais de ensino, mas que também serviam de base para o ensino da leitura corrente; e finalmente os livros que tinham um duplo papel: ao mesmo tempo em que tinham como propósito ensinar a ler, com fluência traziam conteúdos específicos do ensino que deveriam ser aprendidos pelos alunos (GALVÃO *et al.*, 2003).

De acordo com as listas de livros recebidos e comprados para a biblioteca da instituição (APEJE: CD-05, 1876, p. 12; CD-07, 1884, p. 44), uma significativa parte (cerca de 40%) dos títulos explicitamente didáticos dizia respeito à agricultura, embora o diretor reclamasse de não haver na biblioteca livros específicos para essa área (APEJE: CD-07, 1884, p. 44). Além dos livros voltados para o ensino profissional, havia aqueles que deveriam servir de guia para o ensino dos demais conteúdos da instrução, como os de religião, língua portuguesa, língua francesa, aritmética, desenho linear, história, corografia, botânica e química. O quantitativo de livros dessas áreas variava de 1% a 8%. Entre os livros que a Colônia recebeu, destacam-se O *Pequeno Tratado de Leitura*, *Elementos de Agricultura*, *Cathecismo de Agricultura* e *Lições de História do Brasil*.

O *Pequeno Tratado de Leitura* foi escrito por Abílio Cezar Borges, autor que teve papel fundamental na nacionalização do livro didático brasileiro e que tinha seus livros adotados pelas escolas primárias de todo o Brasil. A Colônia recebeu 100 exemplares desse livro no ano de 1880. Esse tipo de livro se enquadra no conjunto de livros de leitura corrente, isto é, aqueles que simultaneamente ensinavam conhecimentos/saberes escolares e exercitavam a habilidade da leitura, trazendo indicações explícitas de que deveria servir ao ensino da leitura: através dele, os alunos exercitavam as habilidades de leitura, aprendiam conteúdos do ensino e introjetavam, via de regra, valores morais.

O livro *Elementos de Agricultura* foi publicado pelo Grêmio dos Professores Primários da Província de Pernambuco em 1879 e premiado pelo Conselho Literário[13] no mesmo ano. A Colônia

---

[13] Havia certas condições para que os livros fossem adotados nas escolas, entre elas destacam-se: "Ser escripto em linguagem correcta, clara e ao alcance do alumno; Não conter erro de doutrina, ou de facto, nem quaesquer principios dos que pela legislação criminal do paiz são prohibidos; Estar em tudo conforme com o programma de ensino official da provincia; Ser impresso em typographia que não fatigue a vista do alumno, e merecendo preferencia si tiver gravuras intercaladas no texto e estampas para melhor comprehensão do assumpto; Nos livros destinados á leitura, requer-se, além disso, que não

recebeu 10 exemplares no dia 12 de agosto de 1879, mesmo ano de sua publicação (APEJE: CD-05, 1879, p. 593). O livro *Cathecismo de Agricultura* do Dr. Antonio de Castro Lopes foi avaliado e julgado pelo Conselho Diretor da Instrução Pública em 20 de maio de 1871. De acordo com a apreciação do referido Conselho, o autor se ocupava de todas as questões elementares que interessavam a lavoura. Seguindo um calendário agrícola, que indicava o tempo mais apropriado para cada um dos processos auxiliares, ou subsidiários da cultura, e prescrevendo preceitos de utilidade aos diferentes trabalhos do campo, o autor fazia uma escolha feliz das noções indispensáveis da botânica. Tudo isso "sem torturar a intelligencia d'aquelle a quem se destina o cathecismo" [...] (APEJE: INSPECTORIA GERAL DA INSTRUCÇÃO PUBLICA, Pernambuco, 3 de janeiro de 1879, p. 4, documentação avulsa).

O Cathecismo de Agricultura do Dor. Antonio de Castro Lopes[14] foi publicado com o título *Cathecismo de agricultura para uso das escolas de instrucção primaria do Brazil*. É dividido em 19 capítulos cada um com um subtítulo com 52 páginas, incluindo dois prefácios, traz no final um calendário agrícola, é todo formulado em forma de perguntas (P.) e respostas (R.), em preto e branco com capa não cartonada. A Colônia recebeu 90 exemplares desse livro (CD-07, 1884, p. 44). Segundo o próprio autor,

> O cathecismo de agricultura, que compilei *para uso das escolas de instrucção primaria do Brasil*, não tem por destino senão offerecer aos meninos uma leitura[15], que lhes inspire o gosto e sympathia pela principal fonte da nossa riqueza; que lhes aguce a curiosidade, e finalmente lhes dê noções, embora ligeirissimas, de cousas que muitos homens aliás instruidos ignoram, porque

---

se resintam de monotonia, que contenham capitulos ou lições curtas, que sejam escriptos por modo a prender a attenção dos alumnos, a instruil-os e moralisal-os". (APEJE: IP-43, 1885 p. 25-26).

[14] Natural do Rio de Janeiro era doutor pela Faculdade de Medicina da mesma cidade, cavaleiro da Ordem de Christo, oficial da Secretaria de Estado dos Negócios do Império e ex-lente de latinidade do Imperial Collegio de Pedro II. (Cf. dados contidos na capa do livro).

[15] Grifos do próprio autor.

nunca se deram ao seu estudo especial [...] (Prefácio 1 In: APEJE: INSPECTORIA GERAL DA INSTRUCÇÃO PUBLICA, Pernambuco, 3 de Janeiro de 1879, p.3-4 documentação avulsa).

Esses tipos de livro também se enquadram no conjunto de livros de leitura corrente, à semelhança dos compêndios de conteúdos fundamentais do ensino (Gramáticas, livros de História Universal, do Brasil, Natural e Sagrada, Geografia Universal e do Brasil) e de obras que versavam sobre outros saberes também considerados passíveis de transmissão pela escola (como a própria Agricultura e Agrimensura, Física, Noções de Vida Prática, Noções de Vida Doméstica).

Em *Lições de História do Brasil para uso das escolas de instrucção primária*, de Joaquim Manoel de Macedo, conhecido romancista brasileiro e professor "de História e Chorographia Patria do Imperial Collegio Pedro II", foi publicado pela primeira vez em 1861, no Rio de Janeiro, pela Garnier, e reeditado sucessivamente por várias décadas. O autor traz, além das lições, quadros sinóticos e explicações complementares. Além disso, o livro traz perguntas sobre o assunto ao final de cada conteúdo abordado que, como o próprio autor explica, no "prefação" do livro, serviam para facilitar as lições e "graval-as na memoria dos discipulos". A Colônia recebeu 10 exemplares desse livro (CD-05, 1876, p. 237).

Como se observou, a instituição estudada dispunha de material necessário ao bom desenvolvimento do ensino ali ministrado. No caso específico dos livros, percebe-se que existiam na Colônia Isabel livros que circulavam nas escolas primárias não só pernambucanas mas brasileiras, a exemplo dos livros do Dr. Abílio Cesar Borges. Ressalta-se ainda a presença de outros impressos no local, como relatórios, regimentos, regulamentos, leis, jornais, dicionários e revistas referentes à agricultura e à própria instituição, alguns em língua francesa.

Considerações finais

Como foi mencionado, este texto teve como objetivo apontar a proposta de educação e instrução oferecida na Colônia Isabel, procurando descrever a importância atribuída à leitura e à escrita no interior da instituição, bem como os materiais e os livros escolares de leitura que circulavam naquele espaço educativo.

Os resultados mostraram que a Colônia Isabel significava uma possibilidade de recolhimento e instrução para órfãos, ingênuos, libertos e índios, grupos desfavorecidos da sociedade da época. Com o objetivo de "torná-los úteis a si e à sociedade", oferecia-se instrução para o trabalho na agricultura, na indústria e no comércio. Assim sendo, a possibilidade de aprender uma arte ou ofício, de desempenhar uma atividade profissional, e conseqüentemente entrar no mundo do trabalho, para os colonos Isabel, poderia significar a conquista de um lugar na sociedade. Essa conquista, em muitos casos, só poderia acontecer após a inserção no mundo da cultura escrita, considerando que algumas profissões exigiam no mínimo o domínio da leitura e da escrita. Nesse sentido, Galvão (1908) afirma que a Colônia Isabel produziu professores, profissionais liberais, caixeiros, funcionários públicos e até um bacharel em Direito, mas a maioria dos colonos Isabel, segundo o mesmo autor, dedicou-se à música, considerada uma profissão manual, no período.

Bibliografia

Fontes citadas

• ARQUIVO DA PROVÍNCIA DE NOSSA SENHORA DA PENHA DO NORDESTE DO BRASIL – PRONEB

Impressos

PRONEB . Relatório da Colônia Santa Isabel. Pernambuco, Typ. De M. Figueiroa de F. e Filhos, 1882.

MELLO, Joaquim Guennes da Silva. Ligeiros traços sobre os capuchinhos contendo a descripção do novo tempo de N. S. da Penha que ora se levanta em Pernambuco. Pernambuco, Typ. De M. Figueiroa de F. e Filhos, 1871.

Manuscritos

PRONEB. Relatório da Colônia Santa Isabel. Pernambuco, Typ. De M. Figueiroa de F. e Filhos, 1891.

- ARQUIVO PÚBLICO ESTADUAL JORDÃO EMERECIANO (APEJE):

Legislação

BRASIL. Lei Imperial nº 2040, de 28 de setembro de 1871. *Coleção de Leis Imperiais.* Rio de Janeiro: Recife: Typographia Nacional. Tomo 31, 1871.

PERNAMBUCO. Lei Províncial nº 14, de 7 de maio de 1836. *Coleção de Leis Provinciais.* Recife: M. F. de Faria. p. 32, 1836.

PERNAMBUCO. Lei Provincial nº 531, de 9 de junho de 1862. *Coleção de Leis Provinciais.* Recife: Typ. de M. F. de Faria, 1862.

PERNAMBUCO. Lei Provincial nº 1.245, de 17 de junho de 1867. *Coleção de Leis Provinciais.* Recife: Typ. de M. F. de Faria, 1877.

Relatórios, regimentos, regulamentos

APEJE: IP-43. Diretoria da Instrução Pública. Regimento das escolas primárias de 20 de outubro de 1885. Recife: Typ. de M.. de Faria, 1885.

APEJE: IP- 46. Diretoria da Instrução Pública. *Regimento Interno da Colônia Orphanologica Isabel* em 30 de setembro de 1887. Recife, 1888a.

APEJE: IP- 46. Diretoria da Instrução Pública. *Regulamento da Colônia Orphanologica Isabel* em 30 de setembro de 1887. Recife, 1888b.

APEJE:IP-46. Oficio Directoria da Colonia Orphanologica Isabel, 18 de Agosto de 1875. Recife, 1888c.

Manuscritos, regimentos, regulamentos e relatórios

APEJE: CD - 05. Série Colônias Diversas. Diretoria da Colônia Orphanologica Isabel. *Relatório* referente ao ano de 1875. Recife, 1876.

APEJE: CD - 05. Série Colônias Diversas. Diretoria da Colônia Orphanologica Isabel. *Relatório* referente ao ano de 1876. Recife, 1877.

APEJE: CD - 05. Série Colônias Diversas. Diretoria da Colônia Orphanologica Isabel. *Relatório* referente ao ano de 1878. Recife, 1879.

APEJE: CD-06. Série Colônias Diversas. Diretoria da Colônia Orphanologica Isabel. *Relatório* referente ao ano de 1880. Recife, 1883.

APEJE: CD-07. Série Colônias Diversas. Diretoria da Colônia Orphanologica Isabel. *Relatório* referente ao ano de 1884. Recife, 1884.

APEJE: CD-07. Série Colônias Diversas. Diretoria da Colônia Orphanologica Isabel. *Relatório* referente ao ano de 1886. Recife, 1886.

APEJE: RO-25. *RELATÓRIO DO PRESIDENTE DA PROVÍNCIA* de Pernambuco. Recife, 1870.

APEJE: SC-16. Santa Casa de Misericórdia do Recife *Ofício do Provedor da Santa Casa de Misericórdia* do Recife para o Presidente da Província, em 21 de janeiro de 1878, p. 227, 1877-1878.

APEJE: INSPECTORIA GERAL DA INSTRUCÇÃO PUBLICA – Pernambuco, 3 de janeiro de 1879, n. 3, p. 3-4. (documentação avulsa).

- BIBLIOTECA ESTADUAL PRESIDENTE CASTELO BRANCO

GALVÃO, Sebastião de Vasconcellos. *Diccionario Chorographico, Histórico e estatistico de Pernambuco.* Rio de Janeiro: Imprensa Nacional, 1908.

LACERDA, Dr. J. Maria de. *Pequena História do Brazil por perguntas e respostas.* Rio de Janeiro: Garnie, 1906.

MACEDO, Joaquim Manoel de. *Lições de História do Brasil para uso das escolas de instrucção primária.* 6. ed. Rio de Janeiro: Garnier, 1884.

- UNIVERSIDADE DE CHICAGO

RELATÓRIO DO PRESIDENTE DA PROVÍNCIA. Relatorio que à Assembléa Legislativa Provincial de Pernambuco apresentou no dia da abertura da sessão ordinária de 1856 o Exmo. Sr. Conselheiro Dr. José Bento da Cunha Figueiredo, Presidente da Província. Recife, Typ. De M. Figueiroa e F. & Filhos. Disponível em: <http://brazil.crl.edu/bsd/bsd/672/index.html> Acesso em: 25 maio 2004.

RELATÓRIO DO PRESIDENTE DA PROVÍNCIA. "Falla com que o Excellentissimo Senhor Desembargador Henrique Pereira de Lucena abrio a Assemblêa Legislativa Provincial de Pernambuco em 1º de março de 1875". Typ. De M. Figueiroa e F. & Filhos. Disponível em: <http://brazil.crl.edu/bsd/bsd/690/index.html>. Acesso em: 25 maio 2004.

RELATÓRIO DA PRESIDÊNCIA DA PROVÍNCIA. "Falla com que o Excellentissimo senhor desembargador José Manoel de Freitas, abrio a Assemblêa Legislativa Provincial de Pernambuco em 1º de março de 1884". Typ. De M. Figueiroa Em 9 de fev. 1884 e F. & Filhos. Disponível em: <http://brazil.crl.edu/bsd/bsd/701/index.htmlp.56>. Acesso em: 25 maio 2004.

Referências

ANJOS, João Alfredo. *A roda dos enjeitados*: enjeitados e órfãos em Pernambuco no século XIX. 223 f. Dissertação (Mestrado em História) – Departamento de História, Universidade Federal de Pernambuco, Recife, 1997.

FONSECA, Marcus Vinícius. *A educação dos negros*: uma nova face do processo de abolição da escravidão no Brasil. Bragança Paulista: EDUSF, 2002.

GALVÃO, Ana Maria de Oliveira. Ler, escrever e aprender gramática para a vida prática: uma história do letramento escolar no século XIX. *Revista do Programa de Pós-Graduação em Educação da UFPE*, Recife, 2004. (no prelo)

GALVÃO, Ana Maria de Oliveira. *Amansando meninos*: uma leitura do cotidiano da escola a partir da obra de José Lins do Rego (1890-1920). João Pessoa: Editora da Universitária da UFPB, 1998.

GALVÃO, Ana Maria de Oliveira; ARANTES, Adlene Silva; SILVA, Fabiana Cristina da; MENDONÇA, Fabiana Kelmene Lira de; CATANHO, Marta Regina da Costa. *Livros escolares de leitura*: caracterização e usos (Pernambuco, século XIX). Relatório de pesquisa apresentado ao CNPq, 2003.

MAIA, Nayala de Souza Ferreira. *Colônia Agrícola industrial Orfanológica Isabel* – 1874-1904 um estudo de caso. 141 f. Dissertação (Mestrado em História) – Departamento de História, Universidade Federal de Pernambuco, Recife, 1983.

MATTOS, Hebe Maria. *Das cores do silêncio*: os significados da liberdade no sudeste escravista – Brasil, século XIX. Rio de Janeiro: Nova Fronteira, 1998.

PERES, Eliane. Sob(re) o silêncio das fontes... A trajetória de uma pesquisa em história da educação e o tratamento das questões étnico-raciais. *Revista Brasileira de História da Educação*, Bragança Paulista, n. 4, jul./dez. 2002, p. 75-102.

RIZZINI, Irma. Domesticar e Civilizar: Crianças indígenas e o ensino de ofícios no Norte do Brasil Imperial. In: II Congresso Brasileiro de História da Educação. História e Memória da Educação Brasileira. *Anais...*, 2002. (CD-ROM)

SCHUELER, Alessandra Frota Martinez. A "infância desamparada" no asilo agrícola de Santa Isabel: instrução rural e infantil (1880-1886). *Educação e Pesquisa*, São Paulo, v. 26, p. 119-133, jan./jun., 1999.

SIEBERT, Célia. *História de Pernambuco*. São Paulo: FTD, 2001.

SILVA, Edson. Povos indígenas no nordeste: uma contribuição a reflexão histórica sobre os processos de resistência, afirmação e emergência étnica. *XXII Simpósio Nacional de História*. João Pessoa: Editora da UFPB, 2003. (CD-ROM)

SILVA, Edson. "Resistência indígena nos 500 anos de colonização". In: BRANDÃO, Sylvana (Org.). *Brasil 500 anos*: reflexões. Recife: Editora Universitária da UFPE, 2000, p. 99-129, 2000.

SILVA, Edson. "Confundidos com a massa da população": o esbulho das terras indígenas no Nordeste do século XIX. In: *Revista do Arquivo Público Estadual de Pernambuco*, v. 42, n. 46, p. 17-29, dez. 1996

VEIGA, Cynthia Greive. Crianças negras e mestiças no processo de institucionalização da instrução elementar, Minas Gerais, século XIX. In: III Congresso Brasileiro de História da Educação, Curitiba: Sociedade Brasileira de História da Educação. *Anais...*, 2004. (CD-ROM)

ZAGONEL, Frei Carlos Albino (Org.). *Capuchinhos no Brasil*. Porto Alegre: CNBB (Conferência dos Capuchinhos do Brasil), 2001.

Capítulo 12

PRÁTICAS RELIGIOSAS PENTECOSTAIS E PROCESSOS DE INSERÇÃO NA CULTURA ESCRITA (PERNAMBUCO, 1950-1970)

Sandra Batista de Araujo Silva
Ana Maria de Oliveira Galvão

A pesquisa que deu origem a este artigo buscou investigar a influência de práticas religiosas pentecostais, especificamente da Assembléia de Deus, tradicionalmente associadas à oralidade, no processo de inserção de seus membros na cultura escrita, no período de 1950 a 1970, em Pernambuco. Com base no estudo desenvolvido pelo pesquisador francês Jean Hébrard sobre a opção religiosa e relações com a cultura escrita,[1] decidimos investigar como as práticas religiosas pentecostais[2] influenciaram indivíduos pertencentes à denominação Assembléia de Deus[3] no estabelecimento de relações estreitas com a escrita.

---

[1] O estudo em desenvolvimento se detém sobre uma família do sertão baiano dividida entre dois ramos da religião protestante, o Presbiteriano e o Pentecostal, cujos membros estabeleceram relações diferenciadas com a cultura escrita no final do século XIX e início do XX. O estudo visa investigar se a opção religiosa determina, de maneira central e decisiva, em termos de linhagem familiar, relações diferenciadas com a cultura escrita; e como as práticas religiosas, em um contexto de diversas práticas de sociabilidade, contribuem para o acesso e o estabelecimento de uma relação específica com a escrita.

[2] O termo "pentecostal' parte da crença na infusão do "Espírito Santo" ou "batismo com o Espírito Santo" cuja evidência inicial no membro seria o "falar em línguas estranhas" ou a glossolalia. Logo, o "Espírito Santo", terceira pessoa da trindade, seria um ser atuante na vida dos membros das igrejas protestantes e estabeleceria normas de comportamento e de conduta para a perfeição cristã ou total santificação dos membros. O movimento "pentecostal" surgiu nos Estados Unidos, por volta de 1905. Ver OLIVEIRA (2003) e SIERPESKI (1999).

[3] A Assembléia de Deus, criada a partir da cisão com a Igreja Batista em Belém do Pará, em 1911, foi fundada por dois missionários suecos, Gunnar Vingren e Daniel Berg, que vieram dos Estados Unidos para o País, em 1910. Ver VINGREN (1982).

366 História da cultura escrita: séculos XIX e XX

Tradicionalmente, os pentecostais são vistos como praticantes de uma cultura predominantemente oral,[4] principalmente em relação às tradicionais igrejas protestantes históricas.[5]

A Igreja Assembléia de Deus é ainda muito marcada pela utilização da oralidade como forma de participação da maioria dos membros nas práticas religiosas e nos cultos, mesmo sendo uma igreja classificada como pertencente ao ramo protestante.[6] No entanto, foram identificados alguns membros da Assembléia de Deus que demonstravam certa intimidade com as práticas de leitura e de escrita a partir da conversão e atuação nas práticas religiosas da Igreja, entre 1950 a 1970. Logo, questionávamos: que fatores haviam sido decisivos para um relacionamento tão estreito com a escrita? Que práticas de escrita e de leitura foram construídas por eles? Que usos tais práticas possibilitaram? Como, em uma instância predominantemente oral, esses indivíduos foram influenciados a desenvolverem práticas de leitura e escrita?

Para responder a essas inquietações fundamentamo-nos nos pressupostos da Nova História Cultural,[7] que possibilitou

---

[4] A igreja Congregação Cristã no Brasil, primeira igreja pentecostal fundada no Brasil, é considerada como uma igreja de tradição oral, porque não tem publicações, a não ser o seu relatório anual e não recomenda a leitura de nenhuma literatura religiosa a não ser a Bíblia. Ver MENDONÇA; VELÁSQUES FILHO (1990).

[5] Alguns países europeus adeptos do protestantismo, como a Prússia, a Escócia e a Suécia, apresentavam, em meados do século XIX, taxas de analfabetismo inferiores a 30%; em contrapartida, países católicos, como a Itália, a Espanha e o Império Russo possuíam população de mais 75% de analfabetos. A Europa se dividia entre dois pólos: o Norte, protestante e alfabetizado, e o Sul, católico e analfabeto. Essa dicotomia se devia a processos de alfabetização muito distintos. O protestantismo, aliado à imprensa, enfatizava como forma de proselitismo a difusão da leitura pessoal e/ ou familiar da Bíblia, dos escritos dos líderes da reforma ou dos textos resumidos de ambos, em língua vernácula. Ver FRAGO (1993).

[6] Segundo MENDONÇA; VELÁSQUES FILHO (1990), a moldura eclesiástica e teológica dos pentecostais é protestante, no entanto, os pentecostais não aceitam que os identifiquem como protestantes e, do mesmo modo, os protestantes históricos não os admite como pertencentes a sua família. No entanto, os autores levam em conta que os pentecostais possuem matrizes protestantes.

[7] A Nova História, influenciada pela antropologia, pressupõe que a realidade é social e culturalmente construída, dessa forma, interessa-se por toda atividade humana, pois nesse paradigma "tudo tem história". Assim, o foco de investigação

o trabalho de investigação com "indivíduos comuns" e com fontes antes desprezadas na investigação histórica, como a oral. Logo, os indícios trazidos pela memória dos indivíduos constituem a fonte principal da pesquisa. Foram utilizadas também outras fontes, como dados estatísticos, assim como alguns materiais lidos e escritos pelos sujeitos e que são constituintes de suas bibliotecas pessoais.

O interesse em investigar o tema também está relacionado à experiência[8] como membro da referida Igreja e o período escolhido para o estudo marca um crescimento significativo da Assembléia de Deus[9] em relação às demais Igrejas Pentecostais.[10] Uma das explicações para esse crescimento está na idéia de que o pentecostalismo, desde sua origem, aceitaria e compreenderia os analfabetos e aqueles com pouca formação profissional e também lhes ofereceria oportunidade de melhoria das condições de vida[11] (ROLIM, 1980; SIERPIESKI, 1999).

As análises acerca do pentecostalismo concentram-se na discussão das interpretações sociológicas, antropológicas e

---

passou a ser as pessoas comuns inseridas em seu cotidiano. Baseia-se na análise das estruturas sociais, observando principalmente as limitações, as potencialidades e as especificidades das várias fontes em oposição ao paradigma tradicional de investigação histórica. Ver, entre outros, BURKE (1992) e PESAVENTO (2003).

[8] Da primeira autora do artigo.

[9] A Assembléia de Deus em 1966, por exemplo, apresentou uma taxa de crescimento de 8,7%, índice superior ao da Congregação Cristã no Brasil, com 5,9%. Nesse período a Igreja tinha em torno de 636.370 membros em 9.939 igrejas e congregações satélites. As duas denominações são consideradas as pioneiras e principais Igrejas Pentecostais a se estabelecerem em território nacional. Ver MENDONÇA e VELÁSQUES (1990).

[10] A fragmentação do pentecostalismo brasileiro teve início na década de 50, com o surgimento de mais três igrejas: a Igreja do Evangelho Quadrangular, O Brasil para Cristo e Deus é Amor. As demais, posteriores a essas, são denominadas "neo-pentecostais", como é o caso, por exemplo, da Universal do Reino de Deus. Ver MENDONÇA; VELÁSQUES (1990).

[11] Os pentecostais, desde sua origem, criticavam as Igrejas Protestantes históricas pelo "excessivo rigor, formalismo e contenção"; logo, a Assembléia de Deus adotou na dinâmica de seus cultos a liderança de "leigos", considerados "irreverentes" e "improvisadores" da palavra. Ver, entre outros, MAFRA (2001).

teológicas desse fenômeno religioso. São poucos os estudos que abordam a questão em uma perspectiva histórica e interdisciplinar. São ainda mais raras pesquisas que tratem das práticas de leitura e de escrita dos indivíduos da Assembléia de Deus. Acreditamos, no entanto, que a religiosidade, no nosso caso a pentecostal, é um fragmento da cultura que pode contribuir para o letramento[12] dos indivíduos e, portanto, deve ser investigado. Há muito tempo, a religiosidade vem se configurando como um requisito importante para a efetiva prática da leitura, religiosa e/ou secular,[13] assim como da escrita, numa sociedade tão marcada historicamente pelo analfabetismo como a nossa. Por isso nos valemos da investigação histórica na medida em que o passado pode nos auxiliar a compreender os fatos que acontecem no presente. Acreditamos também que este estudo pode contribuir para as discussões realizadas na área de educação sobre multiculturalismo e letramento.

Com base nos depoimentos orais, bem como em materiais escritos e lidos pelos sujeitos, investigamos que fatores permitiram a influência das práticas religiosas no letramento dos sujeitos investigados, procurando identificar que práticas de leitura e de escrita foram construídas por eles assim como a influência de outros fatores[14] no estabelecimento dessa relação com o mundo da escrita, como a escolarização, a ocupação profissional e a inserção no mundo urbano.

Procedimentos metodológicos adotados e perfis dos sujeitos investigados

Como a pesquisa focalizou um período recente, utilizamos os depoimentos orais como fonte primordial para reconstruir a

---

[12] Compreendemos "letramento" como a prática social, os usos sociais da leitura e da escrita. Ver, entre outros, SOARES (2002).

[13] Classificamos como "secular" toda leitura e/ou escrita de cunho não religioso.

[14] Estudos importantes sobre a oralidade e o letramento de sujeitos de meios populares e com baixos níveis de escolarização têm sido realizados por GALVÃO (2001 e 2002).

história de vida dos sujeitos estudados. Logo, baseamo-nos na "História"[15] Oral que constitui uma abordagem teórico-metodológica com determinadas especificidades quanto aos procedimentos de recolhimento dos depoimentos e também de transcrição, categorização e análise dos indícios da memória como fonte historiográfica. Consideramos, conforme destacam Fernandes e Montenegro, que:

> A narrativa gravada em uma entrevista não se constitui na memória propriamente, pois esta é inacessível: configura-se como a construção de uma determinada vivência a partir da memória. Durante o processo de rememoração o depoente estabelece relações entre as suas próprias experiências que o permite reconstruir seu passado segundo uma determinada estrutura, consciente ou não. (FERNANDES; MONTENEGRO, 2001, p. 92)

As entrevistas enfatizam a memória dos sujeitos em relação a vários aspectos de suas vidas, como origem familiar, a escolarização, a profissionalização, o processo de conversão à Igreja, o envolvimento com as práticas religiosas, a formação e práticas de leitura e de escrita. As entrevistas não obedeceram a um roteiro rígido, os sujeitos relatavam suas trajetórias de vida e, em alguns momentos, algumas questões eram apresentadas, a partir das afirmações feitas pelos próprios sujeitos. Desse modo, buscamos ativar os indícios de suas memórias, já que o historiador que trabalha com a memória deve levar em conta as múltiplas mediações nesse processo (THOMPSON, 2001).

Embora os depoimentos orais constituam a principal fonte utilizada na pesquisa, também procuramos reconstruir dados estatísticos referentes às taxas de alfabetização e escolarização e à participação da população nas diferentes denominações religiosas nos espaços e períodos investigados, tomando como base dados estatísticos do IBGE e de estudos já realizados sobre o tema. Buscamos também pesquisar dados nos próprios

---

[15] Utilizamos o termo "História" entre aspas na medida em que comungamos da concepção de alguns autores de que a "história" em si não é oral, mas as fontes utilizadas para construí-la. Ver FERREIRA; AMADO (1996).

acervos da Assembléia de Deus o que, infelizmente, não foi possível, pois não existe acervo na igreja matriz da Assembléia de Deus, no Recife-PE, que possa ser consultado. Sabemos, no entanto, da existência de fichas individuais dos membros da Igreja nas quais constam dados que seriam úteis ao desenvolvimento da pesquisa, como: naturalidade, escolaridade, profissão, etc. Mas não tivemos acesso a essas fichas porque, segundo os representantes da Igreja, são confidenciais e se restringem a interesses da hierarquia da Igreja.

Consultamos também o estudo realizado por Encarnação (1999) em que foram utilizadas fontes do período que estamos estudando, como revistas e jornais da Assembléia de Deus. As fontes utilizadas na dissertação encontram-se na Biblioteca da Casa Publicadora das Assembléias de Deus (CPAD) no Rio de Janeiro. A CPAD do Recife não possui biblioteca ou acervo.

A quantidade de sujeitos a serem estudados para o desenvolvimento da pesquisa não foi determinada *a priori*, na medida em que nosso objetivo era tentar compreender o papel desempenhado pelas práticas religiosas pentecostais na inserção de indivíduos na cultura escrita. O processo de escolha se baseou no critério da intimidade que esses indivíduos demonstravam possuir com a leitura e com a escrita a partir da conversão e atuação nas práticas religiosas da Igreja. Logo, para o estudo, era importante identificar indivíduos membros da Assembléia de Deus entre 1950 e 1970, "não herdeiros",[16] que demonstrassem certa intimidade ou gosto pelas práticas de leitura e escrita, construídos, sobretudo, nas suas experiências religiosas.

Considerando os critérios expostos, foram identificados, ao longo do processo de pesquisa, apenas três sujeitos que

---

[16] O termo se refere à condição de não possuidor de uma "herança cultural", ou seja, de um bem simbólico transmitido pelos pais aos filhos, como investimento para perpetuar o capital cultural incorporado, objetivado ou institucionalizado pela família (Ver BOURDIEU, 1998). Logo, este estudo se propôs a investigar indivíduos que não obtiveram, especificamente, uma herança cultural que lhes pudessem garantir uma inserção na cultura escrita de um modo mais "natural", mais facilitado.

atenderam ao perfil que nos propusemos investigar e foi com base nos depoimentos desses sujeitos que realizamos a pesquisa. Nesse sentido, a escala de observação com a qual trabalhamos foi a micro-histórica[17]. Como afirma Jacques Revel (1998), "A aposta da análise microssocial [...] é que a experiência mais elementar, a do grupo restrito, e até mesmo do indivíduo, é a mais complexa e porque se inscreve no maior número de contextos diferentes" (p. 32).

No entanto, como afirma o mesmo autor, não se trata de opor o nível micro ao macro ou estabelecer uma hierarquia entre eles, mas "reconhecer que uma realidade social não é a mesma dependendo do nível de análise [...], da escala de observação" (p. 12). Ainda segundo Revel:

> Não para ceder novamente à vertigem do individual, quando não do excepcional, mas com a convicção de que essas vidas minúsculas também participam, à sua maneira, da "grande história" da qual elas dão uma versão diferente, distinta, complexa. (REVEL, 1998, p. 12)

O primeiro entrevistado, Armando Severino da Silva,[18] nasceu em Aliança, interior do estado de Pernambuco, no ano de 1941. Seu pai era supervisor do setor açucareiro da usina Aliança e sua mãe era dona de casa. Seus pais eram pouco escolarizados: sabiam ler e escrever, no entanto, Armando não soube informar a escolaridade deles. Aos 12 anos, seu pai faleceu, e a família passou a depender financeiramente da pensão do pai. Nesse período, a família formada por 8 filhos deixou o município de Aliança e passou a residir no município de Jaboatão, Pernambuco. Armando teve a idade aumentada de 12 para 14

---

[17] Sobre micro-história, ver, entre outros, REVEL (1998), GINZBURG; CASTELNUOVO; PONI (1989), LEVI (1992).

[18] Armando foi entrevistado em três ocasiões, resultando em um depoimento de cerca de cinco horas de duração. A primeira e a segunda entrevistas foram realizadas no mês de janeiro de 2004, mas não foram gravadas. A terceira foi realizada em fevereiro do mesmo ano e foi gravada. Todas aconteceram em dias e horários previamente marcados e em locais públicos escolhidos pelo sujeito.

anos, por sua mãe e um tio, a fim de conseguir autorização do juizado e poder trabalhar em uma oficina de rolamentos de motores, onde trabalhou até os 19 anos e fez cursos por correspondência na área de eletricidade para aprimorar sua prática profissional. Sua família era católica, mas, alguns anos depois, sua mãe, seu irmão mais velho e sua cunhada se converteram a Igreja Assembléia de Deus. Aos 23 anos, Armando também se converteu e aos 25 anos passou a ser membro dela. Nesse período, passou a se envolver em algumas atividades e práticas religiosas da Igreja como a escola dominical e a campanha de evangelização nas quais passou a ter contato com material escrito da área religiosa que parece tê-lo influenciado a buscar e a realizar leitura extensa de material relacionado à religiosidade. Conseguiu terminar o 2º grau com algumas interrupções ao longo de sua trajetória escolar. No período de 1970 a 1975, morou em São Paulo, onde concluiu um curso técnico de eletrotécnica e dois cursos superiores: um na área de Teologia e outro em Filosofia. Ainda em São Paulo, trabalhou como supervisor de manutenção elétrica numa indústria de cerâmica. Quando retornou para Recife, trabalhou numa indústria de insumos de alimentos e como encarregado da parte elétrica numa indústria cerâmica.

O segundo sujeito, Ademir Alves,[19] nasceu em Timbaúba, interior do estado de Pernambuco, no ano de 1955. Seu pai era comerciante em Timbaúba e também realizava pequenos serviços como pedreiro – profissão que exerceu até a velhice. Sua mãe sempre trabalhou como costureira, já que o trabalho do pai não era suficiente para o sustento da família formada por 13 filhos. Seus pais eram pouco escolarizados: o pai estudou até a primeira série primária e a mãe estudou até a terceira

---

[19] Ademir Alves foi entrevistado duas vezes, o que resultou também em um depoimento de aproximadamente cinco horas. A primeira entrevista foi realizada no mês de junho de 2004, mas não foi gravada. A segunda foi realizada em julho do mesmo ano e foi gravada. Todas aconteceram em dias e horários previamente marcados e foram realizadas na residência do sujeito.

série primária. Desde os sete anos, juntamente com seu irmão mais velho, ajudava o pai que também era dono de uma mercearia em Timbaúba. Ademir nasceu numa família católica, aos dez anos leu o seu primeiro livro, uma espécie de Bíblia ilustrada bem antiga. Aos 12 anos se converteu à Igreja Assembléia de Deus juntamente com sua família e, nesse mesmo período, deixaram o município de Timbaúba e passaram a residir no município de Recife, onde trabalhou como lanterneiro em oficinas mecânicas e, pouco tempo depois, numa distribuidora de discos evangélicos mantida por seu irmão. No período da adolescência e juventude, dedicou-se às atividades e práticas religiosas da Igreja, como a escola dominical e a campanha de evangelização, durante as quais passou a ter mais contato com material escrito da área religiosa que parecem influenciá-lo a realizar leituras intensas de material escritos e a buscar e a realizar leitura extensa de material relacionado à religiosidade. Ademir terminou o 2º grau com algumas interrupções ao longo de sua trajetória escolar. Passou no vestibular para Ciências Econômicas em uma universidade federal, no entanto, desistiu no terceiro período. Anos depois, iniciou o curso de História na mesma universidade, mas desistiu novamente. Aos 19 anos trabalhou como fiscal no escritório de uma distribuidora de alimentos, seu primeiro emprego formal, e anos depois trabalhou na área comercial. Atualmente, após ter sido aprovado em concurso público, trabalha numa biblioteca.

O terceiro sujeito, Elias Gomes dos Prazeres,[20] nasceu no município de Paudalho, interior do estado de Pernambuco, em 1945. Seu pai era lavrador, cultivava mandioca, e depois passou a exercer a função de feitor e vendedor de farinha. Sua mãe ajudava o marido na lavoura e era dona de casa. Seus pais

---

[20] Elias Gomes foi entrevistado duas vezes, gerando um depoimento de duas horas e meia, aproximadamente. A primeira entrevista foi realizada no mês de janeiro de 2004, mas não foi gravada. A segunda foi realizada em fevereiro do mesmo ano e foi gravada. Todas aconteceram em dias e horários previamente marcados e foram realizadas na residência do sujeito.

eram semi-alfabetizados, ou seja, "tinham" muito pouca leitura. A família era formada por 11 irmãos nascidos do primeiro casamento do pai e duas irmãs nascidas do primeiro casamento da mãe. Ele e sua família residiram durante muitos anos na área rural do município de Paudalho, onde, depois de alguns anos, passaram a ser donos de alguns terrenos, entre os quais um foi doado pela família para a construção de um pequeno templo evangélico. Nasceu em uma família evangélica da Igreja Assembléia de Deus e desde criança esteve muito envolvido nas atividades e práticas religiosas da Igreja, como a escola dominical, a campanha de evangelização e o cântico religioso. Com isso, tem contato, ao longo de sua vida, com material escrito da área religiosa que parecem influenciar consideravelmente sua formação e atuação como leitor. Terminou o 1º grau com algumas interrupções ao longo de sua trajetória escolar. Estudou até a quarta série primária e iniciou um curso noturno, porém, interrompeu seus estudos devido à necessidade de trabalhar para ajudar a família. Somente depois de adulto e após ter se casado, Elias conclui o 1º grau. Sua primeira profissão foi a mesma do pai, ensinada por ele, e também durante anos trabalhou nas mesmas atividades do pai até aposentar-se.

Além dos depoimentos, usamos, na fase mais recente da pesquisa, material lido e escrito por dois dos sujeitos pesquisados[21] e que pertencem a suas bibliotecas pessoais. Utilizamos livros de diversos gêneros, revistas intituladas "Lições bíblicas", fascículos de curso por correspondência, folhas avulsas de apostilas e cadernos pertencentes a Armando. Utilizamos um livro de atas com registros de leituras e esboços de sermões registrados em folhas avulsas pertencentes a Ademir.

---

[21] Não foi possível nosso acesso ao material pertencente a Elias, pois grande parte do material foi doada pelo próprio sujeito para alguns de seus familiares que moram em municípios distantes e situados no interior do estado de Pernambuco e o restante não pôde ser consultado por motivo de problemas de saúde do sujeito, logo, para este artigo, baseamo-nos apenas em seu depoimento.

Fatores influenciadores relacionados à religiosidade

A oralidade e a leitura nas práticas religiosas da Assembléia de Deus

Alguns fatores diretamente relacionados às práticas religiosas parecem ter sido fundamentais para uma maior familiaridade dos sujeitos entrevistados com a leitura e a escrita. Destaca-se, por exemplo, a tradição da Igreja em permitir que qualquer membro se expressasse oralmente na dinâmica dos cultos e das práticas religiosas,[22] como se pode perceber nos depoimentos abaixo:

> [...] nas outras classes era: "Irmão, dê uma palavrinha aqui na minha classe, outra palavrinha aqui". Quando eu terminava de uma já tinha outra me chamando, eu ficava rodando muito assim, porque eu estudava a minha lição [...] a semana toda, todo dia eu estudava a lição [...] eu tinha uma facilidade [...] (ARMANDO).

> [...] como aluno da escola dominical [...] sempre estive presente, freqüente, bastante aplicado, tanto que às vezes o professor na época, ainda assim criança, me chamava pra ler alguma coisa, dizer na classe [...] quando tinha [...] meus doze, treze anos, que ele me chamava pra falar, muito tímido assim... Também saía pra evangelizar, desde criança que praticava a evangelização porque a Assembléia de Deus tem esse trabalho de evangelhismo [...] e eu sempre pratiquei e logo cedo, não apenas como acompanhante no grupo, mas falando mesmo, ensinando mesmo [...] (ADEMIR).

> [...] comecei muito novo, quando já garotinho, pequeno [...] eu tive o privilégio de estar na igreja já pregando, recitando poesia... isso eu andava de onde morava três quilômetros ou quatro pra chegar ali, então eu fazia esse trabalho e, por aí fui me

---

[22] Entre essas práticas, destacam-se a evangelização, o ensinamento da Bíblia e o cântico religioso, que parecem permanecer na dinâmica da Igreja desde sua origem. Essas práticas religiosas presentes nas Igrejas Protestantes históricas, como a Batista, por exemplo, foram mantidas pelos pentecostais da Assembléia de Deus, assumindo um caráter mais informal e espontâneo em relação ao formalismo e as regras escritas das Igrejas Não-Pentecostais. Para um aprofundamento sobre o tema ver, por exemplo, MAFRA (2001), OLIVEIRA (1998), ROLIM (1980) e SELLARO (1987).

desenvolvendo, tomei partida certa naquilo que eu estava fazendo [...] (ELIAS)

Como ouvintes da escola dominical,[23] Armando e Ademir procuravam marcar os trechos dos assuntos lidos da "Lição bíblica"[24] considerados importantes. Ambos se preparavam antecipadamente e escreviam as suas opiniões sobre o assunto a ser discutido na escola dominical ou mesmo em um culto de estudo bíblico durante a semana em suas residências:

[...] às vezes eu levava mais folhas do que tinha na minha lição [risos] era um outro estudo pegando só os tópicos da lição e com outros estudos, [...] sempre o assunto que surgisse eu meu interessava [...]. (ARMANDO)

No momento da discussão, eles se remetiam, através da fala, às observações escritas em casa nos papéis avulsos e nas próprias páginas da lição, no caso de Armando, para que suas opiniões fossem socializadas com os demais participantes na

---

[23] Tratava-se da prática religiosa que realizava ações de ensino dos pressupostos bíblicos através de momentos de incentivo à leitura. Nessas práticas, como material de ensino e aprendizado utilizavam a Bíblia e as "Lições bíblicas". A escola dominical era liderada por um dirigente e um vice-dirigente que distribuíam as pessoas em grupos denominados "classes" organizadas de acordo com faixas etárias. Cada "classe" era liderada por um professor e um adjunto de professor. Ver RIBEIRO (1993) e ALMEIDA *et al.* (1982).

[24] "Lições bíblicas" era uma revista semestral com os estudos seqüenciados sobre temas bíblicos: na página inicial de cada lição dominical havia a apresentação do tema que seria estudado, a referência bíblica que o embasava e um pequeno texto chamado "verdade prática" relacionado ao tema da lição. Nessa mesma página, havia a apresentação de alguns capítulos de livros da Bíblia a serem lidos ao longo da semana que antecedia a lição do domingo e, também, a transcrição de longos trechos de capítulos de livros da Bíblia relacionados ao tema. Nas páginas seguintes, havia o chamado "comentário da lição" apresentado na forma de pequenos textos organizados em tópicos e subtópicos e fundamentados com várias referências bíblicas (fonte: Acervo pessoal de Armando – Lições bíblicas, 4º semestre de 1964). A primeira revista com lições produzidas no Brasil foi em 1938 e era publicada semestralmente. Anos depois, a revista "Lições Bíblicas" passou a ser trimestral. Todo o material da Igreja passou a ser editado pela Casa Publicadora das Assembléias de Deus (CPAD), fundada legalmente em 1940 (DANIEL *et al.*, 2004; ENCARNAÇÃO, 1999).

escola dominical e na campanha de evangelização,[25] inclusive em momentos de estudo. Um fator interessante observado na pesquisa é que Armando e Ademir tinham o apoio da Igreja para realizar estudos paralelos aos cultos. Eles organizavam esses estudos – cujo público era formado por jovens – com o objetivo de formar "melhores pregadores", pois acreditavam que o improviso não era interessante e que todo pregador da Igreja tinha que ter o mínimo de preparo para evangelizar:

> […] no começo assim, já no fim da adolescência, no início, assim, dos meus 20 anos, porque além de eu ensinar na ESTEADE-NE, hoje ESTEADEB[26], eu ensinava na escola dominical […] e dirigia a campanha de lá também […] tinha certa liberdade de agir, trabalhar com os jovens, então sempre organizei estudos com jovens […] no sábado de manhã passava a manhã estudando com base na Bíblia […] eu preparava um material pra passar pra eles assim, como uma preleção, ensinando, falando mesmo, agora, sempre fazia uma avaliação […]. (ADEMIR)

> […] Não sei se por causa que eu tinha lido muitos livros você termina tendo uma certa visão, […] uma visão diferente das coisas… mas eu sempre achei assim a necessidade das pessoas serem ensinadas não apenas pra evangelização, a minha preocupação era […] para a questão da formação de uma estrutura, de convicção da pessoa, […] com o texto que a pessoa esteja envolvida, no contexto de pessoas evangélicas, se são evangélicas […] então eu sempre achei que eles […] precisavam aprender não só pra saber transmitir aos outros, mas […] ter estrutura e segurança, convicção daquilo que eles crêem […]. (ADEMIR)

> […] eu fazia os estudos independentes, assim aos sábados […] eu fazia dois estudos […] sempre incentivando a mocidade a estudar […] especificamente a Bíblia […] aí eu fazia estudos detalha-

---

[25] A "campanha de evangelização" era uma prática religiosa que incluía ações de divulgação dos evangelhos e doutrinas da denominação e tinha o objetivo de promover a conversão de novos seguidores e o incentivo à leitura da Bíblia. Essa prática era realizada por grupos de pessoas que saíam pelas ruas e praças distribuindo partes impressas da Bíblia e realizavam pregações públicas (OLIVEIRA, 1998; RIBEIRO, 1993).

[26] A ESTEADENE era a Escola de Teologia das Assembléias de Deus no Nordeste e a ESTEADEB, a Escola de Teologia das Assembléias de Deus no Brasil, que foi oficializada pela Igreja AD em Pernambuco em 1979 (RIBEIRO, 1993).

dos pra eles, estudos seqüenciados [...] muitos deles tava lá tentando sair do ostracismo e não conseguia, não é que não quisessem, não sabiam como sair. O [...] dirigente [...] tem que dar noções pra eles saberem como extrair um estudo, fazer um estudo, uma seqüência de estudos, como começar um sermão [...] Eu pegava o pessoal no sábado ao invés de ir pra campanha tinha instrução de como é que se prega [...]. (ARMANDO)

O envolvimento dos sujeitos nas práticas religiosas da Igreja, como a escola dominical e a campanha de evangelização, e a iniciativa de realizar estudos paralelos aos cultos da igreja, no caso de Armando e Ademir, parecem influenciá-los a experienciar situações em que oralidade e leitura estavam intensamente interligadas, de forma não hierarquizada.

A condição de liderança nas práticas religiosas

O fato de os três sujeitos terem se tornado líderes das práticas[27] de que, inicialmente participavam como ouvintes[28] é um

---

[27] No conclave dos líderes da Convenção Geral das Assembléias de Deus de 1937, foram estabelecidos os níveis da hierarquia eclesiástica da Igreja, quanto às especificidades de cada função: auxiliar, diácono, presbítero e ministros do evangelho – missionários, pastores e evangelistas. Outras funções como, professor adjunto, professor, vice-dirigente, dirigente, entre outras, eram submissas aos níveis da hierarquia eclesiástica citados anteriormente e consideradas como funções administrativas locais, confiadas a membros da Igreja para exercerem, durante certo período, a liderança de determinadas práticas religiosas ou órgãos da Igreja local, como escolas dominicais, campanhas evangelizadoras, corais (DANIEL et al., 2004; RIBEIRO, 1993).

[28] Armando chegou a ser dirigente de escolas dominicais e de campanhas de evangelização. Tempos depois foi chamado para a função de diácono, no entanto, no momento do depoimento, afirmou que, por motivos pessoais, estava ligado à Igreja apenas como membro. Ademir chegou à função de dirigente de escola dominical e de campanhas de evangelização e, tempos depois, foi chamado para ser diácono. Elias chegou a ser professor de escola dominical e dirigente de campanha de evangelização e, ao longo do tempo, foi assumindo outras funções eclesiásticas, como diácono, presbítero, até chegar à função de "pastor auxiliar", no entanto, afirmou que estava "jubilado" da Igreja, ou seja, não exercia mais a função administrativa. Os três sujeitos, além de líderes de práticas religiosas, também chegaram a diáconos da Igreja, cuja função, entre outras, era dirigir cultos diversos, como de pregação, instrução, oração, louvor, etc, obedecendo a uma escala semanal elaborada pelo pastor auxiliar da igreja.

fator importante em suas trajetórias de leitores e escritores. O conhecimento bíblico que demonstravam através da oralidade nas práticas da Igreja, aliado ao gosto pelo ensino, parece ter permitido que se destacassem entre os membros principalmente na escola dominical e na campanha de evangelização.

Em pouco tempo, Armando e Ademir se tornaram adjuntos de professores, professores e depois líderes da escola dominical. A posição que ocupavam permitia o acesso deles, no templo central, ao chamado "estudo" dos professores, reunião que acontecia regularmente aos sábados à noite[29] com o objetivo de reunir professores e dirigentes das escolas dominicais para estudarem o assunto da "Lição bíblica" a ser ensinada na manhã do dia seguinte na escola dominical. Antes das reuniões, Armando e Ademir procuravam a livraria da Igreja situada ao lado do templo central[30] em busca de mais informações, ou seja, de leituras que complementassem o que ensinavam:

> [...] quase todo sábado que eu ia pra o templo central, eu ia mais cedo e ficava ali na livraria [...] aí eu sempre comprava um livro novo [...] Eu sempre gostei muito de livro, meus assuntos, eu nunca me baseei exclusivamente no que a pessoa me diz, eu sempre gosto de investigar, aprender um pouco mais [...]. (ARMANDO)
>
> [...] No templo central, antigamente, a Assembléia de Deus, que era o templo da Encruzilhada, lá na parte de trás tinha uma livraria, como o templo central atual tem. Então a gente estava sempre por ali. [...] todo sábado, tinha o estudo de professores que era dentro desse templo, então a gente sempre ia cedo pra estar olhando ali, comprando livros, olhando uma revista, olhando uma coisa, sabendo uma apostila de algum escritor... [...] gostávamos de estar ali, naquela coisa ali, rabiscando... eu me lembro [...] uma vez [...] tinha uma Bíblia que ela hoje foi traduzida para o [...] espanhol, depois português, naquela época só

---

[29] Essas reuniões eram convocadas pela Superintendência das escolas dominicais para administrar o ensino bíblico realizado nas Igrejas. Para aprofundamento sobre esses encontros de estudo, ver RIBEIRO (1993).

[30] O primeiro templo central de Recife/PE foi fundado em 1938 e era situado no bairro da Encruzilhada, porém, a partir de 1978, o templo central passou a ser no bairro de Santo Amaro. Ambos possuíam uma pequena livraria (ALMEIDA et al., 1982).

380 História da cultura escrita: séculos XIX e XX

tinha em inglês - *Bíblia de Thompson*. Encontrei na livraria, dava uma vontade de ler aquela Bíblia ainda na época em inglês [risos]. (ADEMIR)

Para Elias, a escola dominical foi um espaço inicialmente de aprendizado da leitura, quando criança, e o material de leitura importante foi a "Lição bíblica", acompanhada da leitura da Bíblia. O fato de freqüentar um espaço em que tanto a escrita quanto a oralidade estavam presentes parece ter contribuído para sua formação e ampliação de seus conhecimentos. Mesmo com um nível baixo de escolarização, alcança o pastorado, uma das maiores posições de liderança da Igreja:

> Continuei lendo a Bíblia, fui crescendo, ficando mais idôneo e logo depois de um tempo já comecei trabalhando na Igreja acompanhando a escola dominical... um livro que me ajudou muito: a Lição [...] Bíblica da escola dominical que eu tive o privilégio de acompanhar [...] desde criança, mesmo antes de saber ler, estava ali sentado numa classe de escola dominical aprendendo [...] aprendia algumas coisas, mas quando aprendi ler, aprendi mais, então continuei lendo a lição da escola dominical e fui tendo mais prazer de ler a Bíblia. Pegava a Bíblia, a lição, a Bíblia, a lição e lia em conjunto, e fui me desenvolvendo, tendo conhecimento, apesar de não ter um estudo tão elevado para ser o que sou hoje, um pastor evangélico da Igreja Evangélica Assembléia de Deus, mas o homem que estuda a Bíblia ele tem conhecimento [...]. (ELIAS)

O gosto pelo ensino bíblico advinha, segundo os entrevistados, do grande interesse que começaram a ter pela leitura da Bíblia e por material escrito, principalmente livros sobre temas teológicos e outros, mais didáticos, que orientavam o leitor em relação a como pregar, como evangelizar e como ensinar. Entre esses, incluem-se revistas – como as "Lições bíblicas", utilizadas no ensino da escola dominical; "A Seara",[31] utilizada para o conhecimento das atuações e diretrizes da Igreja; e "O obreiro" –, jornais, como "O Mensageiro da Paz",[32] utilizado como fonte de informação sobre as notícias da Igreja; e apostilas sobre diversos

---

[31] Lançada pela CPAD em 1956. Ver OLIVEIRA (1998)

[32] Fundado em 1930. Ver OLIVEIRA (1998)

tema ou assuntos religiosos. Esses impressos, já referidos anteriormente, foram utilizados pelos sujeitos tanto para a própria formação religiosa quanto para a atuação como professores da escola de teologia das Assembléias de Deus.

> [...] Lia aquela revista da escola dominical [...] tinha uma revistinha que eu lia [...] acho que era A Seara, tava sempre por lá essa revista, muita informação muita coisa, muitos trabalhos, eu lia aquilo ali [...] material evangélico lá em casa não faltava pra gente ler, e eu sempre eu gostei de ler, uma coisa que eu sempre tive comigo foi gostar de ler, eu sempre gostei muito de ler, independente do que for eu gosto muito de ler, e no caso eu estava interessado nessa área religiosa, eu lia muito material que estava lá na casa [...]. (ARMANDO)

> [...] eu escutava uma pregação, eu não me conformava de só ouvir e achar que se eu repetisse aquilo seria bom, não era! Saber as fontes daquilo ali. Por quê? Como ele chegou àquilo ali? E isso precisa de você estudar mais. (ARMANDO)

> [...] o jornal "Mensageiro da paz" que é o jornal oficial da Assembléia de Deus, desde criança que as pessoas orientam, estimulam [...] as pessoas a lerem. Alguma coisa [...] relacionado à Bíblia, e também alguma coisa assim relacionado ao dia-a-dia da igreja [...] do Brasil inteiro na época. [...] conheci uma revista "O obreiro", ainda existe hoje, era uma revista muito boa, é uma revista muito boa... [...] uma revista interessante "A seara", essa era uma revista muito antiga da Assembléia de Deus, antes de surgir "O obreiro" já existia essa revista... [...] e eu lia.... [...]. (ADEMIR)

A condição de liderança nas práticas religiosas parece ter influenciado os sujeitos no desenvolvimento e na ampliação de suas práticas de leitura, uma vez que exigia deles uma busca constante por mais conhecimentos para fundamentar, complementar e aprofundar o que ensinavam.

Uma escrita para a oralidade nas práticas religiosas

Ao longo de suas trajetórias como leitores, Armando e Ademir também demonstraram interesse pela prática social da escrita. Uma escrita de cunho religioso – como esboços utilizados na prática da oralidade na dinâmica dos cultos e posteriormente apostilas sobre diversos assuntos/temas lidos na Bíblia e em livros religiosos – a princípio, com o objetivo de subsidiar uma melhor formação religiosa de seus liderados da escola dominical e da campanha de evangelização e depois da escola teológica da Igreja. Alguns desses escritos, como é o caso das apostilas, passaram a ser material didático do curso teológico da Igreja:

> [...] cheguei a ensinar na classe dos moços [...] preparava alguma coisa assim escrita, quando eu todo domingo [...] ia pra sala de aula e trazia assim, uma espécie de... além de trazer um esboço [...] um roteiro do que eu ia ensinar na classe, trazia já um exercício pra eles fazer... responder... fazia alguma coisa assim só pra a hora da lição da escola dominical... (ADEMIR)

> As apostilas, as primeiras que eu preparei, foi na época que eu ensinava na ESTEADENE - Escola de Teologia – depois foi ESTEADEB. Ensinava Geografia Bíblica, aí eu pouco depois eu comecei a preparar apostilas. Mas depois assim mesmo ensinando no discipulado, depois eu preparei algumas apostilas de várias matérias: Bibliologia (estudo da Bíblia), apostila muito usada!... Escatologia, (trecho inaudível), doutrina do Espírito Santo, (trecho inaudível), doutrina da salvação... fiz algumas apostilas dessa matéria... essas aí eram usadas no discipulado, essas eram uma coisa feita, assim, é... eu estava ensinando na Igreja mas era uma coisa própria, uma coisa pouco consistente, a iniciativa foi minha... [...] mas o começo mesmo realmente quando comecei a ensinar na ESTEADEB e depois no discipulado, eu também preparei vários anos de acordo com a matéria, com as matérias que eram ensinadas. (ADEMIR)

> Escrevi minhas apostilas de evangelismo... foram minhas... [...] apostila de... [...] de evangelismo, apostila de estudos do livro de Atos dos Apóstolos [...] Estudo sobre doutrina do pecado foi apostila minha. Uma outra lá que não me lembro agora... [...] E tem também várias apostilas pequenas sobre doutrina do Espírito Santo, doutrina de Deus. [...] Mas eu tenho ainda essas apostilas. [...] as que eu fiz pra ESTEADEB, [...] eu levava uma matriz pra lá e eles rodavam a quantidade que eu pedia de apostila, porque aquilo ali era o livro texto pros alunos. (ARMANDO)

Os esboços eram constantemente consultados, assim como as apostilas organizadas e distribuídas por eles e que posteriormente serviram de "livro texto" para seus alunos na escola teológica da Igreja. Dessa forma, os sujeitos desenvolveram uma produção escrita que subsidiava a oralidade na dinâmica das práticas religiosas. Assim como observado em relação às práticas de leitura, as situações de liderança e de ensino demandavam maior contato com a escrita e influenciaram significativamente os usos que os sujeitos pesquisados dela fizeram.

Os tipos de leitura procurados e realizados pelos sujeitos antes e após a conversão religiosa

Constatamos que a relação dos sujeitos com a leitura e a escrita não é determinada somente pelas práticas religiosas. Para eles, outros fatores contribuíram para o desenvolvimento dessa estreita relação, entre eles, a experiência de já serem leitores antes do ingresso na Igreja, no caso de Armando e de Ademir, a influência da família, a escolarização, a ocupação profissional e a inserção na cultura urbana. Tanto Armando quanto Ademir afirmaram que já eram leitores mesmo antes de ingressarem na Assembléia de Deus e possuíam livros que faziam parte de suas bibliotecas pessoais. Logo, o hábito de ler e o gosto pela leitura já existiam e foram, segundo afirmaram, ampliados pela nova condição/experiência vivenciada:

> Depois que eu fui crente, aí eu passei a [...] comprar livros bíblicos: então, eu comprei dicionário bíblico [...], teologia sistemática [...] é um compêndio das doutrinas [...] vários livros [...] sobre sermões. Eu comprei livro de pregação, que é de homilética [...] homilética é assim como falar, como pregar, comportamento no púlpito, tinha esse livro aí. Tinha outro livro também muito interessante que era livro prático [...] de um pregador [...] americano, o livro dele é muito espiritualista, ele faz cruzadas [...] me impressionou muito aquele livro dele [...] ele trabalha com uma profundidade, com fatos reais, contando as campanhas dele, contando que cada crente pode ser uma pessoa igual a ele, com fundamentos bíblicos [...] aquele livro era o livro de minha cabeceira [...] Acho que ainda hoje eu devo ter ele em casa. [...] Eu tenho muitos livros perdidos, mas tem muito livro também ainda em casa, muito livro [...] tem de tudo, de eletrotécnica [...] livros de eletricidade, livros de inglês [...] esses cursos de correspondência

você trabalha com muita apostila, então eu tinha um pacote assim de apostila [...] você quase não precisa comprar muito livro, mas tinha assim [...] manual de eletricidade [...] coleções de desenho mecânico, coleções de torneiro mecânico [...] eletrônica [...]. (ARMANDO)

[...] a motivação maior pra ler veio depois que eu me decidi pra valer [...] depois que eu comecei a ler a Bíblia, aí criei gosto, [...] de estrutura assim a Bíblia é um livro [...] diferente, que me motivou muito a ler, ler ele todo, inclusive, ler ele várias vezes, dezesseis vezes completo [...] a primeira vez que eu terminei de ler foi aos 14 anos, que eu terminei de ler a Bíblia. [...] Li também livros evangélicos e... até agora completei uns 280 (trecho inaudível) [...] e trinta e tantos livros não-evangélicos, [...] E eu li muitos outros livros, além da Bíblia, muitos outros livros com muitas páginas, além de livros evangélicos, também livros seculares também, livros adventistas e não-evangélicos, como *O grande conflito* [...] a história da igreja [...] mais de 700 páginas [...] Bom, isso eu li ao longo dos anos... [...] a motivação pra leitura começou realmente quando eu me decidi para o evangelho, foi quando eu fui a ler a Bíblia, [...] uma Bíblia "normal" que as pessoas levam pra igreja, ler ela no todo assim, o texto dela foi uma coisa assim [...] ela tem um conteúdo ético, é um livro diferente dos outros em relação ao conteúdo [...] eu ainda gostei de ler até revistas, quando criança, revistas, como também... muitos hinários que tinha antigamente chamados harpas (trecho inaudível) [...] como também outros livros cujos temas estavam sempre relacionados à Bíblia, livros evangélicos, bíblias de estudo pentecostal [...] e... ao longo do tempo eu também precisei ler assim pra fazer vestibular [...]. (ADEMIR)

Os depoimentos anteriores mostram as preferências de leitura dos entrevistados e, no caso de Armando, especificamente, a posse de livros e apostilas de seu interesse. Com base em Galvão *et al.* (2004), reconhecemos, como os historiadores da leitura já fizeram, que a posse desse material não significa necessariamente a sua leitura, enquanto a não-posse, por outro lado, não é sinônimo de não-leitura. Os depoimentos também revelam uma incorporação de bens culturais não-herdados pelos sujeitos, como o material escrito.

Antes da conversão religiosa, Ademir procurava e fazia leituras relacionadas a religião, pois aos dez anos lia uma Bíblia ilustrada da religião católica e folhetos e literaturas evangélicas achados pelo chão onde morava, mas também se interessava por histórias em quadrinhos:

> Ah... Desde a minha infância, né, gostava de ler; quando morava no interior, em Timbaúba [...]. Antes dos dez anos de idade... [...] eu me lembro que já gostava de ler alguma coisa, assim, na época (trecho inaudível) eu tenho a impressão de que era um pouco mais ligada a religião, (trecho inaudível) quando comecei a ler por volta dos nove anos um livro mesmo foi *A história sagrada* [...] uma espécie de Bíblia ilustrada daquela época, eu li ele todinho, ele todinho! (trecho inaudível) entre os nove anos e dez. [...] as coisas que eu comprava gostava de ler, até, até folheto! [...] uma vez eu peguei, achei uma literatura evangélica, [...] eu me lembro com dez anos de idade, e li aquela literatura [...] daquela época duma associação missionária [...] esse folheto evangélico com quatro páginas [...] revistas eu gostava de ler [...] aqueles gibis, [...] histórias em quadrinhos, também aquelas histórias [...] dos super-heróis daquela época [...] *farwest*, [...] eu me recordo que gostava de ler [...]. (ADEMIR)

O fato de Elias ter nascido num lar de família evangélica parece ter influenciado sua preferência pela leitura religiosa. A Bíblia, para ele, tem um grande valor simbólico, logo, tratava-se de uma leitura indispensável na sua formação religiosa e que deveria ser complementada e não totalmente substituída por outras leituras.

> [...] Mais tarde quando aprendi ler, aprendi ler a Bíblia e tomei gosto em ler a Bíblia, eu achei que o melhor livro que tem pra se ler no mundo e o mais certo e mais correto [...] é a Bíblia e não existe outro. Pode vir todo tipo de livro, mas todo ele só pode ser depois da Bíblia, [...] e nesse período de tempo acompanhei outros livros. [...] eu gostei de ler muito [...] livros que falavam sobre a Igreja, como a Igreja se originou, a história da Igreja, gostei muito, entre outros livros que eram extraídos da Bíblia, confeccionados por alguns escritores que tiravam da Bíblia para levar esse conhecimento já a outras pessoas que se ligavam a Bíblia e se confrontavam com esses livros para ter mais conhecimento. Então eu li bastante livro, comprei bastante livro. [...] Eu li muito enciclopédia. [...] Eu li muitos dicionários, bastante! [...] Eu gostava, às vezes eu pegava o catecismo com alguém [...]

pegava [...] jornais da igreja mesmo [...] também da igreja católica que eles distribuem na cidade. Pegava os jornais da igreja católica, gostava de ler pra tomar conhecimento também daquelas coisas que acontecia lá. [...] Jornal . [...] então eu gostava de ler jornal pra puder [...] ficar a par de alguma coisa, então a gente tinha conhecimento por isso aí, hoje eu não leio mais jornal, [...] Eu lia a Bíblia Católica, gostava de ler [...]. (ELIAS)

Os tipos de leitura procurados e realizados pelos sujeitos antes de sua conversão religiosa foram aqueles relacionados à formação profissional, no caso de Armando, e de assuntos relacionados à religião, no caso de Ademir. Também foi mencionada a realização de leituras informativas e de leituras escolares durante o processo de escolarização. No entanto, depois da conversão, a preferência por leituras relacionadas à religiosidade, principalmente a pentecostal, no caso de Ademir e de Armando, parece demonstrar uma reorganização motivada pelas condições de inserção e pelas formas de participação vivenciada por eles.

Outros fatores não relacionados diretamente à religiosidade

O papel da mãe

A família, principalmente a mãe,[33] segundo os entrevistados, teve um peso fundamental em sua trajetória de leitores e "escritores". Mesmo tendo pouca escolaridade, ela aparece como grande incentivadora tanto de sua formação escolare quanto de sua formação como leitores, principalmente da Bíblia:

> [...] quando nos tornamos evangélicos, mamãe tinha esse Novo Testamento e essa foi a Bíblia que a gente começou a ler, eu recordo como era interessante: depois das refeições ela se sentava [...] sentava-se à mesa e ela chamava a gente pra cercar a mesa juntamente com ela e papai também se assentava quando estava em casa disponível, pra ler a Bíblia e quem lia era ela, todos nós

---

[33] Outros estudos, como o realizado por SILVA (2005), também têm mostrado o papel da mãe na inserção de indivíduos não herdeiros na cultura escrita e na construção de uma bem-sucedida trajetória de escolarização

ali assentados e ouvindo ela ler a Bíblia, eu achava interessante uma pessoa sem cultura [...] às vezes as pessoas fazem isso porque têm uma orientação pra fazer [...] educar os filhos dessa forma, mas ela não tinha nenhuma orientação, mas foi levada, creio, pelo gosto de ler a Bíblia e a gente também: gostávamos de ouvir ela lendo, até era uma descoberta pra gente [...]. (ADEMIR)

[...] ela se sentava pra ler (trecho inaudível) meu pai também, papai também ficava ouvindo, mas quem lia era ela (trecho inaudível) papai não era muito ligado à leitura não [...] mas mamãe sempre foi (trecho inaudível) e o ruim é ainda hoje ele está com mais de setenta anos ainda não sabe ler direito. Então, eu penso que alguém como referencial pra gente é... se tornar leitor talvez tenha sido ela, logo no começo... (ADEMIR)

[...] De repente eu comecei a ler a Bíblia, trechinhos, de repente por quê? Antes de eu começar a ver alguma coisa de Bíblia a gente tinha lá a Bíblia Católica, a minha família era católica, bem católica mesmo [...] minha mãe, meu pai [...] essa estrutura católica existia [...] Depois começou a infiltrar o evangelho na minha família, começou com o meu irmão [...], depois minha mãe foi crente [...]. (ARMANDO)

Os pais de Elias desempenharam papel importante na sua formação como leitor, principalmente a mãe. Ambos semi-alfabetizados, eram bastante atuantes nos trabalhos da Igreja, pregavam nos cultos, mas nunca ocuparam posição de liderança. No entanto, realizavam cultos com toda a família dentro de casa, onde todos, sem exceção, participavam seja através do cântico, seja através da leitura de textos bíblicos:

[...] Meu pai não estudava, leitura pouca [...] minha mãe também muito pouco [...] mas mesmo assim sabia pregar a palavra de Deus, todos dois permaneceram crentes [...] e minha família toda era evangélica, minha mãe [...] eu muito novo, ela me levava pra igreja [...] e eu aprendi a caminhar, os primeiros passos dei com a minha mãe [...] Meu pai nunca ele foi, nem um auxiliar de trabalho, ajudava, pregava [...] tinha muitos momentos naquele culto de louvor em casa: cantava, se lia e fazia o trabalho da família [...] o trabalho da casa dá-se o nome de culto doméstico. Tinha trabalho também da igreja dentro de nossa casa [...] muitos anos, anos [...] de ser construído o templo [...] a gente tinha ali um trabalho maravilhoso com bem pouquinho crente [...] parte da família [...] moravam perto e com que se fazia o culto [...]. (ELIAS)

No caso de Ademir, a mãe realizava o ritual de "cercar a mesa", depois das refeições, para a prática diária da leitura da Bíblia na presença do filho ainda criança, dos irmãos e do marido pouco ligado à leitura. No caso de Elias, ela o levava para a Igreja e realizava cultos dentro de casa, chamados de "cultos domésticos", durante os quais a leitura da Bíblia e os cânticos religiosos eram praticados por ela e pelo pai junto com a família.

A influência de outros indivíduos

Armando relata que a cunhada recém-convertida à Igreja também teve papel muito importante no processo de sua conversão, pois ela o incentivava a ler trechos da Bíblia e da *Harpa Cristã*.[34] A atitude dela parece motivá-lo ainda mais para realizar leituras religiosas, como demonstra o depoimento a seguir:

> [...] através dessa esposa de meu irmão, ela tava sempre lá em casa, ela era muito minha amiga e ela ficava sempre marcando os versículos: "olha lê isso aqui, viu? Ó, lê isso aqui" [...] ela chegou a me mostrar algumas partes do Apocalipse [...] Aqueles castigos, né? Que viria sobre o pessoal na vinda de Cristo [...] aquilo ali eu achei muito interessante [...] Os trechos que ela indicava mais eram os trechos assim sobre João 3 e 16, sobre o cordeiro de Deus, [...] os trechos relacionado com a salvação, né? É... é... marcava assim alguns hinos da Harpa que falava sobre... "ó quão cego andei" ou coisa parecida assim... e eu lia. E eu realmente eu lia o que ela marcava assim, eu lia. Ou o que ela não marcava eu também lia. E aquele ambiente de mudança lá dentro de casa me chamou a atenção. Até que... é isso que eu digo... eu não... não foi uma coisa assim... isso foi uma semente... [...]. (ARMANDO)

A cunhada de Armando atuou em sua trajetória como um modelo de "alfabetização". Segundo afirma, aprendeu progressivamente o sentido de determinados trechos da Bíblia e dos hinos da *Harpa Cristã* indicados e comentados por ela. A atuação da

---

[34] As lideranças da Igreja editaram hinários, como a Harpa Cristã, livreto de músicas religiosas da Igreja que, em 1937, já estava na quarta edição, e servia de veículo de conversão de pessoas à denominação e animação dos cultos.

cunhada foi decisiva para sua conversão, além de contribuir para que aos poucos ele fosse se formando e criando uma maneira pessoal de ler.

A influência das experiências escolares

Em relação à escola, Armando e Ademir, quando crianças, destacavam-se como primeiros alunos e, muitas vezes, foram chamados para ensinar ou ficaram encarregados de substituir o professor caso esse faltasse.[35] Ambos possuem uma escolarização até o nível superior (completo e incompleto), com muitas interrupções ao longo de suas trajetórias,[36] que parece ter sido alcançada pelo desejo de "progredir" ou de "avançar" ou ainda motivada pela religiosidade. Armando diz que cursou Filosofia e Teologia com a finalidade de utilizar os conhecimentos adquiridos em trabalhos que aos poucos foram se consolidando na Igreja, como a escola de teologia das Assembléias de Deus, da qual ele e Ademir foram professores durante certo tempo.

> [...] eu fiz ginásio. Aqui [...] comecei aqui na Maçaranduba [...] não me lembro o nome dele. (tenta lembrar o nome do professor) Depois ele morreu. E... você vê que quando ele adoeceu, que ficou bem difícil... [...] eu que ficava tomando conta da escola. Eu era o professor... (risos)... das crianças... no lugar dele. Até ele ficar bom. Professor Aprígio. Seu Aprígio. Muito bom! Bom professor, principalmente em matemática! Ele caprichava na matemática. [...] era uma sala, na casa dele [...] mas era todo mundo ali... todas as séries. Você aprendia... quem se destacava... como eu me destaquei e outros... a gente aprendia mais. Quem não se destacava... aí um aprendia do outro... era coisa assim.[...]. (ARMANDO)
>
> [...] Olha, tinha um livro [...] muito importante... [...] era um livro de capa dura. [...] o livro que a gente usava pra o ginásio, para o

---

[35] Para um aprofundamento sobre a adequação aos papéis escolares das crianças de camadas populares que obtêm sucesso escolar na França contemporânea, ver o já clássico estudo de LAHIRE (1997).

[36] Para um estudo sobre a não-linearidade que caracteriza, em geral, as trajetórias de escolarização das camadas populares no Brasil contemporâneo, ver ZAGO (2000).

390 História da cultura escrita: séculos XIX e XX

> primário... era um livro de capa dura. E era uma síntese de tudo
> o que você precisa aprender. [...] Eu não consigo me lembrar
> agora o nome do livro, mas era o que a gente usava... [...] Era
> assim uma capa amarela, uma capa amarelada. [...] Era um livro
> somando, englobando toda essa fase. Muito bom, muito bom!
> principalmente nessa área de matemática ele... ele... era por ma-
> téria. (ARMANDO)

> [...] Eu sempre fui muito dado à leitura: a leitura dos livros (tre-
> cho inaudível), ditados pra ser usado na sala de aula eu me
> lembro que parece na terceira ou foi quarta série, eu acho, tinha
> um livro assim que ele era como se fosse um livro assim que
> continha é... várias partes de disciplinas que são dadas por uni-
> dade na época era português, matemática, ciências sociais e ciên-
> cias naturais. Aí eu lia muito esse livro, um livro que tem como...
> o título dele parece que era *Brasil,* alguma coisa assim, *a minha
> pátria,* então foi o primeiro livro que eu li e... eu me saía bem em
> sala de aula! E eu creio que a leitura me ajudou muito para eu
> me sair bem na sala de aula porque da primeira a quinta série...
> tanto que fui o primeiro aluno, primeiro aluno da turma, de sala,
> na sala de aula, a leitura me ajudou a isso (trecho inaudível) e a
> criar tanto muito gosto por ela. (ADEMIR)

Ademir, em sua trajetória, fez vestibular para Economia, cursou apenas três períodos e depois acabou desistindo em função de problemas pessoais e porque não se identificava com o
curso. Atualmente, faz o curso de graduação em História em
uma universidade federal. Em contrapartida, Elias, ainda muito
jovem, foi obrigado a interromper seus estudos para trabalhar
com o pai na lavoura e ajudar no sustento da família. Embora
somente tenha conseguido concluir o ensino fundamental depois de casado, lembra-se de que seu pai o incentivava a estudar, pois desejava que os filhos tivessem uma formação melhor
que a dele.

> Quando eu comecei a estudar, eu estudava com um professor
> chamado Seu Tota Maia. Porque meus pais haviam me botado
> no colégio, mas precisava do meu trabalho. Estudei lá uns anos
> lá, poucos anos. Mas meu pai precisando do meu trabalho no
> campo, na roça, então me tirou de lá e me botou pra estudar à
> noite. Agora era um professor mesmo, bem abalizado. Agora,
> naquele tempo que eu comecei a estudar, eu estudava carta de

ABC[37], a carta de ABC... e depois da carta de ABC, a gente passava a estudar, lia ela e recordava, fazia argumento, apanhava na mão e dava nos outros. E depois a gente passamos a estudar uma cartilha. Lia aquela cartilha todinha e depois passamos para o Felisberto Carvalho. Livro Felisberto Carvalho. E, depois que a gente passou pra aquele livro, então eu estudava geografia, minha pátria e aritmética. Era aquele monte de livro. A gente ia pra escola levava aquele monte de livro. [...] Eu comecei a estudar e fui indo [...] até que cheguei a quarta série e fiquei nisso... [...] depois a oitava série, que diga, e fiquei nisso. (ELIAS)

A experiência de serem alunos que se destacavam, de modo a substituir os professores no caso de Ademir e Armando e o contato com material de leitura presente no processo de escolarização – como cartas de ABC, cartilhas, livros didáticos – foram apontados pelos entrevistados como fatores importantes em suas experiências e contribuíram para o desenvolvimento de suas práticas de leitura e de escrita.

A inserção no espaço urbano

O fato de morar em um município do interior do estado, como Paudalho, representou uma dificuldade para Elias ter acesso a outras leituras além da Bíblia. No entanto, as posições de liderança na Igreja, progressivamente alcançadas, parecem ter servido de impulso para que ele, enfim, se inserisse na cultura urbana e buscasse uma estratégia de adquirir as leituras que agora lhe interessavam. Conseguia obter livros através de pregadores de outros lugares que vinham à capital para serem preletores de estudos promovidos pela Igreja central e vendiam seus livros nos eventos.

Mas naquele tempo, quando eu comecei na escola dominical, [...] lendo a lição da escola dominical e tal [...] foi quando eu fui

---

[37] As cartas de ABC ou abecedário foram amplamente utilizados no Brasil, até meados do século XX, embora criticadas desde o final do século XIX. Tratava-se de um material de leitura quase obrigatório nas escolas para a aprendizagem da leitura e da escrita; no entanto, era comum serem utilizadas em casa para aprendizagem da leitura antes do ingresso na escola. Ver, entre outros, GALVÃO (2001).

tendo o interesse de conhecer mais, foi quando foi surgindo [...] alguns livros ainda muito novo, tinha dificuldade pra isso de conseguir os livros, não era muito fácil, porque eu morava no interior [...] tinha pouco acesso [...] aqui a cidade, o Recife, pra conseguir esses livros, então [...] eu me acomodei um pouco de pegar livro, pegava um livro e ficava ali, quando eu comecei já sendo aproveitado na obra: dirigindo uma campanha evangelizadora, já dirigindo um culto como auxiliar, e foi por ali como diácono, foi nesse tempo que eu fui sentindo a necessidade de ler mais, de conhecer mais, então eu comecei já andando pra dentro, pra cidade, já fui pegando já outros livros, tinha a escola bíblica, então tinha aqueles irmãos que vinha de fora mesmo trazendo [...] homens que vinham dar estudo [...] aqueles livros que eles traziam pra vender aos irmãos, aí eu sempre comprava um, dois, [...] aí eu fui fazendo uma coleção [...]. (ELIAS)

Armando saiu de Aliança, município do interior de Pernambuco, para a capital, Recife, com o objetivo de trabalhar para ajudar no sustento de sua família, e sua ocupação profissional parece ter sido importante em seus primeiros passos como leitor. No caso de Ademir, mesmo morando em Timbaúba, município do interior do Estado, já realizava algumas leituras, mas a procura por leituras parece ter se intensificado depois que passa a morar na capital.

Estudos, como o de Galvão (2001, 2002), mostram que é no espaço urbano que o impresso circula mais facilmente, possibilitando assim maior acesso dos vários grupos sociais. Em outros estudos, podemos compreender como o processo de circulação de um produto cultural, como o impresso, permite o aprendizado da escrita, seus usos efetivos e as formas de legitimação pelos diferentes meios e grupos sociais (CHARTIER, 2001).

A ocupação profissional

Outro fator relevante para a inserção na cultura escrita dos sujeitos é a ocupação profissional por eles desempenhada. Armando trabalhou dos 12 aos 19 anos em uma oficina de rolamento de motores, na área de eletricidade, que exigia apenas o conhecimento prático da atividade. Foi observando seu chefe, um profundo conhecedor da área, e, segundo ele, a partir da necessidade de conhecimento teórico que a profissão exigia, que começou a fazer vários cursos por correspondência sobre o tema e outros afins. Para Armando, tratava-se de um tipo de leitura muito importante naquele momento de sua vida principalmente porque ele desejava se profissionalizar na área. Ele fez cursos de inglês e de eletrônica por correspondência. Eram esses os tipos de leituras procuradas e realizadas por ele bem antes de sua conversão religiosa.

> [...] eu comprava livros, eu pedia por correspondência cursos de eletricidade, de eletrônica [...] fiz eletrotécnica por correspondência, fiz eletrônica por correspondência, fiz desenho técnico por correspondência, fiz inglês, iniciei inglês por correspondência, isso entre doze e dezenove anos [...]. (ARMANDO)

Ademir, no início da juventude, trabalhou informalmente em uma oficina mecânica e depois na distribuidora de discos evangélicos de um dos irmãos mais velhos. Era nesta última atividade que tinha contato com material escrito, como notas fiscais, recibos e cobranças que exigiam dele leitura atenta devido às ausências costumeiras do chefe. Para Ademir, a ausência do chefe acabava exigindo dele certa responsabilidade e conseqüente interesse e atenção sobre todo o material escrito (documentos) emitido ou recebido. Posteriormente, trabalhou no escritório de uma distribuidora de alimentos que exigia dele o registro das atividades diárias da empresa e também relatórios mensais.

Os depoimentos de Armando e Ademir destacam situações em que a relação com a escrita é caracterizada pelo contato com a escrita de cunho profissional.[38] No caso de Elias, o fato de ter trabalhado durante muito tempo ajudando o pai em atividades manuais, como a lavoura, parece, a princípio, não ter contribuído para sua intimidade com a prática da leitura.

> Meu tempo era para trabalhar, isso com muita dificuldade. Veja que naquela época era isso mesmo. Filho de um homem pobre,

---

[38] Para compreender melhor o lugar das leituras profissionais na vida de alguns sujeitos, ver, por exemplo, LAHIRE (2002).

precisava trabalhar para sobreviver.[...] Plantar roça, mandioca, a maniva, né? Que a gente chama maniva, pra depois ela nascer, crescer, chegar o tempo, sair a mandioca, fazer a farinha da mandioca, e outras coisas mais. [...] Então, isso também aprendi a fazer. Depois foi a minha primeira profissão. Mas, tem... então eu ali como um filho que observava as coisas tanto de um lado como do outro: tanto no lado espiritual, religioso, como no lado material. (Elias)

Assim, no caso de Elias, parece que o fato de ter nascido numa família muito religiosa que o incentivava sempre a freqüentar os cultos foi mais decisivo na sua trajetória como leitor que a ocupação profissional.

Os tipos de leitura e os modos de ler dos sujeitos

Ademir demonstrou grande preocupação em registrar as leituras que realizava ao longo de sua vida. Utilizou um livro de atas no qual anotava cada livro lido. Nesse livro estão registrados títulos de 282 livros diretamente relacionados à religiosidade e mais 29 denominados por ele de "seculares" com os respectivos nomes dos autores. Além disso, também se preocupou em anotar o número de páginas de cada livro lido, o ano da realização da leitura e, com pequenos traços horizontais, registrou o número de vezes que cada livro foi lido. Entre os livros mais lidos, encontra-se a Bíblia que foi lida 16 vezes. Ademir fez também outra lista com todos os livros que compõem a Bíblia, com o número de capítulos e o número de vezes que cada livro foi lido. Diante de alguns títulos, há asteriscos que, segundo ele, marcam livros que não possuía e aos quais teve acesso por meio de empréstimo. Chama a atenção o fato de, entre os livros registrados como "seculares", encontrarem-se os que são de outras Igrejas, como dos "Adventistas do sétimo dia" e alguns livros didáticos de geografia, de história, de língua portuguesa, além de gramáticas da língua portuguesa e livros de literatura brasileira.

No caso de Armando, tivemos acesso a parte de sua biblioteca pessoal, um total de 173 escritos catalogados durante o processo de pesquisa: 66 livros com predomínio de textos teológicos (18), de educação religiosa (5), evangelismo (3), biografias de líderes religiosos (3), hermenêutica (2), além de livros das áreas eletrotécnica e áreas afins (7), de história (4), dicionários (3), gramáticas (2), supervisão/administração (2) e outros nas áreas de didática, psicologia, antropologia, sociologia, anais de congressos, etc. Além dos livros, foram catalogados 65 exemplares de Lições bíblicas, 21 fascículos de curso por correspondência em eletrônica, 18 manuais técnicos da área de eletrotécnica e 3 revistas informativas da Igreja Assembléia de Deus.

Em relação à existência de marcas de leitor nos escritos, verificamos que, do total de 173 escritos de sua biblioteca pessoal, há 62 escritos que possuem muitas marcas, 61 escritos que possuem poucas marcas e 50 escritos que não possuem marcas de leitor. Esses números mostram que a maioria dos escritos lidos possui alguma marca do leitor. Entre as marcas de leitura predominantes nos escritos do acervo de Armando, estão os sublinhados que aparecem em trechos grandes e em palavras, tanto nas *Lições bíblicas* quanto nos livros, além de longos trechos destacados por um traço vertical ao longo do parágrafo. Nos livros, são muito empregados parênteses e chaves destacando palavras, frases ou pequenos trechos. Particularmente nas *Lições bíblicas*, há muitas referências bíblicas circuladas, corrigidas, grifadas ou assinaladas com um sinal de interrogação, o que parece demonstrar a preocupação do leitor em verificar se aquela referência citada estava de acordo com os argumentos escritos pelo autor da lição ou se ela estava correta. Em outros casos, há acréscimos de outras ou mais referências bíblicas, assim como frases ou palavras manuscritas, possivelmente para fundamentar melhor os argumentos da lição e/ou para serem também mencionados e discutidos na escola dominical. Encontramos também frases ou palavras manuscritas em língua inglesa, palavras em grego e hebraico em algumas das *Lições bíblicas*, o que parece demonstrar o interesse do leitor em observar a origem de certas palavras bíblicas, no caso do grego e do hebraico, e a apropriação da língua inglesa, já que em seu depoimento mencionou que realizou cursos de inglês por correspondência. Um fato interessante é que, nos fascículos dos cursos por correspondência, as atividades propostas cujas questões são objetivas estão respondidas com um breve texto escrito pelo sujeito.

Os escritos feitos pelos sujeitos e a forma como escreviam

Armando se preocupou em escrever esboços e apostilas sobre temas relacionados à religiosidade, principalmente na área de evangelismo. Alguns esboços foram escritos em cadernos e outros em uma espécie de fichário, possivelmente, para serem utilizados em palestras ou em momentos de ensino. As apostilas eram rascunhadas no caderno e depois datilografadas. Em um de seus cadernos consta o rascunho de um livreto sobre evangelismo que está escrito em forma de relato: seu livreto é uma "conversa com o leitor", pois ele "conta uma história", e é bastante "didático" ao contá-la, já que explica o assunto com muitos detalhes, cita diversos exemplos do dia-a-dia e utiliza uma linguagem clara para tornar seus argumentos compreensíveis. Na primeira página do caderno, explica o objetivo de escrever o livreto e a tensão que sentia ao fazê-lo por não se considerar um "escritor" e por ser um desconhecido, fatores que, para ele, requisitavam a compreensão do leitor que se interessasse por seu escrito:

> Ao tentar escrever este livreto sobre um assunto de tal importância como é este de evangelização, fui por várias vezes interrompido em meus propósitos, interrupções estas causadas por vários motivos frutos de minha consciência, incapacidade sempre era o maior motivo. Quem haveria de se deter para ler um livreto escrito por mim? Um desconhecido, e quando conhecido não reunia elementos suficientes para valorizar o escrito, entretanto entre relutâncias de anos veio-me coragem e orando ao senhor busquei forças para empreender tal empresa. Espero que todos aqueles que tiverem a oportunidade de terem em mãos este livreto, possam usar de complacência para com o que escreveu-o. Não sou escritor e seria demais ter tal pretensão. Se escrevi o fiz simplesmente dentro de um proposito de poder dar algo de

> contribuição para a obra do Senhor Jesus Cristo, e também
> para aqueles que desejarem usar neste livreto alguns métodos
> e técnicas de evangelização que poderá vir a ser útil, ainda
> que elementar, para muitos dos amados irmãos que desempe-
> nham este nobre trabalho da evangelização, a estes peço a
> nossa ajuda e compreensão para comigo e o meu trabalho
> [...]. (ARMANDO, s/d)

Os escritos realizados por Ademir evidenciam sua dedicação em escrever apostilas e esboços e seu processo de produção
desses textos: inicialmente foram rascunhados e manuscritos;
depois datilografados, com algumas correções e/ou acréscimos
de referências bíblicas, palavras e/ou tópicos sobre determinado assunto; e posteriormente passaram a ser digitados e impressos. Os esboços possuem um tema e sua respectiva
referência bíblica ao lado; uma introdução, na qual justifica a
importância do tema em um texto resumido; argumentos que
se organizam em forma de tópicos com frases curtas acompa-
nhadas de muitas referências bíblicas; e uma conclusão na qual
sintetiza a contribuição do estudo do tema. Esses esboços foram fixados em uma pequena pasta preta dentro de sacos plás-
ticos e compreendem temas baseados em todos os livros da
Bíblia, obedecendo à seqüência dos livros, ou seja, do Gênesis
ao Apocalipse. Um fato interessante é que a pasta foi estrategicamente elaborada e confeccionada por Ademir para ser "con-
fundida" com uma bíblia, já que ele a utilizava como suporte à
sua fala em momentos de culto e ensino bíblico.

> Eu tenho muitos assim... anotações, assim... esboços, dezenas,
> tenho mais de cem, assim, prontinhos, digitadinhos, impressos e
> alguns assim reimpressos, antigos ainda de máquina de datilo-
> grafia, [risos] mas, assim, que eu xeroquei e estão guardados e
> que eu uso, assim, pra falar na igreja [...] eu tenho até uma pasta
> de anotações [...] que se eu fosse desenvolver dava [...] pra fazer
> um livro [risos] [...] tem muita coisa assim, muita mesmo, e rascu-
> nhado também, creio que tem cerca de quase uma centena, ai
> em envelopes [...] pra passar a limpo [...] mas são tudo anota-
> ções [...] divididas [...] esquematizadas [...] pra uma necessidade
> de uma palestra, pra ensinar, que eu gosto muito de ensinar [...].
> (ADEMIR)

Os tipos de escrito feitos, esboços e apostilas, e a maneira como eram organizados – os esboços em pequenos textos organizados em tópicos e subtópicos com várias referências bíblicas; e as apostilas em forma de relatos ou em pequenos textos com tópicos e várias referências bíblicas – demonstram o cuidado em apresentar os argumentos de modo que fossem claramente compreendidos pelos ouvintes durante as práticas religiosas de ensino, palestras e cultos e também representavam um importante apoio para a oralidade, uma vez que podiam ser facilmente consultados sempre que necessário.

Características autodidatas apresentadas pelos sujeitos

Pode-se observar, nos percursos dos sujeitos entrevistados, o grande esforço autodidata para se apropriarem da cultura escrita, sobretudo, daquela considerada legítima. Essa apropriação, como ocorre com os "novos letrados",[39] não se deu de forma "natural", mas parece ter sido marcada por um progressivo crescimento simbólico – registrado, inclusive – que marca a passagem da condição de "não herdeiros" para a de leitores e "escritores", como se pode ver nos depoimentos abaixo:

> Eu tinha uma estante [...] eu tinha de 500 a 600 livros [...] eu acho que eu tenho retrato disso aí, quando eu morava na Várzea, tinha uma casa muito grande [...] eu tenho foto dessa estante. (ARMANDO)
>
> [...] a maioria dos livros que li foram evangélicos [...] até agora eu li 280 livros evangélicos, incluindo a Bíblia que eu li 16 vezes [...] de livros pequenos de 12 páginas, 15 páginas a livros de 500, 600, 700 páginas, até enciclopédia [...] bíblica de 500 e tantas páginas cheguei a ler... [...] já gostei de ler muita revista também, jornais... Jornais evangélicos, O Mensageiro, mas revistas já li, apostilas também, já li muitas [...] tem muita coisa que eu já li e são páginas que não anotei como lidas porque foram apostilas e geralmente eu não coloco nessa minha relação de volumes lidos

---

[39] Para um estudo sobre "novos leitores" no século XIX, ver HÉBRARD (1990).

Práticas religiosas pentecostais... – Sandra Batista de Araujo Silva e Ana Maria de Oliveira Galvão 399

> [...] comprei revistas evangélicas e não evangélicas também, revista Seleções, por exemplo, não evangélica, já li muitas [...] já li muitas apostilas [...] de seminários, de matérias teológicas e também de matérias não teológicas [...] apostilas sobre geografia [...] e outros assuntos [...] português... já li duas gramáticas completinhas, a gramática de Bechara, eu já li, a de... Hidelbrando [...] e outras gramáticas [...] eu também gosto de ler muito de português. (ADEMIR)

Nesse último depoimento pode-se observar também, por meio da análise das preferências de leitura do entrevistado, a presença do autodidatismo em sua trajetória de vida: os livros lidos são marcadamente de leitura "interessada", livros que são considerados úteis, em que sobressai o aspecto ético e não estético da leitura.[40]

Considerações finais

Mesmo investigando apenas as trajetórias de três sujeitos, podemos destacar alguns pontos que nos auxiliam em uma melhor compreensão das relações estabelecidas entre grupos sociais tradicionalmente associados à oralidade – no caso, especificamente, os pentecostais da Assembléia de Deus – e suas relações com a leitura e a escrita.

Os sujeitos entrevistados parecem desenvolver o gosto e a intimidade com a leitura e a escrita influenciados, a princípio, pelas oportunidades que passam a ter, ao longo de suas trajetórias na Igreja tanto ao participarem, quanto ao se pronunciarem durante as práticas religiosas – quando ainda são crianças, no caso de Elias e de Ademir, e jovem, no caso de Armando. Aos poucos, eles deixam a condição de ouvintes para ocupar determinadas funções de liderança em campanhas evangelizadoras e se constituem como professores da escola dominical. No envolvimento cada vez mais intenso com essas práticas religiosas, eles buscam progressivamente novas leituras, sobretudo

---

[40] Para uma discussão sobre os aspectos éticos e estéticos da leitura ver LAHIRE (1997).

religiosas, e desenvolvem a escrita de esboços e apostilas sobre temas religiosos – para seus liderados – que são utilizados por eles como apoio à oralidade na dinâmica dessas práticas e cultos. Assim, parece que a opção da Igreja em permitir que qualquer pessoa se pronuncie oralmente e o envolvimento intenso dos sujeitos entrevistados com práticas religiosas foram alguns fatores diretamente ligados à religiosidade que influenciaram a constituição dos sujeitos como leitores e escritores.

No entanto, outros fatores como a escolarização, ainda que com algumas interrupções ao longo da trajetória dos sujeitos; a ocupação profissional, quando exerceram ocupações em que a prática da escrita e a leitura eram necessárias; e a inserção na cultura urbana onde o impresso se encontra mais presente em todos os lugares, também foram fatores importantes para as experiências de letramento dos sujeitos.

Podemos perceber também que a maioria de suas leituras e de seus escritos está diretamente relacionada à religiosidade, o que sugere que a conversão religiosa, no caso de Armando e de Ademir, foi decisiva para uma reorganização de sua vida em relação à inserção e à participação no mundo da escrita. No entanto, no caso de Elias, a religiosidade assumida e seguida desde criança e sua trajetória na Igreja parecem ter sido fundamentais para sua inserção e participação.

Por outro lado, os depoimentos dos entrevistados expressam que a aproximação com a cultura escrita foi marcada por um grande esforço, sobretudo, autodidata. Os entrevistados apresentam características típicas de "novos letrados" e as relações que estabelecem com as práticas de letramento são caracterizadas por uma não "naturalidade" em relação às formas consideradas legítimas da cultura escrita. No entanto, por usarem a leitura e a escrita em um espaço marcado pela oralidade, parecem sentir-se relativamente à vontade e em posição de destaque na prática cotidiana da leitura e da escrita no interior da instituição.

Referências

ALMEIDA, Abraão de. *et al. História das Assembléias de Deus no Brasil.* 2. Ed. Rio de Janeiro: CPAD, 1982. 384 p.

BOURDIEU, Pierre. Os três estados do capital cultural. In: NOGUEIRA, Maria Alice; CATANI, Afrânio (Orgs.). *Escritos de Educação.* Petrópolis: Vozes, 1998.

BURKE, Peter (Org.). *A escrita da História:* novas pespectivas. Tradução de Magda Lopes. São Paulo: Editora da Universidade Federal Paulista, 1992. 355 p.

CHARTIER, Roger. *Práticas de leitura.* Tradução de Cristiane Nascimento. 2. ed. São Paulo: Estação Liberdade, 2001.

CHARTIER, Roger. Textos, impressos, leituras. In: CHARTIER, Roger. *A História Cultural:* entre práticas e representações. Tradução de Maria Manuela Galhardo. 2. ed. Lisboa: Difusão Editorial Ltda, 2002. p. 121-138.

DANIEL, Silas *et al. História da Convenção Geral das Assembléias de Deus:* Os principais líderes, debates e resoluções do órgão que moldou a face do movimento pentecostal brasileiro. Revisão de Evandro Teixeira Lopes. 1. ed. Rio de Janeiro: CPAD, 2004. 692 p.

ENCARNAÇÃO, Maria Amélia Dantas de. *Imprensa Pentecostal:* a produção de uma identidade religiosa. 1999. 188 f.. Dissertação (Mestrado em História) – Programa de Pós-graduação em História, Universidade do Estado do Rio de Janeiro, Rio de Janeiro, 1999.

FERNANDES, Tânia Maria; MONTENEGRO, Antônio Torres (Orgs.). *História Oral:* um espaço plural. Recife: Editora Universitária da UFPE, 2001. 367 p.

FERREIRA, Marieta; AMADO, Janaína. *Usos e abusos da História Oral.* Rio de Janeiro: Fundação Getúlio Vargas, 1996.

FRAGO, Antonio Viñao. *Alfabetização na sociedade e na história:* vozes, palavras e textos. Tradução de Tomaz Tadeu da Silva, Álvaro Moreira Hypólito e Helena Beatriz M. de Souza. Porto Alegre: Artes Médicas, 1993. 144 p.

GALVÃO, Ana Maria de Oliveira. Oralidade, memória e a mediação do outro: práticas de letramento entre sujeitos com baixos níveis de escolarização – o caso do cordel (1930-1950). *Educação e Sociedade.* Campinas, v. 23, n. 81, p. 115-142, dez. 2002.

GALVÃO, Ana Maria de Oliveira. Processos de inserção de analfabetos e semi-alfabetizados no mundo da cultura escrita (1930-1950). *Revista Brasileira de Educação.* Campinas, n. 16, p. 81-93, jan./abr., 2001.

402 História da cultura escrita: séculos XIX e XX

GALVÃO, Ana Maria de Oliveira *et al. Entrando na cultura escrita*: percursos individuais, familiares e sociais nos séculos XIX e XX. Recife, jun. 2004. 94 f. Projeto de pesquisa integrada. Mimeografado.

GINZBURG, Carlo; CASTELNUOVO, Enrico; PONI, Carlo. *A micro-história e outros ensaios*. São Paulo: Companhia das Letras, 1989.

HÉBRARD, Jean. Les nouveaux lecteurs. In: CHARTIER, Roger; MARTIN, Henri-Jean (Dir.). *Histoire de l'édition française*. 2. ed. t. 3. Paris: Fayard, Promodis, 1990. p. 526-565.

HÉBRARD, Jean. O autodidatismo exemplar. Como Valentin Jamerey-Duval aprendeu a ler? In: CHARTIER, Roger. *Práticas de leitura*. Tradução de Cristiane Nascimento. 2. ed. São Paulo: Estação Liberdade, 2001. p. 35-73.

LAHIRE, Bernard. *Homem plural*: os determinantes da ação. Tradução de Jaime A. Clasen. Petrópolis: Vozes, 2002. 231 p.

LAHIRE, Bernard. *Sucesso escolar nos meios populares*: as razões do improvável. São Paulo: Ática, 1997.

LEVI, Giovanni. Sobre a micro-história. In: BURKE, Peter (Org.). *A escrita da história*: novas perspectivas. São Paulo: UNESP, 1992. p. 133-161.

LOPES, Eliane Maria Teixeira Lopes; GALVÃO, Ana Maria de Oliveira. *História da Educação*. Rio de Janeiro: DP&A, 2001. 120 p.

MAFRA, Clara. *Os evangélicos*. Rio de Janeiro: Jorge Zahar, 2001. 89 p.

MENDONÇA, Antonio Gouveia de; VELASQUES FILHO, Prócoro. *Introdução ao protestantismo no Brasil*. São Paulo: Loyola, 1990. 279 p.

OLIVEIRA, Joanyr de. *As Assembléias de Deus no Brasil*: sumário histórico ilustrado. 2. ed. Rio de Janeiro: CPAD, 1998.

OLIVEIRA, José de. *Breve história do movimento pentecostal*: dos Atos dos Apóstolos aos dias de hoje. Rio de Janeiro: CPAD, 2003. 96 p.

PESAVENTO, Sandra Jatahy. *História & História Cultural*. Belo Horizonte: Autêntica, 2003. 132 p.

REVEL, Jacques (Org.). *Jogos de escalas*: a experiência da microanálise. Rio de Janeiro: FGV, 1998.

RIBEIRO, Eraldo Omena. *Síntese histórica da Assembléia de Deus em Pernambuco*: Jubileu de diamante (1918-1993). Recife: edição do autor, 1993. 72 p.

ROLIM, Francisco Cartaxo. *Religião e classes populares*. Petrópolis: Vozes, 1980.

Práticas religiosas pentecostais... – Sandra Batista de Araujo Silva e Ana Maria de Oliveira Galvão 403

SELLARO, Lêda Rejane Accioly. *Educação e Religião*: Colégios Protestantes em Pernambuco na década de 20. 1987. Dissertação (Mestrado em Educação) – Programa de Pós-graduação em Educação, Universidade Federal de Pernambuco, Recife, 1987.

SIERPIESKI, Paulo Donizétti. A emergência da Pluralidade Religiosa. *Reflexão e Fé*. Recife, v. 1, p. 59-75, 1999.

SILVA, Fabiana Cristina da. *Trajetórias de longevidade escolar em famílias negras e de meios populares (Pernambuco, 1950-1970)*. 2005. f. 251. Dissertação (Mestrado em Educação) – Programa de Pós-graduação em Educação, Universidade Federal de Pernambuco, Recife, 2005.

SOARES, Magda. *Letramento*: um tema em três gêneros. 2. ed. Belo Horizonte: Autêntica, 2002.

THOMPSON, Paul. Evidência. In: THOMPSON, Paul. *História Oral*: a voz do passado. Rio de Janeiro: Paz e Terra, 2001. p. 138-278.

VIGREN, Ivar. *Gunnar Vigren*: o diário do pioneiro. 2. Ed. Rio de janeiro: CPAD, 1982.

ZAGO, Nadir. Processos de escolarização nos meios populares: as contradições da obrigatoriedade escolar. In: NOGUEIRA, Maria Alice; ROMANELLI, Geraldo; ZAGO, Nadir (Orgs.). *Família e escola*: trajetórias de escolarização em camadas médias e populares. Petrópolis: Vozes, 2000. p. 18-43.

Capítulo 13

UMA APRENDIZAGEM SEM FOLHETO: QUEM AINDA VAI REZAR E BENZER EM BARRA DO DENGOSO?

Maria José Francisco de Souza

Essa pergunta orientou a conclusão de uma pesquisa[1] sobre rezadeiras e benzedores[2] desenvolvida numa comunidade rural localizada no município de Porteirinha, norte de Minas Gerais. Ela expressa também duas grandes questões da pesquisa: a aprendizagem sem folheto que, neste caso, significa dizer aprendizagem sem apoio da escrita; e a transmissão, ou não, de um determinado conhecimento, o saber rezar/benzer. Supõe, por fim, sujeitos envolvidos nesse processo – rezadeiras e benzedores[3] – e o lugar social ocupado por eles na referida comunidade. Nesse caso específico, diz respeito ao processo de deslocamento vivido por um determinado grupo de indivíduos

---

[1] Pesquisa realizada durante o mestrado entre 2001 e 2003, sob a orientação de Maria das Graças Rodrigues Paulino, da qual resultou a dissertação intitulada "Rezas e benzeções: a apropriação desses saberes populares em Barra do Dengoso", apresentada ao Programa de Pós-Graduação da Faculdade de Educação da UFMG e defendida em agosto de 2003.

[2] Será empregada a referência a rezadeiras e a benzedores, uma vez que durante a pesquisa foram identificadas apenas mulheres que desempenhavam a função de rezadeiras e, quanto a benzedores, foram identificados três mulheres e um homem.

[3] A distinção básica entre rezadeiras e benzedores se dá pela esfera de atuação: as rezadeiras atuam em espaços mais públicos como festas de santo, novenas, terços e ofícios realizados em pagamento de promessas nas casas dos devotos ou na igreja; os benzedores atuam em espaços mais privados, geralmente na própria casa, e manipulam orações e rituais a fim de obter a cura de males diversos que afligem as pessoas que os procuram (SOUZA, 2003). Sobre essas definições, ver também: QUINTANA (1999) e SCHLESINGER; PORTO (1995).

que possuía distinção social por dominar oralmente um amplo repertório de rezas e orações e que, a partir da entrada sistemática da escrita nas celebrações religiosas, passa a ter o seu espaço de atuação reduzido e as possibilidades de participação limitadas. Nesse processo, perdem gradativamente o lugar de distinção.

Essas são também as principais questões abordadas neste texto que tem como foco uma comunidade rural que tem vivido, destacadamente a partir da década de 1970, uma ampliação da circulação de material escrito e de espaços/situações de uso desse material. Serão focalizadas, especialmente, algumas mudanças observadas em práticas culturais locais do grupo social estudado, rezadeiras e benzedores, desencadeadas por esse processo.

Deve ser destacado, de início, que não se pretende, neste texto, realizar a discussão sobre os impactos da entrada da escrita numa sociedade de tradição oral por meio da polarização entre oral e escrito ou oralidade e escrita.[4] Como afirmam Olson e Torrance (1995), a abordagem comparativa muitas vezes resultou numa visão bastante dicotomizada da relação entre oralidade e escrita e está presente em diversos estudos realizados ao longo da década de 1960.[5] Tal abordagem apresenta sérias limitações uma vez que:

> Os efeitos da escrita sobre mudanças intelectuais e sociais não são de fácil compreensão... É enganoso pensar a escrita em termos de suas conseqüências. O que realmente importa é aquilo que as pessoas fazem com ela, e não o que ela faz com as

---

[4] Diversos estudos têm apontado e discutido os problemas e limites dessa polarização que atribui à escrita um valor em si e que tendem a desqualificar sociedades de tradição oral ou considerá-las atrasadas, pré-lógicas. Ver especialmente, GRAFF (1990 e 1995), GALVÃO; BATISTA (2006), RIBEIRO (1999) e o primeiro capítulo deste livro.

[5] Segundo Olson e Torrance (1995), uma tendência dos estudos daquela década era, num primeiro momento, "compreender a cultura oral de sociedades tradicionais, ágrafas, como forma de pensar o impacto da cultura escrita sobre essas populações. Modo geral, esses estudos eram realizados de forma comparativa, traçando oposições entre oralidade e escrita o que, muitas vezes, resultou em uma forte tensão e dicotomização na forma de abordagem" (p. 267).

pessoas. (OLSON; HILDYARD; TORRANCE, 1985 *apud* OLSON; TORRANCE, 1995, p. 7)

Para Graff (1990), as posturas dicotômicas tenderam a supervalorizar os efeitos e conseqüências da escrita e de seu domínio, o alfabetismo.[6] Segundo ele, as expectativas geradas a respeito "do papel do alfabetismo e da escolarização no desenvolvimento socioeconômico, na ordem social e no progresso individual" constituem o que ele chama de "mito do alfabetismo" (p. 31). Graff (1990 e 1995) problematiza essas expectativas e questiona a fragilidade das pesquisas que relacionavam diretamente a alfabetização a desenvolvimento econômico e chama a atenção para um "mal entendido" em relação ao que efetivamente o alfabetismo e, no seu bojo, a escolarização significam. Segundo afirma, essa discussão precisa passar necessariamente por uma definição mais clara do que seja alfabetização e alfabetismo, ou letramento[7], e o papel do contexto sócio-histórico em que ele se dá em uma perspectiva não linear ou evolucionista, considerando que há diferentes graus de acesso e mesmo de necessidade de uso.

Vale destacar também que os estudos comparativos foram realizados em sociedades ágrafas, de oralidade primária. A

---

[6] É interessante observar que, nesse texto de 1990, *literacy* é traduzido como alfabetismo, uma vez que, segundo o tradutor, os dois termos possuem definições "praticamente coincidentes" (Cf. N. do T., p. 64). O tradutor também adverte o leitor sobre o emprego do termo letramento, considerado um neologismo e justifica sua opção por alfabetismo. No entanto, no texto de 1995, *literacy* é traduzido com alfabetização, o que gera certa confusão terminológica. Pode ser citada, como exemplo, a passagem em que o autor sinaliza para uma acepção restrita de alfabetização "para os níveis básicos da assim chamada alfabetização "tradicional" ou "alfabético" e uma acepção mais ampla de alfabetização, nomeada "formas "superiores" ou "críticas" das habilidades de leitura e escrita, por exemplo" (p. 174). O termo *literacy*, na segunda acepção, se aproxima do conceito de alfabetismo (como traduzido no artigo de 1990) ou como letramento, termo mais empregado no debate sobre usos sociais da escrita no Brasil (Cf. Soares, 2001; Ribeiro, 2003).

[7] Em diversas passagens do texto, GRAFF (1995) problematiza os estudos realizados em décadas anteriores sobre os impactos da alfabetização especialmente os que consideram alfabetização uma variável independente associada a avanço, a desenvolvimento econômico e a modernidade.

408 História da cultura escrita: séculos XIX e XX

comunidade estudada não se caracteriza como de oralidade primária,[8] trata-se de uma comunidade de oralidade secundária e mista, uma vez que é diferentemente influenciada e marcada pelo contato com a escrita (ZUMTHOR, 1993). Nesse sentido, não é pretensão deste texto destacar as conseqüências da entrada da escrita na comunidade estudada, mas analisar algumas implicações da presença mais sistemática de textos escritos e de práticas de leitura num espaço social definido: as celebrações religiosas.

Como se trata de um estudo situado em um período recente, segunda metade do século XX, ele se apóia principalmente em fontes orais a fim de reconstruir o percurso vivido pelo grupo focalizado, sua inserção na cultura escrita e formas de participação nas práticas sociais em que a escrita é demandada. A história oral mostra-se como abordagem teórico-metodológica adequada para atingir esse objetivo, uma vez que, conforme Amado e Ferreira (1996), "estabelece e ordena procedimentos de trabalho" relacionados à escolha de procedimentos de recolhimento dos depoimentos e possibilidades de transcrição; e as implicações de cada escolha e da relação estabelecida entre pesquisador e entrevistado sobre o trabalho realizado. Para as autoras, a história oral funciona "como ponte entre teoria e prática" (p. xvi), suscitando questões, formulando perguntas cujas respostas devem ser buscadas na teoria da história.

Considerando que o estudo busca evidenciar percepções que os sujeitos estudados têm de um determinado processo, nossa reflexão buscará evidenciar "as modalidades e os mecanismos de incorporação do social pelos indivíduos de mesma formação social" (AMADO; FERREIRA, 1996, p. xxiv). No entanto, como lembra Thompson (2002), a memória é de difícil apreensão e os

---

[8] ZUMTHOR (1993) apresenta três tipos distintos de oralidade: oralidade primária e imediata – sem que tenha havido qualquer contato com a escrita; oralidade mista – em que há a presença da escrita, mas com pouca ou parcial influência sobre a oralidade; e oralidade secundária – típica de uma cultura centrada na escrita. Para ele, fatores diversos influenciam a existência desses tipos de oralidade, entre eles as diferentes épocas, regiões, classes sociais e os próprios indivíduos.

depoimentos não podem ser tomados como a verdade, mas analisados como reformulação da memória:

> De um lado, eles podem fornecer uma grande quantidade de informações factuais válidas, por exemplo, sobre onde a pessoa viveu, suas estruturas familiares, tipos de trabalho, etc – informações que de vários modos pode-se comprovar como sendo amplamente confiáveis; mas ao lado disso, eles também sustentam a igualmente reveladora marca da moduladora força da memória, e também da consciência coletiva e individual. (THOMPSON, 2002, p. 22)

Nessa complexa relação entre memória e história, buscamos reconstruir a história de vida dos sujeitos da pesquisa a partir de entrevistas semi-estruturadas orientadas por um roteiro com tópicos mais amplos sobre origem familiar, escolarização, contatos com material escrito, participação nas celebrações religiosas. A opção por tópicos mostrou-se mais adequada que a formulação de perguntas mais diretas e possibilitou aos sujeitos um relato mais livre de suas trajetórias sem que ficassem presos a formulação de respostas. Desse modo, as questões serviram para orientar a entrevista, retomar ou explicitar determinados pontos abordados pelos entrevistados. Além dos depoimentos orais, serão analisados dados estatísticos sobre taxas de alfabetização e escolarização da região e do município em que a comunidade estudada está inserida e informações obtidas durante consulta aos Livros de Leis do Município de Porteirinha.

A comunidade e as experiências de escolarização

A comunidade em estudo está localizada na porção oeste do município de Porteirinha[9] num vale formado à margem direita do rio Mosquito, que, por muito tempo, nomeou o lugar. A região em que se localiza o município de Porteirinha, norte de Minas Gerais, faz parte da Área Mineira do Polígono da Seca,

---

[9] Porteirinha está distante aproximadamente 590 km de Belo Horizonte.

desde 1946, e passou a integrar a Área Mineira da SUDENE – Superintendência do Desenvolvimento do Nordeste – a partir de 1963 (Oliveira, 2000).[10] A região sofre com a irregularidade e, por vezes, com a escassez das chuvas e suas conseqüências, o que a aproxima de regiões do semi-árido do nordeste do País. As cidades mais próximas da comunidade são Porteirinha, sede do município, distante aproximadamente 30 km; Nova Porteirinha[11], a 25 km; e Janaúba, a 27 km.

A comunidade Barra do Dengoso possui aproximadamente sessenta e duas famílias, totalizando cerca de trezentas e oitenta pessoas.[12] No núcleo da comunidade, parte mais densamente povoada em que se concentra o maior número de casas, há um campo de futebol, duas vendas[13] e uma igreja católica, construída no início de 1990. Distante desse "centro", aproximadamente dois quilômetros, há uma escola municipal que teve funcionamento regular a partir de 1981, quando foi contratada a primeira professora habilitada em magistério e posteriormente professoras leigas para lecionar para as séries iniciais do ensino fundamental. Atualmente, em função da diminuição do número de alunos, a escola possui apenas duas turmas multisseriadas, em

---

[10] A SUDENE foi criada em 1959, pelo então presidente Juscelino Kubitschek, para atuar no desenvolvimento da região Nordeste e foi extinta em 2001, na gestão do presidente Fernando Henrique Cardoso, depois de inúmeras denúncias de desvio de recursos. Em seu lugar foi criada a ADENE, Agência de Desenvolvimento do Nordeste, "criada pela Medida Provisória Nº 2.146-1, de maio de 2001, alterada pela Medida Provisória Nº 2.156-5, de 24 de agosto de 2001 e instalada pelo Decreto Nº 4.126, de 13 de fevereiro de 2002" (Disponível em: <http:/www.adene.gov.br>. Acesso em: 27 jun. 2007). No entanto, em 23/1/2007 foi criada a Nova SUDENE, pela Lei Complementar 125.

[11] Nova Porteirinha teve sua emancipação político-administrativa em 1995 e seu território predominantemente foi desmembrado do município de Porteirinha. Nele está instalado o Distrito de Irrigação do Gorutuba, que se configura como importante fator de desenvolvimento local especialmente a produção de frutíferas.

[12] Número de famílias cadastradas no PSF – Programa Saúde da Família em 2003.

[13] A venda é uma espécie de pequena mercearia em que se vende uma diversidade de produtos de higiene e limpeza, utilidades domésticas, bebidas e mantimentos diversos.

que crianças cursando séries diferentes compartilham a mesma sala, sendo uma no período matutino e a outra no vespertino. A comunidade possui poucos espaços de convivência e participação além dos espaços domésticos. As principais atividades se realizam no âmbito doméstico, nas relações familiares e com vizinhos, ou nas roças durante o trabalho; e, no âmbito público, na venda e na Igreja. As casas ficam próximas umas das outras, os quintais e terreiros se comunicam e os vizinhos mais próximos são geralmente parentes, compadres, amigos. Com isso, há sempre alguém por perto para vigiar a criação ou socorrer um vizinho quando há necessidade. As crianças transitam entre os quintais em comum, uma vez que não há muitas cercas (elas só são necessárias onde se cria gado e poucos criam), e vão para a escola em grupos. As conversas no final da tarde, a companhia para buscar água e/ou tomar banho no rio são importantes formas de estabelecimento e fortalecimento das relações cotidianas.

Quando não se está em casa ou no trabalho, há poucas opções de entretenimento: visita a um vizinho ou parente; jogos e encontros na venda; futebol aos domingos; atividades na igreja. A venda e o campo de futebol estão localizados em frente à igreja e constituem o lugar do profano. A igreja é o espaço do sagrado e concentra diversas atividades, principalmente, os rituais de construção e reafirmação dos significados partilhados pelo grupo: encontros de casais, programações festivas, como novenas e leilões, catequese para as diversas idades, grupos de jovens, celebrações semanais do culto dominical e celebração mensal de missas. Chama a atenção o fato de, ao final dos cultos, haver um momento específico para os "avisos", informes diversos, como convite para celebrações, novenas e missas; datas de cadastro escolar e de vacinação, etc. Além de concentrar as atividades religiosas, a igreja constituiu-se como o principal lugar de encontro e, conseqüentemente, de divulgação de eventos de interesse da comunidade. Os dias festivos ou de celebrações especiais atraem muitos moradores, alguns para apreciar o espaço de convivência e encontrar amigos, saber as novidades e fugir da rotina casa/trabalho. Outros para participar, assumir tarefas, como integrar as equipes de leituras e de cantos, organizar quermesse e leilões, ser festeiro, buscar o padre na cidade vizinha, enfim, uma diversidade de pequenas tarefas necessárias para que o evento seja bem-sucedido.

Há ainda, mas em menor número, as rezas e festas de santo realizadas em casa de devotos. Muito movimentadas há algum tempo, essas festas em homenagem aos santos de devoção constituíam um dos principais espaços de encontro. Os entrevistados se referem a elas como eventos esperados com grande expectativa. Às vezes, eram terços cantados, muito longos, que fizeram a fama das rezadeiras da região. Nessas ocasiões, havia grupos bem distintos: o dos homens que geralmente ficavam fora da casa em torno de uma fogueira, às vezes, engrossando o coro das rezas, tendo sempre um responsável por soltar fogos de artifício ao final de cada mistério do terço e, mais freqüentemente, atualizando assuntos diversos; e o das mulheres e crianças que ficavam dentro da casa, rezando. Esses eventos quase sempre terminavam com apresentação de foliões que tocavam violões, tambores, cantavam benditos diversos e, posteriormente, dançavam catira e batuque, instigando os demais presentes a também participar. Inicialmente e sob a vigilância dos pais, as moças integravam o grupo que rezava, depois saíam para as brincadeiras e grupos de interesse. Para muitos jovens, essas festas de santo representavam a oportunidade de se encontrar e iniciar namoros. Essa tradição de rezar e depois se divertir com danças e cantorias, como parte do mesmo evento, é bastante característico do catolicismo popular e marca a passagem do sagrado para o profano.[14]

Modo geral, as trocas cotidianas, as relações estabelecidas e os principais momentos de encontro e socialização eram, e ainda são, predominantemente mediados pela oralidade. As formas

---

[14] Para um aprofundamento sobre o catolicismo popular no Brasil, ver BRANDÃO (1993) e SANCHIS (2001).

de participação, de ensinar e de aprender, também eram marcadas pela transmissão oral de saberes caracterizada pela participação, pela repetição e pela memorização.[15] Nesse contexto, saber ler e escrever não representava uma grande necessidade. Pode-se afirmar, baseado nos depoimentos coletados, que, até meados da década de 1970, ser analfabeto não era motivo de desprestígio, uma vez que os saberes prestigiados eram aqueles dominados principalmente pelos mais velhos que não sabiam ler ou escrever e possuíam amplo repertório memorizado ao longo da vida.[16]

É preciso considerar também que a comunidade está inserida em uma região com baixos índices de escolarização e com alta taxa de analfabetismo. Segundo Cardoso (2000), em 1970, a taxa total de analfabetismo das pessoas de 15 anos e mais de idade, na região, era de 58,84%, sendo 32,35% na zona urbana e 69,41% na zona rural; nessa mesma década, a taxa de analfabetismo em Minas Gerais era de 36,01%, sendo 21,90% na zona urbana e 53,18% na zona rural; e no Brasil a taxa total era de 34,01%. Na década de 1980, os números se alteram, mas ainda se mantém uma grande distância entre as taxas de analfabetismo da região e as do Estado e do País: a taxa total da região passa a ser 45,27%, sendo 28% zona urbana e 59,35% na zona rural; em Minas Gerais, a taxa total era de 25,19%, sendo 17,30% na zona urbana e 43,11% na zona rural; nessa mesma década, a taxa total de analfabetismo no Brasil era de 25,50%. Ainda de acordo com Cardoso (2000), dados divulgados em documento da SEPLAN em 1994 indicam ainda que "por volta de 1991, aproximadamente 41% da população regional com mais de 15 anos de idade era analfabeta. Percentual muito acima daquele verificado para o estado [Minas Gerais] como um todo, na mesma época, ou seja, 25%" (CARDOSO, 2000, p. 317).

Considerando dados dos censos demográficos sobre o município de Porteirinha, temos uma evolução nos índices de

---

[15] Esses aspectos serão mais detalhados no próximo tópico.

[16] Para uma discussão sobre a construção do preconceito contra os analfabetos ao longo da história brasileira, ver GALVÃO; PIERRO (2007).

analfabetismo de 78,23% em 1960; 68,57% em 1970; 54,26% em 1980; 44,99% em 1990; e 27,45% em 2000. O processo de expansão da rede escolar no município se intensificou na década de 1960 e, no caso da comunidade estudada, a oferta regular de vagas para o ensino fundamental e para educação de jovens e adultos se deu a partir da década de 1980.[17] Há relatos sobre a existência, ao longo da década de 1970, de salas isoladas que funcionavam ora na casa, ora em galpões cedidos por alguns moradores cujos filhos ou filhas tinham alguma instrução e ensinavam as crianças e os adolescentes da comunidade a ler, escrever e contar.[18] Na década de 1970, funcionou uma turma do Movimento Brasileiro de Alfabetização (MOBRAL) um programa em âmbito nacional, criado em 1967, destinado à alfabetização de jovens e adultos[19] e, na década de 1980, formou-se uma turma do Programa de Educação Integrada (PEI), com

---

[17] A escola municipal da comunidade é construída em 1980 e passa a funcionar regularmente a partir de 1981. Os livros de leis referentes ao período de outubro de 1978 a 1983 estão desaparecidos dos arquivos municipais. Quanto aos arquivos da Secretaria de Educação, mudanças de sede causaram perda e destruição de documentação referente às escolas rurais no período anterior a 1990.

[18] Tais relatos foram obtidos em pesquisa realizada em 2003 e são confirmados por diversos moradores que colocavam os filhos para estudar, ou que eles mesmos aprenderam "as primeiras letras" nessas turmas. A consulta aos livros de Leis Municipais não ofereceu dados para confirmar a participação do poder municipal no financiamento dessas salas, pois os livros referentes ao período relatado desapareceram do arquivo municipal. Em relação a outros lugarejos, há ampla referência, na legislação municipal, à contratação de professores e professoras para atuarem em salas de ensino primário localizadas em fazendas. Nesse sentido, na década de 1960 inicia-se o processo de institucionalização da rede escolar e as salas cedem lugar a prédios escolares construídos em terrenos desapropriados pelo poder público.

[19] As atividades do MOBRAL tiveram início em 1971 quando, pelo Decreto n.67/71 é criada a comissão local para execução do programa: "Art. 1º. Fica criada Comissão Municipal do MOBRAL de Porteirinha com o objetivo de alfabetização funcional da faixa etária de 12 a 35 anos, sob a orientação e supervisão do Movimento Brasileiro de Alfabetização – MOBRAL – Central e em harmonia com os Órgãos Federais e Estaduais". Sobre a orientação metodológica do programa e sua ruptura com experiências de educação popular, ver GALVÃO; SOARES (2006).

Uma aprendizagem sem folheto: quem ainda vai rezar... – Maria José Francisco de Souza 415

certificação equivalente ao primeiro segmento do ensino fundamental (1ª a 4ª série).[20]

Com ampliação da rede escolar, apesar de ainda altos, a partir da década de 1970, há um crescimento contínuo e significativo da taxa de alfabetização da população e progressiva diminuição da distância entre os índices registrados da zona urbana e da zona rural.[21]

TABELA 1

Taxa de alfabetização entre pessoas com mais de 5 anos

MUNICÍPIO	1960	1970	1980	1991	2000
Porteirinha	21,77	32,02	45,74	55,01	72,55
Urbana	—	64,25	62,00	67,63	78,43
Rural	—	26,09	36,37	46,91	67,15

Fonte: IBGE. Censos Demográficos.

Conforme pode ser observado na Tabela 1, somente na década de 80, o município de Porteirinha passa a ter a maior parte da população acima de 5 anos alfabetizada. Quando se observam os índices de alfabetização na zona rural, a inversão só se dá na década de 90, mas o município inicia o ano 2000 com mais de um terço de sua população rural analfabeta. Vale lembrar que, na década de 90, o Brasil comemorava a universalização do ensino fundamental.

Rezadeiras e benzedores

Como este texto focaliza um determinado grupo de indivíduos, rezadeiras e benzedores, torna-se importante destacar

---

[20] O Programa de Educação Continuada, uma versão condensada do curso primário para jovens e adultos, foi criado com o propósito de dar continuidade à alfabetização pontual oferecida pelo MOBRAL. Teve duração de onze meses em Barra do Dengoso.

[21] No Censo Demográfico de 1960 não há indicação da taxa de alfabetização, considerando população urbana e rural.

416 História da cultura escrita: séculos XIX e XX

aspectos sobre a atuação desses sujeitos que lhes conferiam distinção na comunidade. Foram identificados e estudados cinco sujeitos, quatro mulheres e um homem, que ainda atuam na comunidade como rezadeiras e/ou como benzedores. As entrevistas foram realizadas na casa dos sujeitos, com exceção do benzedor, conforme será explicitado adiante, e duraram entre duas e três horas.

A primeira entrevistada, Dona Justiniana, 65 anos,[22] nasceu na Forra, uma comunidade rural próxima a Barra do Dengoso. Diz ter tido uma infância marcada pelo trabalho braçal em lavouras do próprio pai e outras próximas de onde morava e não estudou porque seus pais se preocuparam mais "em ensinar a trabalhar". Na década de 1950, ela se casou e foi morar em Barra do Dengoso onde teve treze filhos. Embora não se lembre do período específico, freqüentou por dois meses aulas do MOBRAL e aprendeu a assinar o nome e a ler algumas letras. Mas afirma ter aprendido pouca coisa e não consegue ler um texto, por exemplo, pois a professora contratada para trabalhar durante seis meses, lecionou por apenas dois e desistiu do trabalho. Posteriormente, em 1981, tentou retomar os estudos em um programa de Educação de Jovens e Adultos, o PEI, mas desistiu nas primeiras semanas em função de exigências domésticas. Lamentou não ter tido oportunidade de estudar na infância e o fato de não ter podido fazê-lo depois de adulta. Destaca-se na comunidade como rezadeira e como benzedeira. Segundo ela, aprendeu a rezar e a benzer com pessoas mais velhas com quem convivia em momentos mais pontuais em que pedia a essas pessoas que ensinassem determinada reza ou oração; e especialmente em situações coletivas, pela participação nas festas de santo e rezas diversas que aconteciam em casas de vizinhos, conhecidos, parentes e em sua própria casa. Diz estar menos atuante nos últimos tempos porque as rezas realizadas nas casas diminuíram significativamente e as que são realizadas na Igreja são baseadas em material escrito. Como não

---

[22] A entrevista foi realizada em 11/5/2002, portanto, está atualmente com 70 anos.

consegue ler livros e folhetos que circulam na igreja, sua participação tornou-se mais limitada. Expressou forte desejo de aprender a ler e informou que ainda benze pessoas da própria comunidade e de comunidades vizinhas, mas acha que tem diminuído o número de pessoas que ainda acreditam em benzeções.

A segunda entrevistada, dona Maria, 79 anos,[23] nasceu em Barra do Dengoso, é viúva, mãe de cinco filhos e é a benzedeira mais idosa em atividade na comunidade. Não é rezadeira e diz saber apenas uma benzeção curta contra dor de cabeça. Não freqüentou escola nem teve outra oportunidade de aprender a ler e escrever e lamentou, especialmente, não saber assinar o nome. Diz ter perdido a mãe quando criança e que foi criada pela irmã mais velha e pelo pai. Segundo ela, tanto o pai quanto o avô tentaram ensinar rezas, mas, como não conseguia memorizá-las, eles desistiram e, só quando adulta, aprendeu a benzer com a madrinha e parteira que morava próximo de sua casa. Sua participação nas rezas, de modo geral, e na igreja foi mais discreta geralmente integrando o coro de vozes em momentos de oração. Atualmente,[24] está matriculada em uma turma de educação de jovens e adultos e diz ter aprendido a assinar o nome. Para ela, o fato de não saber ler não era problema até muito recentemente, afinal não havia a necessidade e, nem mesmo, material escrito disponível para leitura na comunidade. Segundo ela, as rezas eram cantadas ou rezadas "de cor", memorizadas e repetidas ano a ano nas festas de santo e outros momentos de celebração religiosa.

O terceiro entrevistado, senhor Domingos, 75 anos,[25] nasceu em Riacho dos Machados, à época, distrito de Porteirinha,

---

[23] A entrevista foi realizada em 22/7/2002, portanto, está atualmente com 84 anos.

[24] Foi entrevistada novamente em 5/5/2007.

[25] A entrevista foi realizada em 22/7/2002, na casa de Maria do Carmo, a quarta entrevistada. Segundo o entrevistado, sua casa não era apropriada, pois seus dois filhos pequenos (uma menina com 5 anos e um menino de 1 ano e meio) não nos deixariam conversar. Atualmente, está com 80 anos.

mudou-se com o padrasto para a comunidade aproximadamente aos dez anos e foi criado por uma senhora com amplo repertório de rezas e benzeções. Cresceu sob sua influência, não estudou, não sabe assinar o nome e diz que aprendeu as orações que sabe participando das rezas e em situações 'mágicas', durante sonhos que teve com essa senhora que o criou. Segundo ele, sempre trabalhou em lavouras na comunidade e na vizinhança. É considerado o benzedor mais procurado e com maior e mais complexo repertório. Entre os entrevistados, suas orações foram as mais extensas. Na ocasião da entrevista contava com a ajuda de um morador local para se aposentar, pois, apesar da idade avançada, não tinha documentação organizada e não conseguia lidar com o processo. Algum tempo depois conseguiu o benefício.

A quarta entrevistada, Maria do Carmo,[26] 42 anos, nasceu em Mundo Novo, no município de Janaúba e se mudou para Barra do Dengoso aos dez anos. Perdeu o pai aos 13 anos e passou a trabalhar em lavouras da região. Informou que, na década de 1970, havia salas de aula que funcionavam em depósitos cedidos por moradores. Estudou até a segunda série do ensino fundamental, mas, com a morte do pai e saída de seus dois irmãos para trabalhar em outras cidades, interrompeu os estudos para ajudar a mãe nas despesas da casa. Aos 15 anos começou a participar das celebrações do culto dominical na comunidade, sob a coordenação do senhor Tomaz Soares. Nessa época, 1975, iniciou sua participação mais efetiva como leitora durante as celebrações e posteriormente como dirigente. Em 1981, reiniciou os estudos no PEI e, com isso, concluiu o ensino fundamental num ritmo exaustivo: estava casada, trabalhava o dia na roça, cuidava da casa e do marido e, à noite, ia para a escola. Após a conclusão do curso, em 1982, atuou no MOBRAL por seis meses e, no segundo semestre do mesmo ano, assumiu, por três meses, uma turma de terceira série. Em

---

[26] A entrevista foi realizada em 22/7/2002, portanto, está atualmente com 47 anos.

1998, passou por um processo seletivo e assumiu o cargo de agente de saúde do Programa Saúde da Família na comunidade. Em 2001, tornou-se ministra da eucaristia e passou a acumular as funções de coordenadora local da Igreja Católica, membro do conselho comunitário e catequista. Além de ser identificada com uma rezadeira, principalmente na igreja, também fazia benzeções aliadas ao trabalho como agente de saúde, quando julgava esse tipo de intervenção o mais indicado.

Como a entrevista tinha sido previamente marcada e o assunto indicado, ela teve o cuidado de registrar, por escrito, eventos importantes, quase que ano a ano, desde sua chegada à comunidade no início da década de 70. Afirmou se tratar de anotações pessoais para se orientar e não esquecer o que julgava importante de ser relatado. Nessa e em outras situações, demonstrou uma relação diferenciada com a escrita, mais íntima, provavelmente pelo fato de ter iniciado seu contato com a escrita desde muito cedo durante o processo de escolarização e especialmente em função das atividades religiosas[27] e profissionais progressivamente assumidas e que demandavam maior proficiência em leitura e escrita.

A última entrevistada, dona Rosa, 64 anos,[28] nasceu em Lagoa Grande e mudou para Barra do Dengoso aos oito anos. Iniciou os estudos depois de casada e com vários filhos pequenos, mas desistiu após dois meses em função da sobrecarga de trabalho. Disse saber assinar o nome e escrever o nome dos pais e dos filhos, mas não lê muito bem. Destaca-se como rezadeira e como benzedeira. Diz ter aprendido as rezas e benzeções, principalmente, com o pai e por participar, desde muito pequena, de celebrações em sua própria casa e em casa de conhecidos.

---

[27] O texto de Silva e Galvão, apresentado neste livro, destaca resultados de pesquisa que apontam para a influência exercida pela participação em atividades religiosas, especialmente as de liderança, no desenvolvimento de habilidades de leitura e de escrita.

[28] A entrevista foi realizada em 4/1/2003, portanto, está atualmente com 68 anos.

Formas de aprender: a repetição e a memorização

De acordo com os entrevistados, eles aprenderam as rezas e as benzeções que sabem pela participação em determinados eventos na comunidade durante os quais se aprendia fazendo e vendo fazer, pela imitação e pela repetição.[29] E também em momentos mais específicos destinados ao ensino mais sistemático, como na Quaresma – período em que pais e mais velhos mais se dedicavam a ensinar aos mais jovens rezas e orações diversas – ou quando quem ia ensinar fixava um determinado período. Ensinar a rezar e a benzer, nesse contexto, significava que aquele que dominava um determinado repertório repetia oralmente em voz alta para compreensão do aprendiz que deveria se esforçar para aprender, memorizar, o que lhe era ensinado.[30] Quanto mais rápido fosse o processo de memorização, mais chance o aprendiz teria de aprender o maior número de rezas e benzeções e, desse modo, compor um maior repertório pessoal, o que lhe conferiria certa projeção entre os pares.

O aprender, por sua vez, era um processo marcado pelo interesse pessoal e pelo esforço em memorizar fórmulas, dominar um determinado repertório e as circunstâncias em que cada reza e benzeção deveria ser usada. Além de dominar o repertório e o ritual, havia a questão de quando um aprendiz estaria pronto para iniciar sua atuação como rezador ou como benzedor.[31]

---

[29] Sobre as formas de transmissão de saberes em sociedades de tradição oral, Ong (1998) destaca o aprender "pela prática", pela imitação, pela repetição e memorização: aprende-se ouvindo e repetindo o que se ouve; dominando, aos poucos, o que é ensinado.

[30] Sobre a transmissão oral de saberes e construção de repertório pessoal, ver BRANDÃO (1992b e 1983).

[31] Estudos apresentados por Ong (1998), mostram que na transmissão oral o aprendiz não repete literalmente o que lhe é ensinado. Ele aprende a estrutura, a fórmula e acrescenta a ela pequenas modificações que passam a constituir uma versão aproximada do inicialmente ensinado, mas com traços que as tornam distintas e geram, desse modo, uma diversidade de novas versões a cada nova repetição. Ong (1998) destaca ainda que a repetição nem sempre é realizada imediatamente após a audição. Às vezes, o aprendiz ouve o que é ensinado e realiza um processo de incorporação de que foi dito até se sentir, de fato, preparado para repetir em público o aprendido.

Uma aprendizagem sem folheto: quem ainda vai rezar... – Maria José Francisco de Souza 421

Alguns dos entrevistados disseram que dominavam certo repertório quando ainda eram muito jovens, mas duvidavam de sua eficácia e ainda não tinham conquistado a confiança de pessoas que precisavam de intervenção, principalmente, para cura.

A conquista e posterior consolidação do lugar de atuação como rezadeira ou benzedeira passava necessariamente pela construção da legitimidade, que se dava no reconhecimento feito pela comunidade,[32] e estabelecimento de um lugar de distinção através da eficácia das rezas e benzeções enunciadas. A fama de uma rezadeira ou benzedeira podia ser "medida" pela quantidade de convites para rezar e pelo número de pessoas que solicitavam benzeções. Os convites e as solicitações de cura, por seu turno, estavam de certo modo ligados ao repertório pessoal, à eficácia de sua ação e à performance no momento ritual.[33] Como afirma Quintana:

> O reconhecimento como um bom feiticeiro pode se dar pelo paciente, mas é o grupo quem vai consagrá-lo como tal. Num consultório médico, esse atestado do reconhecimento grupal está expresso por um diploma na parede. Já um terapeuta popular, como a benzedeira, vai precisar recorrer a outras formas de reconhecimento, que pode se dar em virtude da quantidade de gente que aguarda no pátio para se benzer, ou pelo relato das várias bênçãos realizadas com êxito, ou por referência a figuras investidas de autoridade que procuraram pelos seus serviços. (QUINTANA, 1999, p. 48)

Nesse contexto, rezadeiras e benzedores, agentes religiosos populares[34] – estes últimos também nomeados agentes terapeutas

---

[32] Ver a esse respeito BRANDÃO (1983) e QUINTANA (1999). Para esses autores, a construção da autoridade e da legitimidade passa, necessariamente, por um processo interno ao grupo que reconhece o indivíduo como portador de um determinado saber e/ou poder baseado na eficácia de sua ação ou intervenção.

[33] Para Zumthor (1997), a performance se refere ao momento em que "a *comunicação* e a *recepção* (assim como, de maneira excepcional, a produção) coincidem no tempo" (p. 33). Neste caso, quando rezadeiras e benzedores colocam rezas e benzeções em funcionamento. Ver também SOUZA (2003).

[34] Sobre os religiosos populares e sua atuação ver BRANDÃO (1992a; 1993), SOUZA (2003) e STEIL (2001).

populares[35] –, desempenhavam funções sociais e terapêuticas que os colocavam em destaque, afinal, eram os responsáveis pela manutenção cotidiana das crenças, rituais, pela reprodução do catolicismo em seu modelo tradicional e ainda pela cura de males diversos que acometiam pessoas da comunidade. Sua atuação estava muito fortemente relacionada à ausência ou insuficiência de agentes oficiais da Igreja e do Estado em regiões mais distantes dos centros urbanos ou ainda paralelamente ou à margem dessas instituições em espaços distintos do institucional. Um processo apoiado na tradição que, conforme Brandão (1983), é um recurso empregado por agentes do catolicismo popular para legitimar seu saber.

Se, por muito tempo, ter "boa memória" e dominar com eficácia um repertório de rezas e de benzeções aprendido e veiculado oralmente era marca de prestígio a favor de rezadeiras e benzedores, com a maior presença da escrita nas celebrações religiosas, principal espaço de encontro na comunidade, o lugar de destaque outrora ocupado por esses sujeitos ficou cada vez mais restrito.

Segundo Ong (1998), nas sociedades de tradição oral os mais velhos, os mestres, são os detentores do saber acumulado pelo grupo e são os responsáveis por sua transmissão. Na mesma direção, Souza (2001) afirma que, enquanto não há o efetivo domínio da escrita, "linguagem e memória são a base de todo conhecimento possível" (p. 193). A transmissão dos saberes se dá através da interação social que mantém vivo aquilo que a sociedade ou grupo considera necessário e repete para as gerações mais novas. Com a maior presença da escrita e de suas possibilidades de uso há uma mudança nessa lógica.

As celebrações religiosas mediadas pela escrita

Além das experiências de escolarização, iniciadas na década de 1960, que propiciaram maior contato com material escrito e

---

[35] Segundo Quintana (1999), os benzedores cumprem uma função social muito próxima a de terapeutas, psicanalistas, uma vez que no ritual de ouvir a queixa do 'paciente' e de intervir por meio da palavra os benzedores restauram a harmonia e curam os males daqueles que os procuram.

com práticas a ela relacionadas, em 1973, mudou-se para a comunidade um leigo que atuava como uma espécie de missionário da Igreja Católica. Desde sua chegada e atuação, a comunidade passou a contar com um espaço mais público,[36] inicialmente um galpão cedido para que as celebrações do culto dominical – celebração muito próxima da missa, com uma estrutura ritual baseada em leituras bíblicas, orações e cantos escritos em livretos e folhetos –, fossem realizadas não mais esporadicamente à noite, mas regularmente aos domingos, ao meio-dia. Também nessa época, foram introduzidas as celebrações realizadas no período que antecede o Natal e por ocasião da Quaresma. Tais celebrações eram orientadas por cartilhas produzidas pela diocese especialmente para essas ocasiões. Atualmente, essas cartilhas são produzidas em nível nacional pela Conferência Nacional dos Bispos do Brasil (CNBB) para a "Campanha da Fraternidade" e para a "Campanha do Natal".

Com isso, as celebrações passaram a se organizar em torno da escrita cada vez mais presente em livros, folhetos, livretos, cartilhas, uma diversidade de material produzido pela Igreja Católica de modo a orientar e regular a ação de leigos que atuavam nas comunidades em que não havia padres ou que deles recebiam apenas visitas esporádicas. Esse material, inicialmente, estava concentrado nas mãos de quem coordenava as celebrações e que geralmente o possuía. Posteriormente, os folhetos que eram utilizados nas celebrações passaram a circular, ainda que de forma restrita, entre as poucas pessoas que sabiam ler e as que, mesmo sem saber ler, quisessem levá-los para casa.[37] O grupo que participava dessas celebrações foi se

---

[36] A igreja foi construída no início da década de 1990. Antes de sua construção, as celebrações eram realizadas nas casas dos moradores, posteriormente, passou a ser realizada em galpões e, durante alguns anos, embaixo de um umbuzeiro, ao lado do qual a igreja foi erguida.

[37] De início, apenas um senhor que se mudou para a comunidade, em 1973, possuía um conjunto de livretos que orientavam as celebrações dominicais. Posteriormente, foi feita a assinatura mínima (dez unidades) do folheto intitulado "O Domingo", das Edições Paulinas, o mesmo empregado nas celebrações das missas e que era seguido em quase sua totalidade. Como estratégia

organizando e, aos poucos, crianças, adolescentes e adultos que sabiam ler eram convidados a fazer a leitura dos textos bíblicos e das orações.[38] Uma das entrevistadas lembra-se da primeira vez que foi chamada a ler durante a celebração do culto dominical:

> [...] então, o senhor Tomaz né?... que ele chegou como líder... que aqui antes não tinha assim... a atividade da comunidade era só as reza dos terços né? de ano em ano né? as novenas e tal... aí quando ele chegou... ele já veio de lá pra cá já era celebrante lá na comunidade onde ele morava né?... então ele falou que não queria parar com a missão dele... então quando ele chegou aqui ele já tinha uns uns... é é::... como que fala?... é:: diário né? então tinha os diariozinho que já ensinava procurar a leitura na Bíblia né?... qual era a leitura do dia... qual era o salmo... e os cantos, nós escolhia os cantos naqueles livrinho Fé e vida né?... então aquele livrinho era um livro muito antigo... quase todo mundo sabia cantar os cantos né?... aí a gente rezava por aquele... é os cantos do livrinho e escolhia as leituras e evangelho e salmo na Bíblia... assim que a gente fazia... [...] aí quando foi um certo dia o senhor Tomaz me convidou para fazer uma leitura... mas eu como sempre tive força de vontade né?... eu queria sempre engajar na igreja... fiz meio trêmula... mas comecei a ler né?... a bíblia sacudia, mas dava pra enxergar as letra direitinho né? [risos] aí eu comecei a participar [...] ajudando a celebrar nas casas em família... que na época, nem igreja na época nós não tínhamos. (Maria do Carmo)[39]

Segundo Maria do Carmo, ser convidado a integrar a equipe de liturgia era motivo de orgulho, e a experiência era intensa.

---

para melhor orientar as celebrações realizadas por leigos em comunidades que não possuíam padres, a Igreja passou a difundir outro impresso, chamado "Culto Dominical", que traz um conjunto de orientações mais precisas para a realização da celebração.

[38] Esses leitores eram pessoas que tinham participado de alguma experiência de escolarização promovida na própria comunidade nas já referidas salas pouco regulares e também com o MOBRAL; e pessoas com maior poder aquisitivo, como filhos de fazendeiros e de donos de pequenas propriedades rurais que estudaram ou estudavam nas cidades vizinhas e voltavam ao local aos finais de semana, em férias ou ao concluírem os estudos.

[39] Entrevista realizada em 22/7/2002.

Como tinha cursado apenas a 2ª série e não tinha costume de ler em público, ficava muito nervosa, mas insistiu e logo aprendeu a localizar as leituras na Bíblia e passou a treinar antes para melhorar a fluência. Nessa época eram poucas as pessoas que sabiam ler na comunidade e que, portanto, podiam ser convidadas a participar.

De modo especial, as rezadeiras entrevistadas demonstraram certa nostalgia em relação ao passado quando eram chamadas para rezar em diversas ocasiões ao longo de todo o ano. Segundo elas, atualmente são poucas as pessoas que ainda mantêm a tradição das rezas em casa e que as chamam para conduzir a celebração. Elas confirmam que as rezas acontecem, quase sempre, na igreja: lugar da escrita, das rezas nos folhetos e onde, segundo uma delas,

> [...] Não eu não/lá num sobra pra mim não, as menina é que toma conta [...] é tudo no folheto [...] esse negócio que saber rezar no livro né? Num espera pra gente rezar esses não [...] os terço nós reza, os terço nós reza, quando é assim, que nem de Divino Espírito Santo, derradeiro dia, inda gostava de mandar eu cantar né? Depois parou [...] eu num fui cantar mais não, mas tá bom né? A gente ajudando tudo tá bom né? [...] as menina só rezam se pegar o livro. G. [nome da filha mais nova] também é boazinha pra rezar, mas no livro, ela também num tem muita / mas diz que na hora que ela pega no livro pra rezar, ela pega tremer com medo. Isso é falta de costume né? Agora eu num tem vergonha de rezar eu falo... quando eu vejo o povo rezar assim no livro, eu tenho uma inveja [...] duma reza no livro eu tem, porque eu num tem acanho de rezar, mas a gente tem que saber né? [...] pra mode eu rezar qualquer uma reza nesse livro... eu tenho que treinar num sabe?... se eu treinar eu rezo se eu num treinar eu num rezo [...] lá [na igreja] a gente num tem vez, que tem que saber ler, cê num sabe, num reza! (Justiniana)[40]

> [...] porque isso é / reza antigamente era aquele povo velho todo dia uma novena aqui, outra acolá, num é? É igualmente [...] tem aí na igreja, mas hoje as novena de hoje é diferente num é? É por causa que os terço de hoje é aqueles terço de catecismo e tal e o nosso é na cabeça mesmo, num é? Eu mesmo, eu rezo terço em

---

[40] Entrevista realizada em 11/5/2002.

História da cultura escrita: séculos XIX e XX

> qualquer canto, sozinha mais Deus [...] na casa de Cidinha é dois terço: é um pra santa Luzia e um de menino Jesus da lapinha. Cada um o seu, é porque santa Luzia é promessa da menina dela que quase cegou do olho uma vez, né? Agora quando comadre Justina tá, eu rezo um, ela reza o outro, uma ajudando, né? Mas ela hoje/quem vai rezar deve que é do Carmo que reza um, no catecismo, ela reza mais pequeninho, né? E o outro eu rezo cantado (Dona Rosa)[41]
>
> Acho que mudou muito, o povo mudou, tem mais participação, as coisa mudou / melhorou muito, melhorou [...] o que o povo sabia, nós hoje na igreja ainda reza, ainda reza ainda aqueles terço de antigamente, ainda reza, Dona Justina mesmo, de vez em quando, ainda reza daqueles terço velho, antigo [...] mas reza mais é esse terço novo, né? Sim, as reza antiga, saiu, que as reza antiga que a gente num esqueceu é o pai-nosso com ave-maria e salve rainha e ladainha, né? Porque essas desde o início que nós pegou essas é acompanhado direto, né? Mas de cantar os outro, ô, dó, um bendito velho que cê tirar hoje, ninguém sabe, o povo mais novo num sabe tirar bendito velho, esses livro de reza num traz, eles num sabe, é, só mesmo as do folheto da igreja. Agora tem gente que ainda tem o juízo bom, do Carmo mesmo tem, o juízo dela / ela aprendeu muita reza aí, né? (Dona Maria)[42]

A relação, como pode ser observada é de ambigüidade, desejo de ler e voltar a ter lugar de destaque e, ao mesmo tempo, certa desvalorização do texto escrito "pequeninho" que é lido. Para dona Maria, os mais jovens só sabem as rezas dos livros, o que considera uma limitação, pois as rezas antigas, sabidas "de cor", só são conhecidas por algumas pessoas que ainda têm o "juízo bom", o que, de certo modo, revela sua preferência e admiração por essas pessoas e rezas.[43]

Justiniana afirmou ainda que, com os livros, as pessoas não se preocupam mais em aprender as rezas e em memorizá-las. Segundo ela, se tirar o impresso da mão das atuais "rezadeiras"

---

[41] Entrevista realizada em 4/1/2003.

[42] Entrevista realizada em 22/7/2002.

[43] Sobre o embate entre oralidade e escrita e, especificamente, sobre as objeções feitas à escrita, Ong (1998) cita Platão, para quem a escrita traria prejuízos para a humanidade, uma vez que "é imunda", "destrói a memória", "enfraquece a mente" (p. 94).

na igreja, elas ficam perdidas, pois não dominam um repertório memorizado e só se limitam a repetir o que está escrito. A escrita é vista por ela como algo que limita a memória e que cria uma relação de maior dependência. A entrevistada tenta, desse modo, pôr em xeque algumas das virtudes atribuídas à escrita como o fato de o indivíduo não depender da memória, poder ter acesso ao texto num momento distinto e posterior ao de sua produção e retornar a ele ou a partes dele sempre que se fizer necessário (ONG, 1998). Com essa estratégia, a entrevistada busca valorizar o conhecimento que detém, pois, para ela, dominar o repertório permite maior autonomia e independência. No entanto, não saber ler significa ocupar na Igreja um lugar de quase anonimato e é essa situação que a entristece, pois tira a distinção que antes possuía e limita sua possibilidade de participação.

A transmissão de saberes orais na comunidade

Segundo os depoimentos coletados e as observações feitas durante a pesquisa, ainda há espaço para a atuação de rezadeiras e benzedores, muitas pessoas procuram as rezadeiras de terços cantados para rezarem em festas de santo, por exemplo; há uma clientela, independentemente da idade, que procura por benzedeiras e benzedores para aliviar e/ou curar males diversos. O que parece não ocorrer, no entanto, ou acontece de modo muito restrito, é a transmissão desses saberes:

> [...] é antigamente quando a pessoa assim tinha muita dificuldade de procurar um médico, sempre eles confiava mais assim nas benzeções. Aí através assim do convívio com a sociedade, é, as pessoas / algumas pessoas acham que isso assim é uma, uma tradição, muitos acham assim que [...] então tem pessoas que não valorizam muito, então naquela época, às vezes, as pessoas valorizavam muito, procuravam aprender e preocupava 'mas se fulano morrer quem vai fazer as orações, né?' Então de um tempo pra cá as pessoas não valorizou isso muito mais, valoriza, mas não é como antigamente né? Então você vê que está ficando pouco assim as pessoas, é, benzedoras e aqui antigamente as pessoas assim é, mais idosas, né? Era, é... tinha assim mais é [...] cliente / clientela procurava mais, hoje o pessoal procura muito

428 História da cultura escrita: séculos XIX e XX

menos, as pessoas procuram menos mesmo, né? Então a gente vê assim devido assim... igual, eu também creio que ajudou muito também assim igual, quando teve assim... esse / essa equipe de saúde, né?... quase em todas as comunidades... e tem assim esse programa de saúde da família, então vem muita orientação que, às vezes, tem pessoas que, às vezes, coisas assim que levava eles ao benzimento, hoje em dia já leva mais a procurar o médico, né? (Maria do Carmo)[44]

A entrevistada percebe claramente a diminuição do número de pessoas que benzem na comunidade. A presença de médicos e do PSF são, para ela, prováveis causas para as pessoas não se preocuparem tanto em aprender as benzeções, pois, como há outros recursos, a figura da benzedeira ou do benzedor não é mais vital.

À medida que as celebrações passaram a ter maior presença de textos escritos –Bíblia, livros, folhetos e cartilhas –, o lugar de destaque torna-se cada vez mais destinado a quem sabe ler. A centralização das atividades religiosas na igreja contribuiu para um deslocamento de saberes privilegiados pelas diferentes gerações e um deslocamento de algumas pessoas em relação aos lugares sociais por elas ocupados. A comunidade está vivendo um processo de transformação em que é cada vez maior a presença de textos escritos, sejam eles veiculados pela escola, sejam eles oralizados na Igreja, no rádio ou na televisão. Nesse sentido, pode ser observado que os textos produzidos por esses sujeitos são também fortemente marcados pela escrita. Boa parte das orações que compõem o repertório das rezadeiras coincide com as que são encontradas nos livretos e catecismos com ampla circulação na Igreja.

A coordenadora da Igreja afirma que tenta valorizar o saber das rezadeiras, por exemplo, quando troca os cantos pouco conhecidos dos livros ou dos folhetos e pede a elas que escolham e comandem cantos e benditos conhecidos por todos. Mas salienta que acredita que os textos escritos ajudaram a melhorar

---

[44] Entrevista realizada em 22/07/2002.

a participação das pessoas, pois qualquer um que saiba ler pode pegar um livro ou folheto e acompanhar as orações. Ainda, segundo ela, quando as orações eram de domínio apenas das rezadeiras, a participação era restrita a quem as houvesse memorizado e que atualmente qualquer criança escolarizada podia participar. Sua postura conciliadora contribui para que as celebrações na Igreja tenham como marca a convivência, ainda que nem sempre, da tradição oral e da cultura escrita. Um exemplo desse hibridismo se manifesta quando a comunidade se reúne na igreja para rezar terços, ladainhas e o ofício: as tradicionais rezadeiras iniciam cantando as orações memorizadas e repetidas há décadas, e os demais participantes, com livrinhos e folhetos nas mãos, acompanham estrofes e refrões numa harmonia impressionante.

Um desses momentos foi observado durante a semana santa[45]: na Sexta-Feira, a comunidade se reuniu para as celebrações previstas e para uma vigília que durou até a meia-noite. Terminada a primeira celebração, com o folheto, iniciou-se a vigília com a oração do ofício. A coordenadora solicitou a Justiniana que iniciasse a oração e que ocupasse o lugar de solista. Ela mostrou-se satisfeita e entoou logo a primeira oração. A igreja ficou dividida em dois coros: Justiniana com duas ou três senhoras rezavam a primeira parte das orações, e as demais pessoas, com livrinhos em mãos, rezavam a parte seguinte. Ela mostrou-se orgulhosa e satisfeita por ter esse espaço para exercitar sua memória e a voz no comando de uma oração tão complexa.[46]

Nem todos se colocam no lugar de destaque. Muitos se mantêm no grupo que responde, compondo uma massa de vozes pouco distintas. Não o fazem não só porque não dominam o repertório de orações ou o ritual, mas porque não se colocam

---

[45] Observação realizada durante as celebrações da semana santa em abril de 2003.

[46] O ofício é uma oração ritmada composta de 7 hinos; 1 matina; 1 oração repetida 7 vezes, logo após o hino; 1 oferecimento. É rezado em dois coros, como um jogral.

430 História da cultura escrita: séculos XIX e XX

no lugar de liderança e comando, não se expõem à avaliação dos demais, nem se arriscam a "errar". Justiniana se expôs e o fez sob a vigilância dos que possuíam o texto escrito e conferiam verso a verso cada oração por ela cantada. Ela tem seu lugar legitimado pelo repertório construído ao longo de anos de atuação que ainda lhe garante certa liderança.

Esse evento evidencia também que a relação entre oralidade e escrita está posta em uma ambivalência: ora marcada pela tensão saber – não saber ler, ora pelo hibridismo e pela inter-relação. A oralidade observada na comunidade é atualmente marcada pela escrita, uma oralidade secundária com traços de oralidade mista (ZUMTHOR, 1993). As diferentes formas de contato com textos orais e escritos e os usos que diferentes sujeitos fazem desses textos proporcionam uma inter-relação entre textos orais e textos escritos, uma vez que, de modo geral, a escrita é apropriada oralmente em espaços públicos como a igreja. Nesse espaço, há a audição das leituras bíblicas e orações e todo o folheto é lido em voz alta, portanto, saber ler não é condição para a participação.[47]

Como os indivíduos pesquisados desenvolveram ao longo de suas vidas estratégias de memorização de textos religiosos pela audição e pela repetição e uma vez que os textos rituais possuem estruturas mais estabilizadas[48] e são ouvidos e repetidos diversas vezes durante as celebrações do culto ao longo dos anos, eles são, aos poucos, memorizados. Uma entrevistada afirma que fica atenta às leituras e vai repetindo em voz baixa, "frase por frase", o que é lido e, em caso de textos novos, repete em um ritmo mais lento e assim "reza" todo o folheto. Desse modo, não deixa de responder às orações coletivas, mesmo quando a ouve pela primeira vez.

---

[47] Galvão (2001) desenvolveu pesquisa em que analisa processos de inserção na escrita pela audição de textos escritos.

[48] Embora considere merecedores de mais estudos e detalhamento, Ong (1998) aponta alguns estudos, como de Rutledge e de Chafe, que atribuem à linguagem ritual uma estrutura estável que a aproxima da escrita.

Os modos cotidianos e particulares de apropriação da escrita, as formas como os indivíduos se inserem em determinados contextos e estabelecem relações com outros é marcada por confrontos e negociações. Conforme Ginzburg (1987), há entre as culturas um "relacionamento circular feito de influências recíprocas" (p. 13). E, ainda que a relação de força seja desequilibrada, uma vez que os indivíduos e suas práticas são diferentemente imbuídos de poder e de legitimidade, as relações não são unilateralmente determinadas. Aqueles que aparentemente se posicionam no campo dos dominados, na verdade, encontram meios de se apropriar de determinados bens culturais e, às vezes, subvertê-los e ressignificá-los em suas práticas cotidianas (CERTEAU, 1995; 1996). É o que parece revelar as estratégias descritas ao longo deste texto. Diante de uma nova situação, presença sistemática da escrita nas celebrações religiosas e valorização social dos que sabem ler, aqueles que aparentemente ficariam à margem criam estratégias de participação e espaços – como manter as rezas em suas casas – para conservar seu lugar de destaque, ainda que mais limitado.

Considerações finais

A comunidade Barra do Dengoso tem vivido um conjunto de mudanças que tem desencadeado outras/novas práticas sociais e culturais. Os tempos e espaços de conviver e partilhar saberes têm se alterado significativamente e a Igreja, com as celebrações religiosas centradas na escrita, tem forte influência nesse processo. De certa forma, ela tem se consolidado como uma instância de circulação de saberes distintos daqueles cultivados por rezadeiras e benzedores e trouxe o desejo, em alguns deles, de se apropriarem de tais saberes para participarem plenamente das atividades na comunidade e construir outro repertório, além das rezas e benzeções aprendidas e enunciadas ao longo de anos de atuação.

Retomando a questão central deste texto – as implicações da presença sistemática da escrita nas principais práticas sociais

432 História da cultura escrita: séculos XIX e XX

de uma determinada comunidade rural de tradição predominantemente oral e, especialmente, sobre um determinado grupo de indivíduos, rezadeiras e benzedores –, é possível afirmar que houve um deslocamento em relação ao tipo de saber privilegiado pelas diferentes gerações. A nova geração de rezadeiras, e de rezadores, é composta de leitores que, independentemente da idade, integram a equipe de liturgia e ajudam nas celebrações religiosas.

Há uma tensão entre rezadeiras, especialmente, que revelam nostalgia de um tempo em que ocupavam um lugar social de destaque na comunidade e despertavam a admiração dos pares em função da capacidade de memorizar orações diversas com diferentes graus de complexidade. A relação que estabelecem com a escrita é marcada pela ambivalência. Por um lado, fazem críticas aos textos escritos que, caracterizados como menores, limitam a memória e, desse modo, limitam também os atuais rezadores, jovens e adultos alfabetizados que lêem nas celebrações do culto dominical. Por outro lado, manifestam o desejo de aprender a ler para participar de forma mais autônoma e, desse modo, ter novamente uma atuação destacada nessas celebrações.

A entrevistada mais jovem é uma figura instigante e surpreendente, pois ela consegue conciliar práticas que parecem inconciliáveis tanto em função do volume de trabalho quanto à diversidade dele: ela é a coordenadora da Igreja na comunidade; é ministra da eucaristia e catequista; é agente de saúde do PSF, e também benze contra certos males ou recomenda que a pessoa doente procure um benzedor, pois, segundo ela, "não adianta levar no médico... são uma outra dimensão... se chegar no médico ele vai examinar e dizer que cê num tem nada...". Essas práticas e posturas mais conciliadoras permitem maior negociação[49] no grupo entre diferentes práticas e saberes.

---

[49] A esse respeito, especialmente no capítulo *Notas sobre a desconstrução do "popular"*, Hall (2003) discute como a cultura popular se manifesta como espaço de negociação e de luta, de engajamento e de resistência ante a cultura dominante ou cultura dos poderosos.

Ela revela mais desenvoltura nas práticas de leitura e de escrita. O processo de escolarização iniciado quando criança, embora marcado por interrupções e pela não-conclusão do ensino fundamental, e o contato sistemático com textos escritos nas celebrações do culto dominical desde a adolescência parecem ter contribuído para maior familiarização com a escrita e estabelecimento de uma relação menos tensa. Podem ser acrescentadas as experiências de liderança leiga da Igreja Católica na comunidade e as ocupações profissionais, como professora e como agente de saúde, que a estimularam a desenvolver o gosto pela leitura – ainda que tenha revelado um grande esforço para se apropriar da cultura escrita, marca característica de percurso do grupo a que pertence: de meios populares cuja primeira geração se alfabetiza.

Referências

AMADO, Janaína; FERREIRA, Marieta de Moraes. Apresentação. In: FERREIRA, Marieta de Moares; AMADO, Janaína (Orgs.) *Usos e abusos da história oral*. Rio de Janeiro: Fundação Getúlio Vargas, 1996. p. vii-xxv.

BATISTA, Antônio Augusto Gomes; GALVÃO, Ana Maria de Oliveira. *Entrando na cultura escrita:* percursos individuais, familiares e sociais nos séculos XIX e XX. Belo Horizonte, 2004. (Projeto de pesquisa).

BRANDÃO, Carlos Rodrigues. Anotação antropológica. In: GONZÁLEZ, Luís José; BRANDÃO, Carlos Rodrigues; IRARRÁZAVAL, Giego. *Catolicismo popular:* história, cultura, teologia. Petrópolis: Vozes, 1992a. t. III.

BRANDÃO, Carlos Rodrigues. A partilha do tempo. In: SANCHIS, Pierre (Org.). *Catolicismo no Brasil atual.* São Paulo: Loyola, 1992b. (v. 2: Catolicismo: cotidiano e movimentos).

BRANDÃO, Carlos Rodrigues. *Casa de escola:* cultura camponesa e educação rural. Campinas: Papirus, 1983.

CARDOSO, José Maria Alves. A região Norte de Minas Gerais: um estudo da dinâmica de suas transformações espaciais. In: OLIVEIRA, Marcos Fábio Martins de; RODRIGUES, Luciene (Orgs.). *Formação social e econômica do norte de Minas.* Montes Claros: Ed. Unimontes, 2000. p. 173-346.

CERTEAU, Michel de. *A cultura no plural.* Tradução de Enid Abreu Dobránzky. Campinas: Papirus, 1995.

434 História da cultura escrita: séculos XIX e XX

CERTEAU, Michel de. *A invenção do cotidiano:* artes do fazer. 2. ed. Petrópolis: Vozes, 1996.

CHARTIER, Roger. Do livro à leitura. In: CHARTIER, Roger (Org.). *Práticas da leitura.* São Paulo: Estação Liberdade, 1996. p. 77-105.

GALVÃO, Ana Maria de Oliveira. *Cordel:* leitores e ouvintes. Belo Horizonte: Autêntica, 2001.

GALVÃO, Ana Maria de Oliveira; BATISTA, Antônio Augusto Gomes. Oralidade e escrita: uma revisão. *Cadernos de Pesquisa,* Fundação Carlos Chagas, São Paulo, v. 36, n.128, p. 403-432, mai./ago. 2006.

GALVÃO, Ana Maria de Oliveira; PIERRO, Maria Clara Di. *Preconceito contra o analfabeto.* São Paulo: Cortez, 2007.

GALVÃO, Ana Maria de Oliveira; SOARES, Leôncio José Gomes. História da alfabetização de adultos no Brasil. In: ALBUQUERQUE, Eliana Borges C. de; LEAL, Telma Ferraz (Orgs). *Alfabetização de jovens e adultos:* em uma perspectiva de letramento. 3. ed. Belo Horizonte: Autêntica, 2006. p. 27-58.

GINZBURG, Carlo. *O queijo e os vermes:* o cotidiano e as idéias de um poleiro perseguido pela Inquisição. 3. reimp. São Paulo: Companhia das Letras, 1987.

GRAFF, Harvey J. O mito do alfabetismo. *Teoria e Educação,* Porto Alegre, n. 2, p. 30-64, 1990.

GRAFF, Harvey J. *Os labirintos da alfabetização:* reflexões sobre o passado e o presente da alfabetização. Trad. Tirza Myga Garcia. Porto Alegre: Artes Médicas, 1995.

HALL, Stuart. *Da diáspora:* identidades e mediações culturais. Belo Horizonte: Editora UFMG, 2003.

HÉBRARD, Jean. O autodidatismo exemplar: como Jamerey-Duval aprendeu a ler? In: CHARTIER, Roger. *Práticas da leitura.* São Paulo: Estação Liberdade, 1996. p. 35-74.

OLIVEIRA, Marcos Fábio Martins de. O processo de formação e desenvolvimento de Montes Claros e da Área Mineira da SUDENE. In: OLIVEIRA, Marcos Fábio Martins de; RODRIGUES, Luciene (Orgs.). *Formação social e econômica do norte de Minas.* Montes Claros: Editora Unimontes, 2000.

OLSON, David R.; TORRANCE, Nancy. *Cultura escrita e oralidade.* Tradução de Valter Lellis Siqueira. São Paulo: Ática, 1995.

ONG, Walter. *Oralidade e cultura escrita:* a tecnologização da palavra. Tradução de Enid Abreu Dobranzky. Campinas: Papirus, 1998.

QUINTANA, Alberto Manuel. *A ciência da benzedura:* mau-olhado, simpatias e uma pitada de psicanálise. Bauru, SP: EDUSC, 1999.

REVEL, Jacques. Microanálise e construção do social. In: REVEL, Jacques (org.). *Jogos de escala:* a experiência da micro-análise. Rio de Janeiro: Fundação Getúlio Vargas, 1998. p. 15- 38.

RIBEIRO, Vera Masagão. *Alfabetismo e atitudes:* pesquisa com jovens e adultos. 3. ed. Campinas: Papirus, 1999.

RIBEIRO, Vera Masagão (Org.). *Letramento no Brasil.* São Paulo: Global, 2003.

SCHLESINGER, Hugo e PORTO, Humberto. *Dicionário enciclopédico das religiões.* Petrópolis: Vozes, 1995. 2 v.

SOARES, Magda Becker. *Letramento:* um tema em três gêneros. 2. ed. Belo Horizonte: Autêntica, 2001.

SOUZA, Maria José Francisco de. *Rezas e Benzeções:* a apropriação desses saberes populares em Barra do Dengoso. Belo Horizonte: FaE/UFMG, 2003. (Dissertação de Mestrado).

SOUZA, Solange Jobim e. Leitura: entre o mágico e o profano – os caminhos cruzados de Bakhtin, Benjamin e Calvino. In: FARACO, Carlos Alberto; TEZZA, Cristóvão; CASTRO, Gilberto de. (Org.). *Diálogos com Bakhtin.* 3. ed. Curitiba: Ed da UFPR, 2001. p. 189-206.

STEIL, Carlos Alberto. Catolicismo e cultura. In: VALLA, Victor Vincent (Org.). *Religião e cultura popular.* Rio de Janeiro: DP&A, 2001.

THOMPSON, Paul. História oral e contemporaneidade. *História Oral,* n. 5, p. 9-28, jun. 2002.

ZUMTHOR, Paul. *A letra e a voz.* Tradução de Amalio Pinheiro e Jerusa Pires Ferreira. São Paulo: Companhia das Letras, 1993.

ZUMTHOR, Paul. *Introdução à poesia oral.* Tradução de Jerusa Pires Ferreira. São Paulo: Hucitec, 1997.

Os autores

ADLENE SILVA ARANTES
Mestra em Educação pela Universidade Federal de Pernambuco, foi bolsista de Iniciação Científica pelo PIBIC/CNPq/UFPE e do III Concurso Negro e Educação (Fundação Ford/Ação Educativa/ANPEd). Atualmente, é professora da Universidade de Pernambuco – Faculdade de Formação de Professores de Petrolina.

ADRIANA MARIA PAULO DA SILVA
Doutora em História pela Universidade Federal de Pernambuco, é professora da Universidade de Pernambuco – Faculdade de Formação de Professores de Nazaré da Mata.

ANA MARIA DE OLIVEIRA GALVÃO
Doutora em Educação pela Universidade Federal de Minas Gerais, é professora da Faculdade de Educação da Universidade Federal de Minas Gerais e pesquisadora do CNPq.

ANTÔNIO AUGUSTO GOMES BATISTA
Doutor em Educação pela Universidade Federal de Minas Gerais, é professor da Faculdade de Educação da Universidade Federal de Minas Gerais e pesquisador do CNPq.

ELIANE MARTA TEIXEIRA LOPES
Doutora em Educação pela Pontifícia Universidade Católica de São Paulo, é professora titular aposentada da Faculdade de Educação da Universidade Federal de Minas Gerais e professora do Mestrado em Educação da Universidade Vale do Rio Verde (UNIN-COR) – campus Betim.

FABIANA CRISTINA DA SILVA
Mestra em Educação pela Universidade Federal de Pernambuco, foi bolsista de Iniciação Científica pelo PIBIC/CNPq/UFPE. Atualmente,

é professora da Universidade de Pernambuco – Faculdade de Formação de Professores de Petrolina.

ITACIR MARQUES DA LUZ

Graduado em Pedagogia pela Universidade Federal de Pernambuco, foi bolsista de Iniciação Científica pelo PIBIC/CNPq/UFPE e do IV Concurso Negro e Educação (Fundação Ford/Ação Educativa/ANPEd). Atualmente, é mestrando em Educação pela Universidade Federal da Paraíba.

JEAN HÉBRARD

É pesquisador do Centre de Recherches sur le Brésil Contemporain, da École des Hautes Études Science Sociales, Paris, França.

JULIANA FERREIRA DE MELO

Graduada em Letras pela Universidade Federal de Minas Gerais, é mestranda em Educação pela mesma universidade e professora da rede estadual de ensino de Minas Gerais.

MARIA JOSÉ FRANCISCO DE SOUZA

Mestra em Educação pela Universidade Federal de Minas Gerais, é doutoranda em Educação pela mesma universidade.

PATRÍCIA CAPPUCCIO RESENDE

Graduada em Pedagogia pela Universidade Federal de Minas Gerais, é mestranda em Educação pela mesma universidade e pedagoga da rede municipal de ensino de Contagem.

POLIANA JANAÍNA PRATES DE OLIVEIRA

Graduanda em Pedagogia pela Universidade Federal de Minas Gerais e bolsista de Iniciação Científica pelo PIBIC/CNPq/UFMG.

SANDRA BATISTA DE ARAUJO SILVA

Graduada em Pedagogia pela Universidade Federal de Pernambuco, foi bolsista de Iniciação Científica pelo PIBIC/CNPq/UFPE. Atualmente, é mestranda em educação pela mesma universidade e professora da rede municipal de ensino do Recife.

QUALQUER LIVRO DO NOSSO CATÁLOGO NÃO ENCONTRADO NAS
LIVRARIAS PODE SER PEDIDO POR CARTA, FAX, TELEFONE OU PELA INTERNET.

Rua Aimorés, 981, 8º andar – Funcionários
Belo Horizonte-MG – CEP 30140-071

Tel: (31) 3222 6819
Fax: (31) 3224 6087
Televendas (gratuito): 0800 2831322

vendas@autenticaeditora.com.br
www.autenticaeditora.com.br

ESTE LIVRO FOI COMPOSTO COM TIPOGRAFIA GATINEAU, E IMPRESSO
EM PAPEL OFF SET 75G. NA FORMATO ARTES GRÁFICAS.